索尼 石川岛播磨 东丽 优衣库 日本制铁 丰田 三井住友银行 日本电通 三井物产 东芝 任天堂

三井

帝国在暗战

——揭开日本财团的美国博弈

白益民 乔梓效 著

中国经济出版社
CHINA ECONOMIC PUBLISHING HOUSE
北 京

图书在版编目(CIP)数据

三井帝国在暗战:揭开日本财团的美国博弈 / 白益民,乔梓效著. --北京:中国经济出版社,2022.5(2023.12 重印)

ISBN 978-7-5136-6736-4

Ⅰ.①三… Ⅱ.①白…②乔… Ⅲ.①企业管理-经验-日本 Ⅳ.①F279.313.3

中国版本图书馆 CIP 数据核字(2021)第 233753 号

责任编辑　李若雯
责任印制　马小宾

出版发行　中国经济出版社
印 刷 者　北京艾普海德印刷有限公司
经 销 者　各地新华书店
开　　本　787mm×1092mm　1/16
印　　张　25
字　　数　500 千字
版　　次　2022 年 5 月第 1 版
印　　次　2023 年 12 月第 3 次
定　　价　78.00 元
广告经营许可证　京西工商广字第 8179 号

中国经济出版社 **网址** www.economyph.com **社址** 北京市东城区安定门外大街 58 号 **邮编** 100011
本版图书如存在印装质量问题,请与本社销售中心联系调换(联系电话:010-57512564)

出版说明

《三井帝国在暗战》是作者白益民继《三井帝国在行动》(2008 年 9 月)、《三井帝国在布局》(2020 年 5 月)之后在我社出版的最新作品,也是“三井帝国系列图书”的第四本。

近年来,对待日本这位近邻,国内一直有两种截然不同的观点:一种观点认为自泡沫经济崩溃后,日本经济经历了“失去的二十年”,其传统产业已日渐衰落;另一种观点则认为日本经济实力被严重低估,事实上,日本一直在积极调整产业布局,正是在这 20 年的时间里完成了产业升级之路。

本书持上述第二种观点。通过案例分析,本书深度解读半个多世纪以来,以三井为代表的日本财团如何持续开展建立在信息战基础上的贸易竞争,详细记录日美两国在贸易摩擦中的政策和态度变化过程,涉及钢铁、芯片、汽车、能源等多个热点行业,指出其中哪些成功运作值得借鉴、哪些失败教训需要警惕。

需要说明的是,因作者个人的研究背景和搜集资料、分析问题的角度所致,书中很多内容可能比较敏感,容易刺激神经。本着充分促进交流的原则,编辑对这些内容作了最大程度的保留。希望读者能等闲对待,重要的是中国企业能从日美合作与博弈的故事中获得启示。

在书中,作者说道:“日本是中国的老师,中国是日本的祖师。”他认为,我们在发展进步的过程中,既要虚心学习别国经验、优势,也要树立充分的文化自信,认识到很多当今的智慧其实就植根于中国优秀传统文化,从而注意从中汲取养分、指导今日的发展。实际上,无论谁向谁学习,无论过去还是未来,在纷繁多变的国际环境下,“最重要的还是做好我们自己的事情”,“实实在在、心无旁骛做实业”。这,也许就是本书带给我们的最好启示。

中国经济出版社

2022 年 5 月

——美国《新闻周刊》曾高呼“日本买走了部分美国魂”，那么是谁为索尼收购哥伦比亚公司提供了足够的资金支持？

——日本动画改变了美国人动画仅为儿童制作的固有观念，并赋予其文化属性，是谁给美国人提供了一个看待世界的新角度？

——“伊朗人质危机”后美国与伊朗关系陷入僵局，是谁承担起了两国断交之后的外交联络官新角色？

——为应对石油危机和确保自身能源的稳定供给，日本提出“阳光计划”，扩大开发利用各种新能源，谁是这一政策的积极践行者？

——巴西十年间钢产量翻了一番，跻身世界七大钢铁国之列。在巴西成为钢铁巨人的背后，是谁在积极谋划、出钱又出力？

——要解开日本经济增长的秘密，必须弄清一个问题：是谁一直扮演着中间人和牵线人的角色，活跃在大规模装备引进的舞台上？

——丰田的发展壮大离不开“中兴之祖”石田退三和“销售之神”神谷正太郎，他们的商人思想从何而来，又是谁教会了他们？

——从鸡蛋到卫星、从拉面到导弹，是谁凭借着“产、商、融”三位一体的商业体系最终实现全球化的全套产业链布局？

——是谁集贸易、情报、投资、物流、金融等功能于一身，肩负起日本国产业振兴的重大使命，成为经济战略的优秀执行者？

答案只有一个：三井

到了该学习日本的时候了!

梦系中国人自己的综合商社
倡导中国新经济的财团机制
促进国民企业的振兴与发展
捍卫国家经济的主权与安全

历经三十年惨烈的日美贸易战,到20世纪90年代,由于房地产泡沫破灭和亚洲金融危机,日本陷入了"失去的二十年",以华尔街为主导的"美国模式"开始大行其道。与此同时,随着中国经济的快速发展,许多企业依靠低成本优势和国际化市场做大,中日两国经济差距被不断缩小。学习日本也不再是时髦的话题,毕竟谁会向"失败者"取经呢?

从历史角度来看,美国具有先发优势,可以依靠原创型的技术创新为其带来垄断利润。中国同当年的日本一样,都是后发国家,显而易见的是,后发优势向先发优势转换必定是十分艰难的。事实上,核心技术是国之重器,是等不来、求不来的,需要我们自己创造。那么,日本又是如何通过技术的引进、消化、吸收以及再创新,捅破后发国家发展"天花板"的呢?

中兴被制裁,华为遭围堵,中国两大科技巨头先后成为美国对华贸易攻势的发力点。实际上,贸易摩擦本身只是一种表象,其背后是两国之间产业和科技实力的竞争。中国只有高技术企业和高技术产业形成茂密的森林,才能使单个企业避免"木秀于林风必摧之"的遭遇。在这一方面,日本给我们提供了一个可以参考的发展思路,即构建培育起一套财团生态体系。

"日本是我们的老师,我们是日本的祖师。"我们今天研究日本经济,研究三井财团,更应该清晰地意识到其背后的文化价值观、理念和模式很多都源自中国。如今提到"日本模式",人们往往只看到日本企业内部的管理名词,如"精细化管理""质量管理"等,而日本经济管理的核心组织(综合商社)却被有意无意地忽视了。当中国经济发展到现在这一阶段,学习日本正当时!

自　序

1991 年 7 月，我刚从大学毕业，第一家工作单位是北京一轻总公司。同那个时代的大多数年轻人一样，我对美国乃至世界的认识基本都来自报纸与电视。这一年的 12 月 25 日，苏联总统戈尔巴乔夫通过电视发表讲话，宣布辞职，苏联解体。从此，美国成为世界上唯一的超级大国，世界格局逐渐走向多元化，中国开始在世界经济领域崭露头角。

1992 年 1—2 月，改革开放的总设计师邓小平同志，先后赴武昌、深圳、珠海和上海视察，沿途发表了一系列重要谈话，通称“南方谈话”。邓小平同志的讲话明确地解决了“姓资还是姓社”的问题，是一次思想大解放，给中国民营经济的发展开拓了更大的舞台。与此同时，邓小平同志也肯定了外资的重要性，认为只要保障公有制是主体，吸引外商投资也可以从税收、劳务等方面得到益处。

邓小平的“南方谈话”在当时掀起了一股“下海潮”，许多人从中嗅出了巨大的机会。于是，在机关单位工作了两年之后，我也顺应时代潮流选择了辞职“下海”。当时大家都想去外企，我也应聘了很多欧美公司，但由于本身非英语专业毕业（工科背景），所以都没有成功。机缘巧合之下，我获得了在日本三井物产（三井财团的综合商社）工作的机会，事实上，那时的我和大家一样，并不知道三井物产是干什么的。

1993 年，也就是我加入三井物产的第一年，当时该公司居世界 500 强第一位，正式提出了将拥有 12 亿人口的中国作为重点投资地区，用全公司的力量开展对华业务。三井物产虽然很早就在中国进行投资发展了，但当时在中国只有一个北京事务所。我被安排到了三井物产北京事务所的粮油食品部门工作，接受部门总经理内田龙太郎的指导，他是我步入商业领域的启蒙老师。

一开始，我并不参与经营，只负责搜集商业情报，并协助东京本部进行中国玉米出口日本的船运安排。然而，1994年10月，中国证监会暂停了大米期货交易，投资于大商所大米期货的资金急于寻找新的投资方向，大量的热钱开始向玉米市场积聚；加之当时玉米现货供应十分紧张，大连各交割仓库的库存量仅占总库存量的50%，这使中国国内玉米供不应求的气氛更加紧张，准备从美国进口。

1995年，我协助三井物产东京、香港、纽约各部门，将一船产自美国的5万吨玉米成功卖到了中国，这是历史上首次由日本商社主导，由美国出口玉米到中国。这也在日本三井物产总部引起了轰动，于是在1996年4月我被调到东京本部研修，主要学习美国芝加哥谷物期货市场的知识，这也使我真正有机会近距离了解三井物产的总部核心部门运作机制。

事实上，日本国内不产玉米，卖的都是美国玉米。但在国际玉米贸易中，以三井物产为代表的日本综合商社却起着重要作用。当时，三井物产每年向中国台湾和韩国出口200万吨玉米，日本与美国同时报价，美国玉米的中国到岸价200美元，日本却能报199美元。虽然看上去日本比美国报价低1美元，但综合商社并不会亏损，因为在这一过程中，三井物产利用现货与期货进行对冲，使盈利实现了最大化。

在三井物产总部，我第一次看到了世界经济的整体格局，以及日本财团与美国跨国公司在全球化市场经济环境下的合作与博弈。此前，我在北京事务所只是看到中国粮食贸易的基本情况，对商业和市场只有一个初步的概念和理解。但是，东京总部的3个月研修经历，让我如同从乡下走到了皇城，激发了我的好奇心和渴求商业知识的欲望，这估计是我后来成为经济学者的原始动力。

1997年，一场突如其来的金融危机席卷了亚洲金融市场。在这一过程中，受伤最严重的就是日本。事实上，亚洲金融危机的根源不在泰国，一开始美国金融资本就将矛头对准了日本。它们正是通过对东南亚地区的打击，直接削弱了日本的海外投资和在国际经济领域的影响力。毫不意外，我所在的三井物产综合商社在这次危机中首当其冲。

于是，以三井物产为代表的日本综合商社预算开始被压缩，投资被削减，在建项目也被迫终止，商社员工从1997年到2001年都没有上调过工资。综合商社的低迷真实地反映了当时日本经济的状况和财团陷入的巨大困境。中国的情况也并不乐观，整个北京办事处无事可做。此时，三井物产的部门经理内田龙太郎对我们说:“向东京总部发情报就是你们的工作。”

在亚洲金融危机之前,我曾经和内田龙太郎先生5次飞往成都,与四川新希望集团董事长刘永好会面,寻求在饲料领域的贸易与投资合作。三井物产这样的综合商社表面上是国际贸易公司,实际上已经进化成一家产业投行,通过贸易获取的情报,寻求对上下游产业链中的成长性企业的投资机会。这与美国高盛那种国际投行完全不同,后者凭借财务情报和政商关系猎取中国的改革红利。

2000年4月,新希望集团在北京成立了一家资产管理公司,聘请我为产业顾问,专门研究农产品相关产业的股权投资。这时,我在三井物产的工作已经涉及很多领域,包括大豆、饲料、茶叶、果汁、乳清粉等行业,并且我更多关注与美国的贸易机会。与此同时,我在北京工商大学参加了企业管理的在职研究生学习,接触到了美国版的商业教材,开始对比东西方社会的不同理念。

这次在新希望集团的顾问工作给我的触动很大,由于是股权基金,因此有很多从美国归来的金融专业留学生和管理者进入公司。这些人单一的金融理念与我在综合商社环境下学到的产融理念产生了激烈碰撞,关于应该如何搭建金融与产业之间的关系,我陷入了沉思。在中国人狂热学习“美国模式”的同时,我希望能够将日本经济模式的成功经验介绍给中国。

2002年的春天,我在负责中国苹果浓缩汁出口日本和美国市场的业务时,有一家北京房山的乡镇企业找到了三井物产,希望寻求开拓海外市场的帮助。这件事自然落在了我的头上。通过对美国市场的分析,以及对该厂家生产规模(偏小)、原料产地(河北)的了解,我最终在三井物产(美国)公司的协助下,成功开发了梨浓缩汁对美国的出口业务。

然而,对美国的这次出口梨汁业务在第二年让我陷入了一场与美国企业的商业博弈中,我深深体会到东西方商业文化的巨大差异,也感受到美国人在骨子里对其他国家的霸道习性。有一批梨汁在运到美国港口后遇到了罢工,被搁置在露天码头上导致变色,原本应该由美国买家承担相应的质量责任,但是,美国买家以诉诸法律相威胁。为避免打官司的麻烦,中方最终屈服认亏了。

如今的中美经济博弈,似乎有着同样的遭遇与境况。美国无论如何都要把自己在商业竞争中的失败,或者因疏于管理和治理导致的失误,甩锅给交易方或合作方来承担责任,并采用各种法律或政治手段达到目的。也许《三井帝国在暗战——揭开日本财团的美国博弈》这本书的写作动机,正是源自对美国在商业上强权和霸道行为的反感与痛斥。

2004年9月,我在三井物产工作的同时,获得了在首都经贸大学经济学院担任兼职教师的机会，讲授"国际贸易实务"课程，同时希望借助这个平台对日本财团经济模式进行系统研究。但是，此时全国各大学纷纷要求引进从美国留学回来的博士在校任教，以此作为学校提升教学水平的标志，并以此为荣。显然，我这个出身日本财团实战派的教员，在高校中难有长期立身之地。

实际上，自20世纪90年代中期以来，"西方经济学"在中国经济学的教育体系中便占据了"主流"地位，并在很大程度上掌握了经济学的话语权。事实也已经证明，这种严重西化的教育倾向已经产生了各种严重的危害。然而，时至今日，中国高等院校经济学教育仍存在着的西化倾向，不仅没有任何实质性的改观，甚至有进一步加深的趋势。

显然，严重"西化"的经济学教育会让学生过度迷信西方资本主义制度，从而产生严重"西化"的经济学研究，并与中国发展的现实需求脱节，导致大量形式主义的无效研究成果出现。中国的经济学教育必须以中国实践和中国问题为对象，在广泛吸收一切优秀经济学研究成果的基础上，通过融会贯通和创新，创造出符合中国发展需要的中国经济学或中国经济学流派。

2005年10月，因看到中国经济中暴露出的很多问题，同时意识到当代的中国企业界和教育界对日本经济模式研究的极端缺失与漠视，我决心辞去在三井物产的工作。于是，我正式向招聘我进入三井物产的内田龙太郎先生递交了辞职报告。内田龙太郎先生想挽留我在三井物产继续工作，我对他认真地说："白益民已经在三井物产学习了12年，请允许白益民毕业吧！"

正如内田龙太郎先生讲过的那样，"三井物产是日本最好的商学院，你是来学习的，需要做好长期在这里工作的准备"。在三井物产的12年让我受益匪浅，耳濡目染中，我自己就变成了商人，关心的是市场，接受的是商人的理念和做事方式。这跟很多学者的出发点不同，他们大多是从美国回来的，接受的是西方经济学理论。可以说，三井物产是一所真正实现了知行合一的"企业商学院"。

2006年6月，《环球财经》的执行主编梁志坚突然打电话来，希望可以采访我，此时正值我的处女作《三井帝国启示录》出版之际。这本书的主线就是谈日本三井财团综合商社的经营模式源于中国浙江天台山的宗教文化和历史。浙江的温州、台州和宁波就位于天台山地区，这里先后培养出了一大批成功的商人。在这本书中，我首先提出了"东方经济学"的概念。

2007年夏天，我参加了《环球财经》在中国人民大学组织的《货币战争》一书的研讨会，这是美籍作者宋鸿兵第一次回国发布他的新书。宋鸿兵在他的书中主要突出了"罗斯柴尔德家族"和"共济会"两个关键词，不禁让我想到日本三井家族和三井财团的二木会，其中似乎有着某种东西方经济模式的对称关系。与宋鸿兵结识之后,我开始更多从日美模式对比、对抗的角度进行东西方经济模式的观察和研究。

2009 年初的一天,我突然接到宋鸿兵的电话,邀请我参加《环球财经》的编委班子,此时他已成为该杂志的运营总经理。同时,这个编委会也是一个经济智库,包括乔良、王湘穗、向松祚、彭晓光、梅新育等几位国家利益派的学者,他们在对美国的经济、政治和军事博弈方面有很多研究成果。在与他们的交流与共事中,我更深入地了解了“美国模式”的本质与核心。

这一时期,中国国内也掀起了对中国模式的大讨论,其中《环球财经》就是一个重要的舆论阵地。我也先后在各类财经媒体上发表了探讨日美模式的研究文章,包括:《中国模式 3.0:日本向左拉美向右》(2009 年 9 月)、《日本抵御美国打压经验值得中国借鉴》(2010 年 3 月)、《不要相信美国是自由市场经济国家》(2010 年 4 月)、《金融治国或将误国 中国经济需要“一国两制”》(2010 年 6 月)等等。

2010 年 11 月,经朋友介绍,我结识了一位福建的年轻企业家。他希望我对日本经济模式的研究可以将财团模式在中国落地发展,我也非常认同他的理想与抱负。除了帮助起草一份《经济共同体基本法》外,我还帮助他的企业组建了战略信息中心,形成了以信息情报部、综合研究部和对外商务部为主的组织、研究、运营框架,并设有专门人员负责向集团董事局高层领导直接汇报的情报机制。

随着中国提出“一带一路”倡议,以及企业逐渐走向海外市场,我领导的企业战略信息中心也逐渐将研究方向拓展到了更广阔的国际经济领域。信息研究报告也由最初简单的“信息周报”逐渐延伸到了“风险预警”“政商人脉”以及“投行研究”等深度情报分析。内容也不再仅仅是资料信息汇编,而是更加关注地缘政治、国家形态、党派斗争对全球经济的影响。

一直以来,无论是国有资本还是民营资本,中国的大中型企业集团都普遍缺失战略情报中心。情报的搜集能力和选择分析能力对制定合理的企业战略至关重要,往往决定着企业前进的方向。如今,国与国之间、企业与企业之间所比拼的早已经超越了实际的产品,而升级成为一种信息战、情报战。情报的搜集能力和分析能力强的企业,能够比其他企业更早地预见未来,从而迅速且超前地采取对策,防患于未然。

2018 年,中美经贸摩擦爆发。实际上,这不是一次简单的国际贸易争端,而是一场国运之争。时代的洪流下,企业和个人都无法做到袖手旁观,受全球国际政治关系和能源局势的影响,我目睹了一位福建企业家培育起的世界 500 强企业遭遇巨大风浪,十余年的努力毁于一旦。

《三井帝国在暗战——揭开日本财团的美国博弈》这本书的写作与出版，曾经得到这位福建企业家的殷切期待，并给予研究经费的支持。可惜他没来得及看到这本书的完成，这家企业在美国政府的极限施压和迫害下，最终不得不解体、倒闭。此后，我不得不动用自己研究所的积蓄资金，在我的学生兼研究助理乔梓效的协助下，最终完成了这部书的出版。

此前，我出版了两部商战畅销书，分别是《三井帝国在行动——揭开日本财团的中国布局》和《三井帝国在布局——揭开日本财团的“一带一路”》。另外，还有四部“财团商道”系列文集：

《财团就是力量——“一带一路”与混合所有制启示录》；

《商社就是天网——“互联互通”与“产业整合”启示录》；

《能源就是命脉——“地缘政治”与“大国博弈”启示录》；

《产业就是脊梁——“寓军于民”与“产业突围”启示录》。

如今，中美经贸摩擦硝烟正浓，未来似乎还有逐步升级的趋势。历史是一面镜子，以史为鉴明得失，从历史这面镜子当中可以找到相似的事件，也有机会避免再犯相似的错误。于是很多人将目光转向了曾经的日美贸易战，希望日本这面镜子能够发挥其镜鉴作用。诚然，关于日美贸易战，有太多的分析和评述，然而可惜的是，到目前为止没有一本书可以完整清晰地把这段历史呈现出来。

对于日美贸易战，人们往往存在着诸多的误解。比如，很多人习惯把《广场协议》等同于日美贸易战或日美贸易关系的代名词甚至全部。其实，《广场协议》不过是日美长期贸易摩擦中的一个插曲，既不是开始，更不是结束。还有许多人认为“失去的二十年”意味着日本的经济战败，然而正是在这20年的时间里日本完成了自己的产业升级之路。

我希望通过这本书可以让更多的中国人了解一场贯穿半个多世纪、真实发生过的日美贸易战。事实上，贸易战的本质从来都不是简单的数字顺差或逆差，其背后更多的是大国博弈、地缘政治、产业升级、经济霸权，是当逐渐衰落的霸权国遇上上升中并试图重构国际秩序的大国时的必然选择。从某种意义上来讲，贸易战是一场不可避免的长期经济战争，更是一场国运之战。

在过去长年资料和案例积累的基础上，本书于2019年5月开始进入写作状态。最终，本书在2年多的时间内完成，这离不开我的学生兼研究助理乔梓效的辛勤付出。他在跟随我的5年里，勤奋好学，兢兢业业，已经稳步成长为白益民产业经济研究的“三井商道”资深研究员，是在此研究领域重点培养的接班人。这次，乔梓效以第二作者身份出现在本书中，是我传承计划的初步体现。

感谢广大读者对我的鼓励与认可，感谢各企业家给予的经费支持，让我能够16年如一日地培养和带领研究团队，不断为社会奉献更多新的作品。感谢中国经济出版社社长毛增余先生和经管分社社长李煜萍女士对我10多年来的一贯支持和帮助。未来“三井帝国”和“三井商道”系列的图书还有8部写作计划，我会继续努力，希望最终都能如愿完成。

白益民

2021年8月18日

前　言

三井的情报

日本三井物产(综合商社)长久以来信奉着一句箴言:“情报是公司的命脉。”事实上,情报信息是各类企业发展的命脉,情报信息工作是现代企业发展的重要支柱。如果没有情报信息作为媒介,企业就不可能在瞬息万变的市场竞争中站稳脚跟。日本企业异常重视商业情报,认为情报是“第四种经营资源”。

在现代汉语中,“情报”其实是一个外来语,来自现代日语的“情報”(Joho)。19 世纪,日本近代著名作家森鸥外在翻译《战争论》第六章时,将德语中的 Nachrich im Kriege 译作“战争的情报”,这是日语中第一次出现了“情报”一词。德语的 nachrich 一词,有消息、通信的意思,在涉及国家安全时有英语 intelligence 的意思。

日本成为世界上的经济强国,除了其精湛的制造技术、优良的产品质量等因素外,与其重视“情报”的观念也是密不可分的。以三井物产为代表的综合商社则被称作“日本商业情报的中心”,是日本特有的经济组织和社会经济生活中搜集经济情报的重要机构,它们为财团企业提供最新的情报,使企业能够及时、准确地掌握“行情”。

三井物产(综合商社)集贸易、金融、信息功能于一体,它的情报搜集、加工处理和传递能力堪称世界第一,远超日本政府。同时,它们的工作效率也相当高,传递情报的速度十分惊人,其强大的情报网络甚至被认为“在美国中央情报局之上”。那么,三井物产如此庞大且完备的情报体系究竟是怎样形成和如何运作的呢?

商业情报打赢日俄战争

1891年,日本三井物产派遣上海支店的营业员山本条太郎进入中国辽宁营口,开始了“大豆三品”(大豆、豆粕、豆油)的贸易经营。山本条太郎于1881年进入三井物产工作,并被派到上海支店工作。其间,他蓄发留辫,穿中国服饰,学中国文字和语言,大量结识中国商人,其中最著名的就是东永茂油坊的创始人潘达球。

广东人潘达球专门从事东北大豆生意,并在辽宁营口建有东永茂油坊。1896年,凭借着与潘达球的良好关系,山本条太郎租用东永茂的房舍(原营口针织一厂院内)正式开设了三井物产营口支店,山本条太郎为支店长,该支店成为日本人在营口乃至东北活动的第一个据点。当然,山本条太郎及其三井物产可不仅仅从事商业经营活动,他们还参与了日本军方的情报搜集工作。

山本条太郎在经营中国东北大豆贸易的同时,利用东永茂油坊的地下室作为联络站,四处搜集情报,窥测中国军方动态,为日本陆军部提供了大量有价值的情报。因此,山本条太郎在中日甲午战争后受到嘉奖,并升任三井物产的常务取缔役(相当于常务社长)。此后,山本条太郎身价倍增,竟一跃登上南满洲铁道株式会社(以下简称“满铁”)总裁的宝座。“满铁”实际是日本在中国东北地区进行政治、经济、军事等方面侵略活动的指挥中心。

中日甲午战争(1894年)以后,中日签订了《马关条约》,清政府割让辽东半岛和台湾全岛等。沙俄出于自身利益考虑,联合法国、德国出面干涉,由清政府出钱赎回辽东半岛,史称“三国干涉还辽”。沙俄的强硬干涉,引起日本朝野的一致气愤,将沙俄视为日本在中国东北利益最大的威胁者,提出“日俄必战”的口号。

为了打赢沙俄,霸占中国东北,日本开始对中国东北进行全方位的侦查,其大本营就设在营口的三井物产支店。1898年4月,在三井物产营口支店店长岛田久米太郎的赞助下,日本退役海军、右翼团体黑龙会成员小越平陆开始了对东北三省的调查活动。他从营口出发,经海城、辽阳、奉天(今沈阳)、萨尔浒、吉林、海龙、长春、怀德(今公主岭)、八面城、通江口等,顺辽河而下,再通过铁岭、奉天返回营口。

1899年4月,小越平陆再次开启了他的中国东北的考察之旅。这一次他历时121天,全程8200余华里(4100千米),对中国东北的政治、军事、经济状况以及地形地貌、交通水路、民情风俗,包括俄国人在东北的势力范围基本有了了解。最重要的是,日本通过这次考察摸清了俄国在中国东北的所有重点建设和防务中心。

1904年2月8日黄昏,日本突然不宣而战,对旅顺的沙俄军舰发起偷袭,日俄战争爆发。同年8月,日俄两军在辽阳展开了旷日持久的大规模会战,史称“辽阳会战”。三井物产以营口为据点搜集的情报在这次大会战中发挥了特别的作用,帮助日军取得大胜。此后,沙俄势力退出中国东北南部,日本则攫取了中东铁路的长春至大连段,改为“南满铁路”,并在沿线驻扎军队。

1905年1月2日,日本军队彻底攻陷旅顺,俄国太平洋舰队主力被歼,日本在俄国波罗的海舰队到达之前获得了绝大部分制海权。俄国的波罗的海舰队是其王牌海军力量,因此俄国方面希望抽调波罗的海舰队的舰船远赴太平洋与日军作战。但是令俄国没想到的是,波罗的海舰队的一举一动早已被日本了如指掌。

1905年4月,日本军部就收到了关于俄国波罗的海舰队位置的情报,三井物产从西贡(今越南胡志明市)发来的情报显示:22日晨,长途跋涉的俄国波罗的海舰队停泊在了越南金兰湾,舰数约50艘,同时俄国还在西贡购买了4.5万吨煤炭。根据这些情报,日本军部准确地判断了波罗的海舰队的下一步行动,也为接下来日方取得日俄对马海战的胜利奠定了基础。

日俄战争(1905年)结束后,在战争中贡献颇多的三井物产也开始全面进入中国东北。之后,安田、三菱等财团也随之而来。在中国东北,三井物产主要负责煤炭、棉花、棉纱、棉布、蚕丝、砂糖、机械等基础经济产品,这也为其后来的发展积累了十分丰厚的资产。

三井物产全球通信网

20世纪六七十年代,日本经济从战后的高速增长向渐进式增长转变,同时由于两次国际石油危机的影响,三井物产开始加大技术投入力度,寻求节能、节油产品的开发,建立知识、技术密集型产业发展目标。1967年10月,三井物产聘请大批金融技术、社会科学、技术情报等方面的专家组成三井情报开发株式会社(MKI)。

三井情报开发株式会社英文名称中有一个在当时很超前的概念——“知识产业”(Knowledge Industry),在当时被译为“情报产业”。自此,三井物产也正式把“情报产业”确立为发展宗旨,把从事的主要业务与本地教育机构和海外研究机构等的业务联合起来,构建了一整套适合本企业发展的组织机构。

1971年,三井开始构建“三井物产全球通信网”,在没有计算机、网络的时代,三井物产(综合商社)就在利用电传机和中央数据处理系统来联系全球。

在综合商社来自世界各地的电讯中,既有大量的经济情报,也有与经济有关的政治、军事情报,如1978年苏联入侵阿富汗以及1979年伊朗政府扣留美国人质事件就都是由综合商社最早分析测知的。

到了20世纪80年代,经过十几年的发展,三井物产的情报系统已经初具规模,拥有了一整套设备完善的情报管理体系,其在三井物产的总部内设有专门的计算机控制中心、信息情报管理室和数据资料情报库等,并和国内外机构的数据网点相互连接,形成一个庞大的信息网络,实时监控搜集世界各地的情报信息。

1985年4月,当中国学者访问日本三井物产时,在其计算机控制中心看到的场景是:约650平方米的大房间里安装了200多台电子计算机及其他资料储存装置。在那里操作的只有五六个人,一两分钟就能够掌握全日本同行业的有关信息,四五分钟就可以获得世界主要地区的有关市场动态。可见当时日本情报信息传递速度之快,效率之高。

不仅如此,三井物产还成立起了自己的电视台,建立了专门的录像系统,制作与业务有关的电视节目,向全体职工播放最新的情报信息,以此来教育公司职员了解国内外大事,熟悉公司各项业务,把最新资讯及时应用到工作当中。三井物产把信息情报视为一种独立的产品、一种财富,放在同粮食、天然资源一样重要的地位上。

进入20世纪90年代以后,伴随着网络与信息技术、数据处理技术的广泛应用,世界出现了信息大爆炸的趋势,来自不同层次的信息源源不断。如何快速且高效率地提取有效信息、增强企业竞争力就成为一个亟待解决的全新问题,这对三井物产原有的竞争情报系统提出了很大挑战。

1991年10月,三井物产将原来的情报调研部分离出来,升格为"三井物产贸易经济研究所"。现在,这个研究所已经更名为"三井物产战略研究所",性质是三井物产株式会社的控股独立法人研究单位,主要从事经济方面相关调查研究。该研究所下设国际情报部、新事业开发部和业务统括部三大部门,为各委托单位提供经济方面专业调查研究服务,如今已经成为这个领域最权威的机构之一。

事实上,"三井物产战略研究所"作为民间研究机构,无论是从研究的深度、广度还是从企业的接受程度来看,都比日本政府的研究机构更有效率。特别是,在宏观经济研究领域,"三井物产战略研究所"的成果被日本企业界认为是经济变化的风向标,就连日本政府也经常利用它的信息。可以说,日本产业、经济方面的决策很多都来自这些财团旗下的研究机构,而不是靠政府部门和各所大学。

伴随着计算机技术的普及，三井物产可以通过其设在东京、纽约、伦敦、悉尼和巴林的5个计算机控制中心，瞬间连接到驻海外87个国家和地区的149个办事处，实现情报信息网络24小时的不停运转，不间断地搜集全球经济以及政治、军事、科技、社会等方方面面的各类信息，并进行综合性、战略性研究判断。

正是依靠这个昼夜不停的全球通信网，三井物产注视着世界每一个角落的风云变幻，掌握着世界各地的经济动向和贸易上所需要的每一个哪怕是极其微小的情报，以提高其在世界贸易中的竞争能力。当然，一个企业的长足发展必须与本国发展战略相结合，三井物产也在不断利用企业竞争情报系统搜集提取各项政治经济信息，通过高度发达的计算机网络实现信息共享，并紧密结合国家战略。

商场如战场，情报是生命

1978年，美国《财富》杂志发表文章称，硅谷有一批“日本间谍”，他们窃取美国公司的技术。美国中情局前局长威廉·科尔比曾说，大多数国家都会开展情报活动，对日本来说，情报活动多数集中在经济领域。和美国等国相比，日本并没有像美国中央情报局那样世界知名的间谍机构，但这并不妨碍日本建立和拥有一个完整且复杂的情报体系。

事实上，日本的商业情报活动很少依赖专门的情报机构，在日本有着政府机构、综合商社和企业情报部门构成日本竞争情报网络三大支柱的说法。其中，日本贸易振兴机构(JETRO)可以被视为政府机构竞争情报实践的典范，它的工作主要是搜集贸易信息、对贸易机会和威胁早期预警、监视竞争对手和评估国际贸易。

此外，多数日本公司创立了自己的情报小组。如日产汽车的市场情报室、三井化学公司的情报中心、理光公司的市场情报部、花王公司的数字业务管理室等，这些企业内部的情报小组也都为各自企业的战略决策做出了巨大贡献。美国记者鲍勃·伍德沃德就将日本公司比喻为“真空吸尘器”，可以全方位地搜集情报、数据、文件和文章。

1981年，日本富士财团旗下的日立公司从一名美国IBM前雇员手中获得了最新一代计算机308X系列部分设计资料，这是当时美国IBM公司的最高机密。该案被曝光后，被称为“20世纪最大的经济间谍案件”。美国舆论称，这对美国硅谷的攻击不亚于日本当年对珍珠港的偷袭。“日立间谍案”也正式拉开了日美芯片贸易战的大幕。

1985年，美国科学应用公司项目经理罗纳德·霍夫曼将该公司为“星球大战计划”秘密研发的一套软件程序以75万美元的价格卖给日本日产汽车公司(属富士财团)、三菱电子、三菱重工(属三菱财团)和石川岛播磨重工(属三井财团),这套软件后来被用于日本的民用航空计划。

当然,日本商业情报的核心力量仍是以三井物产为代表的大型综合商社。日本最大的综合商社有6家:三井物产、三菱商事、伊藤忠商事、丸红商事、住友商社和双日,它们在世界187个城市设有800多家分支机构,向国外派出1.6万余人,重点搜集各国政府和企业的政治、经济以及科技等情报。

三井物产坚信“情报是公司的命脉,舍得投资才能获取效益”。20世纪90年代,仅仅是为了维持“三井物产全球通信网”,每年的电报、电传费就高达6000万美元,约占公司总开支的10%,相当于员工工资总额的1/3。同时,三井物产不惜花费巨资成立专业研究团队,增加智囊机构,力图多角度、全方位搜集最新、最有用的情报信息。

一份当时解密的美国中情局报告显示,以三井物产为代表的日本情报机构的两大优先目标是有关外国原料包括石油和食品的情报,以及有关美国和欧洲技术与科学发展的详尽情报。报告还称,所有日本情报机构80%的资源都源于美国和欧洲,集中于高科技领域;而日本间谍搜集到的情报中85%~90%是经济情报,其中绝大多数是专利技术。

进入21世纪以来,日本经济情报活动仍很活跃,这自然引起了美国等西方国家的重视。维基解密网称,美国最早从2007年就开始监听日本政要和大企业的通信,这其中除了官房长官、经济产业大臣、日本中央银行行长外,三井物产和三菱商事这样的财团综合商社也赫然在列,这显然是对日本长久以来商业情报战的反击。

值得注意的是,日本的经济情报活动在不同时期,会确立不同的重点领域和目标。当日本逐渐从产业吸收国向产业输出国转型以后,中国等新兴大国逐渐成为日本经济情报的重点目标。特别是在中国加入世界贸易组织(WTO)以后,市场经济的高速发展使中国在世界上的影响力与日俱增,中国这个巨大的市场也成为三井物产情报系统重视的目标。

因此,在三井物产战略研究所的国际情报部中,专门设立了中国经济研究所,重点加强对中国市场经济的监控,掌握中国市场动向与中国政府政策的变化,及时采取应对措施。当然,三井物产的情报不仅为自己服务,也为三井财团的关系企业提供帮助。因此,三井财团的丰田才能做到在和中国一汽谈判之前“把一汽的底全摸清了”。

商业情报局:人的三井

三井物产始终重视情报人员的培养教育工作,把人才视为决定性因素和最宝贵的资源。日益先进的设备和技术只能不断强化综合商社的情报功能，而人才是情报信息背后的核心。日本贸易振兴会的海外调查部前任部长木村说过:“情报工作最重要的是人，是具有分析能力、判断能力、熟悉情报业务并能独立工作的人。”

三井物产不仅有专职的情报人员，而且在企业内部大力普及情报知识，树立职员情报意识，让每个职员都自觉成为企业的信息员。事实上，情报是指从海量的信息中提取关于某个部门或者某种产品、商品的信息，而这个工作需要“专家”，也就是商社里的商人来完成:商人们因为长时间从事某种工作而成长为这方面的专家。这些有组织的商人长期集合在一起，最终形成真正的情报系统。

不仅如此，日本的许多大学还设有专门的情报学专业，源源不断地为各大财团企业提供情报人才，其中最著名的就是三井财团多摩大学设立的“经营情报学研究科”。经营情报学是信息科学与经济学相交叉的学科，其研究的对象就是信息，研究与经济活动有关的信息特征及其反映出来的种种规律。同时，经营情报学的内容不仅仅局限于企业经营和信息处理的知识，也会涉及法律和数学等相关知识。

多摩大学是位于东京都多摩市的国际著名研究型综合大学，在日本社会上享有极高的声誉。作为一所专攻商业科学的精英大学，多摩大学的教师阵容非常有实力，专家教授大都是当今日本经济社会中的佼佼者，很多同时也是大型国际企业的管理者。多摩大学的校长则是三井物产战略研究所所长、时任日本国立大学法人评价委员阁官房的寺岛实郎。

多摩大学校长、三井物产战略研究所所长寺岛实郎作为当代日本国际政治与经济领域的著名学者，他的思想对日本前首相(2009—2010年)鸠山由纪夫的影响颇大，一度被称作“鸠山的大脑”。此外，寺岛实郎还担任日本文部科学省中央教育审议会委员、政府审议会主席等多项职务，同时在日本政、经、学各界担任多个要职，出版有《新经济主义宣言》《了解世界的力量》等20多部著作。

三井物产、三菱商事等日本综合商社招聘来的工作人员都要接受为期3年包括情报技能在内的岗位培训，以及搜集情报训练。凡驻海外办事处人员大都有搜集情报的任务。每一个驻外工作人员既是出色的业务员、推销员，又是能干称职的情报员。他们坚定不移地严守“信息就是金钱，情报就是生命”的信条，圆满地完成本职工作。

2004年，就任三井物产(中国)有限公司董事长的副岛利宏就十分重视培养中国本地员工，使中国的员工也能接受并理解三井的经营理念，从而产生企业认同感。仅2005年，副岛利宏就面向三井物产约600名在中国工作的全体员工做了12次的培训，他希望能通过培训的形式告诉大家，三井物产的领导人——益田孝先生等前辈的名言以及三井物产的经营理念。

谈到培训的目的，副岛利宏表示："我希望所有在三井物产工作的员工都能够明白三井物产得以发展至今的理由以及在工作当中应该遵循的经营理念。如果我们的员工能够重新认识在这个公司工作的意义，他们就能够享受到自己工作的乐趣。""对于我本人，幸运的是在三井物产让我感到很充实，所以一干就是36年。"

每个商社的员工都在有意无意间通过其所具有的特殊身份加强与各方面的密切联系，在与本企业内外部人员日常交往、闲谈中，对有利于本企业发展的情报信息提高敏感度。他们可以从技术和时事杂志上，从工业和科学会议上的学术报告里，甚至从晚宴或高尔夫球场上听到的只言片语中搜集整理出有用的商业情报。

日本商社情报的体系有着一个重要特征——共享性，这是因为日本财团企业普遍具有命运共同体意识，即"荣则俱荣、损则俱损"的集体主义精神。共享不仅包括由企业内部各部门共享，还包括跟外部的关联企业进行共享。例如，丰田属于三井财团，所以三井物产得到的一些信息就要与丰田进行共享。

当然，这种企业命运共同体意识的培养不是一蹴而就的，而是源自长期有效的企业文化建设和一批又一批企业人的坚持与传承。三井物产重视人才在业内久负盛名，作为综合商社的三井物产也承担起了为财团企业培养人才的重任，很多三井财团成员企业的社长（总经理）都来自三井物产的各营业部门。

企业竞争情报不应该是单纯的文字或数据信息，更应该是一条完整有序的产业链。当今社会是信息的社会，很多时候，国与国之间、企业与企业之间所比拼的早已经超越了实际产品，而升级成为一种信息战、情报战。在这场战役中日本财团的综合商社之所以能够屡次取胜，与其高效严密的情报系统不无关系，这对于中国而言具有很强的借鉴意义。

目 录
CONTENTS

第三章　击败美国的东洋“钢铁侠”

对于三井财团的新日铁公司而言，旷日持久的日美钢铁贸易战，实际上并没有对企业的发展造成明显的影响。在策略上，日本钢铁企业追求的不再是数量的扩张，而是质量的提升，将向美国市场出口的产品转向了高附加值产品，不断强化美国当地的营销网络建设，树立起日本钢铁产品高质量、高技术的形象。

第四章　彩电市场的龙争虎斗

为了规避日美贸易摩擦与国际汇率风险，从20世纪70年代末开始，以三井财团旗下东芝、索尼公司为代表的日本彩电企业，在美国掀起了直接投资设厂的浪潮，疯狂挤压美国本土彩电品牌的生存空间。随着美国电视工厂大量被日本厂商所收购，美国彩电行业实际上几乎都成为日本彩电公司的分支机构。

第五章　“刺刀见红”的美日汽车战

美日汽车贸易关系已经陷入“严重失衡”，2015年日系车对美出口额是美系车对日出口额的49倍之多，日系车占据美国市场近40%的份额，美系车在日本市场占比仅为0.3%。此外，三井财团旗下的丰田在美投资金额高达600亿美元，直接解决的就业人数达9.3万余人，间接解决的就业人数更是高达40余万人。

第六章　群雄争霸芯片产业

尽管日本封装芯片的全球市场份额已不到10%，但其在材料、精密机械、基础科学上的科研能力堪称世界第一。以三井财团旗下的东芝、索尼为代表的日本芯片企业只是从“台前”走到了“幕后”。在芯片材料领域，日本企业几乎可以说是一家独大。如果没有日本，全球的芯片制造企业都会“无米下锅”。

第七章　文化渗透无孔不入

1989年，三井财团旗下的索尼公司收购了美国哥伦比亚电影公司，并将其更名为“索尼影视娱乐公司”。2006年，索尼影业的全球总票房就达到了35亿美元，再加上DVD销售和电视版权，索尼在电影领域获得了超100亿美元的收入。短短十多年时间，索尼就发展成为一个领先全美的文娱品牌。

第八章　不做美国的金融奴隶

“脱实向虚”的美式金融投机，在很大程度上冲击了日本经济的正常发展。同时，以美国为首的西方金融机构大举进军日本，对日本金融业的生存和发展造成极大的威胁。以三井财团旗下三井住友银行为代表的财团金融机构，纷纷开始通过合并形成金融控股集团，提高对外应战能力。

第九章 能源争夺永无止境

以三井物产为首的日本综合商社不是页岩气的直接使用者，却深入渗透美国页岩气产业的每个领域。它不仅为日本能源供给多元化战略找到了新的突破口，而且成功杀入美国“页岩气革命”的核心领域，努力掌控页岩气深加工的整条产业链，成为巨大受益者之一。

第十章 产业就是脊梁

在经历了股市和房市的双重虚火之后，日本正是依靠着三井财团强大的体系支持，基于产业链发展进行合理布局，而不盲目追求利益，真正把资金和资源投入那些投资回报慢但附加值高的高精尖行业。可以说，日本“失去的二十年”正是其完成经济转型、产业升级、苦练内功的二十年。

第一章

敢于对“美国模式”说“不”

1989年后，日本成为西方国家中最早和中国全面恢复关系的国家。第二年秋天，由社长熊谷直彦亲自率领的三井物产首脑访华团访问北京。三井物产派出由30多位首脑组成的访华团是史无前例的，此举也说明了三井物产十分重视同中国的发展关系。

就在日美贸易谈判陷入困境的1994年，美国《财富》杂志评选世界500强，排在前五名的都是日本财团的综合商社：三井物产、三菱商事、住友商事、伊藤忠商事、丸红商事。在此前后的10年时间里，日本综合商社的三井物产、三菱商事和伊藤忠商事一直排在世界500强的前十位。

如今，像三井物产这样的日本综合商社，投资美国企业的类别包罗万象，凡是能够提供高科技、新观点或新产品的公司都在它们的考虑之列。比如，位于美国马萨诸塞州的一家制造手术用激光仪器的小公司，就因为符合上述条件而获得了三井物产在资金及行销上的介入。

——作者题注

【阅读提示】

“三井”告诉了我们什么(1)

日本早在1955年就加入了关税及贸易总协定(GATT,WTO前身),但欧美各国,特别是美国认为:日本是发达国家中推行自由化最迟缓的。1967年6月,经济合作与发展组织在《日本国际资本转移的自由化》的报告中这样说道:“日本根本不想对吸引直接投资做出努力,用外文写的对国外潜在投资家有帮助的政府出版物一本也没有,政府和企业也不愿提供任何有关情报。”

随着日本在贸易和技术方面的力量日益显现,以及美国的工业竞争力逐步下降,日美两种模式的冲突逐步激化。到20世纪80年代,美国出现了两种对立的舆论倾向:一种是“反日派”(“猛烈抨击日本者”),他们将美国的失败归因于日本人不遵守自由贸易准则;另一种是“亲日派”(研究日本文化的学者),他们强调日本模式较好的一面,同时也认为美国要对自己的衰退承担责任。

作为“猛烈抨击日本者”集团中的核心代表,美国学者基恩斯编写了《财阀美国》一书。在书中,基恩斯着重分析了存在于日本财团内部的协同作用机制。作为“财团”成员的日本制造业企业拥有起决定作用的竞争王牌:取得“廉价”资金、能够制定长期战略、与目的明确的分包商有特殊关系……实际上,这些都反映出了当时美国对于日本财团经济模式的警惕和不满。

20世纪80年代末,由于美国连年对日贸易逆差都在五六百亿美元以上且根本无力扭转,于是在美国又出现了一种论调,即美国应采用“日本模式”来支持研究开发工作以提高美国产品在国际市场上的竞争力。在许多美国经济学家看来,所谓的“日本模式”就是指加强政府干预,政府要增拨更多科研经费来资助影响企业竞争力关键技术(如芯片、计算机等)的研究开发工作。

对于“日本的国际竞争力强是政府干预的结果”这一结论,日方是不同意的。日本驻美国科技参赞就表示,这不是政府的干预,而是国内激烈自由竞争的结果。以汽车工业为例,由于日本几家汽车公司之间的激烈竞争,谁要想站稳市场,就必须改进产品,因此日本的汽车每年都有新变化,以尽量满足用户需要,而美国的汽车则很少有变化。

事实上,日本政府提供给工业界的补助比其他国家都要低。在工业化国家中,日本对进口项目的限制最少,关税最低。日本经济的主要力量实际是来自三井、三菱等几大财团体系内的制造业企业,对于某些重要产业的方向决策问题,政府可能会帮助协调,但不会指导干涉。一直以来,对美国产生巨大挑战的都是以“财团”为核心组成部分的日本经济体系。

本章导言

2020 年 6 月 23 日，商务部网站发布消息称：中国不再就市场经济地位问题起诉欧盟。所谓的“市场经济地位”是一个经济学上的名词，主要按照国家政府对经济的干预程度定义一个国家的市场经济状况，也是反倾销调查过程中的一个重要概念。长久以来，欧盟都以中国已经占了太多“便宜”，经济发展十分快速，却依然享受着发展中国家的待遇为由，拒绝承认中国的市场经济地位。

当然，欧盟在 WTO 框架下反对中国的市场经济地位其实只是在充当美国的马前卒。2019 年 11 月 30 日，美国特朗普政府就已经正式拒绝中国根据《中国加入世界贸易组织议定书》第十五条获得市场经济地位的要求。事实上，根据该议定书的相关规定，WTO 成员对华反倾销“替代国”做法早就应该结束了，但美国、欧盟等仍拒绝承认中国的市场经济地位。

其实，中国早已清楚这样的申诉是不会有结果的，没必要浪费精力在美国和欧盟是否给予“市场经济地位”的问题上。即使所谓的“市场经济地位”从未被承认过，经过数十年的发展，中国仍然成为世界第一的出口大国，因此中国是否是市场经济国家已经不重要了。如今，耗费宝贵的外交资源去努力争取其他国家承认中国的市场经济地位，只会不断强化其赋予“市场经济地位”的政治含义。

简单来说，就是以美国、英国为首的国家建了一个“朋友圈”，如果你不属于他们这个“朋友圈”，那么你的商品要进来就会被征收高额关税，甚至还会被反倾销调查，而入场券就是所谓的“市场经济地位”。这种经济理论背后代表着的其实是政治利益，归根结底就是国家与国家之间的利益之争。事实上，日本和德国也在一段时间内被称为“非市场经济国家”。

此次中国的撤诉也表明了一个鲜明的立场，无论今后美欧如何表态，都不会阻碍中国推动国企改革和供给侧结构性改革的大业。要清楚地知道，所谓的“市场经济地位”并不是中国企业免受贸易保护壁垒伤害，减少反倾销调查的“救命稻草”。今后，美欧等国家（地区）必将“发明”出其他新方式继续对中国产业界、经济界进行施压，以保护其工业企业和劳动就业。

在美欧国家设置的“游戏规则”下,中国继续申诉实际上已经没有任何意义。对此,商务部国际贸易经济合作研究院研究员梅新育表示:“首先,WTO争端解决机制当前处于瘫痪状态,七位法官只剩一位,再上诉也是比较困难的事情。其次,停止上诉能够不再给我国出口增加新的麻烦,无非就是原有问题暂时不能解决而已。”

如今,在全球化进程出现重大倒退、反全球化趋势日渐明显的大背景下,中国的首要任务应该是维持自身经济持续稳定有序地发展。诚然,中国想要更好地融入国际贸易确实是需要确立市场经济地位,但也没必要过分在意,因为一个国家是否拥有真正意义上的市场经济地位,归根结底取决于其自身综合国力的大小。

2020年6月,刘鹤副总理在陆家嘴论坛上提及经济形势时说道:“一个以国内循环为主、国际国内互促的双循环发展的新格局正在形成。”随后,国务院办公厅也印发了《关于支持出口产品转内销的实施意见》,为外销产品转为内销产品打开了大门。事实上,中国有着14亿人口,拥有巨大的市场潜力,只要努力营造好国内的经济环境,中国的市场依然十分具有吸引力。

特别是在疫情得到控制后,中国在复工复产过程中展现的管理能力进一步验证了其相对于其他新兴市场的制造业优势。得益于中国疫情防控的进展,各国在华工厂率先恢复生产,其整体业务也开始逐步回归正常水平。中国抗击疫情形势持续向好,企业加快实现复工复产复市,稳岗就业扎实推进,同时伴随中央及地方政府一系列利好政策的拉动,人们的消费信心得到提升,部分消费者被抑制的需求也加快释放。

客观上讲,无论美欧等国家(地区)承认与否,中国已经完全拥有市场经济地位。并且按照现在的发展趋势来看,未来中国在全球贸易市场中所占份额还会继续增加。实际上,由于WTO将“市场经济地位”问题的自由裁量权留给了成员方,因此各成员对“市场经济国家”的定义也各不相同。时过境迁,如今的中国的确没必要再无端背上“市场经济地位”这个美国抛来的“政治包袱”。

第一节 利大于弊的《广场协议》

买买买，深思熟虑的策略

20 世纪 80 年代初，美国经济出现了严重的通货膨胀，美联储被迫实施紧缩货币政策，导致美元大幅升值，严重影响到美国的出口竞争力，从而带来了巨额贸易逆差。数据显示，美国贸易逆差从 1980 年的 364 亿美元急剧扩大到 1985 年的 1485 亿美元，5 年时间增长了 3 倍多。与此同时，日本依然延续着 20 世纪 70 年代 8% 的经济增速，保持着经济高速增长的良好势头。

1985 年，美日贸易逆差已经达到了 500 亿美元，占据了美国贸易逆差的 1/3。当时正是日本制造风靡全球的时代，日本的汽车、半导体、摩托车、机械设备不但质量不逊于美国产品，而且因为美元升值而明显具有价格优势。显然，美国的经济霸主地位受到了巨大的威胁。事实也的确如此，就在这一年美国的工业产品出口额落后于日本和联邦德国，位列全球第三。

在这样的大背景下，1985 年 9 月 22 日，美国、日本、英国、法国、联邦德国等五大发达国家的财政部部长和央行行长在美国纽约中央公园南侧的广场酒店进行秘密会晤后签署了协议，即著名的《广场协议》。五国同意联合干预外汇市场，允许美元对日元及马克等主要货币有秩序性地贬值，以化解美国的巨额贸易赤字。

在《广场协议》宣布前，美元对日元大致在 1∶250 的水平，此后不到 3 个月时间，美元对日元就急剧下滑到 1∶200，贬值了 20% 。一年之后，美元对日元已经下滑到 1∶150 的水平。在这之后，以美国财政部部长贝克为代表的美国当局不断地对美元进行口头干预。1988 年，美元对日元达到了 1∶120 的水平，比《广场协议》之前贬值了 50% 多，也就是说，日元升值了 1 倍多。

事实上，日本政府是自愿签署这份协议的，并没有被迫一说，《广场协议》的签订甚至还得到了日本大藏省（2000 年前日本主管金融财政的部门）的强力推动。这是因为，当时日本经济发展过热，日元升值可以很好地帮助日本拓展海外市场。过去那些在日本人看来根本买不起的美国产品，现在变得唾手可得。于是，日本人开始到美国进行大肆收购。

日本人购买美国商品，美国当然高兴，但日本企业对美国的房地产和企业资产的大量收购却令美国人深感不安，当时美国人甚至惊呼：“日本要买下美国！”官方数据显示，1985 年前日本在美国投入的不动产金额仅为 18 亿美元，但在 1985 年到 1987 年的 3 年时间里，日本企业在日元升值的有利条件下，先后收购美国的房地产达 123 次,金额高达 88.5 亿美元。

当时在美国的洛杉矶,日本人购买了闹市区几乎一半的房地产。在夏威夷,96%的外国投资来自日本,并且主要集中在饭店、高级住宅等不动产方面。到 20 世纪 80 年代末,日本人共购买了美国 10%的不动产。当然,日本的收购并不仅限于房地产,因为单纯地疯狂购买房地产并不符合经济规律,精明的日本商人显然也不会这样做。

1989 年 6 月,日本三井财团旗下的索尼公司宣布,它们以 34 亿美元成功购买了美国文化的象征之一:哥伦比亚影业公司。美国哥伦比亚影业公司成立于 1924 年,它对全部 2700 部库存影片拥有版权,这在美国主要电影公司中是独有的。索尼公司成功地完成了收购,创造了日本企业兼并史上的最高纪录。电影向来是美国人的骄傲,日本公司的介入引起了美国舆论的一片恐慌。

1989 年 10 月 30 日,日本三菱财团旗下的三菱房地产公司以 8.46 亿美元的价格买下了美国纽约洛克菲勒集团 51%的股权。洛克菲勒集团是当时美国最大的几家私人企业之一,主要是通过它的一些子公司经营不动产、旅游娱乐和广播电信等行业。三菱房地产公司则是仅次于三井不动产的第二大房地产开发商,拥有日本最高的建筑横滨地标塔、山王公园大厦和东京丸之内大厦。

日本三井财团和三菱财团的这两次收购在美国引起了巨大的震动,此举的不同凡响之处,除了金额巨大外,还在于其性质已超越以往单纯收购不动产的做法。实际上,日本这一时期的“买买买”可不仅仅是一时的头脑发热,而是经过深思熟虑后制定的并购策略。因为,从行业上讲并不局限于地产业,有些甚至明显着眼于未来市场和科技领域。

像三井物产这样的日本综合商社,投资美国企业的类别包罗万象,凡是能够提供高科技、新观点或新产品的公司都在它们的考虑之列。比如,位于美国马萨诸塞州的一家制造手术用激光仪器的小公司,就因为符合上述条件获得了三井物产在资金及行销上的介入。此外,在同一时期,日本商社企业还收购了美国两家拥有特殊技术的生物技术公司,希望通过对此类公司的购并,进入新兴的生物技术领域。

日美结构性障碍倡议

1989 年 7 月,美国总统布什在巴黎七国首脑会谈(G7 峰会)中,突然提出“日美结构性障碍倡议”(以下简称“日美结构协商”,SII)的提议,即希望通过一系列磋商,试图修改那些抑制美国对日出口和投资的基本经济政策及商业做法。实际上,“日美结构协商”在一定程度上是布什政府对难以解决的贸易逆差和日本资本大举进入美国市场问题做出的回应。

事实上,要求日本政府进行结构性改革以便美国企业进入日本市场简直就是无稽之谈。因为不论日本如何修改法律,市场如何自由化,已经处于落后位置的美国制造业要大幅度增加出口,并在日本市场上站稳脚跟都是不可能的。它的真正意图是击溃日本的攻势,在日本企业中产生雪崩般的心理效应,并在对等主义的旗号下,巧妙而合法地钳制日本企业。

1989 年 9 月 4 日,双方举行了第一次日美结构问题协商。在这一时期,两国新闻报道的气氛,仿佛处于日美开战的前夕,对双方的敌对态度做了异乎寻常的渲染。例如,美国的《打击日本》《日本力量之谜》《封锁日本》等著作,风靡全国。与之对应,日本的《日本已经成为美国新战略中的假想敌》《日本不坏、美国坏》之类的书籍也成为畅销书。

日本索尼公司(属三井财团)创始人盛田昭夫和右翼政治人物石原慎太郎出版于 1989 年的《日本可以说"不"》颇为出名,这本书因宣扬日本应该在包括经济和外交的各个领域提高自主地位,尤其是相对美国的自主地位而著名。随后,这本书被翻译成英文在美国引起热议,但在被授权的翻译中并没有包括盛田昭夫的文章,据说是索尼公司担心自身利益受到影响所致。

1989年,日本索尼公司创始人盛田昭夫和右翼政治人物石原慎太郎出版了《日本可以说"不"》一书

在这种舆论和思潮的推动下,原来已经白热化的贸易摩擦、投资摩擦逐步升级,发展到感情摩擦、政治摩擦。在协商中,美国对日本的储蓄、投资、土地利用、流通、价格机制、系列化、排他性交易惯例等领域问题进行干预。与此同时,日本也相应地对美国提出了储蓄投资、企业行为、政府干预与限制、研究开发、振兴出口、职工教育等 6 项问题,但美国根本不予理会。

此后的 4 次协商中,面对美国的步步紧逼,日本都采取了"软顶"态度,既不能事事退让,又不能直接对抗,谈判似乎陷入了僵局。但是到了 1990 年 6 月,局面发生了改变,日美双方达成妥协,并发表了"最终报告"。以日本政府承诺建立透明、公正的政府采购程序,以及重新修订关税和建筑标准作为交换条件,美国也不再强制要求日本废除相应法律作为结束。

当然,造成上述谈判戏剧性转变的原因是多方面的。首先,苏联与东欧形势发生了巨大变化,在这种世界体制大变动的形势下,美国必须防范日美之间的同盟关系出现危机。其次,日本在 1990 年初发生的股市暴跌促使美国对日本的防范意识减轻,对协商态度和缓和起了一定作用。日美双方出于各自的理由,最终草草地结束了这一次"日美结构协商"。

1990 年,日经指数下跌,土地价格大幅下降,日本泡沫经济开始破灭。许多分析认为,《广场协议》是日元升值、日本经济陷入"失落十年"的罪魁祸首。但实际上这是一种误读，刺破经济泡沫的其实正是日本政府。1990 年 3 月，日本大藏省发布《关于控制土地相关融资的规定》，对土地金融进行总量控制，这一人为的急刹车才是经济泡沫破裂的重要原因。

实际上，正是源于美国布什政府的“结构破坏战略”，才使日本民族产生了重大的危机感，推动日本朝野上下开始了一次大辩论大研讨，为进行一次真正的、自发的结构性大改革做好了各种准备。虽然日本经济在 1991 年泡沫破裂后陷入长时间“零增长”状态，但值得注意的是，当时日本实际上已经基本完成了战后经济复兴目标。

虽然日本经济陷入“零增长”陷阱，但日本财团企业的全球竞争力却不降反升。在经济泡沫破裂的 20 世纪 90 年代和 21 世纪初，大到汽车小到随身听，日本商品依然风靡全球。同时，日本企业降低成本、提高效率的精益生产模式也成为全球企业学习的楷模。通过《广场协议》和“日美结构协商”，美国虽在表面上“战胜”了日本，但实际上并无所得；日本虽然看上去步步退让，但实际上并无所失。

依旧强势的综合商社

1993 年 7 月初，在日本东京举行的七国首脑会谈（G7 峰会）上，美国新一届政府宣布启动新的“美日新经济伙伴框架”。克林顿总统明确指出：“冷战时期那种美日合作关系已落后于时代……今后要特别注意经济领域的美日关系。”显然，美国并不满于表面上的“胜利”。10 日，美日两国经过艰苦的讨价还价，达成了“美日新经济伙伴框架”协议。

1994 年 2 月 10 日，时任日本首相细川护熙到华盛顿访问，11 日与克林顿总统就贸易问题进行会谈。美国要求日本接受用以衡量日本市场对外开放程度的“数值指标”，而日本方面拒不接受，这也导致了 1993 年 7 月签署的伙伴框架协议不能实际落实。随后，美国克林顿政府宣布再次对日本启动“超级 301 条款”，一时间，日美关系骤然紧张了起来。

所谓“301 条款”，实际上是美国《1974 年贸易法》第 301 条规定的俗称，最早见于《1962 年贸易扩展法》。根据该条款，当有任何利害关系人申诉外国的做法损害了美国在贸易协定下的利益或其他不公正、不合理或歧视性行为给美国商业造成负担或障碍时，美国贸易代表办公室可进行调查，决定采取撤销贸易减让或优惠条件等制裁措施。

1994 年 10 月 1 日，美国与日本经过几个月的艰苦谈判，终于达成了日本增加对美及其他国家的医疗器械及电信产品的政府采购，进一步开放保险业和玻璃制品市场的协议。1995 年 6 月底，在美国宣布对日本进行制裁的最后期限前，双方就最困难的汽车贸易谈判也最终达成了协议。由于汽车和零部件贸易逆差占美国对日本贸易逆差的 60%，从 1994 年下半年开始，美国对日本贸易逆差开始持续下降。

1995年,美国对日本贸易逆差总额为590亿美元,1996年下降到了470亿美元。与此同时,美国通用、福特、克莱斯勒三大汽车公司对日本的出口量剧增46%。10年间,美国通过一系列的组合拳打击日本经济,但并没有使日本经济真正垮掉。这是因为日本经济的根基是以主办银行和综合商社为核心的财团体制,财团中的综合商事和制造业企业没有陷入危机,依附于财团的中小企业所受的影响也就有限。

就在日美谈判陷入困境的1994年,美国《财富》杂志评选世界500强企业,排在前五名的都是日本财团的综合商社:三井物产、三菱商事、住友商事、伊藤忠商事、丸红商事。在此前后的10年时间里,日本综合商社的三井物产、三菱商事和伊藤忠商事一直排在世界500强的前十位。当时,日本前六大商社的贸易总额为5762.2亿美元,占日本当年GDP的12%和日本贸易总额的2/3。

同时,日本综合商社积极利用日元大幅升值机遇大幅增加海外投资,将大量产能转移到海外以化解贸易摩擦压力。日本综合商社的海外贸易和投资遍布世界100多个国家,三井物产1995年的海内、海外公司总数为1131家,其中日本国内637家,海外494家,业务涵盖钢铁和非金属、机械、纺织、能源、化工、木材和纸、食品、建筑、信息等九大行业。

进入20世纪90年代后,日元的急剧升值和韩国、中国等新兴工业体系的迅速发展,使日本制造业的产品在国际市场上失去了价格竞争优势,三井物产、三菱商事等综合商社不可避免地出现了营业额逐年下滑的趋势。于是,在一般的贸易职能外,综合商社还开发出了金融、信息和组织等职能,如向中小企业融资、市场开拓投资及商品交易的预付款等金融职能。

日本各大综合商社海外的办事机构遍布全球,建立了现代化的信息与通信网络系统,在海外设办事机构为中小企业开拓海外市场、进行海外贸易和直接投资活动提供贸易方的宏观及微观信息的调查、搜集、整理等工作;同时,积极拓展日本海外能源战略,如三井物产在澳大利亚的石油开发、伊藤忠商事在印度的石油开发、住友商事在中国塔里木盆地的石油开发等。

综合商社还积极开拓新的事业,培养开发高新技术,并将其商业化,实现利润的高回收。三井物产从1990年就开始摸索环境领域的事业创造,在日本制定家电回收利用法之前,三井物产就完成了JFE Urban Recycle系统,该设备资源再利用率超过85%,达到与先进国家相媲美的世界水准。综合商社敏锐地意识到,日本从工业化社会向后工业化社会转移,其面临的课题不再是追求商品和服务的量的扩大,而是质的提高。

日美全面经济战爆发后,日本并未衰落,反而呈现出很好的上升势头。在三井物产等综合商社的带领下,1995年可以说是日本经济发展的一个巅峰时期。世界银行数据显示，当年日本的 GDP 为 5.3339 万亿美元，达到了美国 GDP 的 69.6%（美国 GDP 为 7.6640 万亿美元）。日本在实现产业升级的同时，通过综合商社构建起的“雁行模式”也为东南亚地区的经济增长起了重要的推动作用。

日本选择的是商社先行

1989 年后，日本成为西方国家中最早和中国全面恢复关系的国家。第二年秋天，由社长熊谷直彦亲自率领的三井物产首脑访华团访问北京。三井物产派出由 30 多位首脑组成的访华团是史无前例的，此举也说明了三井物产十分重视同中国的发展关系。这是因为进入 20 世纪 90 年代之后，中国逐渐成为全球公认的、具有快速增长潜力的巨大市场。

这一时期，在日本对华贸易和投资项目中，超过一半都与综合商社有关。综合商社不仅本身具有庞大的商业规模，同时也与日本制造业和金融业存在着很深的内在联系，因此综合商社就成为日本财团企业投资中国市场的发动机。当然，发动机带动的可不仅仅是贸易上的交流，1992 年 10 月 23 日，日本明仁天皇和美智子皇后对中国进行了为期 6 天的正式友好访问，中日关系进入了一个新时代。

1993 年 1 月，三井物产提出将中国作为重点投资地区，用全公司的力量开展对华业务。1994 年，在上海举行的中日经济协会中日贸易扩大协议委员会会议上，三井物产的代表有田昭二郎表达了在中国建立法人企业的愿望。他说：“我希望中国能允许日本的综合商社建立法人企业，我希望能开办一个以北京为总部与各地的分公司有横向联系的法人企业。”

同时，有田昭二郎还表示：“中国有建立综合商社的动向，对此，我将尽全力协助。但希望中国理解，我们商社的发展历史表明，综合商社不是一朝一夕形成的。中国恐怕会担心这样一来，日本的综合商社会垄断中国的流通、贸易，这未免夸大了我们的能力，我们也没有这个意图。我们希望与中国的产业、商业、贸易界合力，为中国的贸易、流通、外资利用做出微薄的贡献。”

看好中国市场潜力的不仅仅有日本企业。20 世纪 80 年代末 90 年代初中美关系发展受挫，但美国经济企业界却一直在积极推动美国政界制定政策发展对华经济合作关系。按照海关的统计数字，1991—1994 年中美贸易总额分别为 142.02 亿美元、174.90 亿美元、276.52 亿美元和 354.30 亿美元，1995 年则突破 400 亿美元。可以说，虽然两国政府间论争不断，但双边贸易额仍呈扩大趋势。

20 世纪 90 年代，东欧剧变特别是苏联的解体，导致“雅尔塔体系”的崩溃和两极格局的瓦解，国际社会进入了向多极化方向发展的“转换”时期。大国关系处于重新分化、组合的状态，主要表现为美国竭力维持“一超”地位，企图促成以其为首的单极国际格局。与此同时，以日本、欧盟、俄罗斯等为代表的国际社会重要力量的崛起又推动着多极化趋势的发展。

国际格局完全不同于冷战时期壁垒分明的两极格局，各个国家综合国力的消长变化及地区集团的整合变迁使国际格局的发展变化具有不确定性。在政治多极化的同时，经济全球化成为世界不可逆转的历史潮流。伴随着中国综合国力的不断全面提升，中国逐渐成长为国际经济政治格局中举足轻重的“一极”。日美两国清晰地认识到与中国建立密切合作关系的重要性。

1993 年 11 月，在美国西雅图举行的中美首脑会晤上，双方强调了中美关系的重要性，并且提出了面向 21 世纪的崭新主张。截至 1998 年底，美国在中国投资达 24000 多个项目，协议金额 420 亿美元。经济外交虽然成为美国对华外交的重要组成部分，但是带有浓厚的政治色彩，因为美国一方面要进入中国的巨大市场，另一方面又要遏制中国经济发展的上升势头。

伴随着中国综合国力的不断全面提升，中国逐渐成长为国际经济政治格局中举足轻重的“一极”。日美两国清晰地认识到与中国建立密切合作关系的重要性。相较于美国的政治先行，日本选择的则是商社先行

相较于美国的政治先行，日本选择的则是商社先行。1995 年，中国政府批准三井物产（中国）有限公司在北京成立。当时的三井物产（中国）有限公司的主要职责是从事在华投资和再投资，协调已建立的企业，并为所投资的企业提供国内外贸易和金融支持。到 1998 年 8 月，三井物产已基本完成了其在华贸易和投资的机构网点布局，对华贸易额约 40 亿美元，在华投资企业达 108 家。

对于在中国的投资，时任三井物产（中国）有限公司总经理的白鸟隆夫表示：“三井物产将进一步促进大规模、多领域和高层次的对华投资，将对交通、基础设施、能源和农业等项目以及新产业政策下的支柱产业采取倾斜方针，加强与中国的合作。在京沪高速铁路建设、三峡水电工程、汽车产业、通信信息网和食品联合加工基地等重大项目上，充分发挥三井物产和三井财团的作用。”

第二节　商战史上的“住友铜事件”

中国恩人带来创新技术

2001 年 4 月 1 日，三井财团的樱花银行与住友财团的住友银行合并成立了三井住友银行，总资产达 100 万亿日元的三井住友银行是日本三井财团和住友财团的核心金融机构。2003 年 10 月，三井化学与住友化学两大综合化学公司宣布合

并，成为全球第五大化学公司。通过一系列的产业合并，三井与住友两大财团形成了庞大的财团联合体。

早在1585年，住友家族的家主住友政友出生于日本福井县坂井郡丸冈町的一个普通武士家庭。后来，住友政友在京都佛光寺乌丸附近开了一间销售中药和书籍的店铺，名为“富士屋”。富士屋虽然没有创造出多少财富，但总是人气旺盛，这是因为出身佛门的住友政友并不逐利求财，而是宣扬自己所坚持的信仰哲学，这也为富士屋吸引了一大批的信众。

在这些信众当中就有住友财阀的业祖——苏我理右卫门。他是一位炼铜的工匠，拥有能够从矿石中提炼出纯净精铜的技术，还在京都寺町松原附近设立了自己的炼铜制铜店铺“泉屋”。苏我理右卫门在结识了住友政友之后，深深为其人品及其所宣讲的法理所拜服，两人成为无话不谈的好朋友，并且苏我理右卫门还娶了住友政友的姐姐为妻。

住友政友的儿子早夭，苏我理右卫门就让自己的儿子与住友政友的女儿成婚，并过继到了住友家成为女婿养子，改名住友友以。后来，住友友以便成为住友家族第二代传人，被住友家族和住友财阀的后人誉为“住友家族的中兴之祖”。1623年，年轻的住友友以就做出了一个重大却又非常合乎情理的决定：将炼铜所搬迁至大阪。

这是因为京都并没有港口，设在京都的炼铜所，需要每天靠马车和人力来搬运铜矿石和铜产品，成本很高，而水运的成本最低，因此将炼铜所迁移到有港口的大阪，可以节省运输费用。与此同时，住友友以还意识到了大阪作为港口城市的重要性，大阪港自古以来就是京都和整个日本的海上门户，十分方便住友家族未来同外国进行海外贸易。

但是，据史料记载，早在住友友以决定迁入大阪之前，大阪已经有了上万家炼铜所。如何在竞争非常激烈的大阪脱颖而出，成为住友家族面临的最大难题。1690年，住友家族有了属于自己的第一座铜山——别子铜山。当时，该铜山的矿石中还含有丰富的金银。但是，由于冶炼技术落后，住友家族往往把金银含量很高的铜块直接卖给中国商人。

中国商人把这些铜块运回中国后，凭借先进的冶金提炼技术，将铜与金银分离，获得了巨大的利益。住友家族虽然知道这件事，但是苦于没有金银提炼技术，只能“哑巴吃黄连”。后来，一位名叫“白水”的中国人来到日本，他懂得金银提炼技术，应住友家族的请求，白水先生对住友家的炼铜工艺进行了改进，有效地实现了铜和金银的分离。

白水先生的帮助，给住友家族带来了极其丰厚的利益，也因此奠定了住友家族发展成为日本大财阀的基础。此后，住友家族并没有忘记白水先生的恩惠。如今，住友财团的各上市公司社长有一个联谊会，其名称叫作“白水会”，就是为纪念那位向他们传授炼铜技术的中国恩人——白水先生。

由于住友家族的努力，在德川幕府以及后来明治政府的支持下，别子铜山自开山以来到废山为止都是在住友财阀（财团）的管控之下。从1690年被发现一直到1973年成为废山为止的280多年，别子铜山共产出铜70多万吨。可以说，别子铜山为住友财团的发展、壮大，以及之后事业的多元化发展提供了源源不断的资金支持。

住友家族为了制造和维修冶铜时所需要的机械设备，设立了机械制造所，它是今日住友重工的前身。另外，又以生产工艺的副产品硫酸气作为原料，住友开始生产肥料，它成为住友化学的起源。此后，住友家族又为了筹措资金加以运用而设立银行，为了供应电力设立发电厂……进而扩展到炼钢、玻璃、水泥、金融等行业，不断发展壮大，最终成长为今天的住友财团。

在国际期铜市场崭露头角

在住友财团中最核心的企业，也就是长子企业，便是住友商事（综合商社）。住友商事的前身是1919年成立的大阪北港株式会社，从事大阪北港的不动产经营。1945年，由于日本战后物质极其贫乏，公司决定涉足贸易事业。进入20世纪60年代，在日本经济高速成长和国际化的背景下，住友商事从一家主要做国内贸易的公司，开始向国际化综合商社转型。

1970年，年仅22岁的滨中泰男从三菱财团旗下的成蹊大学毕业后便进入住友商事工作。一开始滨中泰男没有什么名气，只不过是一名普通的职员。但仅仅几年时间，滨中泰男就开始显露其英雄本色。1975年起，滨中泰男开始在住友商事有色金属部从事金属交易。20世纪70年代末，他有机会到伦敦金属交易所（LME）参与金属期货交易，当时他主要做的是锡和镍等金属的期货合约。

住友商事的滨中泰男被业内人士称为“百分之五先生”，这是因为他掌控的住友商事有色金属部门控制着全球铜交易量5%的份额

伦敦金属交易所成立于1877年，铜交易量占当时世界总数的80%。该交易所拥有17个正式会员、40余个准会员。日本公司中，只有三菱商事为其正式会员，三井物产为其准会员。住友商事虽然铜交易量可观，但不是其正式会员和准会员，它的交易是通过英国和美国的中介公司进行的。

1983年，当滨中泰男从英国返回日本国内时，他经手的铜交易量已经达到每年1万吨。到20世纪80年代末，住友商事的滨中泰男已经在国际期铜市场崭露头角，并拥有重要的一席之地。滨中泰男被业内人士称为“百分之五先生”，这是因为他掌控的住友商事有色金属部门控制着全球铜交易量5%的份额。由此可见滨中泰男在国际铜期货交易市场中的重要地位和住友商事对国际铜市场所能造成的重大影响。

滨中泰男总是拒绝所有海外任职的机会，只喜欢留在日本工作，但这也无法妨碍他对世界期铜价格的掌控。1987 年初，当伦敦金属交易所期货铜价在 1300 美元/吨徘徊时，滨中泰男就在期货市场逐步建立了大量的铜远期合约。到 1988 年中，伦敦铜价暴涨至 2500 美元/吨。滨中泰男和住友商事从期货市场套取了巨额利润。

由于滨中泰男工作认真，在世界铜交易市场上有着很响的名头，所以他先后 3 次获得了社长的表彰。当时，住友商事社长秋山富一上任后第一个想见的员工就是滨中泰男，并且秋山富一没有像见其他普通员工那样将滨中泰男喊到社长室见面，而是亲自到滨中泰男的座位前进行问候，这在住友商事这样等级分明的日本企业中是很少见的。

1995 年 1 月，滨中泰男被提拔为住友商事有色金属部部长。在同期入社的 230 人当中，滨中泰男是少数几个晋升快的人之一。像他这样没有长期驻外经验的职员担任部长要职，是非常不寻常的。出色的成绩、富于自制力和逻辑性的绅士形象，使滨中泰男赢得了公司的器重，住友商事的高级官员还表示他很有希望成为商社董事会委员的候选人。

与此同时，伦敦期货铜价从 1993 年底的 1650 美元/吨左右一路飙升至 1995 年初的 3075 美元/吨高位。据当时业界人士估计，1994—1996 年，滨中泰男控制的铜期货头寸处于 100 万~200 万吨。滨中泰男通过人为地控制现货，长期大量控制伦敦金属交易所的铜仓单，最高时占交易所交易规模的 90% 之多，以此遏制市场的远期抛盘，人为抬高价格。

一直以来，国际期货市场都是被欧美国家牢牢掌控的，滨中泰男的出现在一定程度上打破了这种垄断，这显然引起了既得利益者的不满。当然，最令欧美资本家困惑的是，作为一个日本人，滨中泰男是如何迅速理解期货交易本质的。事实上，历史上最早的期货市场出现在江户幕府时代（18 世纪）的日本。由于当时的米价对经济及军事活动造成很重大的影响，米商会根据食米的生产以及市场对食米的期待而决定库存食米的买卖。

可以说，从 20 世纪 80 年代中期到 1995 年前后近 10 年的时间里，滨中泰男和他掌控的住友商事有色金属部在伦敦铜期货市场叱咤风云，呼风唤雨，屡屡得手。但是这一次，滨中泰男遇到了强悍的对手，由于住友商事占当时伦敦和纽约市场的大多头，终于被欧洲和美国大型基金锁定。彼时，国际铜交易市场已经开始盛传有多名对冲基金大户计划联手与住友商事开战。

对冲基金发起强大攻势

由于滨中泰男和住友商事等机构的操控，数年间铜市场价格急剧波动，这显然引起了嗅觉灵敏的国际对冲基金(套利基金)的关注。所谓对冲基金是一种通过曲线、经济指数进行分析并利用计算机计算进行交易的基金。据说这是当年美国国家航空航天局解雇的一些年轻工学博士,在纽约华尔街就职后发明的一种金钱游戏。国际对冲基金进入世界铜期货市场后,开始对住友商事产生威胁。

在住友商事拉高铜价格的同时,这些国际对冲基金联合欧洲一些大型金属贸易商,针对住友商事的多头仓单大量抛空,从3000美元/吨以上一路抛压,使伦敦期货铜价从3075美元/吨高点跌至1995年5月的2720美元/吨左右。但顽强的滨中泰男并没有轻易就范,当年七八月又再次把铜价拉升至3000美元/吨以上。但后来证明滨中泰男的努力是徒劳的,因为他面对的对手过于强悍。

这份对手名单中就包含量子基金、老虎基金、加拿大金属贸易商 Herbert Black 公司以及美国基金 Dean Witter 等一系列大名鼎鼎的欧美公司。这些欧美资本在席卷了世界股票市场、石油期货市场、金融市场等之后,将注意力放在了铜期货交易市场上。铜期货市场的交易分为现货买卖和期货买卖,大多数做期货买卖的交易者都是出于投机获利心理。

华尔街最大的对冲基金之一——量子基金总资产约180亿美元,几乎可称美国对冲投资基金的代名词。量子基金以其强大的财力和凶狠的作风,在国际货币市场上兴风作浪,对基础薄弱的货币发起攻击并屡屡得手,使得量子基金在短时间内就成为国际金融界的焦点。

为配合欧共体内部的联系汇率,英镑汇率于1992年被人为固定在一个较高水平上,引发国际货币投机者的攻击。量子基金率先发难,在市场上大规模抛售英镑而买入德国马克。最终,在量子基金的攻势下,英镑被迫退出欧洲货币汇率体系而自由浮动,短短1个月内英镑汇率下挫20%,而量子基金在此次英镑危机中获取了数亿美元的暴利。

由美国人朱利安·罗伯逊创立于1980年的老虎基金也是举世闻名的对冲基金,在对冲基金业里,老虎基金创造了极少有人能与之匹敌的业绩。1996年基金单位回报为50%,1997年为72%,到1998年其资产由创建时的800万美元迅速膨胀到220亿美元。老虎基金曾与量子基金联手成为冲击中国香港汇市的“大庄家”。

事实上,在对住友商事发起进攻时,市场上几乎一致认为最大赢家是罗伯逊的老虎基金。因为老虎基金早在1995年初铜价下挫20%之前就已入市沽空,并累积了大量空仓,所以一旦未来出现巨额场外交易平仓就会获得巨大利益。然而,仅仅是这些对手显然还是无法撼动“铜王”滨中泰男和住友商事在国际铜期货市场的地位,于是新的对手开始了行动。

1995年末,美国商品期货交易委员会(CFTC)开始对日本住友商事在美国国债和铜期货市场的异常交易情况进行调查。在美国的通报与压力下,伦敦金属交易所也开始了调查。在调查压力下，伦敦期货铜价下跌到2420美元/吨左右。但滨中泰男并没有放弃战斗，经过顽强的抵抗，铜价在1996年5月又一次被拉升到2720美元/吨以上。

经过与住友商事的多次较量后，量子基金等对冲基金筋疲力尽，几乎都想放弃了。然而，就在这些对冲基金准备放弃战斗时，美国给予了住友商事一次致命打击。1996年5月，美国商品期货交易委员会和伦敦金属交易所共同宣布准备对住友商事采取限制措施。17日，滨中泰男被调离有色金属交易部部长职位，两天内铜价下跌10%。

随后，有关滨中泰男将被迫辞职的谣言开始四处流传。以量子基金和老虎基金为代表的美国资本也发起新一轮的强大攻势，伦敦期货铜价从1996年5月的2720美元/吨高位一路狂泄至6月的1700美元/吨左右，短短一个多月，跌幅就超过了1000多美元。6月14日，滨中泰男被住友商事开除，在这场铜期货市场的大战中，住友商事最终以失败告终。据估计，住友商事的损失高达40亿美元。

可以看到，在对冲基金背后真正起到决定性作用的是美国政府，这也为一起原本简单的资本博弈事件披上了一层神秘的外衣，滨中泰男和住友商事所要面对的敌人似乎要比想象中的强大许多。经过"住友铜事件"，日本金融机构和企业的形象在这一时期跌到谷底，日本金融机构在之后的国际借贷业务中的成本负担加重。

扑朔迷离的案件背后

1996年10月22日，东京地方检察院以伪造文件、渎职、欺诈等嫌疑逮捕了滨中泰男。随后滨中泰男被判入狱7年，2005年7月刑满释放，他也因此成为历史上受罚最重的个人交易员。与此同时，住友商事一直强调该案与企业无关，仅是滨中泰男的个人行为。然而事实究竟如何，住友商事是否可以拿出强有力的证据来证明自己的清白？

实际上，早在1995年秋天，伦敦金属交易所铜价的暴涨暴跌就引起了伦敦证券委员会（SIB）的注意。为此，伦敦方面将有关信息通报给了日本通产省，并要求住友商事能够协助调查。但是，住友商事认为这只是铜买卖进行得过分而已，对有关方面对滨中泰男的怀疑视而不见，甚至一度还有提拔滨中泰男进入公司董事会的计划。

虽然住友商事方面声称，公司巨额亏损完全是由滨中泰男的个人行为所导致的，即住友商事并不存在操纵铜期货市场价格的行为；但是加拿大金属贸易商Herbert Black公司表示，住友商事实际上持有超过150万吨红铜的好仓，如果没有高层的授意，单凭滨中泰男一人是绝对没有可能获得如此大的信贷额以及进行如此大规模交易的。

不仅如此，在滨中泰男被开除后，住友商事宣称的要对公司进行彻底调查的行动也毫无进展。在记者发布会上，住友商事的几位负责人更是支支吾吾，空泛地强调此案属于个人行为。英、美两国派到日本调查情况的官员也表示，调查过程得不到住友方面的有力配合。如果说住友商事对待滨中泰男的态度有些暧昧不清，那么日本政府的态度就值得玩味了。

首先，在一开始得到伦敦方面的情况通报后，日本通产省表现得十分冷淡，置若罔闻，并没有采取任何行动。随后，在滨中泰男被住友商事开除 4 个多月后才对其进行逮捕。据报道，东京地方检察院当天对滨中泰男的住宅进行了 3 小时的搜查，并带走了 3 个纸袋的文件资料。4 个多月的时间，滨中泰男显然有足够的时间去处理所有相关文件。

事实上，无论是住友商事还是日本政府方面，都极力把责任推到滨中泰男一个人身上，目的就是避免事态的进一步扩大，以防止引火烧身。住友商事虽然已经尽全力去弥补，但最终还是遭受到沉重的打击，巨额亏损导致股票价格急剧下滑。以住友商事为代表的日本综合商社一直都以稳健经营著称，但是此次事件却让这些企业的信誉严重受损。

日本一些媒体在报道这一事件时，也纷纷给滨中泰男蒙上了一层悲剧色彩，认为他所做的事情都是为了企业。此外，滨中泰男在案发后，除承认自己犯了法之外，便一直保持沉默，没有发表对企业不利的言论。实际上，这就是日本传统的东方经营理念与西方管理规则产生冲突的表现，因为日本财团企业当中有着一种命运共同体意识——荣则俱荣、损则俱损。

“住友铜事件”的最大受益者是位于美国纽约曼哈顿金融中心的纽约商业交易所

“滨中泰男的跟头是栽在量子基金手上了！”——“住友铜事件”后，国际期货市场流传着这样一种说法。对此，量子基金的发言人于 1996 年 6 月 18 日就在纽约极力否认，并表示量子基金并未介入该市场，而且与滨中泰男也无任何业务往来。同时，故事中的另一个主角——老虎基金也无暇顾及此事，因为当时它正在为日元投机的失利和卢布债务的损失而焦头烂额。

那么，究竟谁才是“住友铜事件”的最大受益人呢？位于美国纽约曼哈顿金融中心的纽约商业交易所（COMEX）显然是渔翁得利的那一个，它们眼见宿敌伦敦金属交易所备受舆论及市场参与者诟病，世界最大铜交易中心地位动摇，禁不住沾沾自喜，并借机开始攻击对手。纽约商业交易所主席拉帕波特表示，“我相信住友丑闻将使不少商家看清在纽约交易所进行买卖的好处”。

拉帕波特甚至暗示，伦敦金属交易所实际上在多次接到密报及外界调查机构质疑滨中泰男时，并没有及早采取行动，这是因为双方（伦敦金属交易所、住友商事）早有默契，试图合力扼杀美国纽约期铜市场，大打感情牌。随后，部分西方媒体也表示，由于制度本身的完善程度不同，类似事件在美国发生的可能性就会小得多，或者会更及时地被发现而加以制止，从而减少客户的损失。

回顾整个事件，背后的真相依然迷雾重重，似乎另有隐情。就在滨中泰男案发后不久，住友商事曾起诉欧洲最大的银行瑞士银行和美国的大通曼哈顿银行，指控它们为该公司首席铜交易员滨中泰男未经授权的交易提供融资，并帮助隐藏亏损。2006 年 4 月 7 日，瑞士银行最终表示同意支付住友商事 100 亿日元以了结“住友铜事件”遗留下来的诉讼案。

第三节　美国引爆亚洲金融危机

以日本为中心扩大吸收外资

1953 年，朝鲜战争结束后不久，刚刚恢复元气的日本就开始向泰国和东南亚地区拓展自己的实力范围。这一年东洋棉花株式会社便在泰国设立了自己的办事处，开启了日本对泰国经济的渗透。东洋棉花株式会社的前身是 1920 年由儿玉一造创办的三井物产株式会社（三井财团的综合商社）棉花部，此后从一个专营纺织品的商社，发展成为一家综合商社。

1962 年，泰国政府修订和公布了《产业投资奖励法》，希望可以将外资引进泰国的基础工业，同时也可以引进国外先进的生产和科学技术。由此，日本在泰国的直接投资开始增加。1963 年 3 月，日本三井财团旗下的东丽公司在泰国成立了聚酯、人造丝混纺织物的纺、织、染一条龙制造公司。合资公司采用了通过三井物产（综合商社）、当地资本、东丽 3 家公司联合进入的基本模式。

实际上，日本对泰国经济的控制核心正是各大财团旗下的综合商社。三井物产、三菱商事、伊藤忠商事、丸红商事等综合商社通过建立贸易关系，在泰国推销日本商品，同时还采购泰国的一些农产品和天然资源。当综合商社对泰国国内市场结构有了足够了解之后，就开始和自己所熟悉的当地商人合资经营那些可以取代进口的产业。除了对外贸易，日本还控制着泰国的工业领域。

仅十几年的时间，日本就几乎全部控制了泰国的各个重要经济部门命脉。日本的资本不是在每个部门都进行投资，而是为了控制重要的工业部门而投资。例如，日本在泰国食品部门的投资占外资投资总额的 88%，在泰国汽车制造工业的投资占外资投资总额的 70%，在泰国纺织行业的投资占外资投资总额的 68%。此外，日本在电器工业、化学工业等领域的投资也占有垄断地位。

然而,大量的日本投资不可避免地带动了大量日本商品、日本企业和技术人员涌入泰国。曼谷街头处处是醒目的日本广告,日本商品从打火机到汽车充斥着泰国市场。更令泰国人不满的是,日本投资企业中的日方员工不屑与泰方员工接触,他们拥有自己的商店、旅馆、俱乐部和住宅区,形成了"国中之国"。于是,泰国爆发了大规模的反日运动,要求日本改变其经济扩张政策。

由于泰国人民强烈的反日情绪,加上当时泰国政局不稳,劳动工资成本上涨等,日本对泰国直接投资的增长一度有所减缓,1976 年几乎为零。随后,以综合商社为代表的日本企业开始改变在泰国的投资策略。日本子公司开始将泰日合资公司中的泰籍股权的比率提升,并雇用和泰籍员工有亲属关系的专家担任总经理、经理等职务。

与此同时,由于日本投资的减少,泰国在这一时期的经济增长出现衰退。因此,泰国政府不得不重新鼓励外资流入泰国,以便克服其经济衰退,扩大就业,促进商货出口,改善其经济状况。1983 年 1 月,泰国公布了新的《产业投资奖励法》实施基准。1985 年的《广场协议》签订后,在日元升值的推动下,日本对泰国的直接投资也出现了前所未有的增长。1986 年 8 月,泰国投资委员会更是明确提出要以日本为中心扩大吸收外资。

1986 年 7—10 月,先后有生产眼镜用的塑料、卫生洁具、松下电器(属住友财团)的继电器插座等日本投资项目被批准。1987 年,三井财团的东芝公司建立电饭锅工厂,产品全部向美国出口。三菱财团的三菱汽车公司所建的小汽车工厂以加拿大为出口对象,富士财团的日产汽车公司和五十铃汽车公司也分别建立了以周围各国为出口对象的小型卡车和汽车引擎工厂。三井财团的新日铁公司则拟定在泰国建造用于海洋工程的钢铁结构工厂。

据日本的一家刊物报道,1987—1989 年日本在泰国的投资对泰国工业品出口值增加量的贡献率超过了 40%。日本企业界明确提出要把泰国建成日本在海外的生产出口产品和零部件基地。事实上,这就形成了日本经济学家赤松要所提出的"雁行模式"理论,即指通过"国外引进—国内生产—产品出口"的循环使后起国实现产业结构工业化、重工业化和高加工度化的模式。

作为一种产业分工体系,"雁行模式"将东亚地区看作一组雁群,其中日本是领头雁,"亚洲四小龙"紧随其后,东盟是第三序列。东南亚国家和地区从"头雁"日本那里获得经济发展所必需的资金、技术、资本品和中间产品,以及由于日本产业结构升级而让出的低附加值产品的国际市场,从而得以在短时间内迅速推进工业化进程。这一过程也不断加深这些国家和地区对日本技术与资金的依赖性,强化了日本的控制力。

泰铢任由国际炒家宰割

1984 年 6 月,泰国政府在积极吸引外资的同时,开始实行盯住"一篮子货币"

的汇率制度，篮子中的主要货币与权重分别为：美元80%~82%；日元11%~13%；联邦德国马克6%~8%。在此制度安排下，泰铢对美元的汇率长期维持在25∶1左右，成为实际上的盯住美元制度。这种固定汇率制度使泰国出口的竞争力在一定程度上要看美元的脸色：升值有利进口，贬值有利出口。

进入20世纪90年代，以日本厂商开始帮助泰国建立轻工业产能为代表，外国直接投资大量流入泰国。此后，泰国吸引了大量资本流入，主要是通过曼谷国际银行业务（BIBF）获得的短期外国资金。随后，泰国不断开放资本项目，如获许可的银行可直接从国外吸收存款和发放借款；外国人可在泰国开立泰铢账户，自由兑换货币；资本市场对外资基本无限制。

实际上，由于处于"雁行模式"的尾部，泰国过于依赖劳动密集型产业的外贸出口，其经济增长一半以上来自日本。在泰国获得131亿美元的短期资金中就有61亿美元来自日本。这样的资本策略虽然能吸引大量国际资本流入泰国，但这些大多是短期资金，而且将泰国的股市和房地产炒得火热，形成隐患。泰国股市的投机性很明显，房地产股的股价在1991年到1994年间更是上升了285%。

1995年，一份泰国房地产事务局对曼谷住房空置率的调查报告在社会上引起了巨大的震动，泰国的房地产泡沫已经发展到了相当严重的程度。此时，美国量子基金发起了第一轮的试探性进攻，大量抛售泰铢，虽然并未造成危机，但量子基金坚信泰铢被高估，便逐渐开始通过各种渠道搜集情报进行分析，并大量囤积"资本弹药"。

1996年，泰国的外债急剧上升至1128亿美元，占泰国GDP的62%，其中大约有960亿美元是由私有部门举借的，并且大多数是短期资金。其中，有480亿美元的短期债务更是超过了泰国380亿美元的外汇储备。和亚洲其他国家一样，泰国的银行主导了金融体系，大多数金融业务由15家本土银行和主要的金融公司办理。其中，一些金融公司和小型银行非常脆弱，它们当中有很多是由企业或者家族控制的，管理不完善，并且正在为资产泡沫大量提供融资。

此时，量子基金发现，就在房地产业一路高歌猛进的背景下，泰国的部分开发商连支付利息都已经很困难了，却还在硬撑着，而银行还在帮开发商继续找来更多美元贷款。泰国似乎陷入了一个死循环，房地产泡沫堆积，外资不断融入，开发商和银行债台高筑。更糟糕的消息是，泰国国内政治频繁变动导致了在1995年到1996年间连续更换了3位总理，政局非常不稳。

1997年2月，量子基金联合国际炒家开始对泰铢发起第二波进攻，手法和1992年阻击英镑时类似，即在市场借入大量泰铢，并分阶段抛售远期泰铢。泰国央行则动用20亿美元外汇储备干预，勉强顶住压力。3月，量子基金下令抛售泰国银行和财务公司的股票，储户在泰国财务和证券公司大量提款，此时量子基金和手持大量东南亚货币的对冲基金联合一致大举抛售泰铢，泰铢开始不断下滑。

5月，面对来势汹汹的量子基金，泰国央行祭出“三板斧”，再一次顶住炒家的攻势：一是联手新加坡央行等，动用120亿美元买入泰铢；二是禁止本地银行拆借泰铢给国际炒家；三是大幅提高隔夜拆借利率，提高炒家借入泰铢的成本。虽然上述行为阻挡住了量子基金的两次进攻，但是泰国央行早已是强弩之末，为了维持泰铢的汇率，380亿美元的外汇储备已所剩无几。

1997年，在量子基金联合国际炒家的持续猛攻之下，自泰国始，菲律宾、马来西亚、印度尼西亚等东南亚国家的汇市和股市一路狂泻，一蹶不振

6月，量子基金带领着西方资本对泰铢发起了最后的总攻。到了6月28日，泰国外汇储备仅剩28亿美元，基本失去了继续干预外汇市场的能力。与此同时，日本资本的大量撤资，坚决反对泰铢贬值的泰国财政部部长辞职，更是加剧了市场的恐慌情绪，许多投资者在羊群效应的影响下也开始跟着抛售泰铢，泰国货币市场只能任由国际炒家“宰割”。

1997年7月2日，泰国净储备下降到几乎为零，已经没有任何外汇来维持泰铢，无奈之下，泰国央行宣布放弃长达13年的固定汇率机制，实行浮动汇率制，当天，泰铢重挫20%，亚洲金融风暴正式开始。24日，泰铢对美元由最开始的25:1下跌至32.5:1。随后，欧美对冲基金乘胜追击，横扫东南亚：菲律宾比索、印度尼西亚盾和马来西亚林吉特相继贬值……

“华盛顿共识”剑指“东亚奇迹”

量子基金等欧美对冲基金从银行拆借泰铢，然后在市场大量抛售，从而引起市场恐慌，越来越多的人跟着抛售泰铢，泰铢汇率开始暴跌。等泰铢贬值后，量子基金再以较低价格购回，还给银行。不仅如此，量子基金还通过加杠杆和卖空股指合约的方式，放大利润。在泰铢贬值的背景下，量子基金赚得盆满钵满。最终，这场“屠杀”也造成东南亚国家大量企业倒闭，无数家庭破产，失业人数不计其数。

亚洲金融危机爆发后，对于引发危机的根源，人们先是莫衷一是，随后将关注的焦点迅速转向了日本。为什么是日本？事实表明，东南亚与日本已经结成了以日本为主导的相互依存的经济体系——“雁行模式”。当时，日本财团金融机构对东亚的直接贷款达到2750亿美元，占该地区跨国贷款的1/3。泰国的外债中有55%是来自日本财团金融机构的借款。

大量的日本借款使泰国成为最容易遭受日元套利外汇交易攻击的国家。所谓日元套利交易的本质是：以非常低的利息借入日元，投资于美元或者泰铢，以获得较日元更高的利息。1995—1998年，由于美国联邦基金利率和日本银行目标利率间的利差大约为5%，3年时间里日元套利交易的投资者至少获得了1690亿美元的“天上掉下来的馅饼”。

在巨大收益面前，日本大量资本转而投向新兴市场，其在东南亚、韩国的投资虽然使这些地方的经济快速发展，但是也让这些国家的负债增加，这为亚洲金融危机的到来打下了基础。日元的升值与亚洲的繁荣相联系，贬值则意味着亚洲的衰退。西方金融资本掌握了日本金融业风声鹤唳的心态，选择泰国作为首选的打击目标，最终引发了1997年的亚洲金融危机。

对此，著名经济学家、香港证监会原主席沈联涛就表示，亚洲金融危机的根源不在泰国，而在日本。事实上，从一开始西方金融资本就将矛头对准了日本。亚洲金融危机爆发前的1996年，日本GDP增长率达到3.6%，这是其“泡沫经济”破灭后增长最快的一年。与此同时，由于美国经济好转，美元升值、日元转为贬值（一度达到了1:80），日本出口大幅增加，占领了东南亚的部分美国市场。

1997年7月28日，无力应对金融危机的泰国政府向国际货币基金组织（IMF）申请帮助。8月，国际货币基金组织为泰国筹集了170亿美元援助，其中10亿美元来自中国内地，10亿美元来自中国香港。然而，美国不但拒绝提供任何援助，反而以透明度为由，强调泰国应披露大约300亿美元的承付外汇款项，使得国际援助资金根本不足以支付泰国新披露的承付外汇款项。

事实上，美国金融资本正是通过对东南亚地区的打击直接削弱了日本的海外投资和在国际经济领域的影响力。这一切都要从“华盛顿共识”说起。所谓“华盛顿共识”，是指20世纪80年代以来位于华盛顿的三大机构——国际货币基金组织、世界银行和美国政府提出来并形成的一系列政策主张：政府不干预市场，健全的市场要求贸易自由化、良好的宏观经济政策、准确的定价、国有企业私有化及民主的普及。

20世纪90年代早期，日本就开始资助关于“东亚奇迹”的研究，试图以此对抗欧美国家正统的新自由主义理论。这显然引起了美国的极大敌意，日本正在逐渐挑战美国建立起来的“华盛顿共识”权威，进而夺取世界经济领域的话语权

一时间“华盛顿共识”被奉为金科玉律，成为其他国家地区经济改革发展的不二法门和万能药。然而，以日本为代表的东亚国家并没有遵循这一发展战略，却也取得了经济发展的“东亚奇迹”。和美国的自由主义恰恰相反，崇奉集体主义、尊重权威、选贤任能、重文教、尚节俭的东方价值观，成为这些东亚国家在资本主义体系里获得成功的关键。

于是，20世纪90年代早期，日本就开始资助关于“东亚奇迹”的研究，试图以此对抗欧美国家正统的新自由主义理论。鉴于日本的研究，世界银行也不得不承认亚洲国家成功地选择了正确的基本理论。这显然引起了美国的极大敌意，日本正在逐渐挑战美国建立起来的“华盛顿共识”权威，进而夺取世界经济领域的话语权。因此,通过搅动东南亚地区进而敲打日本就势在必行了。

危机之后就是生机

在1997年的亚洲金融危机爆发之前,像三井物产这类日本经济领头羊的大规模投资正在东南亚地区有条不紊地进行着,大型建设项目纷纷上马。例如,三井财团旗下的王子制纸公司当时正准备参与泰国苏哈森集团的制浆事业。作为日本造纸行业的第一名,王子制纸不仅负责提供制浆、用水、排水的设备和技术,还为泰国方面提供质量管理咨询、生产计划制订等服务。

从1997年11月开始,受亚洲金融危机影响,日本有许多家银行及证券公司,如北海道拓殖银行、三洋证券、山一证券、地方银行德阳城市银行、丸壮证券等相继宣布倒闭,其中不乏规模较大的金融机构如山一证券公司,因此引起了日本金融市场的动荡不安。在这种金融避险和不良情绪的双重影响下,仅1997年日本就有1.6万家企业倒闭。

面对生存压力,日本银行业加快了从东南亚回收投资的速度。日本金融机构对综合商社也开始惜贷,三井物产这样的综合商社不能再从银行借出巨额的资金,这让财团扩张的步伐骤停。综合商社预算被压缩,投资被削减,许多在建项目被迫终止。商社员工从1997年到2001年都没有上调过工资,综合商社的低迷真实地反映了当时日本经济的状况和财团陷入的巨大困境。

日本与东南亚国家的经济关系极为密切,日本既是东南亚地区最大的贸易伙伴,同时也是该地区最大的资金提供者。在金融风暴的影响下,过去一直大量进口日本商品的东南亚国家,出现货币贬值、物价飞涨、市场萎缩,对日本商品的购买力也明显下滑。此前,东南亚曾连续几年居日本出口的首位,受金融危机的影响,日本对泰国的出口下降幅度最大,对泰国的出口下降了34.5%。

长久以来,由于日本市场内需饱和、增长有限,大部分日本企业都属于出口型企业。然而,东南亚又是日本最主要的出口和投资地区,亚洲金融危机造成其市场迅速收缩,日本对该地区的出口受阻,一些商社存有大量商品积压待售,这也在一定程度上削弱了日本商品的竞争力。1997年8月,日本汽车业首先开始库存调整,随后波及其他生产资料行业。

显然,危机的影响是多方面的,亚洲地区不仅是日本最重要的商品出口市场,同时也是日本最重要的商品进口来源。亚洲金融危机对日本金融机构产生的影响导致企业资金周转遇到了很大的困难,资金筹措不畅通,日本的制造业也同样遭遇挫折。日本财团的主办银行和综合商社面临的困境也如釜底抽薪一般,导致日本经济在此后一段时间内一蹶不振。

1999年,时任三井物产社长的上岛重二对媒体承认说:“90年代后半期,可以说是我们一个非常困难的时期。我相信泡沫经济大家也有所耳闻,三井物产也有这种泡沫的包袱,因为我们在亚洲的生意有很多,所以1997年以后受到金融危机的影响,要克服这样的困难,我们付出了很大的努力。日本的银行也非常困难,日本银行在恢复的过程当中,日本国内商业也难以发展,这是事实。”

但是,上岛重二随后又坚定地表示:“不希望把这种包袱带到21世纪,商社每年都在进行重组,以公司的利益来对包袱进行消化。”事实上,亚洲金融危机虽然让综合商社受到了投资失败和利润下降的打击,但是加速了它们的升级转型之旅。首先,各大商社在观念上发生了变化,各家都放弃了单纯的销售额竞争,转而竞逐利润。其次,各大商社都开始相继裁撤冗余部门,进行机构重组。

第四节　涅槃重生的综合商社

推进经营资源合并与重组

1995年1月17日,日本关西地区发生了里氏7.3级的地震,因受灾范围以兵库县的神户市、淡路岛以及神户至大阪间的都市为主,因此被称为“阪神大地震”。这是日本自1923年关东大地震以来规模最大的都市直下型地震,直接经济损失1015亿美元。同年3月20日,东京地铁又发生了沙林毒气事件,恐怖袭击造成13人死亡及5510多人受伤。

当“泡沫经济”压得人喘不过气的时候,日本又相继发生了阪神大地震、沙林毒气杀人等重大自然灾害和社会事件,1997年亚洲金融危机则成为压垮日本经济的“最后一根稻草”。自1997年4月开始,日本个人消费支出大幅度下降,11月大型金融机构连续倒闭,消费者的生活不安定感增强,消费意愿进一步下降,日本全国百货店和超级市场的零售总额连续11个月低于同期水平。

由于库存增加、设备投资和个人消费低迷以及出口减速、企业减产等诸多不利因素的影响,日本企业收益不断恶化。而收益不断下降的结果就是企业开始大量倒闭,仅1997年倒闭企业的负债总额就高达14万亿日元。由于企业倒闭增加,加上企业业绩恶化、纷纷精减员工,1998年2月日本的完全失业率为3.6%,人数达246万人,为二战后的最高纪录。

1998年8月,日本大仓商事因负债2577亿日元,经营陷入困境,被迫向东京地方法院申请破产。大仓商事设立于1873年,主要从事金属、机械等方面的贸易,是日本大仓企业集团旗下的综合商社。20世纪90年代初,大仓商事大肆涉足房地产业而造成巨额损失。后来虽经种种努力,但始终未能摆脱困境,经营连续出现赤字。最终,银行拒绝继续向该公司提供贷款,导致其资金周转失灵。

于是，为了应对激烈竞争、改善收益结构，日本商社不断推进商社间相同营业部门的合作及合并重组，通过优劣互补和强强联合，推进经营资源的合并和重组，提高竞争力和抗御风险的能力。以日本九大综合商社中排名居后的商社为中心，开始积极整理不盈利的部门，采取撤出、营业转让、部门合并等方式，集中力量于优势领域，通过合并重组的方式进行抱团取暖。

1999 年 5 月，日本著名综合商社兼松江商宣布以食品和信息通信部门为中心建立“复合型的专门商社”，这也意味着 1977 年以来一直存在的“日本九大综合商社”体制即将宣告重组。2000 年 2 月，兼松江商继续将纸浆事业部转让给了日商岩井子公司。日商岩井是当时日本屈指可数的大型综合商社之一，在日本经济建设中发挥着十分重要的作用。

2000 年 4 月，日商岩井信息产业部门分社化，设立 ITX、帝人。7 月，日商岩井通过 ITX 公司收购了日棉信息产业相关的 5 家公司。2001 年 3 月，日棉和日商岩井合并组成树脂事业部，设立新公司。5 月，日商岩井和日棉将信息体系进行统一化管理。2004 年 4 月，日棉、日商岩井最终合并组成了“双日控股公司”（三和财团的综合商社）。

实际上，在主办银行和母体股东的保护下，除了一些传统的专业商社以免除部分产权的条件被三井物产和三菱商事等大型综合商社进行收购式重组以外，各大财团之间的综合商社也在不断进行着调整。2000 年 10 月，伊藤忠商事与丸红商事宣布合并钢铁产品部门。2001 年 1 月，三菱商事和日商岩井宣布合并钢铁产品部门。10 月，三井物产和住友商事合并一般炭销售部。2002 年 1 月，三井物产和住友商事建材销售事业部合并，成立三井住友建材。

在困境中，经营能力相对较弱的日商岩井、日棉、兼松等综合商社放弃了综合经营，走向合并与专业化之路。通过渐行渐深的合并，三井物产、三菱商事和伊藤忠商事等大财团旗下的综合商社实现了行业垄断，增强了对外交涉力，企业的财务状况和经营效益也开始大幅改善。与此同时，在向战略性、具有综合经营能力的企业集团和综合商社发展的过程中，丰田财团的丰田通商（小三井物产）一跃成为一匹商社黑马。

2000 年 3 月，丰田通商与发源于三井物产纺织部门的东棉进行资本业务提携。4 月，丰田通商与日本的食品化学行业专业公司加商株式会社合并。11 月，东棉把钢铁产品事业部的一部分转让给丰田通商。2002 年 5 月，东棉将非铁金属事业部转交给丰田通商。2006 年，老丰田通商与在汽车以外的领域开展多项业务并拥有广大顾客群体的东棉正式合并后，诞生了今天的丰田通商。

2012 年，丰田通商参股主要在非洲经营汽车及医药品业务的法国商社 CFAO S. A.，进一步加快对新业务领域的投资，特别是对于可持续再生能源和非洲业务等社会需求及发展潜力巨大领域的拓展。丰田通商从专业商社向综合商社转型，进军基础设施领域、化学品领域及食品材料领域等汽车业以外的领域，大幅扩大了价值链的范围。

综合力必须在平衡中推进

20世纪90年代后半段，对于综合商社而言是一个非常困难的时期，它们的经营目标与大多数日本企业一样，都是提高收益率和控制成本。为了减少固定化的人工费，裁员就成为无法避免的一环。然而，和一些排名靠后的商社在重组事业结构时一次性大规模裁员不同，三井物产这样的大型综合商社是根据各时期的结算情况，分阶段地缩小人员规模。

事实上，一直以来经济下行危机必然伴随着企业的裁员，而大规模裁员潮往往容易引发影响社会稳定的群体性事件。与此同时，经济的不景气也会造成劳动力市场供求关系的不平衡，大批优秀的应届毕业生找不到工作。以三井物产、三菱商事为代表的综合商社在这一过程中就扮演起了日本社会稳压器的角色，消化减员极具日本特色。

即便在经济形势不景气的年代里，日本综合商社也不允许像欧美企业那样随便裁人，对于年老体弱的员工，往往会被外派到境外的公司去任职，根据事业领域不同而有所不同，海外子公司派遣的人员在不断增多，这也反映了财团商社企业集团的全球化发展趋势。一部分员工则是选择50岁提早退休，在商社的帮助下开店并领取养老金。

那些实在无奈被裁的年轻员工也完全不用担心，因为综合商社早已经把这些人训练成了日本社会中的高素质、高层次人才，受聘到第二家公司工作也非常容易。因此就算是在重组中，像三井物产这样的综合商社最大的优势，就是它的固定资产负担很小。即使是设立子公司，也不会像制造业企业那样大量去购置固定资产，这就使得它转身比较容易，卸包袱的速度相对较快。

日本三井物产倡导以人为本，即便在经济形势不景气的年代里，日本综合商社也不允许像欧美企业那样随便裁人

除了精减人员，综合商社的组织改革也势在必行。倡导以人为本和集团本位经营的三井物产认为：综合商社不是由各个专门商社拼凑组成的，而是在信息共享中结集全部战斗力的公司。从这个意义讲必须维持商社的综合力，各个分公司强化与其子公司的关系。2001年9月，三井物产成立了旨在协调营业部门之间关系的“价值、创造、持有”部门。

三井物产对本社的经营很有自信，利用全社所拥有的各种机能，寻找新的生意，为防止商权空洞化而积极倡导“综合力”。日本综合商社的综合力和通常意义上的综合化有着本质的区别。综合力必须在平衡推进中，渐次培养，旨在激发出商社和财团内关联企业的潜在能力。财团内的关联企业将一同开拓新的事业,并将这些关联企业所擅长的领域拓展到海外。

2002 年 4 月,三井物产开始将 16 个营业本部简化为 5 个集团,将结算、人事、投资权限大幅度赋予这 5 个集团的社长。通过一系列措施,扩大了综合商社内部各部门组织内的资金运用自主权,强化了对获得利润部门的激励,通过管理责任增强了成本意识。在这种组织中,商社各集团部门之间相互独立,分担向股东资本的分红责任,有效提高了经营决策的速度。

实际上,在向分权化组织转变的过程中,各大综合商社的做法都不尽相同,三井物产由集权转向分权;三菱商事既分权又集权,业务上分权,管理上集权。2001 年 4 月,三菱商事废除从 1995 年开始实行的社内资本金制度,将原有的课、部废除,引入了以被称为"业务单位"(business unit)的小组织为对象进行收益管理的制度。住友商事也采用了业务单位制度,但没有废除社内资本金制度。

一直以来,综合商社的多样性和适应性机能都是其存在的理由。随着外部环境的变化,其原有机能正失去特色或因成本较高而受到影响,商社在中介业务逐渐减少的同时,积极探索培育新的商社机能,从而不断丰实新型的商权。总之,商权往往产生于商社机能之上,综合商社不仅要销售自己的产品,还要提高顾客的生产、销售活动效率,如此才能真正做到掌控商权。

经营重点呈现"两端业务"特色

1997 年的亚洲金融危机前后,日本综合商社的经营重点逐渐呈现"两端业务"特色。一是加强石油、天然气(LNG)、煤炭、金属矿产等上游资源能源开发,积极参与全球能源资源的争夺战,着力开发能源资源,进而发现商机和控制国内外制造业生产的命脉。二是加强流通、销售服务、咨询等下游领域业务推广,削弱下游销售商的强势地位,推进"顾客商机",打通流通"瓶颈",实现内外贸一体化、购销一体化,提高经营业绩。

在上游资源领域,三井物产积极参与澳大利亚铁矿山的开发,在世界铁矿石出口数量上,权益基准占 7%,拥有 3800 万吨,三井物产是日本国内最大、居世界第 4 位的铁矿石资源集团。同时,三井物产还于 1996 年和 1997 年分别向印度、巴西的大型铁矿石生产公司进行投资。2003 年,三井物产又收购了世界最大的铁矿石供应商巴西淡水河谷母公司 15% 的股份,正式迈向"全球资源垄断集团"。

2006 年 11 月,与日本三井物产在铁矿石业务中配合密切的澳大利亚矿业巨头必和必拓宣布,向三井物产出售其在纳米比亚油气田 15% 的利益。出售交易完成后,必和必拓持有勘测区 75% 的利益,三井大西洋能源公司持有 15% 的利益,南非国有石油天然气公司 PetroSA 持有 10% 的利益。三井物产表示,计划参与大西洋沿岸市场的新开发项目,预计该地区的能源需求将会增加。

事实上，日本和韩国天然气资源几乎完全依赖进口，当时国际上50%的天然气被这两个国家消费。日本的天然气进口和天然气第三国贸易基本上都由综合商社操办，三井物产和三菱商事无疑是这个领域的两大巨头。三井物产和三菱商事等日本综合商社在全球拥有极为庞大的石油、天然气勘探、开发、生产和销售体系，这甚至超过了专业的石油公司。

2006年，三井物产中国总代表副岛利宏在采访中就曾表示："三井物产在日本以外的国家投资天然气资源，在那里开采天然气然后卖到日本的发电厂。三井物产的石油、天然气开发主要集中在3个区域，一个是中东，包括阿联酋、卡塔尔和阿曼；一个是澳大利亚；还有亚洲，主要在泰国和柬埔寨进行开采，同时我们还参与了俄罗斯的天然气开发。"

在下游流通领域，综合商社则相继涉足超市、便利店、百货店、名牌时装专卖店等零售业务，进军餐饮业，开拓网络、电视、邮购销售等无店铺销售业务，直接参与市场销售，把握流通主导权。综合商社敏锐地意识到，在相对停滞的日本经济中，与生产者相比，一般消费者的发言权逐渐增强，于是各大商社纷纷涉足连锁便利店业务。

20世纪90年代，在亚洲金融危机背景下，越来越多的日本人选择带便当去工作以及在家吃饭，因此，全家便利店针对这些消费者提供了优质的便当以及适合在家食用的新鲜食物，迅速占领了市场。早在1998年2月，伊藤忠商事（属第一劝银财团）就投资了全家连锁便利店，开始丰富并利用连锁便利店的店铺网络拓展其流通产业。2000年1月，三菱商事（属三菱财团）成为罗森便利店最大股东。

2001年6月，三井物产（属三井财团）通过日本伊藤洋华堂集团进入7－11便利店物流体系。2005年成立的SEVEN&I控股集团，接管了7－11便利店和伊藤洋华堂，而三井财团是SEVEN&I排名前10位的大股东，旗下的三井住友银行和三井物产持有股份占比分别为3.7%和1.8%。截至2018年3月，7－11便利店已经在全球17个国家和地区开设了超6.6万家。

通过各企业之间的协作，三井物产在食品零售供应链中，充分利用了自身在全球采购网络、物流功能、供需管理、产品研发经验等方面的优势，为供应链各个环节中的利益相关者提供解决方案。2020年，三井物产成立零售控股有限公司，旗下整合了食品零售供应链行业的四家企业：三井食品株式会社、零售系统服务有限公司、VENDOR SERVICE、物产物流解决方案有限公司。

在掌控日本流通业后，综合商社还积极推进日本的连锁便利店进军中国市场。日本便利店集团在中国展开了激烈竞争，其背后是日本大型综合商社在相互竞争与合理分工。罗森便利店的背后活跃着三菱商事的身影，而全力支持全家便利店大举进入上海的则是伊藤忠商事，三井物产不仅助力7－11便利店布局北京，还积极为其出谋划策，寻找中国合作伙伴。

这些大型商社介入便利店大战可谓雄心勃勃。据日本经济学家分析,它们意图在此过程中寻找中国本土的合作伙伴,在中国开设相当数量的食品工厂,建立起庞大的物流网,以满足日益增长的日式便利店网的需求。事实上,每一个小小的便利店都可以看成一个"微型的综合商社",更是一个汇聚了生产、商品、物流、信息、生活的全方位"生态平台"。

投资最有希望的领域或企业

资讯科技(IT)革命的深入和信息技术产业的发展,使得三井物产、三菱商事这样的日本综合商社面临更大的挑战。以互联网为中介的交易模式,即电子商务的发展使买卖双方直接面对面,它改变了人们的思维方式,建立了全新的经营方式和经营理念。这些对传统交易方式是一个巨大的冲击,在给传统综合商社带来无限商机的同时,也提出了巨大的挑战。

20 世纪 90 年代中后期,日本以国际互联网的大规模普及和信息产业的再编重构为基础,迎来了第二次信息通信革命,各大综合商社也纷纷确立将信息产业部门作为新兴的独立部门。伊藤忠商事与住友商事积极进行投资,确立了自己的通信基础(卫星通信、有线电视),在创新中走在发展前列。三井物产、三菱商事也凭借着良好的财务背景,对众多领域进行投资,以期强化综合力。

综合商社的 IT 战略主要有两个方面:一是开拓信息产业新的成长领域,即信息的产业化;二是将商社的业务处理信息化以实现公司内生产性的效率化,即产业的信息化。在信息产业化方面,业务向移动通信关联行业、卫星传播行业等转移,并扩展到网络行业。在产业信息化方面,综合商社积极引进电子商务业务,改善公司内信息基础设施。

1996 年,三井物产联合日本新闻社、日本海事新闻社、产经新闻会社建立了物流综合信息网(www. e - Logi . com),构筑完成综合性的信息网,其主旨是在网上提供物流业新闻信息、业务信息以及产业界的信息。物流综合信息网采用免费会员制,3 家新闻社将每日最新的物流和产业信息发布在网上,供会员企业和会员公司使用。会员企业和会员公司也可以将自身有关信息传递给合作运营公司,供其编辑上网,从而使物流企业和产业企业相互获取更准确信息,加快物流整体流动和资金周转的速度,省略中间环节,节省时间、经费。

此外,日本各大综合商社不断推进经营方面的高附加值化和综合化,积极开拓物流领域,打造供应链物流体系。各大综合商社着手构筑高效物流信息系统,参与仓库、流通中心等物流设施的运营。其中,在中国及亚洲其他地区开展国际多式联运成为其重点开拓领域。鉴于中国等发展中国家经济高速增长,各大商社表示将综合运用信息、外汇、资金、保险等机能,加强与政府、生产企业、科研机构及海外客商的合作。

投资历来是综合商社的重要功能之一,以三井物产为代表的日本综合商社从成立之初就扮演着扶植中小企业成长的角色。1893 年,三井物产收购了由发明家田中久重于1875 年创办的田中制作所,并帮助经营困难的公司重组,发展至今,其便是东芝集团。1894 年,三井物产为丰田纺织机发明家丰田佐吉提供周转资金,为其纺织产品开拓市场,为丰田日后转战汽车领域铺平了道路。

日本各大综合商社不断推进经营方面的高附加值化和综合化，积极开拓物流领域，打造供应链物流体系

二战后,综合商社开始了事业投资活动。在日本经济高速增长期,它们便积极参与海外投资,20 世纪80 年代以后投资活动愈加活跃。综合商社参与制造业、矿业、服务业等各个行业的投资活动,这一时期投资活动的特点主要是以扩大、强化中介业务为目的。进入 90 年代中后期,投资收益占商社总收益的比重明显增加,这反映出了综合商社经营重心逐渐向事业投资方向倾斜。

投资最有希望的业务领域或相关企业,通过投资分红或是待该业务或企业发展起来之后转让股权获得利润,这也被称为“事业投资”或“产业投资”。通过广泛的贸易网络、深厚的产业底蕴以及与之配套的金融力量,凭借产、商、融“三位一体”的商业体系最终实现整体产业布局。以三井物产为代表,从鸡蛋到卫星、从拉面到导弹,日本综合商社的业务范围几乎无所不有,渗透全产业价值链的综合商社完全可以称为“产业投行”。

事实上,综合商社主导的投资,其投资对象一般都并非规模巨大,即使是相对较小的公司,综合商社也能通过控制和支配它的流通产业链,从而开发出较大的业务。综合商社可以从中开拓出新的业务或者是成为一个产业改革的组织者、整合者。综合商社尽管也进行与商品交易关系不大的投资,但完全以一个财务投资者立场进行的投资是很少的。

进入 21 世纪以后,“事业投资”逐渐成为综合商社盈利的主力军。数据显示,从 2004 年 11 月到 2014 年 10 月的十年长周期中,三井物产、三菱商事、住友商事、伊藤忠商事和丸红商事等五大综合商社累计纯利润排名都进入了日本企业前 20。特别是三井物产和三菱商事更是以 2. 76 万亿日元和 3. 69 万亿日元排名第八和第五,显然单纯地依靠国内和国际贸易是无法实现如此高额利润的。

第五节 发现商业新大陆

WTO带来的“美国模式”

2001年12月11日，中国正式加入WTO，成为其第143个成员国，这标志着中国的产业对外开放进入了一个全新的阶段。WTO的前身是关贸总协定，它是当代最重要的国际经济组织之一，拥有164个成员，成员贸易总额达到全球的98%，有着“经济联合国”之称。事实上，中国加入WTO，获得好处的并不仅仅是中国一国。

在中国加入WTO以前，美国对华制造业的投资中收益率较高的是计算机与电子、机械、食品产业。美国在对华服务业的投资中除了批发业和银行服务业的收益较高外，其他行业均为亏损。中国加入WTO以后，美国在华投资的收益率有了较大幅度的提高，由2001年的13.2%上升至2005年的19.7%，大大高于其对亚太地区投资的平均收益率，差不多是其对外总投资收益率的2倍。

此前，由于美国服务企业进入中国的时间不长，因此其在很多行业的投资都是亏损的。在中国加入WTO后，随着中国电信、金融、零售、专业服务等服务部门开放程度的加深，美国开始大幅度增加对华服务业的投资，对华服务业的投资基本上也转亏为盈，对批发业、信息服务业、专业技术服务业的投资都有较高的收益率，基本都高于美国对亚太地区投资和对外总投资的收益率。

可以说，伴随着中国成功加入WTO，美国人成功进入了中国市场，并从中国13亿人口的红利中攫取了大量的利益。其实，相对于这些美国从中国市场获取的短期利益而言，以华尔街为主导的“美国模式”对中国经济的影响要更为深远。与此同时，中国开始逐渐反思“苏联模式”的弊病和自身失误，在实践中积极探索符合中国实际的发展模式。

20世纪80年代中期，中国在开始研究经济改革的目标模式时，对这个目标有过不同的设想，其中最重要的是两种：一种属意于“政府主导的市场经济”；另一种属意于“自由市场经济”。大致来说，传统中国官员钟爱以日本、韩国为榜样的“东亚模式”，而具有西方经济学知识背景的学者们则更加向往“美国模式”。

在1997年亚洲金融危机过后，“美国模式”逐渐占据了上风，特别是伴随着中国加入WTO，美国企业的大量涌入，给中国经济带来的巨大震动。受部分媒体舆论的影响，当时的中国社会更加迷信美国人编纂的《财富》世界500强名单。与世界500强榜单一同影响中国经济的则是EMBA教育体系。EMBA起源于1943年的芝加哥大学管理学院，读EMBA的学员一般由公司推荐，利用业余时间集中上课，课程内容广泛，理论与实践相结合。

中国的第一个EMBA教育是1995年以中外合作办学的方式进入的，合资的中欧国际工商学院在中国国内率先开设了这一课程。2002年，教育部正式批准30所高校开办EMBA教育试点。从那时起，EMBA便开始影响中国的企业家，并逐渐影响着中国的经济生活。在进入中国后，EMBA并没有被按照字面意思翻译成"在职工商管理硕士"，而是被译为"高管工商管理硕士"。

同时，与国外大多数EMBA学员都是前景光明的大企业中层不同，在中国参加该项目的往往是企业高层，显然这是一批足以影响中国经济发展走向的重量级人物。事实上，许多中国的EMBA教育从诞生开始就是一个"畸形的东西"，因为国内各商学院将大量精力放在招生和市场宣传方面，其在内功方面底蕴较弱。宽进宽出，学生的收获不够大，花钱混文凭现象严重。

另外，在美国商学院教授中，不乏著名投资人、前企业高管等具备丰富商业实战经验的精英，而许多中国商学院的教授，多数为纯学者，毕业后就在大学任教，理论知识尚可，但实战经验缺乏。商学院应该是应用性很强的培训机构，缺乏实战经验难以对商业有较深的理解，仅停留在纸上谈兵层面。因此，这样走歪了的"美国模式"难免会走向"权贵资本主义"，让中国经济误入歧途。

盛和塾背后的三井商道

中国加入WTO以后，伴随着欧美企业在华抢滩布点，多数日本财团大企业实施了把制造重心转移到中国的计划。如日本松下在中国投资、合资的工厂超过了100家，并且把设在美国的专门生产空调压缩机的工厂迁到了中国。中国市场上销售的日本企业生产的手机、彩电、空调等新产品，基本和日本市场同步，有的甚至比日本还早上市。

2003年，被誉为"经营之圣"的日本企业家稻盛和夫应邀参加了在南京举办的企业经营国际研讨会。在南京接受记者采访时，稻盛和夫表示，中国加入WTO，对所有的跨国企业来说都是特大的"利好"。由于日本企业进入中国市场较早，占有先机，把制造中心转向中国，有助于增加日本的出口，强化其在全球的竞争力，同时倒逼日本的本土企业尽快进行产业升级。

在加入WTO的大背景下，多数中国企业正在实施从国内企业向国际企业的转型，在快速成长的过程中它们需要解决哪些问题？对此，曾经创建了京瓷和第二电信两个世界500强企业的稻盛和夫认为，成功的企业靠的是非凡的管理，而管理最重要的方面是确立企业意识和企业精神。这些理念与把注意力放在资本、技术、先进的设备和人力资源上的西方管理哲学大相径庭。

稻盛和夫把企业的目标定为"实现物质和精神的双重幸福"，应先致力于保护员工的福利,强调企业必须承担社会责任,让员工和企业结成“命运共同体”。很多中国企业都面临着改制、多元化发展问题,最重要的是“士气”。稻盛和夫为此总结出企业经营的七条法则:强烈的抱负、最大的努力、不容反抗的勇气、持续的创造力、销售最大化和支出最小化、利他主义、乐观主义。上述法则相信对中国的企业有一定的启示作用。

2007 年 7 月,盛和企业经营哲学研究会在江苏省无锡市成立了中国第一所“盛和塾”,迈出了中国盛和塾事业里程碑式的第一步。盛和塾最初成立于 1983 年,是由日本京都一部分青年企业家希望稻盛先生向他们传授经营知识和传播经营思想而自发成立的。2010 年 3 月,稻盛和夫(北京)管理顾问有限公司成立,开始向全国开展盛和塾事业。

稻盛和夫是“企业家兼哲学家第一人”,然而却很少有人知道稻盛和夫的企业经营理念其实来源于三井财团

此后,盛和塾在中国的青岛、北京、广州、大连、重庆、成都等地成功举办了多场经营哲学报告会,可以说是盛况空前。如今,稻盛和夫成为日本成功经营模式的代名词,而由他打造的阿米巴经营模式更是成为今天众多中国企业学习和模仿的典范。季羡林先生曾经评价稻盛和夫是“企业家兼哲学家第一人”,然而却很少有人知道稻盛和夫的企业经营理念其实来源于三井财团。

20 世纪 50 年代中期,当时的稻盛和夫在三井财团旗下的松风工业株式会社的特磁课工作。由于松风工业的经营状况不佳,三井物产便派了调查团进驻公司。调查团团长名叫吉田源三,他是第二次世界大战前三井物产驻纽约的支店长,战后成为三井物产的顾问,是当时三井财团的重要人物。

在调查中,吉田源三发现整个公司只有由稻盛和夫负责的特磁课业务蒸蒸日上,于是他在调查行将结束时,专门在高级饭店宴请稻盛和夫。在席间,稻盛和夫向吉田源三坦率地吐露了自己平时的所思所想,包括进公司之后如何开发镁橄榄石陶瓷并使之产业化。

为了重振松风,稻盛和夫还阐述了如何向员工指明前进的方向等许多关于经营的思考,这些都与三井的经营哲学(三井商道)高度一致。吉田源三在静静听完了稻盛和夫的阐述之后说:“稻盛,你虽然这么年轻,但是你有明确的哲学。”正是这句话催生了后来的“京瓷哲学”“稻盛哲学”,稻盛和夫一直将“你有你的哲学”这句话放在京瓷博物馆的入口处。显然,“你有你的哲学”的深层含义是“你有你的三井商道”。

稻盛和夫带着自己的“三井商道”于 1959 年 4 月离开了三井财团的松风工业,并创办了京都陶瓷株式会社,也就是后来大名鼎鼎的京瓷株式会社。如今京瓷的大多数产品都与电信有关,包括无线手机和网络设备、半导体元件、射频和微波产品套装、无源电子元件、光电产品等。经过几十年的发展,京瓷哲学已经成为稻盛和夫经营哲学的代表,并被许多企业奉为经营发展的“圣经”。

“日本模式”PK“美国模式”

20世纪80年代,美国和日本成为世界上两个最大的经济体,它们的发展模式已成为其他国家建立自己经济体系时所参考的典范。这两个经济体虽然有着本质差异,却又同时并立,且互相依存和竞争。综合空间和时间,并考虑文化和思想因素,本书将现代世界经济分为两大有明显差异的市场经济模式——“美国模式”和“日本模式”。相比于“美国模式”,“日本模式”被中国长久忽视和误读。

2012年2月,由欧美官员和世界银行提交的《2030年中国》报告,一再要求中国实行国企私有化政策,走向“美国模式”的主张也再次水涨船高。事实上,早在2008年纪念改革开放30周年时,以及在2010年出版的《当代中国经济改革教程》一书中,吴敬琏就反复提出,中国应当走向体现“普世价值”的“美国模式”。然而,“美国模式”真的能够解决中国的问题吗?

一方面,“美国模式”的核心是着力于金融业与技术创新,贯彻一种“游牧”精神:大吃小、强吃弱,强调竞争,强调扩张。与美国人口少、资源多、国际话语权大相比,我国人口多、资源少、区域性差异大。可以说,践行“美国模式”,中国存在天生的劣势。同时,这种“游牧”的生存方式是不稳定的,如果没有足够大的“牧场”,就没有可持续发展的能力。

另一方面,对吴敬琏特别推崇的“美国模式”,诺贝尔经济学奖得主约瑟夫·斯蒂格利茨曾指出:“美国模式的资本主义已成为市场经济问题和弊端的象征。”实际上不仅仅是斯蒂格利茨,包括美国著名经济学教授、诺贝尔经济学奖得主保罗·萨缪尔森在内的许多西方学者也开始批评“美国模式”,认为“我们的经济是一种冷酷无情的经济”。

与“游牧”精神所提倡的丛林法则不同,“日本模式”蕴含着的“农耕”精神,更强调共生、合作、互补。实际上,日本的文化就来自农耕文化,日本是传统的农业国家,其很多文化来自中国江浙一带的农业文明,其习性、习惯就是要种植。自古以来,农耕文化生存的方式就是在地少人多的情况下求得生存和发展,这是它的发展基础。

在这个基础上我们会发现,所谓农耕,就是人们要播下种子、插秧、施肥,还要除草,而且要耕作的话,还要有各种工具,而这些工具要制造,都是配套的。另外,在种庄稼的过程中,可能会由雨水过多而造成内涝或者由雨水缺少而造成干旱,要保证粮食产量的稳定性,还要做建设水库、引渠、灌溉等工作。

这样一来,你就需要有人专门做种子的事情,有人做工具的事情,有人负责水库,有各种产业围绕着这个主业形成产业链,并且形成一个系统,大家都是在这个系统里面吃饭,都要生存,由此形成了一套体系。这种农耕方式与做产业是同样的道理。这个产业里面能解决很多就业问题、生存问题,它具有可持续性,可以维护整体的稳定性。

日本实现这一套完善产业链体系的手段是成立财团综合商社,著名的三井物产就是大型的财团综合商社。像丰田、东芝、索尼这些一流的企业都是三井财团的所属成员,而财团的综合商社实际上扮演的是产业组织者的角色。作为产业组织者,三井为旗下企业参与国际贸易提供了大量服务,并利用巨大的信息、人力、财力资源进行产业投资。

对"游牧"与"农耕"两种模式更深层的表述是"金融立国"与"产业立国"两种战略思维的差异,"美国模式"是基于"金融立国"考虑,这种模式尽管可以在短期内使经济迅速发展,但是往往后劲不足。"日本模式"是"产业立国"战略,这种战略强调长期回报,其目标不是一两笔投资的回报,而是一个完善、健康产业链的建立。改革开放40多年后的今天,中国需要再一次认真思考属于自己的发展模式。

中国经济需要"一体两面"

无论是"美国模式"还是"日本模式",都包含着"游牧"和"农耕"这两种模式,就是看以哪个为主体、哪个为辅助的问题。日本是以产业为主体,美国则是以金融为主体。从全球的角度来讲,上述两种模式其实是互相促进、互相依存的模式,并不存在谁比谁更优越的问题,但存在是否适合各自实际情况的问题。

在中国这片地少人多的土地上,要想让这么多的中国人吃饭、就业、生活稳定下来,不引起社会的混乱,把"游牧"模式作为一个主体放到中国经济的"土壤"上来是否适合,就是我们必须考虑的现实问题。显然,中国的经济主体更加适合"农耕"模式,而不适宜以搞金融为主体的"游牧"模式。这方面中国与日韩有相似之处,尤其以日本的模式更适合中国参考和借鉴。

作为"日本模式"的典范,日本的财团经济体系本身是以"农耕"模式为主体,亦不排斥"游牧"模式。我们看到,明治维新后,日本向美国学习了很多,包括接受西方股份制的方式。股份制的很多东西是金融化的,更多的是"游牧"文化,它在接受了一些西方公司治理的模式以后,很多地方在表面上看是跟金融联系在一起的,特别是很多大公司是上市公司。

日本企业发展到现在,实际上也借鉴了美国很多金融创新的东西,如野村证券。野村证券相当于投行,类似于高盛、摩根这样的金融投行,它也存在这样的体制,但是它的主体还是财团,并不是像美国那样搞得都是基金,也就是说,日本的主体是财团,而不是基金。基金可以在短时间内快速聚集财富,把某个产业发展起来。但是,基金在这个产业发展到一定程度、利润摊薄的时候,又会撤走,寻找新的目标。

回到中国上来，中国要做什么？是要做一个“美国”吗？不是。是要做一个“日本”吗？也不行。中国一定是“一体两面”，即以日本的产业模式为主体、以美国的金融模式为辅助这样一种模式。中国不仅需要不断发展自己的产业实体，同时也需要促使自身金融机构的发展完善。以产业为主、金融为辅这样的“一体两面”模式，实际上应该成为“中国模式”的一个特点，一个核心概念。

以产业为主、金融为辅这样的“一体两面”模式，实际上应该成为“中国模式”的一个特点，一个核心概念

但是一定要注意，中国在这个过程中还是先要根据自己的国情，把产业方面更深层次的联合体制做扎实了，只有在有这样一个主体的情况下，才能建立起一个相对应的金融体制。如果中国只是单纯按照某一种模式发展，就不会出现相互制约、相互平衡的情况。如果中国所用的体制、模式与中国的实际条件和文化背景相违背，则很有可能会给中国经济未来的发展带来灾难。

中国没有财团体制，更没有财团的综合商社。一方面是由中国产融分离现状决定的；另一方面则是过去三十年中国经济学教育基本上都是采用的美国经济模式，造成了中国的人才和企业的思维全都是一边倒的“美国化”，这种做法应该得到纠正。在经济学课程设计方面，高校要有研究日本、韩国、东亚经济历史和发展的专业课程，也应该设置这些方面的专业课程和研究生制度。

说到底，在日本取得成功的经济模式并不是日本发明的，而是源自中国，源自中华文化。中国很多古代的商业思想，与日本、韩国是贯通的，只有建立中国自己独立的经济学体系，即被称为“东方经济学”的一套体系，我们才能慢慢地将中国的经济模式确立起来。未来，以中国传统文化为精髓的东方商业模式和教育制度应当在中国的企业和学校中确立起应有的地位。

参考文献及来源：

1. 李泽禛. 三井物产经营史的演变分析[J]. 商, 2015(44):2.
2. 王维绛. 住友公司亏损事件以及影响[J]. 中国外汇管理,1996(6) :54.
3. 赵鹰. EMBA:总裁班的“中国特色”[J]. 沪港经济, 2009(10) :2.
4. 车驾明. “经营之圣”看中国市场——日本著名企业家稻盛和夫访谈[J]. 生意与市场, 2003(7):18 – 19.
5. 于振荣. 从住友事件看日本的商业传统和公司制度[J]. 现代日本经济, 1997(1):3.
6. 沈曦. 东南亚金融危机对日本的影响[J]. 国际金融研究, 1998(4):3.

7. 谢许潭. 克林顿政府时期的美国经济外交研究[D]. 北京:中共中央党校,2007.
8. 张颜. 日本综合商社的国际化经营战略[D]. 北京:对外经济贸易大学,2006.
9. 沈联涛. 亚洲金融危机十年祭[EB/OL]. (2007-04-12)[2021-10-07]. http://m.wyzxwk.com/content.php? classid=16&cpage=0&id=15354.
10. 广发宏观. 日美贸易摩擦的四点启示[EB/OL]. (2019-05-20)[2021-10-07]. https://www.sohu.com/a/315287597_114984.
11. 徐静波. 寻找住友集团400年长盛不衰的秘密[EB/OL]. (2019-02-21)[2021-10-07]. https://www.163.com/dy/article/E8H627PQ0521RN24.html.
12. 徐子杰. 日元与亚洲金融危机[EB/OL]. (2018-11-27)[2021-10-07]. https://www.sohu.com/a/278509754_117959.
13. 张玉来. 日本综合商社再转型[J]. 董事会, 2015(11):4.
14. 郑峻. 三十多年前的美日贸易和《广场协议》[J]. 中国中小企业,2019(2):65-67.
15. 王秀玉. 住友事件:震惊全球的巨额亏损案[J]. 大经贸, 1996(7):2.
16. 张昭君. 三菱商事:赢在变革[J]. 经营与管理, 2012(8):4.
17. 丁雨晴. 法媒:有一种教育叫有中国特色的MBA……[EB/OL]. (2018-12-19)[2021-10-07]. https://oversea.huanqiu.com/article/9CaKrnKg4V4.
18. 尹国俊, 田成立. 东南亚金融危机后日本对东盟经济援助的新动向[J]. 现代日本经济, 2002, 122(2):4.
19. 栾谨崇. 日本加速对泰国直接投资的原因[J]. 世界经济, 1988(12):1.
20. 村上敦, 杨维中. 泰国外资直接投资的急速增长及其存在的问题[J]. 南洋问题研究, 1988(4):39-44.
21. 谢向前. 三井物产的成功经验和启示[J]. 武汉冶金管理干部学院学报, 2002, 12(2):5.
22. 小林伸夫, 匡平. 日本在泰国的企业投资[J]. 东南亚研究, 1982(2):16.

第二章

“纺织立国论”叫板美利坚

20 世纪 60 年代，以日本三井财团的东丽公司为代表的化工纺织企业，开始大量向美国出口合成纤维产品。到了 60 年代末，美国人 1/3 的毛衣、1/4 的衬衣都是由日本纺织企业供应的。这也导致了美国与日本之间的贸易摩擦进一步加重，一场围绕着纺织品领域的贸易战一触即发。

20 世纪 70 年代末，日本三井财团的东丽公司以东南亚地区为中心，在 18 个国家和地区建立了 42 个企业，产品更是输出到了全球 120 多个国家和地区。东丽公司在东南亚打造从纱线、原棉、织物、成品的一条龙国际化供应链管理（SCM）和战略材料的价值链中获取附加值的“世界唯一的事业模式”。

2006 年，三井财团的东丽公司与日本最大服装企业优衣库（UNIQLO）达成“战略合作伙伴关系”。对此，优衣库总裁兼 CEO 柳井正就曾表示，优衣库与东丽是“一个公司”的紧密合作关系，其中东丽是生产商，优衣库则是专注于生产、分销和产品升级发展的生产零售商。

——作者题注

【阅读提示】

“三井”告诉了我们什么(2)

纺织工业是中国国民经济的重要支柱产业,同时也是中国出口创汇的主要行业。长期以来,中国纺织工业在国民经济发展中发挥了十分重要的作用,在满足人民物质文化需要,为国家增加财政积累、出口创汇、就业安排等方面做出了重要贡献。如今,全世界都是Made in China的衣服,即便现在越南、印度尼西亚等东南亚国家制造的衣服多了起来,其背后还是中国转移出去的企业。

然而,中国虽然是纺织业大国,却并不是纺织业强国。事实上,中国纺织工业依然处在利润最低又透明的阶段,负责纺纱、织布、印花染色、成衣制造等劳动力密集的生产环节。而在先进技术环节,像新型纤维、面料的开发,功能性印染助剂的开发(抗紫外线、防水),纺织印染机械的生产等高附加值领域,中国仍有很大的差距,纺织工业的落后棉纺设备仍占全部生产设备的2/3以上。

在全球高性能纤维领域,无论是产品的种类、系列化开发、性能指标,还是生产成本,日本企业均具有很强的竞争力。据日本碳纤维生产企业东丽公司(属三井财团)的估算,日本企业已经占据了全球碳纤维生产领域70%的份额,成为全球碳纤维市场的龙头。不仅如此,日本钟渊化学工业(属三井财团)开发的难燃纤维也是划时代的新产品。

此外,三井财团旗下的日本东丽公司还意图构建更强大的全球化生产组织,通过产业、资本、科技与销售网络的嫁接,以及供应链整合和协作来实现其全球化战略扩张和协同效应。日本东丽公司进一步利用内生孵化和外延并购相结合的方式,形成从纺丝到成衣的全产业链生产能力,掌握各环节核心研发技术,突出其在整体市场的竞争力。

品牌化是服装产业的核心和灵魂,也是产业可持续性发展的内在动力和生命力所在。许多中国纺织企业依然停留在劳动密集型产品阶段,选择进行贴牌生产。在一次次的贴牌生产之后,那些中国人曾经耳熟能详的国产服装品牌开始逐渐淡出大众的视野,如今在各大商场中遍布的都是来自国外的服装快销品牌:日本的优衣库、西班牙的ZARA……

2019年4月,优衣库公司集团创始人柳井正以249亿美元的个人资产净值,击败软银的孙正义,荣登日本首富宝座。柳井正在讲话中多次提到,优衣库与东丽是“一个公司”的紧密合作关系,并提出了未来10~20年的合作计划。被纳入三井财团战略同盟的优衣库能够在众多变化不大的基本款中脱颖而出,其背后的商业逻辑更值得中国企业思考借鉴。

本章导言

2020年5月23日，美国商务部工业和安全局突然宣布，将33家中国公司及机构列入“实体清单”，这是美国所谓的“为维护其国家安全利益”而设立的出口管制条例。简单地说，“实体清单”就是一份“黑名单”，一旦进入此清单实际上是剥夺了相关企业在美国销售产品的机会。这一次的“实体清单”不仅是对中国高端制造领域进行封锁，还把火烧到了纺织制造业。

中国纺纱龙头企业华孚时尚的全资子公司“阿克苏华孚色纺有限公司”，赫然出现在了这次美国的“实体清单”中。华孚时尚是全球最大的新型纱线企业之一，投资中国新疆地区，基于棉花、能源、产业工人等资源优势，以及“一带一路”向西发展的未来机会，公司投资经营的阿克苏华孚色纺有限公司，创造了许多就业岗位，并为当地的经济与社会发展做出了贡献。

对于被美国商务部列入“实体清单”，华孚时尚表示，“美国商务部所做决定是不顾事实的不负责任行为，我们反对将产业政治化。同时，全资子公司阿克苏华孚色纺有限公司的原料、设备和技术都可以规避源自美国的产品，因此被列入‘实体清单’不会对公司的日常经营产生实质性影响”。显然，无论是否真的会产生实质性影响，这都预示着沉寂了许久的中美纺织品贸易摩擦烽烟再起。

事实上，回顾历史就不难发现，中美纺织品贸易摩擦由来已久，先后经历过20世纪80年代的反倾销和90年代的原产地规则摩擦，等等。特别是，进入21世纪后，由于中国的纺织服装业在资源财富、劳动力成本等方面均具有很强的国际竞争力，因此纺织服装业就成了中国加入WTO后受益的主要产业部门之一。

从2002年开始，中国便一直高居美国纺织品出口国的榜首。其实，纺织业在美国已是“夕阳”产业。但是，出于处在不同发展阶段及劳动力优势等原因，纺织业仍是中国国民经济的重要产业。一个是“夕阳西下”，一个是“如日中天”，新旧交替，中美纺织品经贸摩擦不断升级。同时，纺织品贸易摩擦不只是纺织品问题，也是美国对华经贸博弈的重要筹码。

2003年11月17日，美国决定对中国针织布、袍服、胸衣3种纺织品出口设限；

2004年美国再次发起12起纺织品特保措施调查，同时继续对针织布、袍服、胸衣3种纺织品出口设限。2002年、2003年和2004年，中国对美纺织服装出口额仍然分别为121.87亿美元、149.25亿美元和182.40亿美元，在美纺织品进口总额中的比重分别为15.65%、17.91%和20.31%。

2005年1月1日，WTO的《纺织品与服装协定》终止生效，延续30多年的纺织品配额制宣告全面废除，全球纺织品贸易进入后配额时代。在纺织品配额制取消后，中国的纺织品出口得到了迅速发展。统计显示，仅2005年的前4个月，中国纺织品出口额就达到312亿美元，同比增长18.4%。其中，中国对美国的纺织品出口更是增长了70%。

2005年5月13日，美国商务部以“中国纺织品出口美国剧增，扰乱美国市场”为由，宣布对原产于中国的棉制针织衬衫等3类纺织品实施特保措施，即进口数量年增长不超过7.5%的限制。18日，又对原产于中国的化纤制针织衬衫等4类纺织品实施同样的数量限制。这些“创纪录的”壁垒引发了中美纺织品贸易新一轮的摩擦。

对于美国的限制措施，中国政府给予了美国恰如其分的反击。中国政府的反击引起了美国政府的重视，于是中美先后就中美纺织品贸易争端问题举行了6轮磋商。直到2005年11月8日，中国商务部部长和美国贸易代表在英国伦敦签署了《中华人民共和国政府与美利坚合众国政府关于纺织品和服装贸易的谅解备忘录》，中美纺织品贸易摩擦才算告一段落。

然而，所谓的“协议”并不能消除中美纺织品贸易摩擦的根源。2006年，中国出口到美国的纺织服装份额依旧达到了270.67亿美元，同比增长20.81%，占美国纺织服装进口总额的比重为29.02%。可以说，中国对美国本土纺织服装产业的压力依旧很大，未来中美两国的纺织品贸易摩擦仍然存在。那么在数十年前，同样面对来自美国的种种施压，日本纺织业又是怎么做的呢?

第一节 山雨欲来风满楼

纺织立国，奠定产业基础

1896 年，日本三井物产株式会社的“大掌柜”益田孝公开发表了“纺织立国论”，并开始在日本国内推行棉布纺织品的等级评定制度，纺织业逐渐成为日本工业革命的核心产业。当时，日本出口的产品主要是棉纺织品，起领头作用的正是由益田孝与井上馨共同创立的三井物产，也是那一时期为数不多能够赚取外汇的贸易公司。

在第一次世界大战时期（1914—1918 年），由于亚洲各国军需增加和不再向欧洲各国出口货物，外国资本在日本实力减弱，以三井物产为代表的日本综合商社承担了国内大部分的纺织生产任务。当时，以钟渊纺织（属三井财团）、富士瓦斯（属三菱财团）为首的七大纺织公司，集中了日本整个纺织业资本的 57.4% 和纱锭的 58.7%。

1896年，日本三井物产株式会社的“大掌柜”益田孝公开发表了“纺织立国论”

与此同时，明治政府的实权掌握者大久保利通提出要将民营经济摆到改革的核心位置，认为鼓励、扶植民众经营实业，才是经济现代化成功的关键，政府的作用是诱导、服务。这一时期，许多民营现代化纺织企业纷纷成立，“日本近代实业界之父”涩泽荣一创办了东洋纺，丰田佐吉成立了丰田织布机株式会社，其中也包括了后来鼎鼎大名的东丽（TORAY）和帝人株式会社。

事实上，丰田财团创始人丰田佐吉一开始只是与他人合资成立了一家名叫“乙川棉布合资会社”的纺织工厂，用丰田织机生产棉织物。正是在三井物产（三井财团的综合商社）的资助下，丰田织机才在日本被迅速推广。随后，由三井物产出面，丰田佐吉在日本名古屋设立了“丰田商会”，并由三井物产负责“丰田商会”的资本和销售，就此奠定了丰田财团的发展基础。

1926 年 1 月 12 日，三井物产在三井家族的发源地日本滋贺县（近江国）成立了东洋人造丝株式会社，这就是现在日本东丽株式会社的前身。在成立大会上，三井物产常务安川雄之助代表发起人说出了成立这个公司的想法：“为了最大限度地做有益于国家经济的事。"随后,由安川雄之助担任第一任会长,1926年4月16日,东丽获得了工厂设立许可,1927年8月,东丽制造出了日本最早的人造丝。

东丽成立之初,三井物产作为总代理店负责产品的销售,这在很大程度上解决了东丽的后顾之忧,其只需要专注于生产即可,随之而来的各类事物一律交由三井物产负责协调打理。因此,东丽员工在第一任工厂厂长辛岛浅彦"将工厂作为个人磨炼的平台"的方针指导下,在继承外国技师技术的同时,开始了独立研究,努力进行新产品开发和以降低成本为目标的技术开发。

随着越来越多近代纺织企业的设立,引进欧美的生产机器以及导入先进技术成为当时日本综合商社的重要工作之一。这其中,三井物产就承办了纺织机器进口业务的大部分,其市场占有率一度超过八成。同时,在棉花等原材料的进口中,三井物产还把中国上海分店、孟买出差所作为据点进行棉花交易。很长一段时期,棉花都在三井物产经销品交易额中占据第一位。

从1890年到1930年的40年间,纺织工业的生产额占到日本工业生产总额的1/3,出口额则占到了工业出口总额的一半以上。到了第二次世界大战爆发前(1938年)的全盛时期,日本纺织品出口更是占到商品出口总额的67%,对日本经济发展起到了极大的推动作用。可以说,当时的纺织工业已经成为日本产业结构中的重要主导和支柱产业。

商社助力,战后复兴

第二次世界大战(1939—1945年)结束后,由于战争中进行的设备转换和战时损坏,以及战后初期原材料、资金等严重不足的因素,日本纺织工业的生产规模缩小到了战前最高水平的2%~5%。如何维护和平和重建经济成为日本政府及社会的当务之急。日本政府接受了以中山伊智郎为代表的学者意见,日本只有走贸易立国之路,通过扩大出口增加所需的进口物资,才能实现经济的恢复与发展。

1946年3月,日本出台了名为《重建日本经济的基本问题》的报告,其中指出:日本要把战时的统制经济体制转变成为和平的自由经济体制,发展具有国际竞争力的新型出口产业,振兴国际贸易,走加工贸易的道路。由于纺织工业是日本当时和平产业中少数基础比较强的一个,同时纺织品既可以出口换外汇,又可以满足当时消费品匮乏的需求,因而首先得以恢复。

随着纺织工业的恢复和不断发展,日本纺织产品的出口额也在逐渐增加。资料显示,日本是从1947年开始恢复纺织品出口贸易的,这一时期的纺织品出口主要是面向英国等几个买方市场。20世纪50年代,美国通过借款给日本企业购买棉花和纺织机器设备,日本则向美国出口棉纺制品获得外汇以偿还借款。

1950年6月,朝鲜战争爆发,当时很多人认为朝鲜战争的爆发使以纺织品为代表的日本工商业各类产品的生产量急剧增加。但实际情况并非如此,高速增长的商品需求量及出口量对当时分散的生产企业造成了巨大冲击。1951年停战谈判一开始，商品出口合同锐减，已签订的合同也大量取消，造成严重的出口商品积压。到1951年6月底，仅棉布和人造纤维的积压就达到了26亿~300亿日元。

1952年初，受到朝鲜战争的影响，棉纺织品出口锐减，日本纺织工业出现了二战后的第一次困境。政府不得不采取缩短工时、封存过剩设备等相应的调整政策。这次危机让日本政府和企业充分认识到了商业活动中分散经营的脆弱性，以及作为产业组织者角色的综合商社在国际贸易中的重要作用。在这种背景下，战后被美国占领当局强制解散的综合商社得以重回正轨。

1952年4月，原三菱商事系统的100多家公司分别并入不二商事、东西交易和东京贸易3家贸易公司。1952年12月，不二商事、东西交易、东京贸易和三菱商事（光合实业）实现合并，并于1954年7月宣布成立战后新的三菱商事。日本政府也于1953年实施了旨在加强商社实力的税制优待、改善外汇分配和放宽进出口管制等政策。

三井物产（综合商社）体系的合并较三菱商事（综合商社）而言要稍迟一步。1955年5月，"三井系公司总经理会（三井系的恳谈会）"——月曜会正式设立，这为三井物产的重新联合准备了良好的基础。此后，月曜会开展了一系列活动以推动新三井物产的诞生。

1955年7月，第一物产买下了第一通商的营业权。9月，第一物产又合并了日本机械贸易。随后，发挥主导作用的第一物产与日东仓库（其持有"三井物产"的商号）于1955年开始进入合并的协商日程。也就是说，"三井物产"的旧商号虽然拖至1959年才正式予以恢复，但其主力公司的统一合并事实上在1955年就已经初步完成了。

正是在三井物产完成实质化合并重组的1955年，日本纺织品出口额占到全国出口总额的37.3%，重新夺回了第一名的宝座；随后在1957年日本又成功超过了英国，成为当时世界上纺织品出口量最大的国家。整个20世纪50年代，日本是亚洲纺织品的主要生产国和几乎唯一的出口国，拥有相对稳定和广阔的市场，在这一过程中，以三井物产、伊藤忠商事、丸红商事为代表的综合商社可谓功不可没。

美国衬衫和中国"的确良"

1955年，日本加入关税及贸易总协定，美国给予日本30种棉制品关税优惠，廉价的日本纺织品开始大量进入美国市场。仅在1955年，日本棉纺织品对美出口就比上年增长了1.9倍，其在美国市场上所占的比重也从1951年的17.4%迅速上升到1955年的54.7%，1956年则进一步上升到60%以上，这在很大程度上缓解了日本纺织业因朝鲜战争而产生的产品大量积压问题。

这一时期还出现了"1美元女式衬衫事件"，即日本纺织企业在美国市场上以

1 美元的低价销售女式衬衫。1955 年到 1956 年仅 1 年时间,“1 美元衬衫”在美国市场占有率从 3% 增长到 28%。这使美国纺织厂商认为日本有价格倾销的嫌疑,要求美国政府对其进行限制。在这种背景下,1957 年美国政府与日本政府举行谈判,日本根据美国政府的要求,实施了对美出口的自主限制。

1958—1962 年,日本自主限制出口计划开始执行后,日本棉纺织品在美国市场的占有率的确开始逐渐下降。但日本作为一个非常依赖海外贸易的国家,其经济发展伴随着大量商品出口是不可避免的,特别是当时日本在欧洲和中国的市场因各种原因还没有打开的情况下,美国不可避免地要吸收更多的日本商品。所以,日本政府实施的对美出口自主限制的政策并不能从根本上解决日美在纺织贸易中的核心问题,未来必然还会出现更为激烈的贸易摩擦。

其实,针对这次日美政府间的纺织品贸易谈判,日本内部也有不同声音。时任日本通产相的石桥湛山在与美国助理国务卿罗伯逊会晤时就表示:“美国一方面要求日本限制对中国的贸易,另一方面又限制日本产品对美出口,这是对日本的压榨。”面对美国的“压榨”,日本在同意对纺织品和服装出口进行自主限制的同时,也早已进行了其他准备。

以东丽为代表的日本纺织企业敏锐地意识到合成纤维(涤纶、锦纶等)在未来纺织工业中的重要性,日本从 20 世纪 50 年代开始自美国引进生产合成纤维产品的先进技术。1951 年 6 月,日本东丽与拥有“尼龙 66”生产专利的美国杜邦公司签订了技术合作合同,专利使用费是销售额的 3%,预付款为 300 万美元(10.8 亿日元),是当时东丽资本金(7.5 亿日元)的 1.5 倍。

1956 年 4 月,日本三井财团的东丽公司在滋贺工厂西南的园山台地建造了“中央研究所”,除了纤维,还增加了塑料、薄膜的研究。在这里,东丽公司将“Fiber - Ⅳ”(丙烯系纤维)、聚丙烯纤维、聚酯薄膜等作为公司未来研究、开发的主要目标,以此孕育出了之后的业务内容扩大和多元化的种子。

打入美国市场的日本衬衫和当时在中国十分紧俏的“的确良”

1957 年 2 月,日本东丽、日本帝国人造绢丝(帝人株式会社)共同与英国的 ICI 公司就聚酯纤维签订技术合作合同,建设三岛工厂。其实,聚酯纤维就是涤纶,也就是过去中国人常说的“的确良”,上了年纪的人都知道,在过去那个物资匮乏的年代,如果谁能拥有一件“的确良”的衣服,回头率那是相当高。无论是“尼龙(锦纶)”还是“的确良(涤纶)”,在具有坚固、挺括、易漂洗等优点的同时,也具有普通化纤的所有缺点,即吸水性差、易起静电、不透气等。

1959 年,日本东丽开始着手试生产聚烯烃类纤维材料。第二年,同属三井财团旗下的日本东丽与三井油化公司共同引进了意大利蒙特卡提尼公司的技术专利,开始建设日本第一座聚丙烯纤维工厂。至此,日本东丽在合成纤维的几个主要品种方面,先后占据了有利地位。

20世纪60年代,“的确良”才开始在中国京津沪小批量试制。由于当时中国人还没有从石油到化纤的生产能力,所以只能靠进口日本等国家和地区的涤纶纤维来开发“的确良”,或者靠进口聚酯切片来制造涤纶纤维。像北京产的冰山牌漂白“的确良”、天坛牌衬衫等少量在大城市上市或出口转内销的“的确良”料子、成衣,是人们排大队抢购的紧俏货。

确立世界第二大经济国地位

20世纪50年代后期,以海外投资为先导,日本纺织工业进入了新的发展时期。日本纺织服装的主要产区是富川县、石川县、福井县,其中福井县素有“纤维王国”之称。面对国内劳动力成本的快速增加,日本上述地区的企业逐渐缩小国内生产规模,将初级产品生产转移到拥有丰富廉价劳动力的国家和地区。

1955年7月,日本三井财团的东丽在中国香港成立了Trilon公司,由于原来的总代理店三井物产正处于解散重组时期,因此此前所依赖的综合商社销售网络被迫中断。为了建立自己的海外当地销售网络、强化营业能力,东丽决定在中国香港成立第一个当地专业商社——Trilon公司。现在,东丽国际集团及其主要活动“全球运营”的基点就是这家公司。

在早期的海外投资合作模式中,日本厂商和综合商社提供机器、中间产品和流动资本等方面的支持,帮助当地的企业进行出口生产。东丽积极与三井物产、伊藤忠商事等综合商社合作,实施促进出口的战略。由于纺织纤维产品是生活必需品,而且进口依存度高,如果国产化,就业吸收能力会很大,许多东南亚的发展中国家开始实施代替进口的工业化政策。

为了守住自己的商业版图,各综合商社纷纷鼓动日本制造商进入海外市场并转移技术,三井财团的东丽也积极响应。1963年3月,东丽在泰国成立聚酯、人造丝混纺织物的纺、织、染一条龙制造公司——Thai Toray Textile Mills公司(现在的Thai Toray Textile Mills Public公司,简称“TTTM公司”),这是东丽在海外的第一个当地生产事业。初期的当地生产采用了三井物产、当地资本、东丽3家联合进入的基本模式。

纺织工业作为基础性消费品产业,对日本经济复苏和发展产生了巨大的影响,一直发挥着极其重要的民生作用和在国际合作与竞争中的优势作用。以纺织工业的复兴为基础,日本在战后很快便获得了充足的资金和资源。加之此前的人才与科技储备,以及在战后进行了全面的现代化改革,尤其是朝鲜战争和越南战争的爆发让日本得到了巨额的订单,日本经济在短时间内实现了腾飞。

20 世纪 60 年代初，经过重组合并后，日本确定了以三井物产、三菱商社为代表的战后十大商社的基本格局。这些综合商社基本上摆脱了战前单一的专门化模式，都开始向经营综合化商社发展。其中，三井物产根据日本经济高速发展的实际需要和引进国外先进科学技术武装本国工业部门的客观要求，在科技发达的美国纽约等城市设置了海外分室，扩大国际影响力。

1968 年，日本的国民生产总值正式超过了联邦德国，日本成为仅次于美国的资本主义世界第二大经济国。1960 年到 1970 年的 10 年间，日本的工业生产年均增长 16%，国民生产总值年平均增长 11.3%。当时有许多专家认为，日本恢复战前水平需要 100 年的时间，但日本仅仅用了 20 多年时间就重返世界强国之列，逆袭成为当时世界第二经济强国，以综合商社为核心的产业组织模式成为关键要素。

与日本迅速提升的经济实力相比，美国在战后世界上的绝对优势地位则逐渐下降，经济实力相对减弱。美国国民生产总值在全球国民生产总值中所占的比重从 1950 年的 52% 下降到了 1970 年的 30%。特别是，随着越南战争（1955—1975 年）的不断升级，美国将大量物力、人力、财力用于军事工业，严重影响了美国正常的经济秩序。20 世纪 60 年代末发生的通货膨胀，则让美国国内财政和国际收支问题雪上加霜，经济霸主地位面临挑战。

同一时期，出口美国的日本纺织品从 20 世纪 50 年代后期的棉纺织品逐渐扩大到了毛及化学合成纤维等整个纺织业。以日本三井财团的东丽为代表的化工纺织企业，自 20 世纪 60 年代开始大量向美国出口合成纤维产品。到了 60 年代末，美国人 1/3 的毛衣、1/4 的衬衣都是由日本供应的。这也导致了美国与日本之间的贸易摩擦更加严重，一场围绕着纺织品领域的贸易战一触即发。

第二节　第一次正面交锋

吹响进军美国市场的号角

1961 年 2 月 16 日，美国联合服装工会要求其成员企业拒绝裁剪当年 5 月 1 日之后从日本进口的布料。服装工会认为日本每年向美国出售 6 万件男士套装，严重超出了 1957 年的自主限制标准，这已经威胁到了美国特别是南方各州纺织工人的工作岗位。面对美国纺织业的步步紧逼，日本一方面继续进行自主限制，另一方面则在不停地寻找其他出路。

1964 年 6 月，三井财团旗下的东丽公司和美国杜邦公司（Du Pont）成立了合资企业 Toyo Products Co. , Ltd. (现为 Du Pont - Toray Co. , Ltd.),开始生产销售仿丝质聚酯纤维(涤纶)以及尼龙材料。1965 年 12 月,东丽纽约股份有限公司(Toray New York)在美国正式成立。

美国杜邦公司是一家以科研为主的科技企业,总部位于美国特拉华州的威尔明顿市,提供能提高人类在食物与营养、保健、服装、家居及建筑、电子和交通等领域生活品质的科学解决之道。凭借创新的产品、材料和服务,为全球市场提供世界级的科学技术和工程服务,协助应对各种全球性挑战,包括为全球各地的人提供充足健康的食物、减少对化石燃料的依赖。

1966 年,三井物产在美国设立分支机构 Mitsui & Co. (U. S. A.), Inc. ,开始重启战后美国市场。与此同时,三井财团的东丽公司也在美国纽约、英国伦敦等世界 14 个主要城市设有专门的驻员,负责进行市场调研并搜集情报。东丽公司还把数以千计的零售企业组织成“销售协作组”,形成统一的销售网络进行指挥和调度。

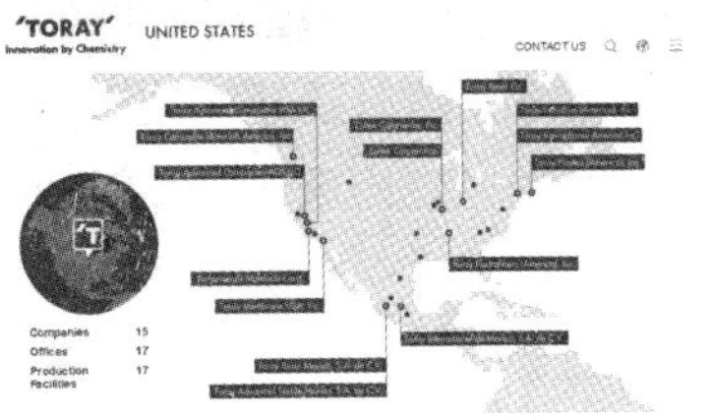

日本三井财团旗下的东丽公司在美国的产业布局

1966 年 12 月,东丽公司又与美国道康宁(Dow Corning)公司在美国合资成立了 Toray Silicone Co. , Ltd. (现为 Dow Corning Toray Co. , Ltd.)公司。道康宁是一家总部位于美国密歇根州米德兰市的有机硅产品公司。合资公司名称中的 Silicone 即指有机硅塑料,其具有较高的耐热性,较优良的绝缘性和耐电弧性以及防水、防潮等性能。

由于以东丽公司为代表的合成纤维企业迅速崛起,日本合成纤维的出口量开始不断增加。在 1962 年日本纺织品出口中,合成纤维仅占 14% ,到 1965 年即上升为 31% ,1971 年则进一步上升为 51% 。当然,在合成纤维出口增加的过程中,其对美出口也紧跟着急剧增加,到了 1968 年,日本合成纤维的对美出口已居于纺织品出口的首位,达 1. 06 亿美元。

其实,日美两国在合成纤维贸易领域的表现仅仅是两国这一时期贸易情况的一个缩影。从 1965 年开始,日本在全球的对外贸易(进出口量)和国际收支(贸易、服务、资金转向等)都转为顺差。对外贸易顺差也从 1964 年的 334 万美元上升到 1969 年的 1. 4 亿美元。其中,日本出口美国的商品总额也呈现高速增长趋势,1965 年为 2. 4 亿美元,1969 年则达到了 4. 8 亿美元。

受日本自身经济增长和美国囿于海外战争等因素的影响,日美之间的贸易额不断扩大。但在这一过程中,美国在双方贸易中的利益不断被压缩,逐渐开始趋于劣势。因此,日美之间也开始不断发生更为激烈的贸易摩擦。如果说 20 世纪 50 年代出现的“1 美元衬衫事件”仅仅是一次日美双方在经济领域的遭遇战,那么这一次则是一场准备充足、部署完善的阵地战。

1966年,在美国纺织品制造者协会大会上,美国商务部部长科里纳强调了缔结毛及化学纤维制品国际协定的必要性。第二年,仅主要的保护主义法案就有15项交付美国议会审议,其中将纺织品直接作为限制进口对象的就有2个。这也表明,美国国内再次兴起了以纺织品为核心的贸易保护运动。

尼克松政府努力寻找替罪羊

1968年,美国共和党人理查德·尼克松准备参加美国总统竞选,他清楚地认识到,要赢得总统提名并当选总统,南方各州是最重要的地区之一。为了赢得美国南方各州的选票,尼克松选择联合在美国南方拥有非凡影响力的斯特罗姆·萨蒙德。为了巩固联盟,尼克松和萨蒙德在很多问题上交换了意见,其中之一就是萨蒙德要求尼克松政府保护南方的纺织业。

斯特罗姆·萨蒙德曾担任过南卡罗来纳州的州长,因此他希望美国政府能够提高纺织品进口关税以保护南卡罗来纳州的纺织工业,以应对来自日本企业的竞争威胁。南卡罗来纳州位于美国的东南部,纺织工业在南卡罗来纳州的制造业中占绝对优势。100多年前,美国的纺织厂从位于中部的新英格兰地区开始向南方转移,并在南卡罗来纳州形成了"纺织工业走廊"。

1968年11月,尼克松在竞选中获胜,成功当选为美国第37届总统。为了兑现对南方纺织业的承诺,尼克松开始着手制定解决日美纺织品问题的政策。在与萨蒙德的电报中,尼克松表示,"作为总统,我的政策将是纠正这种(贸易)不公平的发展。我将适当地采取合理步骤使贸易协定的概念扩大到所有其他的纺织品条款,包括棉纺织品、人造纤维和混纺纤维"。

1969年7月,为解决日美之间的相关问题,时任尼克松政府国家安全事务助理的亨利·基辛格与日本首相佐藤荣作的特使若泉敬建立了一条越过两国行政机构的秘密渠道。9月中旬,日本特使若泉敬到美国与基辛格会谈。在会谈中,基辛格强调了纺织品是重要之事,因为这关乎尼克松总统的威信,希望若泉敬把尼克松总统强烈的"愿望"转达给佐藤首相。

就在日美开启纺织品谈判的同时,东丽公司于这一年制定了一套完善的资本输出计划,第一步就是巩固其在东南亚的体制。此前,对于东南亚、非洲和中南美各国,东丽公司都是输出合成纤维原材料,再由当地的企业或者是合资工厂进行纺、织、染、缝等二次加工。但是,伴随着泰国等国合成纤维开始自给,日本东丽公司便由输出纤维材料转为进行直接投资。

1969年9月30日,基辛格和日本特使若泉敬再次进行会谈,基辛格交给若泉敬两份有关"纺织品(纤维)"和"核"的文件,递交的顺序先是纺织品后是核问题,可见美国尼克松政府对纺织品的重视。在此后的秘密沟通中,美方也多次表达了对纺织问题的关注,强调这关乎尼克松总统的威望,希望日本方面能够积极解决这一问题。

当然,把贸易问题的矛头指向日本,一方面是为了兑现尼克松政府对南方纺织业主的承诺,另一方面则凸显了美国当时面临的日益加剧的困境。1969 年,尼克松上台后不久,美国出现了史无前例的通货膨胀和经济衰退两症并发的"滞胀"现象。美国在资本主义世界经济中的地位严重下降,1950 年美国拥有资本主义世界黄金储备的 49.6% ,到 1970 年只有 15.5% 。

其实,美国所谓的"贸易问题"就是其作茧自缚而导致的经济问题,日本只是当时美国为自身经济问题找的替罪羊。长时间的越南战争和美苏军事力量对抗使得美国国内政治、经济局势动荡不安,美国在资本主义世界工业总产值中的比重从 1948 年的 54.6% 下降到了 1970 年的 37.8% ,尼克松政府急需为日益危险的宏观经济失衡找到一个替罪羊。

实际上,当时的美国政府几乎完全没有看到经济下跌与纺织品贸易不平衡之间的联系,反而是直接将问题归咎于日本。日本政府也表示,如果美方无法提供有效的"受害证明",就不会举行日美贸易谈判。1969 年 9 月,日本派遣使团前往美国调查,调查团就认为在经济上和统计上并没有证据表明美国纺织业因进口增加而受到危害。

旷日持久的日美贸易谈判

1969 年 11 月,第一次日美预备会议在瑞士日内瓦召开,以协商纺织品贸易问题。但实际上,这次会议从一开始就注定不会达成任何结果,因为日美两国的出发点完全不同。日本代表团认为,在美国拿出"受害证明"之前,会议仅仅是为接下来的多方会谈做准备;而美国代表团则认为,要在预备会议中就两国纺织贸易品限定内容达成协议。

1969年,时任美国总统尼克松(右)和日本首相佐藤荣作(左)在美国白宫举行首脑会谈,以协商纺织品贸易问题

1969 年 12 月 19 日,美国助理国务卿特雷齐斯以备忘录的形式向日本驻美公使吉野提交了关于毛纺织品和人造纤维对美出口自主限制的日美政府间协定草案,即"第一次美国方案"。方案规定了总项、分项和 28 种限制项,这一美方提议遭到了日本政府和日本纺织业的齐声反对。

同美国总统尼克松一样,时任日本首相伊藤荣作也要照顾到日本国内纺织界的看法。事实上,日本的首相一直换得很频繁,但是日本的官僚体系却很固定,而日本的官僚集团与日本财团存在着共同利益。佐藤荣作在当选日本自民党总裁前,各财团首脑表达了大力支持:"在此激烈动荡的时期,首相如没有统率力量是很不好的。佐藤先生有着实际成绩，这一点可以放心。”

佐藤荣作其实出身于日本著名的政治家族，他的哥哥岸信介也曾经是日本首相，只是因为前者后来过继给了佐藤家，所以和其兄长不同姓，岸信介的外孙正是日本前首相安倍晋三。安倍家族和三菱财团的关系非常牢固，安倍晋三和他的哥哥安倍宽信从幼儿园到大学都一直在三菱财团资助的成蹊学园接受教育。后来，安倍宽信还一度成为三菱商事（三菱财团的综合商社）中国分社的社长。

1970 年 1 月 2 日，美国在华盛顿、东京和日内瓦 3 个城市同时向日本政府提交了“第二次美国方案”。实际上，第二次方案与第一次方案基本一致，日本政府再次拒绝了该提议。日方代表的态度很强硬，“尼克松总统希望解决纺织品问题，但为了达成解决，日本政府必须寻求自己的方案，这个解决方案必须得到日本纺织业的认可”。

1970 年 6 月，日本通商产业大臣宫泽喜一前往美国，与美国商务部部长斯坦斯举行会谈，商讨如何友好地解决纺织品问题。但是，由于宫泽喜一提出的自主限制方案和美国要求的差距太大，双方并没有就纺织品问题达成一致，特别是美方希望达成一个长期协定的立场，日方根本无法给予满足。

这次谈判的破裂让佐藤荣作和尼克松都非常失望，但双方都同意在联合声明中避免留下两国对抗的印象。佐藤首相表示谈判的大门依旧敞开，美方也承诺不会影响到此后日美的关系。随后的 10 月 15 日，日本政府再次拒绝了美国提出的第三次方案。很显然，关于日本自主限制对美国的纺织品出口问题，在此阶段通过谈判达成协议已不可能。

虽然谈判陷入僵局，但三井财团的东丽公司在东南亚布局却做得风生水起。1970 年 9 月，东丽公司将其在泰国的尼龙生产能力由日产 3 吨增加到 8 吨，并建立了聚合装置。10 月，东丽又建立了日产 2 吨的聚酯长丝生产设备。随着纺丝的发展，东丽还在染整方面，与伊藤忠商事（第一劝银财团的综合商社）、小松精练、酒伊纤维等公司共同出资在东南亚建厂。

伊藤忠商事从第一代伊藤忠兵卫通过销售麻布开始创业，历经一个半世纪已经发展成为综合商社。日本面料染色加工巨头小松精练早在 1961 年就成为东丽公司指定的尼龙面料染色加工厂，同时小松精练还进行独创合成纤维面料的销售。来自“纤维王国”日本福井县的酒伊纤维（酒伊奥比库斯）与东丽也有着密切合作，1994 年双方在中国合资成立了东丽酒伊织染（南通）有限公司。

1971 年 1 月，在政府间谈判陷入困境后，日本通产省和纺织业内部积极研究单方面自主限制方案。以纺织业联盟为中心，日本纺织企业开始制定自主限制出口的具体方案。3 月，日本纺织业发表了《关于自主限制纺织品对美出口的宣言》，表示将从维护及发展与美国的政治和经济友好关系的大局考虑，避免经济问题上升为政治问题。

然而，对于日本纺织业提出的自主限制方案，美国政府表示，任何日本业内提出的自主限制方案都不会解决美国想要解决的问题，即便是签了协议也不能保证这个协议长期有效。同时，美国政府认为与日本的纺织贸易协议，将在很大程度上构成未来与韩国及中国香港和中国台湾解决纺织品问题的基础。因此，美国政府寄希望于继续向日本施压，迫使其开启政府谈判并达成协议。

极限施压促使协议达成

1971 年 8 月 15 日，美国总统尼克松发表电视讲话，正式公布了“新经济政策”，宣称美国将征收 10% 的进口附加税，暂停美元与黄金的兑换，实施冻结工资和物价，同时削减对外援助。征收 10% 的进口附加税这一措施，使得日本 90% 以上的对美出口商品成为被征收对象，这给日本制造业带去了巨大的冲击。当然，美国的极限施压并不仅限于此。

9 月 7 日，美国国家安全委员会主任基辛格起草了关于日美联合经济委员会会议的国家安全执行备忘录。备忘录表示，如果纺织品问题得不到政府间的解决，美国将寻求其他途径。由于此前尼克松总统宣布了“国家进入紧急状态”，在这种情况下，总统有权行使《对敌国贸易法》，尼克松命令《对敌国贸易法》仅用于纺织品。

9 月 10 日，在华盛顿举行的第八次日美联合经济委员会会议上，美国总统尼克松表示，10 月 15 日将是美国政府等待政府间协议的最后期限。如果日本在 10 月 1 日前达不成限制对美出口的协议或者不参加以达成协议为前提的政府间谈判，美国将从 10 月 15 日起实施单方面的进口限制，而单方面限制进口的法律依据正是美国的《对敌国贸易法》。

1971 年 10 月 8 日，日本首相佐藤荣作和通产大臣田中角荣会见了日本纺织业首脑，安抚他们的情绪，希望他们能够为缔结政府间协议进行合作。13 日，美国商务谈判代表大卫·肯尼迪飞往日本东京，并在 15 日配额法案生效前的几小时与日本通产大臣田中角荣达成协定，双方草签了有关限制毛、人造纤维对美出口的谅解备忘录。

1972 年 1 月 3 日，日美两国正式签署了《美日纺织品贸易协定》。根据协定，日本将控制其输入美国的毛纺织品和人造纤维这类商品的总计年增长率不得超过协议中所提供的水平，美国在执行协定时将考虑确保日本充分利用协定中所规定的水平。此后，为了避免矛盾的恶化，该限制措施又适用到了聚酯长纤维等产品领域，以致日美纺织品贸易几乎成为受国家严格管理的一种贸易了。

对于日美之间达成的协定，许多人认为是美国通过极限施压逼迫日本就范的成功案例。诚然，贸易协定的确限制了日本的毛纺织品和人造纤维向美国的出口，但这在很大程度上推动了日本经济的转型发展。面对贸易摩擦，日本政府和财团企业积极调整产业结构，从纺织业转向扶植重工业和新兴电子行业，从而完成了日本经济的一次成功转型。

同时，为了缓解日美贸易摩擦，日本从20世纪70年代初开始扩大对亚洲纺织品的直接投资。通过亚洲生产基地的产业转移，一方面带动本国零部件、成套设备等资本品和中间品的出口，保障国内出口额的稳定增长；另一方面将亚洲变成日本进军国际市场特别是欧美市场的“出口加工地”，利用迂回方式向欧美国家实施出口，以规避贸易摩擦。

到20世纪70年代末，三井财团的东丽公司以东南亚地区为中心，在18个国家和地区建立了42个企业，产品更是输出到了全球120多个国家和地区。东丽公司在日本以外的投资总额，相当于其在日本国内资本额的1/3以上。当时，东丽公司已经不仅仅是生产以尼龙和涤纶为首的多种合成纤维，同时还研制成功并开始生产表面高硬度塑料透镜、人造麝香以及纤维加工用的测量仪表等。

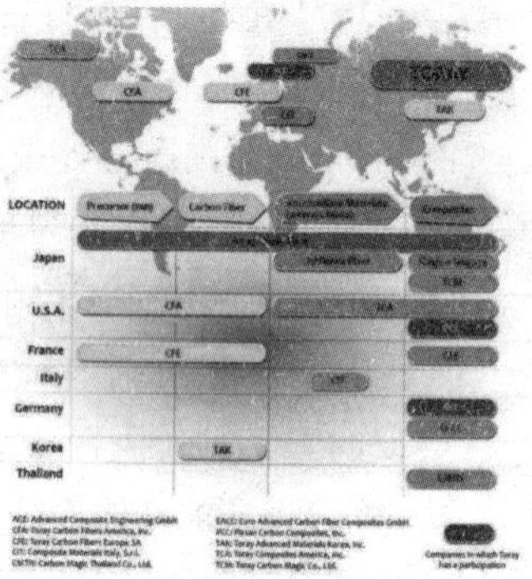

日本东丽公司在全球19个国家和地区拥有200家附属和相关企业，年销售额超过120亿美元

此后很长的一段时间里，东丽公司将印度尼西亚、泰国等东盟国家作为纺织事业的核心发展区域。以此打造从纱线、原棉、织物、成品的一条龙国际化供应链管理（SCM）和战略材料的价值链中获取附加值的“世界唯一的事业模式”。由于东丽公司在日本国内没有直接从事涤纶、棉混纺及长纤维面料的事业部门，因此可以说其在东盟地区开展的纺织事业比总公司范围还要大。

对美国而言，《美日纺织品贸易协定》的签订首先完成了尼克松总统对于南部纺织企业的承诺，也在一定阶段解决了日美日趋激烈的贸易摩擦。但在美国国内，以纺织业为代表的生产生活资料的轻工业领域所面临的困境并没有得到好转，亚洲其他国家和地区的产品迅速取代日本占据了美国市场。特别是，1971年尼克松访问中国后，中国纺织产品也顺理成章地进入了美国市场。

由于日本东丽、帝人、日清纺、钟纺、大和纺等纺织公司纷纷在东南亚、美国等地设厂生产，日本的纺织机械出口量也在这一时期大幅增长。1989年日本纺织机械的出口额达3442亿日元，较1988年增长27.1%，其中化纤机械呈现2.6倍的急剧增长，为尽量缩短交货期，丰田、津田驹等机械厂不断扩大产能。

第三节 从"纺织时代"到"时装时代"

时装企业迎来大发展

20 世纪 70 年代,日本传统纺织产业开始逐渐陷入困境。一方面,由于日本的主要输出地美国对纺织品实施了严格进口管制,日本接连不断地发生抗议运动;另一方面,受日本国内劳动力成本上升和"亚洲四小龙"竞争的影响,日本低成本竞争优势下降。与纺织品相关的出口和贸易竞争力也随之下降,劳动密集型的纺织业出现衰退,这实际上是日本经济发展的一个必然历程。

20 世纪 70 年代中期,由国际石油危机导致的经济不景气直接冲击着日本纺织原材料企业和专业商社的上游业务,不断有企业破产。以纺织业为核心的大量上游企业不得不进行人员调整以及结构改革,以往大量聘用新员工的大型纺织企业也必须实施裁员政策。当上游企业正陷于苦战无法抽身时,服装企业却以极具生命力的姿态开始崭露头角。

1975 年,日本成功举行第一届东京时装周。以东京时装周的成功举办为契机,日本在世界时装界开始逐渐占据一席之地,并获得时尚发布权,日本的设计风潮迅速席卷全球。在这一时期,日本也出现了一批世界级的设计师,如高田贤三、三宅一生、森英惠、山本耀司和川久保玲等都享有很高的全球知名度,时至今日仍是时尚品牌的代名词。

从 20 世纪 70 年代到 1985 年的十几年间,可以说是日本服装产业的成熟期。由过去传统的代加工生产(OEM)向自主设计和加工(ODM)以及自主品牌生产(OBM)演变,形成了"日本品牌、本土设计、海外生产"的新生产方式。当时,日本服装品牌多采用传统批发运营模式,生产环节外包,中间销售加价环节较多,工厂收入通常为服装售价的 20% 左右(加价倍率为 500%)。

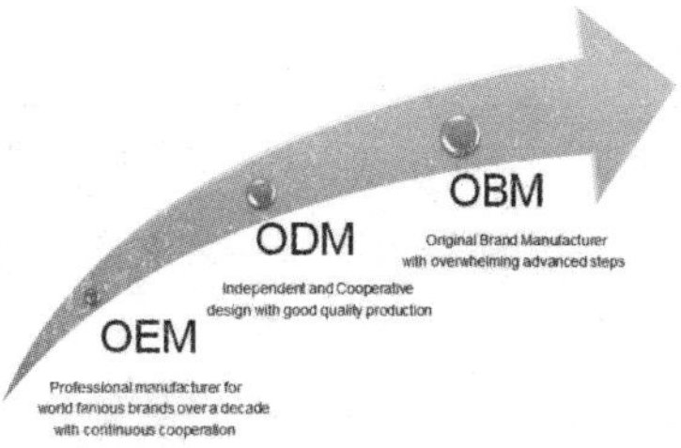

日本服装产业完成升级发展

1990 年前后,日本经济泡沫破裂后开始进入通货紧缩,消费者的资产普遍出现缩水,投资与消费的缩减,导致日本国内需求疲软,出现了长期的"平成经济不景气"现象。而在经历泡沫经济危机后,日本消费者的消费理念也发生了变化,服装消费开始更加注重性价比、简洁、环保等方面。从 1991 年开始日本服装行业市场规模持续下降,但大众对高性价比服装的需求却在快速增长。

与此同时,由于《广场协议》的签订,日元大幅升值,导致纺织品服装贸易出现逆差,日本纺织品进口的急剧增加和纺织品出口的逐步下降成为压垮传统纺织业企业的最后一根稻草。在这样的大背景下,日本纺织业开始向高合纤等技术纺织品发展,而服装业则转向发展时尚产业。20 世纪 90 年代中期,日本东京就已经从服装产业中心转化为新的时装流行中心。

针对服装产业的发展,日本政府制定了相关政策措施。包括拨出预算供中小型纺织厂进行技术升级,以创新纱类和染色技术名义增加经济产业省的预算,加大商品的促销和直销力度,增加日本贸易振兴会的预算,以促进中小厂商的产品出口,以鼓励纺织服装高等院校培养高级服装设计师,加强服装品牌的国际经营,提高日本服装品牌在国际上的地位与影响力,从而带动高质量服装产品的出口。

除了政府提供政策支持外,日本的服装企业也在调整其产业结构,不断增强其纺织服装企业的竞争力。如根据日本国内消费低迷的情况,企业提出“多品种小批量”“短期循环”等概念,竭力推行小批量生产以缩短产品市场周期。这种多品种小批量生产方式一方面为客户增加了挑选的余地,另一方面减小了大量产品堆积的风险。

不少日本企业则纷纷开始向产业链上下游发展,在百货商场、专卖店、量贩店等传统时装销售陷入萎靡不振困局的时候,以优衣库为代表的新型零售业态开始登场,并带来了一种名为生产零售一体化(SPA)的全新商务模式。SPA 模式由美国 GAP 公司于 20 世纪 80 年代提出,是指企业自己拥有或自己创立品牌或标志,并对设计、原料、生产和经销进行全程控制。

脱颖而出的优衣库

优衣库的前身是 1949 年在日本山口县宇部市成立的“小郡商事”,专门出售西装,客户以银行或证券业人士为主。1963 年 5 月,由柳井等(现任社长柳井正之父)变更成名为“小郡商事株式会社”的股份制有限公司。此后的 20 多年时间里,小郡商事都是一家名不见经传的服装店,直到家族企业的第二代经营者柳井正的出现。

1984 年,35 岁的柳井正从父亲手中接管小郡商事,成为小郡商事的社长。柳井正毕业于早稻田大学政治经济系,大学毕业后在父亲朋友的帮助下进入日本佳世客(JUSCO)(现为永旺集团,永旺是日本著名零售集团公司,为日本及亚洲最大的百货零售企业之一)超市工作。在佳世客超市工作 9 个月之后,柳井正回到宇部市的小郡商事,开始继承父业。

成为小郡商事的社长后,柳井正便开始了大刀阔斧的改革。小郡商事原来是家专门的西装店,但是柳井正认为西装的销售机制很难取得经济效益,因为西装的制作对尺寸要求非常严格,尺寸测量制作非常准确,因此需要店员亲自为顾客测量尺寸，这会浪费人力成本。于是，柳井正社长决定将制作西装转型为制作休闲服。

1984 年 6 月 2 日，柳井正在日本广岛开设了第一家“优衣库”专卖店，不过当时的名称还不是 UNIQLO，而是叫 Unique Clothing Warehouse。自 1985 年起，优衣库保持每年开出数家连锁店的速度，但是刚刚起步的优衣库与普通休闲服装店无异，没有自己的设计，而是直接从批发商和生产商手中进货。商品的价格的确低廉，但是质量让人不敢恭维。

为此，柳井正决定打造属于自己的管理体系模式。1986 年，柳井正到中国香港出差，接触到了香港服装品牌佐丹奴。这家香港品牌起初是以生产毛衫和梭针织服装为主的加工贸易制造企业，后来才开始开设自己的专卖店。柳井正回忆道，“在与佐丹奴的洽谈过程中，我渐渐察觉到，也许我也能建立和他们一样的经营模式”。事实上，佐丹奴实施的就是美国的 SPA 模式。

SPA 是 Speciality retailer of Private label Apparel 的缩写，译成中文为：自有品牌服装专业零售商。它是指材料调集、计划、开发、制造、物流、销售、在库管理、店铺企划等一个完整的流程完全由同一个企业经营管理，从而有效消除企业价值连锁内的效率降低、在库存积等弊端的一种经营模式。由于价值连锁的完全统一，因此能够树立自己的品牌。

于是，柳井正开始依样画葫芦，进行自主管理生产（委托海外工厂生产）。1988 年，优衣库在中国香港设立了采购事务所，开始向中国香港、越南等地的缝制工厂直接下单，并且在所有的门店引入 POS 系统，率先着手构建库存管理系统。1989 年，优衣库强化自身商品企划的开发体制，在大阪府吹田市开设了专用于企划的“商品部大阪事务所”，还在宇部市设立了配送中心，强化物流业务。

1991 年，优衣库的总部管理体系和自主开发商品的采购体系已经建立完成，实现了自有品牌销售连锁的第一步。同年，公司的名字从“小郡商事”改为“迅销株式会社”。此外，优衣库还开拓出一片独特的新市场——“郊外中性休闲服装”，并且飞速扩张。1995 年，优衣库的销售额为 486 亿日元，经营利润为 46 亿日元。

1998 年，优衣库提出一项革命性的业务方针，取名为“ABC（All Better Change）改革”。从原来的“总部主导”切换为现在的“店铺主导”，改变了企业的经营结构。改革后，优衣库可以从店面听取顾客的需求，并按照顾客的需求去生产和销售相应的商品。同时，优衣库开始逐渐改变选址策略，从郊外公路边的独立店铺转为市中心抑或交通枢纽的专卖店，以提升品牌形象。

1999 年、2000 年、2001 年，优衣库连续 3 年业绩翻倍，居日本“21 世纪繁荣企业排行”第一位。据日本经济新闻报道，2020 年优衣库母公司迅销集团的总市值达到 10.87 万亿日元，超过了 ZARA 母公司 Inditex。这意味着，优衣库首次成为全球总市值第一的服装公司。同样是快时尚服装品牌，同样是在行业式微的 2020

年,优衣库是如何在一众国际品牌中脱颖而出的呢?

“一胜九败”的新零售密码

现任日本第二大便利店运营商罗森公司(属三菱财团)总裁的玉塚元一,在2002年到2005年间曾担任优衣库的社长,和柳井正共事过很长一段时间。玉塚元一曾回忆他和柳井正的初次见面,当时的玉塚元一还在伊藤忠商事(第一劝银财团的综合商社)工作,负责跑优衣库。在山口县优衣库店门口的荞麦面面馆吃了一份便宜的面条后,柳井正提议听听东京来的“高人”的意见。

“我认为贵公司今后可以考虑让中国的生产据点与日本店铺之间的距离更近一些,提高对市场预测的精度,提升连锁店的效率……”玉塚元一把在美国学到的MBA知识拿了出来。听完他的长篇大论后,柳井正反问道:“老哥,您将来想干什么事业?”“我想开公司,或者功成名就以后,自己去培养能够经营企业的人才。”玉塚元一回答道。

“您那套MBA理论当然重要,但学了MBA就能搞经营?两码事吧。不自己卷起袖子干,估计成不了企业家。”柳井正认真地对玉塚元一讲出了自己的看法,也正是这次谈话让玉塚元一辞去了伊藤忠商事的工作,来了优衣库,并在4年后登上了公司社长的宝座。这其实就是柳井正著名的“一胜九败”哲学,错了也没关系,错九次,就有九次经验,在这样的过程中,就能培养出一位经营者。

2003年,柳井正将其出版的自传就定名为《一胜九败:优衣库风靡全球的秘密》。事实上,除了所有大小事都亲力亲为,不断尝试错误并吸取经验外,柳井正还习惯研究一些成功经营者的失败教训。比如,柳井正曾在仔细研究具有“三井商道”内核的丰田管理方式后,发表过诸多感想。可以说,优衣库的成功,和日本成功的纺织企业(三井财团的丰田汽车起源于生产丰田织机,铃木汽车也从生产织机做起)有关。

《一胜九败:优衣库风靡全球的秘密》,(日)柳井正著,徐静波译,中信出版社

其实,在优衣库发展的过程中,资金链几乎断裂、收购企业或开设分公司失败清算,以及增长停滞无法打开局面的情况比比皆是,即便是今天在中国市场高速增长的同时,优衣库在日本本土的增长也早已见顶,在韩国等其他海外市场也至今未能复制它在中国的成功。但就像柳井正在《一胜九败:优衣库风靡全球的秘密》中说过的那样,“你可以九败一胜,但不容许一蹶不振的失败”。

正是凭借着这种在失败中吸取教训从头再来的精神，在短短40年时间里，优衣库便从一家名不见经传的服装店发展成为世界级的服装帝国。不断的试错也让优衣库很难陷入经验主义的误区，更容易接受电商、新零售、数字化等新理念。近年来，优衣库将数字化融进各个组织架构中，以线上到线下（Online To Offline，O2O）为核心打造新零售优化闭环的模式取得了相当大的成功。

"新零售"在商业领域中是一个较新的名词，与新零售相关的理论较少，暂时没有统一的定义。可以理解为是个人、企业以互联网为依托，通过运用新的技术对商品的生产、流通和销售过程进行升级改造，进而重塑零售业态结构，并且对线上服务、线下体验（物流）进行深度融合的新模式。新零售重新建构了"人、货、场"，意味着新产品、新渠道、新体验，同时意味着品牌更加关注数据智能。

2016年，优衣库便已经实现了线上下单、线下取货的零售新模式。以传统实体门店为基础，协同现代电商渠道，融通新兴的社交电商渠道，优衣库努力将三者形成全方位服务的闭环模式，满足顾客不同的需求。2020年，优衣库实现了电商渠道收入占总营收30%的业绩。在新零售浪潮下，优衣库协同线上、线下双赢发展，全力开拓更大的市场。

虽然新零售是时代的热点，线上销售热度持续增长，但是实体门店并不会消失，而是成为品牌商和顾客体验技术的新场所。因此，比起新零售的"新"，更要注重零售的本质，即产品与服务。线上与线下的界限会逐渐模糊，取而代之的是品牌和体验的区别，购物不仅仅是一种行为，也是生活方式的选择，包含娱乐、社交等不同体验，这些也一直是优衣库努力的方向。

2020年10月，全球首座"优衣库公园"——UNIQLO PARK在横滨三井奥特莱斯（属三井不动产）内开业。这是一座三层独栋建筑，占地4000平方米，是由日本新生代建筑师藤本壮介负责设计，以"为老人儿童打造社区公园"为设计概念，组成的"零售店＋游乐设施"的综合体。由于拥有宽阔的户外场地，因此即使是在新冠肺炎疫情期间，UNIQLO PARK也有很强的吸引力，很多人慕名而来。

三井引领日本时装业崛起

2021年1月，优衣库宣布在其手机应用中增加名为UNIQLO Pay的支付功能，让用户可以更轻松地在店内支付，该服务是由优衣库运营商迅销集团与三井住友银行（属三井财团）合作开发的。不难发现，优衣库在三井奥特莱斯内开设新门店，联合三井住友银行推出移动支付服务，三井财团似乎对日本最大的服装企业优衣库情有独钟。

事实上，这种合作并不难理解，因为三井财团最早起家的三井越后屋就是经营纺织服装的。时至今日，作为三井财团的综合商社，三井物产在时装行业领域也有着很深的布局。三井物产拥有十分成熟的品牌营销技巧、强大的零售运营能力和丰富的采购经验，并且将新兴国家市场视为时装业务的战略性扩张市场，相信随着这些地区收入水平的提高，其时装行业会更成熟。

早在1975年，三井物产就开始涉猎Paul Stuart品牌商品的进口生意。该品牌于1938年在纽约市中心麦迪逊大街开设了第一家商店，在美国传统服装风格占据着主流地位时，作为一家前卫、精致的时尚男装专卖店，其以先驱者的身份将欧洲时装文化引进了美国市场。1991年，三井物产进一步与Paul Stuart公司达成了独家特许协议，获权在日本市场生产和销售Paul Stuart品牌的商品。

随后，三井物产于2000年联合日本奢侈品商人高下浩明耗资10多亿日元在银座打造了东京第一家Restir。如今，Restir旗下的精品店备受追求潮流的艺人、时尚模特、造型师、设计师、艺术家、音乐家、有时尚嗅觉的商务人士及热爱时尚的富裕人士的追捧。2002年，三井物产又买下了日本著名时装设计师森英惠旗下的Hanae Mori公司。

2013年1月，三井物产收购了美国公司的全部股份，此时Paul Stuart已经是一家在全球发达城市专营其同名品牌产品的奢侈服装及配饰零售商。Paul Stuart品牌受到了广大顾客的喜爱，如常春藤大学的学生，以及来自世界各地的白领和名人。在长达70多年的发展历程中，Paul Stuart早已确立了其在美国奢侈服饰界的领先地位。

Paul Stuart的品牌商标已经在美国以及欧洲、亚洲的30多个国家被注册。通过此次收购，三井物产获得了该品牌的全球注册权，这把三井对该品牌的业务范围扩张至全球。三井物产将不遗余力地保护Paul Stuart的品牌传统、提升Paul Stuart的品牌价值，同时希望通过获得许可业务的可持续权来造福其在日本市场的二级经销商，这有助于后者业务基础的稳定性。

2016年10月，三井物产决定将旗下的时装生产公司三井物产Inter - Fashion（MIF）公司和经营运动服装功能面料及产业资材原料等的三井物产TECHNO PRODUCTS（MBT）公司合并。采用的方式是以三井物产MIF公司为主体进行吸收合并，公司名称变更为"三井物产I - FASHION公司"，今后的重点是结合两家公司的优势取得"相乘效果"。

三井物产的MIF公司年销售额约为1000亿日元，以时装服装、运动服装产品的OEM、ODM为主，自主企划以及进口品牌经营。三井物产的MBT公司则以海外出口为主，在日本国产高性能透湿防水面料PERTEX及极细涤纶功能填充棉PrimaLoft等运动服装材料方面具有优势，还针对职业装及产业资材用途，向日本国内外销售以阻燃腈纶为首的高性能原料。

通过合并经营原料、材料的MBT公司和负责成衣、杂货OEM、ODM、品牌相关服务的MIF公司，三井物产希望"建立起能一站式满足顾客需求的体系"。合并后的新公司三井物产I - FASHION公司在服装、产业资材用途原料行业和成衣

OEM、ODM 等产业上游及中游都拥有广泛的事业基础。事实上,三井从来都没有离开过纺织时装产业。

第四节 织就中国产业网

三井物产布局“两端业务”

1979 年 5 月 25 日,经过前后五轮的谈判,日本三井物产株式会社(三井财团的综合商社)与中国内蒙古纺织工业公司签署了两份合同,即《东胜无毛绒和编织贸易合同》和《山羊绒加工成套设备技术附件》。中日双方同意以“补偿贸易”的方式引进羊绒加工技术设备,同年开始筹建伊盟羊绒衫厂(鄂尔多斯羊绒集团前身)。

1980 年 2 月,伊盟羊绒衫厂正式成立,30 岁的王林祥(现鄂尔多斯羊绒衫集团董事长)担伊盟羊绒衫厂厂长。该厂以“补偿贸易”方式建立,总资产 3355 万元,其中内蒙古政府出资 222 万元,三井物产出资 2433 万元,银行贷款 700 万元。1981 年 10 月 1 日,伊盟行政公署举行中日合作绒毛厂改造扩建工程竣工投产典礼。伊盟羊绒衫厂的正式投产,结束了中国只出口原绒和只能羊绒初加工的历史,实现了羊绒的就地增值。

内蒙古鄂尔多斯地区的羊绒资源非常丰富,在鄂尔多斯高原,有一种绒肉兼用型山羊——阿尔巴斯白山羊(以下简称“白山羊”)。白山羊体表生长着 22~28 厘米长的粗毛,对底绒产生很好的保护作用,因而白山羊绒净绒率高、梳绒量大、光泽良好、洁白柔软,是山羊绒中的佼佼者。中国是世界第一产绒大国,其中内蒙古产绒占全国羊绒总产量的 1/2,质量居全国之首。

通过“补偿贸易”,日本三井物产帮助当时工业基础还很薄弱的伊盟羊绒衫厂购置纺织设备,并将生产的原毛和羊绒产品出口到日本,从而充抵设备款项。1989 年 2 月,伊盟羊绒衫厂更名为“鄂尔多斯羊绒衫厂”。1991 年 6 月,在羊绒衫厂的基础上,“鄂尔多斯羊绒集团公司”组建成立了。如今,鄂尔多斯纺织产业已经占世界羊绒市场的 40%,地位难以撼动,三井物产成了最大的受益者。

日本三井物产的经营重点往往呈现“两端业务”特色:一方面注重对商品资源端的掌控;另一方面加强流通、销售传播领域的服务,削弱下游销售商的强势地位。为此,综合商社习惯于相继涉足超市、便利店、百货店、名牌时装专卖店等零售业务,开拓网络、电视、邮购等销售业务,直接参与市场销售,把握流通主导权。

1991 年 1 月,日本三井物产株式会社、日本鸟取 F-ONE 株式会社与北京市华表时装公司合资成立了“北京鸟取爱服王服装有限公司”。公司董事6名,其中华表时装公司委派3名并指定董事长人选;鸟取F-ONE株式会社委派2名,并由吉冈利固任副董事长,野本八郎任总经理;三井物产株式会社委派1名。合资公司经营范围包括生产高档服装及有关的服装装饰品,销售自产产品等。

2002年6月,日本三井物产和中国宁波的服装企业雅戈尔开展合作,以定牌加工的方式生产高档职业女装,三井物产把其原来在日本国内生产的高档女装品牌Polo Ralph Lauren委托雅戈尔进行加工生产,并派相关技术人员常驻指导。这表明中国服装制造商雅戈尔也同时成为日本三井物产服装品牌的OEM厂商,在OEM的同时也在为日后自行开发、生产女装积累经验。

同另外一家中国著名服装制造企业杉杉集团一样,雅戈尔也成长壮大于中国浙江省宁波市,公司创始人为宁波籍商人李如成。两家企业一个在城南,一个在城东,相距不过几千米。雅戈尔起家略晚于杉杉集团,杉杉集团成立于1992年12月,雅戈尔则成立于1993年3月。可以说,雅戈尔和杉杉集团是一对致力于“打造中国第一男装品牌”的“同城兄弟”。

事实上,雅戈尔的日本合作伙伴不只三井物产。2003年,雅戈尔还与日本伊藤忠商事株式会社(第一劝银财团的综合商社)和日清纺织株式会社(属富士财团)合资兴建了雅戈尔纺织城。该项目占地近500亩,耗资10亿元人民币,拥有当时世界上最先进的生产线。此外,雅戈尔与日本野村贸易合作的牛仔服项目也是在同一时期启动的。

伊藤忠商事把产业链组织起来

1993年,日本伊藤忠商事和中国宁波杉杉集团开启了最早的合作,那时候伊藤忠商事主要将具有出口品质的衬衫生产委托给杉杉集团。1996年,在杉杉集团董事长郑永刚的带领下,杉杉集团开始了多元化产业发展模式,投入巨资在宁波建立了现代化的服装工业生产基地。该生产基地引进了日本、意大利先进的技术设备,管理上则由日本大东株式会社和意大利法拉奥公司的专家直接主持运营。

2009年2月16日,经过近1年的谈判,日本伊藤忠商事与杉杉集团在浙江宁波签署全面战略合作协议,双方在管理、品牌、技术以及国际化运作等多个领域展开全面合作。根据协议,杉杉控股将其持有的杉杉集团28%的股份转让给伊藤忠商事。2009年3月18日,日本伊藤忠商事的代表中分孝一被任命为杉杉集团董事总经理。此后,伊藤忠商事在中国服装纺织业的动作进一步扩大。

2011年8月31日,日本伊藤忠商事与中国山东如意科技集团有限公司在中国山东省济宁市正式签署投资协议。日本伊藤忠商事株式会社出资约2亿美元,参股中国山东如意科技集团有限公司,投资完成后拥有中国山东如意科技集团有限公司30%的股份,成为其第二大股东。山东如意科技集团有限公司已经与伊藤忠商事合作多年，此次参股行为，有助于双方业务互补，实现互惠互利。

山东如意科技集团有限公司是中国优秀的创新型技术纺织企业，也是全球知名的销售收入过百亿元的大型纺织服装产业集团。2010 年，该集团综合竞争力位居中国纺织 500 强前 5，由企业原创的“如意纺”新型纺纱技术获得国家科技进步一等奖，纱线细度创造了棉纺、毛纺两个全球第一。

创立于 1858 年的日本伊藤忠商事，正是依靠销售麻布业务起家的。随着中国经济的高速发展，中国迅速扩大的市场需求对于日本伊藤忠商事的进一步发展具有积极的影响。在与中国先进纺织企业保持良好贸易合作关系的基础上，通过投资参股中国的顶尖企业、建立更加紧密稳固的合作关系来扩大中国市场的事业成为日本伊藤忠商事的重要战略。

2015 年 4 月，日本伊藤忠商事与中国中信集团旗下的中信证券联手收购中国最大的羽绒服生产商波司登 13.03 亿股的新股，总认购金额为 15.50 亿港元。此前，伊藤忠商事刚刚于 2015 年初联手泰国正大集团斥资约 644 亿元人民币入股中国中信股份有限公司。2016 年 6 月 19 日，日本伊藤忠纺织公司总裁小关秀一携高管团队造访位于江苏常熟的波司登集团，双方计划进一步推进战略合作。

2015年4月，日本伊藤忠商事与中国中信集团旗下的中信证券联手收购中国最大的羽绒服生产商波司登

波司登是具有国际声誉的中国纺织服装领军品牌和地方龙头企业，在中国乃至全球市场都有着相对完善的营销网络，这对伊藤忠商事而言有着很强的吸引力。当时外部的大环境并不适合伊藤忠商事直接对中国进行投资。选择与熟悉中国市场、拥有丰富渠道资源的中国服装巨头进行合作，对伊藤忠商事推广旗下品牌来讲是一个很好的发展策略。

早在 2003 年，伊藤忠商事就同雅戈尔签署过全面战略合作协议，合资兴建了雅戈尔纺织城。2009 年，伊藤忠商事又与杉杉集团签署全面战略合作协议，持有杉杉集团 28% 的股份。2011 年，伊藤忠商事以 2 亿美元收购山东如意科技集团有限公司 30% 的股权。2016 年，伊藤忠商事联合认购波司登 13.03 亿股新股。显然，伊藤忠商事在中国一般会选择有实力的纺织服装企业进行合作，在进行股权投资之后，双方还会在产业、资源共享等方面继续展开合作。

以伊藤忠商事为代表的日本商社在中国选择合作伙伴时，一般会看中两点：一是该企业的实力、规模及成长潜力，二是该企业的背景和所掌握的资源。伊藤忠商事同中国本土服装企业合作的最终目的是要服务于其全球产业链的构建，将中国企业变成其全球产业链条中的一个环节。把产业链组织起来，形成顺畅的利益链条，并不断加固强化这种联系，是日本商社在经营当中始终贯穿的基本思想。

东丽在南通兴建纺织城

1994 年,日本三井财团旗下的东丽株式会社与江苏南通市经济技术开发区签订了 1 平方千米的土地出让协议,计划兴建一座投资达数亿美元的化纤纺织城,实行从化纤树脂、抽丝、纺织到印染一条龙生产。该项目的一期工程建造织造厂、印染厂,二期工程则建设化纤树脂厂和长短纤维抽丝厂。此外,还有一批纺织相关领域的日本企业在其带动下到南通投资建厂。

同年,东丽株式会社与日本酒伊奥比库斯株式会社在南通市合资成立了东丽酒伊织染(南通)有限公司。1995 年 5 月,由日本东丽株式会社完全投资的外商独资企业东丽合成纤维(南通)有限公司正式成立。1998 年,东丽株式会社与南通市经济技术开发区总公司组建合资企业“东丽合成树脂(南通)有限公司”,投资 21 亿元人民币,在南通建设年产量为 20 万吨的全国最大合成树脂生产基地。

不仅仅是东丽株式会社,日本另外一家重要的纺织企业帝人公司(属三和财团)也选择在南通市经济技术开发区投资建厂。1997 年,帝人公司还和日本伊多锦公司合资在南通市建了一家外衣面料织造和后整理厂。为什么上述公司都选择在南通建厂?这是因为南通市经济技术开发区位于长江三角洲洲头,处于中国“黄金海岸”与“黄金水道”的交汇处,同时与上海、苏南地区隔江相望。

当然,除了拥有优越的地理位置和大港口、大配套设施等外,南通市悠久的纺织产业历史也是众多日本企业选择在此投资建厂的重要因素。被誉为“中国现代纺织业开拓者”的清末民初著名实业家张謇正是南通人(出生于南通市海门常乐镇)。张謇以家乡南通为基地,努力进行发展近代纺织工业的实践,由他创办的南通大生纺织公司更是中国历史最为悠久的纺织厂。

提到实业家张謇,还曾经和三井洋行(三井物产旧时的俗称)有着一段小故事。上海三井洋行,全名为“三井物产株式会社上海支店”,是日本三井物产株式会社中国分行之一。辛亥革命(1911 年)后,各省代表商议决定将临时政府设在南京。当时黎元洪当选为大元帅,黄兴当选为副元帅。因要赴南京就职,没有办公费,黄兴正是通过张謇向上海三井洋行借了 30 万银圆,作为到南京后的军政费用。

在这次借款中,张謇作为担保人,写下了一份《借款保证书》(以下简称《保证书》)。这份《保证书》出现在了广东融德国际拍卖有限公司举办的 2012 年融德四季艺术品拍卖会上。《保证书》显示,“上海三井洋行同意向黄兴提供贷款三十万两(圆),以为组织临时政府之经费,限期一个月内还清”。后来到了还款日期,临时政府无法准时偿还,经张謇与三井洋行商量,这笔钱又继借了半年。

2004 年 4 月 14 日,由东丽株式会社投资的东丽纤维研究所(中国)有限公司在南通经济技术开发区隆重奠基。这是外资纺织企业在中国投资规模最大的科研机构,投资总额为 1746 万美元,注册资金为 1506 万美元。该研究中心积极与中国的科研机构和高等院校合作开展纤维方面的研究工作。南通的东丽纤维研究所与东丽设在日本国内的纤维开发研究中心规模大体相同。

日本三井财团旗下的东丽株式会社在江苏南通设立大型纤维研发中心，其目的就是降低生产成本，提高对中国纤维纺织市场的占有率。东丽纤维研究所（中国）有限公司计划吸收中国的优秀科技人员，重点从事高分子领域的基础研究，研发新的聚合物、纤维、复合材料以及水处理材料等，其研究课题被纳入日本总部的科研范围。

20多年来，日本东丽株式会社在中国江苏南通经济技术开发区已投资了多家企业，建有东丽合成纤维（南通）有限公司、东丽酒伊织染（南通）有限公司，加上东丽纤维研究所（中国）有限公司，投资总额已达数十亿元人民币。对此，东丽（中国）投资公司董事长兼总经理首藤和彦表示，“中国有巨大的大众消费市场，同时高附加值商品市场也在不断深化，我们的商机在不断扩大”。

以中国为基地开拓新市场

在纺织品领域，中国市场长期以来受到了日本各大商社的极大关注。从1985年开始，日本服装业因受日元升值和国内劳动力短缺等问题的困扰，率先到海外投资。时值人民币贬值，日本即看准了中国市场，不断增加在中国的投资。1992年，日本共有244家服装企业到海外投资，其中有121家在中国进行了投资。1997年投资金额达44亿元人民币，中日合资企业中有16%涉及纺织业。

后来，虽然随着千禧年中日关系不断紧张，日本对中国经济发展也存在着一定的担忧，日本商社把目光投向东盟市场的趋势日益明显，但是像中国这样GDP增长率依旧保持在6%以上的国家并不多，因此扩大中国市场对日本企业来说依旧十分重要。2004年，WTO决定废除纺织品配额制，日本综合商社抓住这一契机，以中国为基地积极开拓欧美纺织品市场。

2003年7月，为了扩大纺织制品在美国的销售，日本伊藤忠商事与中国山东魏桥集团达成协议，双方共同出资100万美元在美国设立了销售公司Weiqiao（USA）Inc。其中，山东魏桥集团出资55万美元，拥有合资公司55%的股权；伊藤忠商事出资剩余的45万美元，拥有45%的股份。合资公司于2004年1月正式营运。

2004年3月，日本伊藤忠商事与中国山东魏桥集团再次签署了中外合资协议，形成更紧密的伙伴关系。根据中外合资协议，魏桥集团将机械设备作价1157万美元入股，拥有山东滨藤纺织有限公司75%的股份，而伊藤忠商事以现金368万美元入股该公司，并拥有25%的股份。中日合资的山东滨藤纺织有限公司主要从事特殊棉纱（卡摩纺、包芯纱）生产等。

山东魏桥集团是中国棉化纤纺织加工业最具竞争力企业和世界上最大的棉

纺织企业，生产规模和经济效益连续多年居中国棉纺织行业首位。由于所涉产业横跨纺织和铝业，山东魏桥集团创始人张士平有着"亚洲棉王""铝业大王""红海之王"等诸多称号。伊藤忠商事选择与山东魏桥集团合作，显然是希望可以充分利用山东魏桥集团在中国的生产基地，以进一步掌握欧美服装纺织市场的主导权。

事实上，越来越多的日本综合商社选择将生产加工基地设在中国。2004 年，日本丸红（富士财团的综合商社）、丰田通商、大和纺与青岛即发集团在山东合资建立新合资公司"青岛即发龙山染织有限公司"，公司拥有国际上最先进的加工设备，聘请有多年加工经验的日本专家进行技术指导，扩大对欧美衬衫、制服等商品的出口，力图在 2005 年对欧美出口同比增长 70%。

青岛即发集团是针织行业国家大型企业集团，资产总额达 18 亿元人民币。近年来，青岛即发集团先后与包括东丽、伊藤忠、双日、丸红等世界 500 强企业在内的 16 家外资企业兴办了 18 个企业；建立了"即发针织服装工业基地"和"即发龙山梭织面料及服装生产基地"；产品 60% 出口日本、美国、欧洲等国家和地区。

青岛即发集团是针织行业国家大型企业集团，集团先后与包括东丽、伊藤忠、双日、丸红等在内的日本企业兴办了18个企业

日本住金物产（属住友财团）也在积极大幅改造其在中国的 16 处生产基地，新设 3 处物流中心，力求在欧美实现超 100 亿日元的销售额。住金物产是日本著名的专业商社，在全球范围内经营纺织服装、金属材料和食品业务。成立于 1941 年 4 月的住金物产由住友金属工业株式会社、STRACKS 株式会社、大阪证券金融株式会社等出资成立，在全世界拥有 40 多家分公司和办事处，年营业额达 150 亿美元。

近年来，由于生产成本上升及日元贬值、人民币升值，对日成衣 OEM、ODM 不得不缩小规模，对于在中国的日资商社来说，扩大针对中国企业的 ODM 事业已经成为一大课题。对此，住金物产执行役员、中国副总代表、上海法人纤维事业领导伊藤道秀表示，"正是这样严峻的环境才是提高内销 ODM 的良机，不仅开拓中国内销，还希望向欧洲、美国销售"。

2015 年 10 月，日本住友财团旗下的住金物产首次参加在上海国家会展中心举行的"中国国际服装服饰博览会"（CHIC），并在展位内展示日本五泉地区的针织服装以及 WHOLEGARMENT 等 Made in Japan 的产品。未来，欧美对纺织品的进口会加速增加，拥有劳动力成本低、产品品质高等优势的中国纺织品出口将扩大。因此，掌握了中国纺织基地就有可能恢复日本纺织品贸易的势头。

第五节 快人一步的东丽

三井物产助力技术革新

日本三井财团旗下的东丽公司经过近百年的发展，如今已经成为一家世界著名的以有机合成材料、高分子化学、生物化学为核心技术的高科技跨国企业。一直以来，东丽公司都按照“用创新的理念、技术和产品为社会创造新的价值”的企业宗旨，将“科技”和“创新”作为企业发展的重中之重。事实上，日本东丽公司的不断创新进步离不开三井财团在背后的助力与支持。

1938 年，日本东丽公司通过其母公司三井物产的驻美分公司，设法取得了美国杜邦公司“尼龙 66（聚酰胺 66）”的情报和专利资料，一同获得的还有“尼龙 66”最新的产品样品。实际上，“尼龙 66”是世界上第一种合成纤维，也是美国杜邦公司于 1937 年公布的第一个专利产品。

1941 年，东丽公司从德国法本公司取得己内酰胺（“尼龙 6”的原料）的专有技术，并利用其对此前获得的“尼龙 66”样品进行分析。东丽公司技术团队避免了和美国杜邦公司专利相抵触，使用独有技术开发出了“尼龙 6”。东丽公司的“尼龙 6”在化学和物理特性上与美国杜邦的“尼龙 66”很相似，但是它的熔点较低，工艺温度范围更宽，并且抗冲击性和抗溶解性要更好。

事实上，这一时期很多的日本纤维企业都在研发维纶（聚乙烯醇缩甲醛纤维）产品。在它们看来，维纶可以利用日本本国的电石（碳化钙）资源，比较容易获得原料，同时发展维纶不像发展尼龙会在专利问题上碰到很大的障碍，还可以将维纶当作重要的出口产品。当时，只有三井财团旗下的东丽公司有着与众不同的判断，认为尼龙更有发展前途，因此最早进行了聚酰胺类合成纤维的研制。

到 1945 年第二次世界大战结束时，日本东丽公司已经拥有了一个日产 1 吨的尼龙工厂，但是在纺、织、染等技术和关键设备方面还存在着很多问题。于是在 1951 年 6 月，日本东丽公司与拥有“尼龙 66”生产专利的美国杜邦公司签订了技术合作合同。这不仅让日本东丽公司取得了尼龙制造方法的海外专利使用权，还很好地解决了其在纺、织、染方面的技术缺陷。

此后，随着朝鲜战争的爆发和日本加入关贸总协定，日本纺织品开始大量出口。东丽公司得以继续扩大生产规模，尼龙产品的生产能力也进一步提升，达到了日产 50 吨的水平。由于提高了产品质量，降低了成本，日本东丽公司终于在尼龙的经营上获得了巨额的利润。看到东丽公司在尼龙领域的成功，许多日本纺织企业纷纷开始进军尼龙产业。

三井财团旗下的东丽公司再一次显示出了超前的商业视野，一方面继续扩大尼龙产品的生产规模，另一方面则开始积极地进行合成纤维其他品种的研发生产工作。1958年，东丽公司与帝人公司从英国帝国化学工业公司引进了涤纶（聚酯纤维）技术，并为此支付了115万英镑的专利费用，专利提成为销售额的3%~5%。涤纶由于比较容易生产，使用性能好，很快便取得了成功。

1960年，东丽公司与三井石油化学工业有限公司共同引进意大利蒙特卡提尼公司的技术专利，建设日本第一座聚丙烯纤维（中国的商品名为“丙纶”）工厂。三井石油化学工业有限公司创建于1955年，是一家隶属于三井财团的综合性石油化学公司，在聚丙烯生产技术发展上有着世界领先的地位。可以说，在合成纤维的几个主要品种方面东丽公司都握有技术主动权。

不同于一般的制造业企业，日本东丽公司非常重视科技情报的搜集工作，把情报作为科研的先导。东丽的科技情报中心是1956年设立于滋贺县的中央研究所，利用其背后三井财团及其关联企业提供的大量国内外情报资料，中央研究所经过充分消化吸收后，最终都能够对产品有所创新。除了纤维产品，后来还相继扩充了对塑料、薄膜等的研究。

为了奖励和资助日本社会的科研工作，同时也为了具体实现“东洋人造丝服务于社会”的社训，东丽公司筹措了10亿日元，于1960年6月成立了“财团法人东洋人造丝科学振兴会”（现在的东丽科学振兴会），目的是推动日本基础科学的振兴，振兴会的事业内容设定为提供“基础科学研究需要的资金、资料等的科学技术援助金”。

同时，日本各大财团的主要商社也都设立了专职的科技情报部门，技术情报活动的重点是搜集欧美各国先进产业技术情报。三井财团旗下的综合商社也是技术跟踪和技术情报调查的中坚力量，三井物产在1967年10月成立了三井情报开发株式会社（MKI），其英文名称中有一个很超前的概念——“知识产业”，在当时被译为“情报产业”。

掌控未来产业战略主导权

三井财团旗下的日本东丽公司的发展战略显然不是局限于日本国内，而是意图构建更强大的全球化生产组织，通过产业、资本、科技与销售网络的嫁接，以及供应链整合和协作来实现其全球化战略扩张及协同效应。日本东丽公司进一步通过内生孵化和外延并购相结合的方式形成从纺丝到成衣的全产业生产能力，掌握各环节核心研发技术，突出其在整体市场的竞争力。

高性能纤维是纤维科学和工程界开发的具有高强度、高模量、耐高温性的新一代合成纤维。因其具有普通纤维没有的特殊性能，所以无论是在军工、高科技还是民用服装领域都有着极大的发展空间。在全球高性能纤维领域，日本企业均具有很强的竞争力，目前其已掌握了碳纤维、对位芳纶和超高分子量聚乙烯三大高性能纤维研发和生产的核心技术，特别是在碳纤维领域优势尤为明显。

日本东丽公司最早于1971年开始生产PAN基碳纤维，公司在全球26个国家和地区拥有运营网络。迄今形成了东丽公司、帝人公司和三菱丽阳（属三菱财团）三大全球碳纤维企业，碳纤维生产核心技术主要掌握在这3家日本企业的手中。由此，日本在全球碳纤维行业占据绝对优势，并在业内建立起了较高的进入壁垒。

碳纤维具有出色的力学性能和化学稳定性，密度比铝低，硬度比钢大，主要用于航空机翼、机身，汽车发动机罩，但价格却是钢的数倍或数十倍，所以普及率低。实际上，东丽公司并不是最早涉及碳纤维领域的企业，只是后来许多企业因为早期市场规模小而无法盈利，以及新技术研发所需的投入巨大而退出了碳纤维生产领域，但是东丽公司发现了碳纤维作为制造材料的重要价值，并不断加大投入。

一开始碳纤维并不能满足航天军工领域的要求，于是东丽公司以体育休闲市场为突破口，迅速取得了成功并占领了市场

一开始在市场上，由于碳纤维是高技术和高附加值产品，发展期产品性能一般，并不能满足航天军工领域的要求，故上述领域用碳纤维作为替代材料的动力也就不足，因此许多欧美企业以航空和军工作为切入点时受挫，出现产能过剩以致亏损。与之相反，以东丽公司为代表的日本企业则选择以体育休闲市场为突破口，因其产品性能可以很好地满足该市场的需求，故迅速取得了成功并占领了市场和科研的最前端。

2013年9月，东丽公司宣布收购世界碳纤维排名第三的美国卓尔泰克（ZOLTEK）公司，收购金额为600亿~700亿日元（约合6亿美元）。在此之前，东丽公司并未实施过大规模的并购，希望借此开拓廉价碳纤维领域，将产品占世界的比重从现在的20%提高到30%，以确保市场份额的领先地位。美国卓尔泰克生产的碳纤维单价是东丽高性能纤维单价的60%左右，主要供应建材和汽车零部件厂家。

2013年11月，东丽（韩国）公司和韩国熊津集团就收购其旗下熊津化学56.2%股权事项达成协议，收购价为4300亿韩元（约合4.03亿美元）。随后不久，韩国熊津化工公司便更名为“东丽韩国化工”。熊津集团是韩国排名前15的大型集团公司，旗下的熊津化学也是韩国知名的高性能纤维和反渗透水处理薄膜生产商，并于2011年底涉足碳纤维生产领域。

2018年3月17日，日本东丽公司宣布以9.3亿欧元(约合10.3亿美元)收购荷兰碳纤维加工巨头"滕卡特先进复合材料公司"(Ten Cate Advanced Composites, TACHD)，这也是东丽有史以来最大的一笔收购。荷兰Ten Cate的年销售额达到2亿欧元，在荷兰、英国、美国和全球其他国家拥有5家工厂，主要面向欧洲空中客车、美国SpaceX、中国联想集团、美国耐克等供货。

通过不断的国际收购和并购，并结合自身领先的碳纤维技术，东丽公司希望能够掌控未来高性能纤维领域的产业主导权。统计数据显示，2016年全球碳纤维的市场需求为7.65万吨，同比增长11.8%，到2020年全球碳纤维市场总需求达到14万吨，对应未来几年年复合增速约为10.0%。与此同时，伴随着世界石化资源短缺的情况日益加重，以日本东丽为代表的日企借着民用航空急需寻找轻质材料以减轻油耗的机遇，迅速切入航空等更高端的市场。

近年来，日本三井财团旗下的东丽公司与美国波音公司签署了长期合同，订单总额超过1万亿日元，创下两家公司交易额的历史新高。东丽向波音供应制造新型波音777X飞机的"东丽卡™"碳纤维预浸材料，成为主机翼部分的独家供货商，同时也扩展了波音2020年的787梦幻客机的现有供货协议。东丽公司还计划投资1000亿日元，在美国建设世界最大规模的碳纤维工厂。

彰显在高科技领域的存在感

1980年11月，东丽公司开始在日本滋贺县生产ROMEMBRA™反渗透(RO)膜元件，开启了继碳纤维材料之后的又一次创新之旅。反渗透是20世纪60年代发展起来的一项新的分离技术，是依靠反渗透膜在压力下使溶液中的溶剂与溶质进行分离的过程。反渗透膜的发展是该处理方法的核心技术，所谓渗透膜就是利用反渗透原理进行分离的液体分离膜。

由于反渗透膜的膜孔径非常小，因此能够有效去除水中的溶解盐类、胶体、微生物、有机物等，具有水质好、耗能低、无污染、工艺简单、操作简便等优点。20世纪80年代初，美国克服了纤维素材料的缺点，研发出高水通量、高盐截流率的复合聚酰胺膜，反渗透技术开始广泛应用于工业领域，东丽公司在第一时间就迅速进入了该市场。

1986年4月，东丽公司在滋贺县建立起了作为研发总部的技术中心，并开始了东丽反渗透膜的研究开发。7月，东丽公司开始销售基于东丽反渗透膜技术的TORAYVINO™家用净水器。很快，东丽公司便成为世界上最著名的水处理膜生产厂家之一，并在世界各地设有销售机构，特别是在制造和销售反渗透膜元件方面，赢得了全球客户的好评。

此后几十年间，反渗透膜技术在含油废水、脱脂废水、纤维工业废水、造纸工业废水、放射性废水等工业水处理，苦咸水淡化，纯水和高纯水制备，医药工业和特殊的化工过程以及高层建筑废水等各类污水处理中得到了广泛应用。尤其是近年来，一些新型膜法污水处理技术逐一问世，如膜蒸馏、液膜、膜生化反应器、控制释放膜、膜分相、膜萃取等，东丽公司也从中嗅到了巨大的商机。

2009 年，由日本东丽公司（40%）、东丽（中国）投资有限公司（10%）及中国北京蓝星清洗有限公司（50%）共同投资创立了蓝星东丽膜科技（北京）有限公司，主营业务是在中国进行反渗透膜及膜元件的生产与销售。合资公司已经成为中国规模最大、技术最先进、品种最齐全的反渗透膜生产基地，是国内第一家真正拥有整套全球领先的全自动制膜卷膜技术的反渗透膜供应商。

蓝星东丽公司的中方股东为中国蓝星股份有限公司，是中国化工集团有限公司旗下专业公司。中国蓝星股份有限公司是一家以材料科学、生命科学、环境科学为主导业务的先进化工材料和特种化学品公司，目前在全球拥有 58 家工厂，45 家科研机构，4 家海外企业，3 家上市公司，是中国重要的化工企业之一。显然，日本东丽看重的正是合资公司背后强大的央企背景。

2014 年 2 月 27 日，日本东丽公司与沙特 Abunayyan 控股公司在沙特达曼组建了一家名为东丽中东膜产品公司（TMME）的水和污水处理技术合资企业，生产和销售水处理膜以及提供技术服务。东丽公司旗下东丽欧洲膜产品公司持有合资企业 50% 股权，沙特 Abunayyan 控股公司则持有剩余的 50% 股权。合资公司计划建设一座采用日本东丽公司技术的膜生产厂。

日本东丽公司称，组建合资公司的目的是抓住中东和北非快速增长的市场机遇。中东和北非地区对大规模海水脱盐和污水循环利用项目的膜产品需求将有较快增长，以应对该地区水资源的缺乏。沙特新工厂投产后，东丽工业将拥有 4 个反渗透膜组件生产基地，其他 3 个分别是东丽美国膜产品公司、蓝星东丽膜科技（北京）有限公司和东丽日本爱媛工厂。

2019 年 7 月，日本东丽公司曾计划在匈牙利建设纯电动汽车（EV）用锂离子电池核心零部件——隔膜的工厂，生产被称为“隔膜”（绝缘材料）的特殊薄膜。在电池内部，隔膜处在正极和负极之间，起到防止起火的作用，是决定电池安全性和寿命的重要零部件。这是欧洲首座此类工厂，总投资额为 2 亿欧元，2021 年 7 月投入运行。

东丽公司此前在匈牙利首都布达佩斯郊外就拥有碳纤维工厂，如今又在相邻地点建设隔膜生产厂房。目前，对于需要高度耐热性等性能的汽车电池隔膜，日本东丽公司至少掌握全球一半以上的份额。近年来，欧洲汽车制造商在全球汽车工业方面取得了很大的进步，日本东丽公司显然不希望错过这一良好的发展机遇，以积极彰显其在欧洲市场的存在感。

优衣库背后的隐形王者

2003 年，三井财团的东丽公司与日本最大服装企业优衣库合作推出保暖系列

HEATTECH 服装。也是从这一年开始,东丽公司和优衣库就一直保持着极为密切的合作关系。从 HEATTECH 到 ULD 高级轻型羽绒服系列、AIRISM 呼吸面料、Dry-EX快干面料,16 年来,被人称赞的优衣库的"黑科技"系列,大多是优衣库与东丽公司合作的产物。

自东丽公司与优衣库推出 HEATTECH 系列以来,全球已售出 10 亿件产品,其面料头尾相连能绕地球 7.5 圈。2006 年,东丽公司与优衣库正式开始执行"战略合作伙伴关系合同"。2010 年,东丽公司又和优衣库达成了"第二个五年战略合作计划"。2016 年,双方继续达成了"第三个五年战略合作计划"。截至 2017 年 7 月,东丽公司与优衣库合作的面料业务价值达 8500 亿日元。

优衣库母公司迅销集团总裁兼 CEO 柳井正曾表示:"东丽是生产商,优衣库是专注于生产、分销和产品升级发展的生产零售商。两家公司的员工密切合作,优衣库的员工一天到晚在东丽的工厂忙活。我们今后还将继续合作,颠覆传统观念。"此外,柳井正还多次在讲话中提到,优衣库与东丽是"一个公司"的紧密合作关系,并提出了未来 10~20 年的合作计划。

2019 年 3 月,三井财团的东丽公司与优衣库在美国曼哈顿的 Spring Place 举办了一场大规模的产品博览会,庆祝双方合作 15 周年,同时探讨了双方的未来合作及产品开发。本次的产品博览会除展示了 HEATTECH、Kando 裤、Dry-Ex 等优衣库的多项创新专利技术外,还有一款展品为由日本宇宙航空研究开发机构研发,使用东丽生产的碳纤维增强聚合物的 Epsilon 火箭模型。

东丽公司总裁日觉昭广(Akihiro Nikkaku)指出:"服装能保护人类不受病菌感染。我们相信能通过材料改变社会。"这一理念,与优衣库"高性能服装能提高人类智慧甚至改变世界"的概念不谋而合。日觉昭广表示:"如果能减轻火箭的自重,就能造得更结实,更适合宇航员乘坐,这一理论同样适用于服装。东丽使用复合材料开发的首款纤维技术 HEATTECH,就能让羽绒服比往常更轻、更薄。"

不同于欧美的 ZARA 等服装品牌,作为快时尚的一员,优衣库能从众多变化不大的基本款中脱颖而出,而不被动作迅速的其他廉价品牌淘汰,依靠的正是源源不断的"技术优势"。在过去的几年中,优衣库一直与科技企业一起,频频登上波士顿咨询发布的"全球最具创新力企业 50 强",成为其中唯一的服装零售企业。三井财团旗下的东丽公司,则一直是这些成绩背后的推手。

事实上,除了东丽公司,优衣库母公司迅销集团总裁兼 CEO 柳井正在日本商界的朋友圈也非常大。特别是同为朝鲜裔的日本软银集团创始人孙正义,作为其忠实盟友,70 岁的柳井正是软银仅有的 3 位外部董事之一,另外 2 位则分别是三井物产主席饭岛彰己和东京大学人工智能教授松尾丰。

韩国知识产权研究所对日本纺织行业进行深入研究之后发现:日本纺织行业将 70% 的研发经费投入新产品、新技术的研发上,这在一定程度上也成为日本企业能够走在全球领先行列的重要原因。东丽公司在碳纤维领域进行技术积累的持续投资就超过了1400亿日元（约合13亿美元），如此大规模的研发投入，背后如果没有强大的三井财团体系支撑和政府部门的协助是很难维持下去的。

可以说日本的“官产学研”合作体制，即政府、产业界和学术界合作的科技发展体制在促进科研成果产业化方面发挥了重要作用。特别是，在先进纺织产业的发展过程中，日本政府更多是扮演引领者的角色，指引方向但不直接干预。通过设定技术路线图，为关键技术攻关提供项目资金，同时将成果产业化的工作交由东丽这样的财团制造企业进行，一步一步打造高性能纤维产业领域的隐形冠军。

参考文献及来源：

1. 王厚双，付煜. 日本处理日美贸易摩擦的经验及其启示[J]. 日本研究，2018(2):11.
2. 王宗林. 日本东丽公司在战后的新发展[J]. 现代化工，1980(2):57－59.
3. 马文秀. 日美贸易摩擦与日本产业结构调整[D]. 保定：河北大学，2007.
4. 东丽公司网站，www. toray. cn.
5. 优衣库：背后创新的动力，东丽面料头尾相连能绕地球7.5圈[EB/OL]. (2019－03－27)[2021－10－07]. https://www. sohu. com/a/303918813_527026.
6. 满佳. 优衣库SPA模式经营问题案例研究[D]. 大连：大连理工大学，2015.
7. 刘勇辉. 伊藤忠入股波司登 欲占据服装产业链的盈利制高点[N]. 中国纺织报，2015－05－22.
8. 日本商社以中国为基地开拓欧美纺织品市场[EB/OL]. (2005－02－09)[2021－10－07]. http://jp. mofcom. gov. cn/aarticle/jmxw/200503/20050300020957. html.
9. 东丽开启纺织全球化战略从东盟走向世界[J]. 纺织服装周刊，2016(11):42－43.
10. 锡环. 日本帝人和东丽公司扩大在南通投资[J]. 江苏丝绸，1997(2):35.
11. 日本服装业“本土制造”几乎消失 转到中国东南亚[EB/OL]. (2018－07－02)[2021－10－07]. https://baijiahao. baidu. com/s? id＝1604832680758102475&wfr＝spider&for＝pc.
12. 赵永霞，祝丽娟. 世界纺织版图与产业发展新格局[J]. 纺织导报，2019(4):35－38＋40－47.
13. 日本将在中国兴建化纤纺织城[J]. 苎麻纺织科技，1994，17(Z1):70.
14. 一件衬衫引发的血战：美日贸易战始末及启示[EB/OL]. (2018－07－20)[2021－10－07]. https://mp. weixin. qq. com/s/aa1tX6l6sP2jXOJafsIKvQ.
15. 日本大型商社进一步推进“中国＋1”战略[EB/OL]. (2013－04－08)[2021－10－07]. https://www. tnc. com. cn/info/c－001001－d－3309694. html.
16. 胡方. 日美纺织品贸易摩擦及其问题[J]. 日本研究，1997(2):5.

17. 东丽碳纤维的前世今生[EB/OL].(2017-11-10)[2021-10-07].https://www.shhorse.com/Article/dldstxwdqsjs_1.html.

18. 任泽平.日美贸易战启示录:经济争霸[EB/OL].(2018-07-21)[2021-10-07].https://www.sohu.com/a/242589400_467568.

19. 日本纺织业的转型[J].上海毛麻科技,2008(4):35.

20. 毛锦梅.战后美日贸易摩擦研究[D].苏州:苏州大学,2009.

第三章

击败美国的东洋"钢铁侠"

20世纪80年代，受到三井物产的启发，新日铁公司在经营瓶颈期也开始实施多元化的发展策略。新日铁除继续生产钢铁制品及其他各种适销对路产品外，还开始向工程技术、新兴材料、电子通信、生物工程等多领域拓展，成为一个以钢铁产业为核心的小型综合商社。

一直以来，南美洲都被称为"美国的后花园"。巴西作为南美洲最大的国家，以及拉美地区重要的战略领导者，无论在经济、资源还是政治领域都有着举足轻重的影响力。三井财团习惯将自己在巴西当地的关联企业推到台前，自己则隐藏起来，默默掌控钢铁产业链，让巴西冲在对抗美国的最前线。

2019年11月18日，中国宝武与日本三井物产举行年度干部交流会。中日双方均表示，未来的合作将从钢材加工服务向提供综合材料解决方案延伸，从传统贸易向贸易物流平台转变，从中国市场向亚洲新兴市场以及全球市场辐射，从钢铁领域向新材料、金属资源领域延伸，探索共同在第三方市场开展事业投资。

——作者题注

【阅读提示】

“三井”告诉了我们什么(3)

早在2016年,中国政府就发布了《钢铁产业调整升级计划(2016—2020)》,作为“十三五”规划的重要一部分,其内容包括“促进兼并和收购”。到目前为止,该计划的实施侧重于产能落后钢铁企业的关停,宝钢与武钢之间的大型并购(宝武钢铁集团)成为这个过程一枝独秀的项目。

实际上,中国宝武集团能够在短时间内推动钢铁产业转型升级,实现高质量发展,是有其成功的借鉴蓝本的。三井财团旗下的日本制铁株式会社(原新日铁公司)就是日本钢铁行业合并浪潮中的典范,也是日本钢铁企业实现集团化的标杆。就如同40年前上海宝钢从日本新日铁引进成套设备、学习先进技术一样,40年后的今天,已经“升级成功”的中国宝武在以我为主的同时,继续做到了广泛学习借鉴。

日本钢铁工业在结构调整中,以实现市场占有和资本增值为目的,必然会实行强强联合,走上重新组建企业集团的整合道路。2012年10月1日,新日本制铁株式会社和住友金属工业株式会社合并成立了“新日铁住金株式会社”。2017年3月,新日铁住金成功使日新制钢株式会社成为其子公司。此外,新日铁住金还在研究将山阳特殊制钢株式会社子公司化。

日本钢铁产业通过整合重组,一方面避免了重复化竞争,方便集团化对外;另一方面则扬长避短,优化各个子产品线并走专精路线。日本产业结构政策向高附加价值的高加工度产业倾斜,贯彻“技术立国”战略,科技进步成为日本钢铁工业发展的主旋律。位居日本国内第一的新日铁住金走的整合并购之路,代表了日本钢铁工业的发展之路。

伴随着全球分工格局、贸易格局、创新格局的深度调整,企业与企业之间的竞争开始转化为企业所处的产业链与产业链之间的竞争。可以说,未来的竞争不是个体或组织之间的竞争,而是产业链之间的竞争。钢铁产业也不例外,不应一味地追求钢铁的产能,而忽视了整体产业链的建设。只有系统推进行业产业链的高质量发展,才能从根本上提升一个国家钢铁产业的竞争力。

如今,日本新日铁住金株式会社已变更为“日本制铁株式会社”,公司社长进藤孝生表示:“更名是希望在进军全球之际能表明这是发源于日本的制铁公司。”中国钢铁企业在学习借鉴日本制铁结构调整、合并重组的同时,千万不能忽视其背后的商业逻辑。在财团商社的体制下,相比企业钢铁产量的提升,日本企业其实更重视兼并重组之后资产、业务链条等要素资源的融合以及企业间战略、人员、管理和文化的相互融合。

本章导言

2018 年 3 月 8 日，时任美国总统特朗普签署命令，认为进口钢铁和铝产品威胁到美国国家安全，决定对进口钢铁和铝产品全面征税，税率分别为 25% 和 10%。随后特朗普开始豁免美国的盟友国家，最终被征收高关税的“只有中国”。实际上，在向美国出口的钢铝国家名单中，中国只是排第十一位。显然，美国绕了一大圈，其目的只有一个——“扼杀中国的 2025 计划”。

为维护国家利益，反制美国的钢铝关税，中国决定自 2018 年 4 月 2 日起对原产于美国的 7 类 128 项进口商品中止关税减让义务，在现行适用关税税率基础上加征关税，对水果及制品等 120 项进口商品加征的关税税率为 15%，对猪肉及制品等 8 项进口商品加征的关税税率为 25%。可以说，美国乱挥“大棒”，对进口钢铁和铝产品的全面征税是这次中美经贸摩擦的开端。

实际上，钢铁产业作为一个国家国防安全和国内关键基础设施的必需领域，具有极其重要的地位。这也意味着钢铁行业必然会成为中美经贸摩擦的重灾区，1990—1995 年美国对华钢铁产品发起 4 起反倾销调查，1996—2000 年调查数量增加到 8 起，同比增长 100%；2001—2005 年数量增加至 11 起，增长速度很快；2006—2010 年这一数字上升到 19 起，同比上涨 72.7%。

可以发现，由于中国钢铁对美国及欧洲发达国家出口的激增，国际贸易保护主义有所抬头，涉华钢铁产品的贸易摩擦密集爆发，“反倾销、反补贴”等贸易救济调查层出不穷。同时，美国及欧洲发达国家针对中国钢铁产品的贸易保护也呈现出多手段、深层次的特点，从低附加值产品开始向高附加值产品转变，并且新兴经济体也开始对中国进行此类的贸易调查。

特别是，在 2006 年以后，中国从钢铁纯进口国变成净出口国。2007 年，中国更是一跃成为世界最大的钢铁生产国，产量达到 5.2 亿吨，占全球钢铁产量的 38.7%。随着中国钢铁产能的不断增加，出口到美国的钢铁不断增多，这给了本就疲软的美国钢铁产业一记重拳。对此，美国商务部得出结论，中国钢铁和铝的生产正在“削弱美国的内部经济”。

事实也的确如此，从2008年到2017年的9年间，美国钢铁业雇员人数减少了31800人，幅度高达64.89%。以美国"钢铁大王"卡耐基创办的美国钢铁公司为例，其市值也从2008年的223亿美元一路跌至9年后的78亿美元，市值蒸发了145亿美元。另一家大型钢铁企业AK钢铁则更为尴尬，高额负债已使其徘徊在破产的边缘。

美国钢铁公司和AK钢铁公司的状况就是美国钢铁工业的写照，美国"夕阳产业"就业率大幅下降，为保经济民生，美国政府不得不增强贸易保护。同时，因为游说政治的存在，当某一利益集团的利益受到进口产品的冲击时，美国政府就不得不采取反倾销等贸易保护措施。

一方面，共和党（特朗普所属政党）主要由美国的钢铁、石油、煤炭等传统大企业集团所支持。另一方面，钢铁工会是美国一个实力强大的组织，一些议员在民主党取得参议院多数席位后也表示，如果政府不制定限制进口钢铁的法案，那么他们也会通过类似法案进而要求相关部门对钢铁贸易环境做出调查。因此，无论是出于共和党还是民主党的政治诉求，美国政府都需要借助"反倾销"等措施来保护比较劣势的产业和维护大产业集团的利益。

如今，中美经贸摩擦战烽烟正浓，钢铁贸易再次深陷其中，的确也打破了中国钢铁产业原有的正常经营模式。但中美经贸摩擦实际上也为中国钢铁企业提高自身水平、建立属于自己的核心竞争力、优化产业结构、与他国建立良好的贸易关系提供了一次不可多得的机会。中美经贸摩擦在一定程度上可以起到优胜劣汰的作用，更是中国钢铁产业升级的"试金石"。

作为中国钢铁主要出口地，美国提高关税壁垒等势必导致中国对美钢铁出口减少，钢铁企业为谋求自身发展，必须去寻求新的海外合作伙伴。中国宝武集团与日本三井物产的合作模式值得中国其他钢铁巨头学习和效仿，中日企业间的合作不仅仅局限于钢铁领域，同时也要向新材料、金属资源等领域延伸，探索共同在第三方市场开展相关领域的事业投资。

第一节 铸就日本钢铁力量

日本钢铁产业的原料基地

1897年，日本政府为了改变国内炼钢企业落后的状况，同时加强军备，计划从德国引进全套设备和技术，在福冈县八幡村（今北九州市八幡区）设立官营钢铁厂。1901年，官营八幡制铁所（新日本制铁株式会社前身）第一座高炉正式建立。八幡制铁所不仅为后来的日俄战争提供了大量军用物资，也为整个日本军工和重工业发展奠定了稳固的基础。

想要发展冶金和重化工业，煤炭和铁矿石是必不可少的资源。然而，众所周知日本是一个资源紧缺的岛国。因此，日本将目光投向了当时规模堪称远东第一的中国汉冶萍煤铁厂矿公司（以下简称"汉冶萍公司"）。它不仅具备了综合开发和利用中国江西、湖北富矿区的实力，同时其各类资源供应链条也相对完整。日本一旦掌握了汉冶萍公司，就相当于掌握了一个源源不断的资源宝藏。

1899年，日本八幡制铁所正式与湖北汉阳铁厂订立通易煤铁合同。与此同时，由于钢铁产品质量不佳、筹措资金不顺利等问题，早于八幡制铁所成立的湖北汉阳铁厂只能依靠举借外债来维持生存和扩建厂房。1902—1906年，湖北汉阳铁厂先后3次向日本三井物产株式会社武汉支店、日商大仓组和日本兴业银行借款425万日元，合301万余两库平银（清政府标准货币单位）。

1908年，汉阳铁厂、大冶铁矿和萍乡煤矿合并组成汉冶萍煤铁厂矿公司。汉冶萍公司预定商股2000万元，其中由老股升值的占500万元，尚有1500万元需另招新股，但只招到百余万元。无奈之下，汉冶萍公司不得不继续向三井物产等日本企业进行借款，此后便开启了长期受日本人控制的局面。汉冶萍公司也成了日本八幡制铁所铁矿石、煤炭和生铁的主要供应者。

1912年，民国政府和汉冶萍公司总经理盛宣怀分别在南京和神户与日方签订了内容相同的两份汉冶萍中日合办草约。其中，民国政府、日本三井物产与汉冶萍公司合办草约规定："中华民国政府若对外国出让中国矿山、铁路、电力等权利时，应在同等条件下优先让予三井。"1913年，汉冶萍公司再次与日本方面签订了1500万日元的借款合同。

1915年10月，日本三井物产（综合商社）开始插手汉冶萍公司新铁厂的建设。汉冶萍公司向美国列德干利制造公司订购800立方米日产生铁450吨的高炉两座，这两座造价22.35万美元的高炉正是由三井物产出面经手的。事实上，三井物产控制的不仅仅是设备采购权，更重要的是产品定价权。根据此前签订的通易煤铁合同，汉冶萍公司的煤铁售价由中日双方议定，不受国际市场价格浮动的影响。

当时，正值第一次世界大战（1914—1918 年），世界钢铁价格猛涨，而汉冶萍公司因为合同的束缚，致使销售日本的铁矿石和生铁的价格不能提高。与此同时，日本的八幡制铁所历次扩建计划都是以从中国汉冶萍公司掠夺的铁矿石和生铁原料为依据来进行的，从而大大地促进了日本钢铁工业的发展，占据了东亚钢铁业发展的制高点。

依靠着中国汉冶萍公司这个巨大的资源基地，日本八幡制铁所（新日铁公司前身）得以迅速发展。1926 年，八幡制铁所的粗钢产量占日本粗钢总产量的 62%，其在日本钢铁业占有绝对的主导地位。1934 年，根据《日本制铁株式会社法》，以八幡制铁所为骨干，吸收三井系（轮西制铁、釜石矿山），三菱系（三菱制铁）等 5 家钢铁企业组建了“日本制铁株式会社”（后来的新日铁公司）。到 1945 年，该公司生产的生铁产量已占日本总产量的 90%。

20世纪30年代，日本记者拍摄的汉阳铁厂全景。作为中国第一代新式钢铁联合企业，当时已沦为日本钢铁企业的原料基地

反观汉冶萍公司，作为中国第一代新式钢铁联合企业，却长期受制于日本，不断错失发展良机，最终沦为日本钢铁企业的原料基地。再加上当时中国国内军阀混战，抗日战争爆发，内忧外患。汉冶萍公司终因巨债缠身，入不敷出，到 1948 年由国民政府资源委员会组成的汉冶萍公司清理委员会接收的时候，已经处于既不能产铁，也无法产钢的局面。

没有铁矿资源的“钢铁王国”

1945 年 8 月，日本战败投降后不久，日本外务省立即网罗一批专家学者成立了“复兴特别委员会”。该委员会经过 40 多次的开会讨论，在 1946 年初完成了一份题为“重建日本经济的基本问题”的报告。这份报告通过分析日本地域国情和国民性，提出要想恢复国民经济就必须优先发展钢铁、机械工业，以带动全局、实现腾飞的战略构思。

日本尽管确定了发展钢铁业的主攻方向，但执行起来困难重重。首先，1950 年，根据美国占领当局以解散日本财阀为目的制定的《过度经济力集中排除法》，日本最大的钢铁企业——日本制铁株式会社（新日铁的前身）被迫拆分为富士制铁、八幡制铁所等 4 个公司。其次，虽然日本战前、战时培养的众多技术人员和熟练工人由于没有进入一线战斗，基本上没有受到损害，但日本钢铁业发展迫切需要的资金和原料依然十分短缺。

然而,接踵而至的机遇为早有准备的日本钢铁产业复兴带去了希望。1950 年 6 月,朝鲜战争爆发,美国在这场战争中充分利用日本有利的地理条件、工业基础、技术力量进行了大量订货。20 世纪 50 年代中期,中东波斯湾地区巨大油气田的发现,为日本实现能源革命提供了良机。到50 年代后期,日本完成了电力、钢铁冶炼中的由"碳主油从"到"油主碳从"的转变,使钢铁生产成本大幅下降。

到 20 世纪 60 年代,钢铁已经成为日本出口的主力商品。1963 年,日本的钢铁出口超过联邦德国和苏联,跃居世界首位。60 年代之前,日本的钢铁出口还主要面向东南亚和大洋洲、拉美地区。60 年代以后,迅速转为以美国市场为主。1955 年,美国在日本钢铁出口构成中仅占 6. 1% 。1965 年,日本对美钢铁出口比重上升为 43. 9% ,1968 年更是达到 50% 以上。

由于钢铁产业此前一直是美国的重点产业,因此这一时期日本对美国钢铁出口的迅速增加引起了美国钢铁企业的不满。事实上,早在 1963 年 9 月,美国借口日本向它倾销钢管,要派调查团到日本调查日本钢铁公司的账目,但遭到日本政府的严词拒绝。为了防止美国采取进一步限制进口的措施,日本政府和钢铁厂家从 1968 年 7 月起开始实行钢铁产品的对美国自愿出口限制。

实际上,同之前的日美纺织品贸易摩擦类似,自愿出口限制的作用微乎其微。日本的钢铁企业仍然遭受到了美国钢铁行业工会的强烈阻击,为了应对美国方面的不断施压,八幡制铁所和富士制铁两家公司于 1970 年,在其各自的领导人稻山嘉宽和永野重雄的带领及日本政府的出面干预下,重新走到一起,合并成立了"新日本制铁株式会社"(以下简称"新日铁公司"),并由稻山嘉宽出任社长。

新日铁公司的重新合并成立,也标志着日本钢铁产业正式由发展期走向了成熟期,日本粗钢产量首次超过 1 亿吨。随着新炼钢厂的建立和生产率的不断提高,日本钢铁工业的生产体系已经达到了欧洲国家、美国和其他发达国家的水平。日本钢铁工业在结构调整中,通常习惯以实现市场占有和资本增值为目的,实行强强联合,组建产业集群型的企业集团。

新日铁公司虽然不是三井财团二木会(总经理会议)的成员,但实际上它与三井物产及三井财团其他成员之间通过相互持股、共同投资、贸易代理等实质性联系,已经形成了利益共生的关系,这表明新日铁公司已经拥有了三井财团"准成员"的地位。事实上,三井物产拥有新日铁通商(新日铁公司的商社)20. 132% 的股权,而且拥有新日铁公司 5% 以上的股权。与此同时,新日铁公司又是三井物产的独立董事。

20 世纪 70 年代初,日本钢铁产量首次超过美国,日本成为世界上唯一没有铁矿资源的"钢铁王国"。在这样的背景下,日美又先后达成了两轮自主出口限制协议(1969 年 1 月—1971 年 12 月,1972 年 5 月—1974 年 12 月)。可是即便如此,日本依然是当时全世界钢铁生产发展最快和出口钢材最多的国家。1973 年,日本的钢产量更是达到了巅峰值的1.19亿吨。

遭遇突如其来的中东石油危机

1973年,也就是日本钢产量达到巅峰的这一年,第一次石油危机爆发。10月,第四次中东战争爆发,以阿拉伯国家为核心的石油输出国组织(OPEC)为了打击对手以色列及支持以色列的欧美国家,决定提高石油价格。随后,中东阿拉伯产油国减少了石油生产,并对西方发达资本主义国家实行石油禁运。石油危机初期曾一度给过分依赖石油的日本钢铁业带来困境。

同时,第一次石油危机也使日本和美国在某种程度上站在了对立面上。日本和西欧国家80%以上的石油依赖进口,因此在1973年11月下旬,欧洲共同体首先表态,在中东问题上支持阿拉伯人。随后,日本也于11月22日宣布站到阿拉伯人一边,孤立的正是以色列的支持者美国和荷兰。可以说,第一次石油危机具有异常强烈的政治色彩。

许多分析报道称,由于第一次石油危机的爆发,日本钢铁产业的原材料价格大幅上涨,进而导致钢铁产业利润率大幅下滑,钢铁产业的国际竞争力受到削减,最终日本才在日美钢铁贸易摩擦中示弱。尽管钢材需求持续萎缩,但整个20世纪70年代日本的粗钢产量一直都维持在1亿吨左右,这是一个特别值得注意的数据。实际上,日本钢铁之所以持续保持竞争力,很大程度上要归功于三井物产。

阿拉伯国家发动石油战争,的确给严重依赖石油进口的日本带来了巨大恐慌,但实际上日本当时根本不存在石油"不足"问题。在日本进口的原油中,来自阿拉伯国家的原油约占43%,其中没有加入阿拉伯国家产油组织的伊朗占到了37.3%。早在1968年11月,三井物产副社长若杉松雪在跟随日本经团联出访伊朗时,就认为伊朗可以成为日本石油的海外资源基地。

第一次石油危机爆发的前两个月,即1973年8月,在日本政府的支持和三井物产的努力下,伊朗—日本石油化工项目正式签约。除三井物产外,该项目还包含了三井财团旗下的三井化学和三井石化。三井物产认为,能源是日本产业和国民生活不可缺少的资源,因此要持续为国内提供多种能源,而要保障日本能源安全,就需要使能源供应方分散化。

与此同时,石油危机也让日本企业认识到科技对于产业的重要性,较早地开始研究节能型炼钢工艺和新的钢材类型,发明了连续锻造技术、回收废热发电技术和利用炉顶压发电技术,使吨钢能耗率降至世界最低水平。同时,发明连续淬火机,制造高张力、超薄钢板,为汽车工业的发展奠定了基础。三井物产也紧随这一发展趋势,在1972年成立了工学研究所,搜集全球先进的产业技术情报。

事实上,第一次石油危机也在一定程度上使以三井物产为代表的日本综合商社发生了经营政策领域的变革。三井物产在公司通过的政策草案中明确提出了20世纪70年代的经营目标,即把自己发展成为多国籍企业。1974年4月,在三井物产公布的长期发展计划中就明确指出,三井物产要向世界企业发展,在经济全球化潮流的冲击下,开始走出国门并在各大产业链上占据主导地位。

1974年,美国又一次向日本方面提出了自动限制钢铁出口的要求,为此日本也曾两次自行限制出口。但是,美国自身钢铁产量的下降又导致日本对美国钢铁出口的大幅增加,甚至占到美国进口钢铁的56%,美国钢铁业不得不向政府提出日本继续减少出口的要求。在美国的高压下,日本提出了一个部分妥协的计划,但遭到美国国务院的拒绝。

1976年6月,日美双方签署了《特殊钢进口配额限制协定》。1977年,美国又对日本出口的5种钢材提出倾销起诉,日美双方就钢铁制定了《进口最低限价制度》,签订了《维持市场秩序协定》。这一系列事件和协议后,日本钢铁对美出口量出现明显下滑。1978年1月,美国实行"钢铁启动价格制度",设立"扣动扳机价格",低于这个价格的进口商品将自动受到反倾销调查。

创造属于自己的生存之道

美国的"钢铁启动价格制度"在一定程度上缓解了日美两国关于钢铁贸易的冲突,日本钢铁产量从峰值开始出现回落。1983年2月,美国国际贸易委员会(ITC)认定日本特殊钢存在倾销行为。1985年3月,日美两国就钢铁制品限额达成一致并签订协议,在形式上结束了日美钢铁制品近20年的贸易摩擦。在这场以钢铁为核心的贸易战中,美国似乎成了赢家,但事实真的如此吗?

由于美国自身钢铁产量的下降,以及日本对美国钢铁出口的大幅增加,美日两国之间展开了一场长达20年的钢铁贸易战

由于成本及竞争力远远低于日本竞争对手,美国钢铁企业长期面临严重亏损的问题。它们认为日本政府对其钢铁行业进行补贴,并声称日本人为压低日元,导致不公平的钢材低价格。美国钢铁工会联合8家钢铁公司敦促美国政府采取贸易措施,以保护国内市场不受进口日本钢铁产品的影响。它们之所以迫切要求美国政府和国会加强对日本钢铁进口的贸易限制,是因为美国钢铁业实际已经走向了衰落期。

美国钢铁工业从1860年开始发展,并成为规模庞大的一个部门。凭借其丰富的铁矿资源,经过不断的投资及技术改造,到1950年,美国钢产量已经占世界钢产量的45%,美国成为世界上首屈一指的钢铁大国。但随着美国进入知识经济时代,钢铁工业发生了国际转移,逐渐由美国向日本、欧洲甚至韩国等地区转移,美国的钢铁工业实质上已经发生了严重的衰退。

在这样的大背景下,20 世纪 80 年代,美国政府要求日本限制其钢铁产品在美国市场的比例低于 5.8%。对于这一要求,以新日铁公司(三井财团的重要关联企业)为代表的日本钢铁企业并没有进行抗议,而是遵守了美国政府的相关政策并采取了有序的行动,避免了对出口不计后果的竞争,并针对美国钢铁市场制定了中长期战略。

事实上,日本这一时期已经减少了出口美国的钢铁量,而且比要求的水平还要低。在美国市场,日本钢铁企业追求的不再是数量的扩张,而是质量的提升,将向美国市场出口的产品转向了高附加值产品。日本钢铁企业并没有放松对汽车产业等特殊用钢长期业务拓展市场的努力,不断强化美国当地的营销网络建设,树立起日本钢铁产品高质量、高技术的形象。

面对出现的钢铁贸易问题,美国政府和钢铁企业往往寄希望于直接采取贸易限制措施,如美国贸易法案"301 条款",毕其功于一役,迅速扭转劣势。但是,日本政府和财团企业却优先考虑如何避免贸易冲突,然后再通过政府和企业合作做出系统性的反应,以新日铁公司为代表的日本钢铁制造商也习惯于从长期角度考虑问题,创造属于自己的市场生存之道。

对于新日铁公司而言,旷日持久的日美钢铁贸易战并没有对企业的发展造成明显影响。1981 年,新日铁公司的销售额为 3.1 万亿日元,比 1971 年刚成立时的销售额增长 1.5 倍还多。同时,新日铁公司还在不断地提高资金的自我占有率,1980 年公司自有资金达到 3242 亿日元,雄厚的资金也使得新日铁公司在动荡变化的世界市场中立于不败之地。

20 世纪 80 年代中后期,受到三井物产的启发,新日铁公司在经营瓶颈期也开始实施多元化的发展策略。新日铁公司除继续生产钢铁制品及其他各种适销对路产品外,还开始向工程技术、新兴材料、电子通信、生物工程等多领域拓展。1987 年 6 月,新日铁公司设立了生活服务事业部,积极参与日本社会衣食住行等与个人生活密切相关的产业,俨然成为一个以钢铁产业为核心的小型综合商社。

与此同时,日本钢铁企业选择将生产工厂与出口目标多样化,从集中在日本本土生产和美国销售转为分散到东南亚国家和其他新兴市场国家。早在 1973 年,新日铁公司就帮助韩国浦项制铁完成了全套日本技术装备的引进,浦项制铁后来也发展成为全球最大的钢铁制造商之一。1978 年,在三井物产的帮助下,新日铁公司董事长稻山嘉宽访问中国,并与中国签订了建设上海宝山钢铁厂的合同。

第二节 新日铁的巴西样本

挺进"美国的后花园"

由于此前钢铁产业一直是美国的重点产业,日本钢铁业的崛起也引发了美国的不满,贸易摩擦一触即发。在这样的大背景下,进军巴西就成为日本钢铁企业的不二之选。众所周知,出于地缘政治及历史等原因,南美洲一直被称为"美国的后花园"。巴西作为南美洲最大的国家,还是拉美地区重要的战略领导者,无论在经济、资源还是政治领域都有着举足轻重的影响力。

巴西矿物资源丰富,铁的储量居世界前列,锰的储量也很大,巴西是世界四大产锰国之一。但由于巴西的主要钢铁企业多建于第二次世界大战期间,生产水平十分有限。1950 年和 1960 年,巴西的钢产量分别为 79 万吨和 184 万吨,远低于发达国家水平。因此,这一时期的巴西钢铁企业想要取得发展,就离不开大量的外资投入和引进国外的先进技术和设备。

与此同时,日本则完成了电力、钢铁冶炼中的由"碳主油从"到"油主碳从"的转变,使钢铁生产成本大幅下降,钢铁也成了日本出口的主力商品。特别是,进入 20 世纪 60 年代,新日铁(属三井财团)、日本钢管(属富士财团)、神户制钢(属三和财团)、住友金属工业(属住友财团)和川崎制铁(属第一劝银财团)等都先后在国外开始了当地生产。

1956 年 4 月,巴西政府向日本政府提出希望协助建设一家钢铁厂的申请。1957 年 6 月,双方签订了有关建设日巴合资钢铁公司的协定。12 月,由日本新日铁公司出资(出资额占 30.1%),在巴西东南部的米纳斯吉拉斯州(Minas Gerais)成立了合资钢铁企业 Usiminas 公司。1958 年 1 月,Usiminas 公司正式投产,是巴西专门生产钢板的钢铁联合企业。

1971 年,在得到日本新日铁公司的技术和资金援助后,巴西钢铁企业得以迅速发展,并开始执行第一个钢铁工业发展计划。除了和新日铁公司成立合资钢铁企业 Usiminas 公司外,巴西还先后与日本川崎制铁、意大利伊塔比拉钢公司合营建立了图巴朗钢铁厂,利用英国贷款建立了阿索米纳斯钢铁厂,这些钢铁企业经过一系列的扩建和改造,都成为巴西钢铁工业的骨干力量。

1977 年,巴西钢产量达到了 1100 万吨,占世界钢产量的 1.6%。1986 年,巴西的钢产量已经上升到了 2123 万吨,占世界钢产量的 3%,10 年间就将近翻了一番,巴西跻身世界七大钢铁国之列。巴西钢铁工业的发展也推动了汽车制造、铁路建设、民用建设、农业等与之有关行业的迅猛发展。正如巴西一位经济学家所说："巴西已成为真正的钢铁巨人。"而这背后离不开新日铁等日本企业的推动。

除投资巴西 Usiminas 公司外，新日铁公司还积极地与之进行各种合作。1999 年 6 月，日本新日铁公司和巴西 Usiminas 公司成立了汽车用镀锌钢板的合资公司 UNIGAL。合资公司投资 2.5 亿美元，巴西 Usiminas 公司持有 60% 的股份，其余 40% 的股份由新日铁公司持有。合资公司主要生产品种为热镀锌钢板和锌、铁合金化热镀锌钢板，产品主要供应汽车工业，其次供应家电业。

2006 年 12 月，新日铁公司收购了 Usiminas 公司拥有的额外股份，将其在日本 Usiminas 公司的股权提升到 50.9%，并进行子公司化。加上对巴西 Usiminas 公司直接入股 1.7%，使新日铁公司成为对巴西 Usiminas 公司持股 21.6% 的头号股东。而这一系列的运作，提升了新日铁公司在巴西 Usiminas 公司中的直接和间接控制权，使其投票权提升至 12.7%。

2009 年 1 月 29 日，日本新日铁公司宣布从巴西淡水河谷公司购买巴西 Usiminas 公司约 5.9% 的股权，加上此前的直接入股，新日铁公司在巴西 Usiminas 公司中持股比例升至 29.2%。2016 年 3 月，新日铁公司再次向旗下的巴西大型钢铁厂商 Usiminas 公司追加出资 10 亿雷亚尔（约合 18 亿元人民币），希望过资金援助、债务偿还延期等方式帮助近年来业绩出现下滑的巴西 Usiminas 公司。

占领巴西产业制高点

日本三井财团不仅通过其重要的关联企业新日铁公司的技术和经营管理优势，进入并占领巴西当地钢铁生产和市场，同时还积极占领铁矿石这个钢铁产业链上游的制高点。早在 1971 年，三井财团的综合商社三井物产就开始了对巴西联合矿业（MBR）公司的投资。到 1997 年，三井物产拥有巴西资源（CMM）公司 40% 的股权，而 CMM 公司拥有 MBR 公司 84.8% 的股份。

2003年9月，三井物产成为巴西矿业巨头淡水河谷公司的第三大股东，直接参与淡水河谷公司的经营和投资

2003 年 9 月，三井物产出资 8.3 亿美元收购了 Valepar 公司 1960.7 万股的普通股，Valepar 公司是巴西矿业巨头淡水河谷的控股公司。此次收购的股份相当于淡水河谷总股份的 5.05% 或普通股的 7.84%。由此，三井物产成为 Valepar 公司第三大股东，并直接参与淡水河谷的经营和投资。

2006 年 12 月 18 日，日本新日铁公司和巴西淡水河谷公司联合表示，双方已签署战略协议，将进一步推进铁矿石和煤炭项目的合作。巴西共有 22 处铁矿矿藏，仅 CMM 公司和淡水河谷公司就拥有其中 18 家的开采权，也就是说，三井财团通过参股巴西两个最大的铁矿企业——CMM 公司和淡水河谷公司，垄断了巴西的铁矿石资源。

2008年2月，日本新日铁公司持股的巴西Usiminas公司出资9.25亿美元，收购了巴西米纳斯吉拉斯州的J Mendes矿以及两座未开发的矿山。这3座矿山位于米纳斯吉拉斯州著名的“钢铁四角洲”(Global Mineracao)，该地区是全球最高质量铁矿石产区之一。其中，J Mendes矿每年生产600万吨铁矿石，未来的最终目标是将产量扩大到2900万吨。

物流也是钢铁产业链的重要组成部分。2009年6月，日本新日铁公司持股的巴西Usiminas公司宣布2010年对里约热内卢Itaguaí港口进行扩建，按计划新设施将用于集团的矿石运输，初期的年发货能力为2500万吨。2014年9月，三井物产收购了淡水河谷子公司VLI公司20%的股份，VLI公司是一家以铁路运输为主的巴西物流运营商，拥有超10700千米的铁路特许经营权及分特许经营权。

汽车制造一直是钢铁产业链下游尤为重要的一环，三井财团显然也不会放过这一巨大商机。2014年2月，三井物产和安赛乐米塔尔Gonvarri巴西公司(AMG)在巴西开设服务中心，加工汽车钢板，两家公司股权占比各为50%。服务中心装备有纵剪机、精冲压力机等设备，主要为日产汽车提供汽车钢板。2017年，巴西国内的汽车销量为500万辆，巴西是全球第三大汽车市场。

一直以来，日本的海外战略都有着自己独特的投资艺术，以三井财团为代表的财团企业往往很少在当地建立分公司，也几乎不追求“控股”，更多的时候是以一种参与者、合作者的身份开展活动。三井财团习惯将自己在巴西当地的关联企业推到台前，自己则隐藏起来，默默掌控钢铁产业链。对此，美银美林集团国际企业和投资银行部执行副主席奎格力表示，中国可以从日本的经验中学习一二。

奎格力表示：“中国与拉美打交道的模式是‘一维的’，即中国提供资本，拉美提供资源。事实上过去几年中，中国对巴西等拉美国家的投资主要集中在自然资源和农业领域，但拉美居民消费高，市场很大，在基础设施、制造业、科技业、金融业等方面亦存在巨大的投融资缺口，机会还很多。”

实际上，中国公司目前所面临的状况，与日本公司几十年前所面临的情况类似。一是日本的三井物产、三菱商事等贸易公司在20世纪六七十年代进入拉美后，收购特定行业(钢铁、矿产、农业)公司的战略性少量股权。二是新日铁和川崎制铁等制造业企业通过合资公司慢慢融入当地的产业体系。三是日本银行追随客户的脚步也来到了拉美。

在这方面，中国可以从日本的历史经验中寻找值得借鉴之处，如从少量股权的战略性合作开始。美银美林集团的奎格力认为，日本人进入拉美的方式“非常有效率”。“一个很好的例子是，多年以前，新日铁公司对巴西Usiminas做了25%的战略性股权投资。其后它们向巴西转移了大量技术，为巴西工人提供教育和培训，在工人中建立了良好口碑，最后业务做得非常好。”

让巴西冲在对抗美国的最前线

对巴西钢铁产业链的全方位整合，日本企业是如何做到的呢？其实，我们能看到日本除钢铁业之外的很多大手笔。2008 年 5 月 14 日，日本政府下属金融机构日本国际合作银行与巴西淡水河谷公司签署协议，为淡水河谷公司提供最高 30 亿美元的贷款，为淡水河谷公司旗下矿产开发项目融资。另一个政府下属机构日本出口投资保险公司当天也与淡水河谷公司签署协议，提供最高 20 亿美元的保险金。

与此同时，新日铁公司还希望投资巴西淡水河谷公司在莫桑比克的 14 亿美元煤矿项目，与其建立非洲天然资源勘探战略合作伙伴关系。如此大手笔更是彰显了日本对矿产资源的用心。日本政府和财团企业与淡水河谷公司加强合作关系，显然有助于日本对矿产资源的控制，也有助于其在全球价格大幅上涨的时候获得铁矿石和其他矿物原料。

2014 年 8 月 1 日，日本首相安倍晋三抵达了其中南美洲五国之行的最后一站——巴西。安倍晋三出访巴西一方面是为了进一步加大双方能源资源外交力度；另一方面则是为了扩大日本在拉美地区的影响力，其随行人员中就有来自三井、三菱、丰田等 70 余家日本企业的代表。为安倍政府打头阵的正是日本三井住友银行（三井财团和住友财团的联合金融机构）。

除了三井财团的金融支持，在时任日本首相安倍晋三访问巴西期间，巴西石油公司还获得了日本提供的用于建造 8 座石油钻井平台的 5 亿美元贷款。根据 2014 年 8 月 1 日两国政府签署的《为促进海洋资源开发，日本和巴西在造船领域合作的共同声明》，两国在造船领域也将开展全方位的合作。此外，日本国际合作银行（JBIC）也将帮助巴西经济社会发展银行（BNDES），促进其对中小企业的投资。

事实上，通过一系列看似并不相关的投资，日本已经悄然将巴西打造成为自己的又一个海外钢铁生产基地，这不可避免地会与美国产生贸易冲突。美国贸易管理部门的数据显示，有 3 个国家在美国进口钢材中的占比超过两位数，包括加拿大（16%）、巴西（13%）和韩国（10%），其中 2015 年巴西钢材出口中有 40% 是销往美国的。

2016 年 8 月，美国商务部以巴西冷轧钢获得国内 7 个出口项目的补贴为由，将其反倾销决定提交美国国际贸易委员会裁决。随后，美国国际贸易委员会表示，将对获得多项国内出口补贴的巴西钢铁企业征收反补贴税。对此，巴西表示不服，并于 2016 年 11 月 16 日正式向 WTO 提起诉讼，指控美国针对进口自巴西的冷、热轧钢制品征收的反补贴税不符合 WTO 相关规定。

2018 年 3 月，美国政府再次宣布将对进口钢材征收 25% 的关税，对进口铝征收10%的关税。由于巴西钢材在美国进口中占比较高，因此巴西钢铁企业的股票出现了下跌。针对美国的决定，巴西工业、外贸和服务部(MDIC)部长马科斯·若尔热同美国商务部部长威尔伯·罗斯会面，在会面中若尔热强调巴西钢材对美国国家安全没有任何影响，两国的钢铁生产结构是相辅相成的。

若尔热表示，美国有大约一半的钢铁半成品从巴西进口，巴西还是美国最大的矿物煤进口商，而矿物煤被用于高炉炼铁。与此同时，作为钢铁半成品进口商，来自美国加利福尼亚州的钢铁相关企业也希望美国商务部促使美国政府的贸易保护主义政策不涉及钢铁进口这一领域，因为一旦减少了来自巴西的钢铁原材料，许多美国企业自身产品产量会下降，进而造成大面积失业。

2018年4月，巴西钢铁企业也对美国增收关税做出了强硬回应。位于米纳斯吉拉斯州的巴西第二大钢铁企业Usiminas公司的CEO表示，2018年将不会向美国出口钢铁。实际上，巴西Usiminas公司的大股东正是日本的新日铁公司。虽然受到美国增收关税的影响，但Usiminas公司2018年仍然实现了8.3亿雷亚尔(约合2.23亿美元)的利润，其经营能力可见一斑。

时至今日，日本仍是巴西与亚太地区国家关系的重点，是巴西在亚洲非常重要的贸易对象。2019年9月22日，日本软银集团(SoftBank)的巴西业务主管Andre Maciel表示，该集团正考虑将约40家具有高增长潜力的公司带到巴西，并宣布将在巴西进行大规模投资。“巴西仍有创造更多‘独角兽’企业的空间。”Maciel补充称，日本软银在巴西的医疗、物流、运输和农业综合企业等领域看到了机遇。

掀起建设炼钢厂的风潮

2008年3月，新日铁公司敲定在巴西新建大型钢厂的计划，同样是由新日铁公司与巴西Usiminas公司进行合资，其中新日铁公司出资比例过半，掌握主导权。新钢厂初期投资近3000亿日元，建设一座大型高炉，年产300万吨，总投资在5000亿~6000亿日元。该钢厂设计具有与日本国内钢厂相当的生产规模，产量达到日本粗钢产量的5%。

日本新日铁公司持股的巴西Usiminas公司是美洲最大的钢铁生产商之一，也是巴西的主要钢铁厂

对于新日铁公司来说，这项投资计划也是其自1971年日本本土钢厂投产近40年来新建的第一家拥有高炉的大型钢厂。一直以来，为了防止核心技术流失，规避大规模海外投资的风险，日本钢铁企业在海外的业务多以后期工程为主，没有在海外投资建设拥有高炉的大型钢厂。但随着新兴市场国家对钢材的需求不断高涨，新日铁公司也改变了这一战略。

经过几十年的发展，新日铁公司持股的巴西Usiminas公司已经成为美洲最大的钢铁生产商之一,也是巴西的主要钢铁厂,钢铁总产能为950万吨,该公司产量占巴西钢铁总产量的28%。Usiminas公司还通过持有物流公司MRSLogística的股份在物流领域开展业务。Usiminas工业园区也是拉丁美洲最大的普通钢铁综合体,位列全球前20。因此,新日铁公司在巴西建设自己的钢厂,基础配套已十分完备。

几乎与新日铁公司同时,日本第一劝银财团的JFE钢铁公司(日本钢管、川崎合并)于2008年4月宣布联合韩国东国制钢、巴西淡水河谷在巴西建立一个大型高炉炼钢厂。该炼钢厂总投资规模也在5000亿日元左右,主要生产高品质钢铁制品,这也是日本钢铁企业在海外建立的首家完全由自己主导的炼钢厂。按照计划,日本JFE钢铁公司出资一半,另外两家企业则出资另一半建立合资公司。

日本JFE钢铁公司对该炼钢厂的收益做了调查,结果显示JFE钢铁公司在一年内就有可能收回投资。由于新日铁公司正在推进在巴西设立炼钢厂的计划,因此日本JFE钢铁公司认为自己也有必要在铁矿石的产地建立钢铁生产基地,日本钢铁企业为增加国际竞争力掀起了一场在海外大量建设炼钢厂的风潮。与此同时,日本JFE钢铁公司和新日铁公司还打算在泰国再建设高炉炼钢厂。

事实上,不仅仅是新日铁公司和JEF钢铁公司积极开拓巴西市场,与新日铁公司渊源颇深的上海宝钢集团也开启了海外建设炼钢厂的步伐。2008年10月,上海宝钢集团与三井物产持股的淡水河谷公司成立了宝钢维多利亚钢铁公司。新公司的出资比例为宝钢60%,淡水河谷40%。双方决定投资位于巴西圣艾斯普里图州安奇艾达地区的二期钢铁项目,一期规模为500万吨板坯,二期规模将达到1000万吨板坯。

宝钢集团的海外钢铁投资意向并非仅此一个。在与巴西淡水河谷公司谈判的同时,宝钢集团还与巴西最大的钢厂巴西国民钢铁公司(Companhia Siderúrgica Nacional,CSN)就在巴西合建一座500万吨的钢厂达成意向,宝钢集团计划占25%的股份。只是与新日铁公司的巴西计划蒸蒸日上的势头相比,宝钢集团的海外战略显然并不尽如人意。第二年,由于资金紧张和国际经济形势急转直下,宝钢集团很快便无暇顾及其海外投资项目了。

2008年12月,东亚钢铁联盟宣布收购巴西国民钢铁公司旗下矿业公司40%股份的交易,交易总额达30.8亿美元。东亚钢铁联盟由新日铁公司、JFE钢铁公司、住友金属工业、神户制钢所、日新制钢、伊藤忠商事6家日本企业以及韩国最大钢铁公司浦项制铁集团组成。

巴西国民钢铁公司创立于1941年,总部位于巴西圣保罗,是巴西及拉美地区最大的钢铁集团之一,也是全球最大镀锡板生产商之一。公司主要从事钢铁的生产(炼钢),从开采铁矿砂到制造、销售拥有附加价值的钢铁产品。巴西国民钢铁公司拥有5个经营项目:钢铁、采矿、水泥、物流及能源,其所出口的铁矿砂来自位于巴西东南部的米纳斯吉拉斯州的两个矿场。

第三节　引领韩国腾飞之路

向日本学习,从钢铁开始

1968年,也就是韩国第二个"五年计划"的实施阶段,韩国政府希望通过发展民族制造工业,以取代进口消费品,达到自给自足的水平。1968年4月1日,以政府为主导的巨型钢铁企业——浦项制铁公司(POSCO)在无资本、无技术、无经验的状态下正式建立,并分别在韩国浦项市和光阳市开始动工建设厂房。

实际上,韩国在此之前仅有一些小的炼钢厂和装备电弧炉的小轧钢厂,因制造能力不足、技术落后和规模效益低,钢铁工业结构极不合理。为此,韩国政府也曾多次试图建设大型钢铁厂,尝试与包括世界银行在内的多家银行、公司开展合作。但是,由于以前印度和土耳其都有过类似不成功的案例,一个世界银行研究小组经过研究后,认为韩国建设大型钢铁厂从经济上并没有可行性。

最后,日本八幡制铁所和富士钢铁向韩国伸出了援手,同时利用日本36年的殖民统治赔款,韩国人终于实行了自己的钢铁梦。1973年7月,在新日铁公司的协助下,浦项制铁完成了全套日本技术装备的引进,高炉点火投产,从而实现了浦项工程的第一步目标。

韩国浦项制铁的第一任总裁朴泰俊(1927—2011年)是韩国政治、经济、文化界的著名人士,在韩国具有极大的影响力和崇高的威望。朴泰俊早年曾留学日本早稻田大学机械工业学科,后就读韩国陆军军官学校的前身"南朝鲜警备士官学校"。1961年,朴泰俊作为韩国前总统朴正熙发动"5·16军事政变"的核心人物,担任朴正熙的秘书室长。

日本伊藤忠商事的传奇人物濑岛龙三(左)和韩国总统朴正熙(右)都毕业于日本陆军士官学校

作为韩国著名的军人企业家,浦项制铁的著名企业理念"制铁保国"正是由朴泰俊提出的。事实上,韩国在发展过程中一直传承军人基因。就在浦项制铁点火投产的1973年,韩国政府邀请伊藤忠商事的传奇人物濑岛龙三为韩国经济发展献策。濑岛龙三毕业于日本陆军士官学校(韩国前总统朴正熙也毕业于此），二战时是日军大本营作战参谋，战后出任伊藤忠商事会长，成为著名企业家。

当时，由于世界经济严重衰退，许多国家对进口商品实行了限制，韩国工业品的出口市场日益狭小，劳动密集型产品出口急剧下降；国内通货膨胀及劳动力价格上涨削弱了韩国工业品的国际竞争力。鉴于韩国与日本一样都缺乏资源，伊藤忠商事社长濑岛龙三向他的后辈朴正熙总统提供的对策就是设立综合商社。于是，和三井物产一字之差的三星物产被韩国政府指定为“综合贸易商社1号”。

1981年2月，经过四期扩建，浦项市的厂房（浦项制铁所）全部建设完毕。1983年，韩国浦项制铁所正式投产，同年生产粗钢910万吨。与此同时，韩国的重化工建设也初具规模，韩国政府随即出台了将重化工业的占比提升到60%的国家战略，以及相关的保护政策。1988年，浦项制铁在韩国交易所上市。1992年10月2日，浦项制铁宣布完成了浦项工程的全部建设项目。

1995年，韩国浦项制铁公司年产钢材达到了2340万吨，其成为当时世界上第二大钢铁企业，位于新日铁公司之后。在短短的不到30年的时间里，浦项制铁公司一跃成为世界第二大钢铁企业，成为韩国最具代表性的绩优公司，日本新日铁公司可谓功不可没。事实上，浦项制铁的成功不仅使韩国钢铁自给率超过90%，同时也推动韩国工业水平步入世界先进行列。

相互持股，构建钢铁同盟

2000年，新日铁公司和浦项制铁公司签订了“5年战略联盟协议”，协议的核心内容就是交叉持股。浦项制铁公司持有新日铁2.2%的股权，而新日铁公司对浦项制铁的持股比例为3.32%。2000年8月，双方共同设立了由两家公司副社长共同担任委员长的推进委员会，下设各个业务部门的专门委员会，致力于实施协调两家公司合作的具体措施。

2004年2月，新日铁公司与浦项制铁公司将它们在澳大利亚分别持有股份的两家煤矿合并，以便降低制造钢铁所需原料（煤炭）的成本。2005年8月，双方续签了战略联盟协议，交叉持股比例进一步提高，在2006年前后已经达到5%左右。同时，新的“5年战略联盟协议”中还包括互相供应板坯的具体内容。此外，双方在技术、原材料采购等方面都有不同程度的合作。

事实上，在新日铁公司和浦项制铁公司积极构建钢铁产业联盟的同时，新日铁公司背后的三井财团也并没有闲着。2003年1月，浦项制铁公司与三井物产合资建立了POSCO Terminal钢铁生产原料物流公司，总部设在韩国全罗南道的光阳市，其中浦项制铁公司出资51%，三井物产出资49%。合资公司的业务主要是运输、保管、仓储和供给钢铁生产所需要的原料，年销售额可达400亿韩元。

2006年9月，三井财团旗下的商船三井与浦项制铁公司签订了每年运输100

万吨铁矿石的包运合同(COA),装运地为巴西,用载重17万吨的好望角型船每年运输6次。这也是浦项制铁公司自1999年向海外船公司开放门户以来最大数量的合同。此前,浦项制铁公司已经同意从巴西淡水河谷公司采购价值21亿美元的铁矿。事实上,巴西淡水河谷公司也是日本三井财团的重要关联企业,2003年三井物产收购了淡水河谷母公司Valepar公司15%的股份,直接参与到了淡水河谷公司的经营中。

2006年,为了应对来自世界最大钢铁公司“安赛乐米塔尔公司”的并购威胁,新日铁公司首先大幅度提高了对日本山阳制钢等几家中型企业的持股比例,然后与日本另外两家大型钢铁企业住友金属(属住友财团)和神户制钢(属三和财团)建立了“抗收购联盟”。一旦海外企业意欲收购,3家就会采取相互通气和共同防范的措施。

2006年11月,新日铁公司向同样感受到危机的韩国浦项制铁公司抛出了橄榄枝,新日铁公司社长三村明夫邀请浦项制铁公司社长李龟泽赴日本面谈,建议互相提高持股比例。同时加强业务合作,在高炉大修时互相提供半成品,以防各自产量下降。2007年10月22日,新日铁公司与浦项制铁公司达成协议,投资1.4亿美元在韩国组建一家合资公司——浦项新日铁钢RHF合资公司。

2011年3月,日本新日铁、JFE、双日商事(属三和财团)、独立行政法人石油天然气与金属矿产资源机构(JOGMEC)联合韩国浦项制铁、韩国国民年金公团共同收购巴西矿冶(CBMM)公司15%的股份,其中日方占10%,韩方占5%。巴西矿冶公司成立于1955年,是世界上最大的铌铁矿产品生产商,产量约占世界总产量的85%。

其实,除了与新日铁公司(三井财团的重要关联企业)的合作之外,浦项制铁公司与其他日本大财团的合作也很多。浦项制铁公司的主力产品汽车钢板最主要的客户之一就是三菱财团旗下的三菱汽车,同时三菱商事(三菱财团的综合商社)还拥有浦项制铁公司1.4%的股份。2011年9月,三菱商事携手三菱化学与浦项制铁公司合资在韩国国内成立电炉用电极材料生产销售公司,产品主要销往中国和印度。

不仅是新日铁公司与浦项制铁公司之间的合作,日本的许多钢铁企业也与韩国钢铁企业形成了普遍的同盟关系。日本第二大钢铁公司JFE和韩国第二大钢铁公司现代钢铁也结成了同盟。JFE向韩国现代钢铁和其姊妹公司现代海斯克钢公司提供产品,并持有后者12.98%的股权。日韩钢铁企业的结盟,一方面是为了应对国际巨头的恶意收购,另一方面则是为了更好地瓜分亚洲市场。

各执一词的技术纠纷案

2012年4月19日,新日铁公司向东京地方法院提起诉讼,要求法院根据《不正当竞争防止法》禁止韩国浦项制铁及其日本法人等公司生产销售高性能钢板，并赔偿1000亿日元。新日铁公司认为，浦项制铁公司等企业通过不正当手段，取得了被称为“单取向电磁钢板”的高性能钢板的生产技术，并投入使用。起诉的对象还包括前新日铁公司研发部门员工。

2012年10月25日，双方在东京地方法院举行了第一次口头辩论。新日铁公司认为，浦项制铁公司利用高薪挖走自己的老员工，并盗取钢板产品相关的最新技术，故要求禁止浦项制铁公司生产、销售相关产品。对此，韩国浦项制铁公司则表示：“没有盗用技术，反对新日铁公司提出的主张，表明将展开全面对决的姿态。”

新日铁公司在诉讼中指出，浦项制铁公司在1987年之后，通过该公司的日本法人，用高薪挖走当时新日铁公司的4名员工，并和这些员工设立的公司签署了技术供应合约，盗取新日铁公司的技术。新日铁公司认为：“浦项制铁这种有组织、有计划的不正当行为严重损害了新日铁公司在市场的竞争优势。”浦项制铁公司反驳称：“新日铁公司的主张毫无事实依据。”

诉讼涉及的产品是“单取向电磁钢板”的生产技术。据日本媒体介绍，新日铁公司先后花了40多年时间不断改良这项技术，并将之视为“营业秘密”。但是2007—2008年发生了一起案件，一名原属浦项制铁公司的研究员因涉嫌向中国钢铁企业泄露机密技术，被韩国警方逮捕，而这名韩国员工供称：“泄露的是新日铁公司的技术。”由此，浦项制铁公司盗取新日铁公司技术的情况被发觉。

当时，浦项制铁公司泄密案的一审判决中出现了原新日铁公司技术人员的名字，这也是此次新日铁公司向法院起诉的对象之一。从这名原新日铁公司员工住宅内查获的大量资料中，就有新日铁公司的内部文件及可以显示与浦项制铁公司关系的文件。事实上，早在1993年浦项制铁就开始生产与新日铁公司极为相似的取向电工钢了，虽然当时新日铁公司就怀疑浦项制铁公司盗窃了自己的生产技术，但是并没有证据。

随后，这起技术纠纷案一波三折。2012年7月，浦项制铁公司向韩国大邱地方法院提起诉讼，9月又向美国专利局提起诉讼；2013年4月则向韩国专利机构提起诉讼，要求对相关专利进行无效审判，而新日铁公司则向韩国法院提起反诉；2015年1月，韩国法院方面判定，不能将新日铁公司的3件取向电工钢板专利认定为专利。对于此次技术纠纷，日本新日铁公司与韩国浦项制铁公司也是各执一词。

2015年9月30日，新日铁公司宣布最终与韩国浦项制铁公司就技术盗窃案达成和解。和解条件为，浦项制铁公司会支付新日铁公司300亿日元的赔偿金以及相关的专利使用费。曾经引发关注的国际钢铁巨头间的技术纠纷案件时隔3年多终于尘埃落定，鉴于此前双方建立的长期战略合作伙伴关系，达成和解或许对双方来说都是个不错的选择。

事实上，对于此次新日铁公司和浦项制铁公司的和解，以日本新闻和韩国商业报为主的日本媒体和韩国媒体表现得一直都非常平静，显然是不想破坏日韩双方企业的合作氛围。此次技术纠纷案的和解其实也是新日铁公司和浦项制铁公司在全球钢铁危机时期加强合作的结果。“浦项制铁公司一直在寻求一个可解决的机制，以达到不破坏双方此前一直保持的良好关系的结果。”一位浦项制铁公司的高级官员表示。

2016 年 5 月 16 日，新日铁公司发布公告称，将出售早前所持有的韩国浦项制铁公司总股权 5.04% 中的 1.72%，即 150 万股，150 万股相当于 3110 亿韩元。对于出售浦项制铁公司股权的事宜，新日铁公司方面表示，是为了提高公司竞争力，扩张海外业务，缩减资产规模。当然，尽管出售了部分股权，但新日铁公司仍持有浦项制铁公司 3.32% 以上的股权，双方依旧保持着战略合作关系。

你所不知的韩国浦项商社

回到韩国浦项制铁公司正式投产的 1983 年，当时钢铁制造处于世界领先水平的日本援建财团隐隐感觉到，韩国很可能会成为自己未来潜在的竞争对手。于是，以新日铁公司为核心的日本钢铁企业不再参与和支持浦项制铁公司的光阳厂房建设。这也让韩国清醒地认识到科学技术对企业乃至一个国家举足轻重的作用。

1986 年 12 月 3 日，浦项制铁公司在韩国东南的一个沿海城市成立了浦项科技大学（也称浦项工科大学、浦项理工大学，POSTECH）。这也是韩国第一所研究导向型的大学，学校以“提供最好的教育，进行最尖端的科学研究，服务国家乃至全世界”为理念。据英国权威机构的排名，韩国浦项科技大学在全亚洲排在第 5 位，是目前韩国工科实力最强的大学。

正是依靠浦项科技大学的技术支撑，浦项制铁公司光阳厂分别于 1987 年、1988 年、1990 年和 1992 年完成了第一期、第二期、第三期和第四期工程建设，如今光阳厂年生产钢铁量达到 1200 万吨。浦项科技大学的成功让作为韩国工业经济发展先驱的浦项制铁公司意识到，不仅要经营钢铁产品，而且要开展财团式的多样化经营，才能真正提高竞争力。

2014年，由浦项制铁工程建设公司建设的韩国最高的摩天大厦东北亚贸易中心在韩国仁川松岛国际商业区竣工，该大楼高达305米，有68层，提供了不同空间的多元化组合

1994 年，浦项制铁工程建设公司（POSCO E&C）正式成立，形成了综合商社的雏形，其在炼钢、能源、土木、环境、城市开发、建筑等各个领域取得了令人瞩目的成果，2010 年还成功入选全球 40 强综合建设公司。浦项制铁工程建设公

司是全球知名的建筑公司,其代表项目除了位于浦项和光阳的钢铁厂外,还包括2013年12月竣工的柬埔寨首都金边 Vattanac Capital Tower,该项目总预算达1.8亿美元。

由浦项制铁工程建设公司建设的韩国最高的摩天大厦东北亚贸易中心(North East Asia Trade Tower)于2014年在韩国仁川松岛国际商业区竣工,总投资5000亿韩元。该大楼高达305米,有68层,提供了不同空间的多元化组合,包括办公室、酒店客房,甚至观景台。同时,东北亚贸易中心所在的松岛国际商业区距离仁川国际机场仅15分钟路程。

2010年,韩国浦项制铁公司以3.37万亿韩元(约合28亿美元)的价格收购大宇国际株式会社(Daewoo International Corp)(以下简称"大宇国际公司")的股份,用以拓展自身的销售网络和获取原材料。大宇国际公司原本是韩国大宇财团旗下的综合商社,由韩国商人金宇中创办的大宇财团曾经是韩国经济产业界的一艘巨型"航空母舰",20世纪90年代还成为仅次于现代财团的韩国第二大企业。

并购大宇国际公司后,浦项制铁公司拥有了自己真正的综合商社,迅速形成了每年400万吨以上的销售规模,并构建了稳定的供应链。公司由贸易、资源开发、国内外制造分销等3个分部构成。其中贸易部主要处理钢铁/金属材料、化工/燃油产品、机械/运输设备、农业/家畜产品等的进出口交易,以及建立海外工厂和基建设施等工程项目。资源开发部主要负责开发材料资源。

对于材料资源的开发,由于存在投资费用负担重、运营风险大等问题,浦项制铁公司选择直接涉足该领域,以降低风险。2010年6月,韩国浦项制铁收购中国稀土企业包头永新稀土公司,并更名为"浦项(包头)永新稀土有限公司",浦项(中国)投资有限公司董事长兼总经理郑吉洙为新公司的负责人。受中国稀土产品出口配额限制,外资稀土企业直接到中国投资,会相当敏感,但是通过钢铁公司,敏感性、轰动性就没有那么强。

2011年,浦项制铁公司与韩国国家退休基金(National Pension Service)共同建立了总价值为7.38亿美元的基金会,专门进行海外收购,并积极开展海外矿山项目投资。为了避免原料价格波动给企业带来损失,浦项制铁公司积极通过与当地企业联合开发这一更为稳妥的形式构筑稳定的原材料供应体系。如今,浦项制铁公司铁矿石自给率达到41%,炼焦煤自给率达到25%。

实际上,浦项制铁公司构建以钢铁产业为核心,以新材料、能源环保、信息技术、工程建设等相关产业为辅佐的多元化产业结构,正是韩国综合商社发展模式的典型样本。在2019年财富世界500强排行榜中,韩国浦项制铁公司以593亿美元的营业额位列第171,同时也被多次评为全球最具竞争力的钢铁企业。可以说,在韩国不仅有三星、现代、LG,还有同样实力不容小觑的浦项商社。

第四节 中日友好的激情岁月

炼铁高炉大10倍

1958年,日本政府开始实行通货紧缩政策,时任八幡制铁所常务董事的稻山嘉宽决定到中国寻找机会。同年3月,稻山嘉宽率团参加了日中钢铁协定的谈判,并提出了用日本钢材换取中国煤炭和铁矿石的易货贸易方式。谈判虽然很艰难,但是最终基本谈成,协定规定双方将在5年内进行相当于1亿英镑的钢铁易货贸易。

然而,就在协议准备签字的5月2日当天,因为在日本长崎举办的中国物产展览会会场上发生了意外事件,经过艰难谈判达成的日中钢铁协议被迫终止。此后的10年间,稻山嘉宽一直在努力促进中日两国的经济交流。1971年,已经出任新日铁公司董事长的稻山嘉宽敏锐地意识到了中美关系即将发生转变,同年7月,新日铁公司宣布退出"日本台湾合作策进会"。

1972年,中日实现邦交正常化后,新日铁公司由于此前在对待中国台湾问题上的坚定立场,赢得了中国政府的好感。不久,稻山嘉宽也接到了周恩来总理的邀请,希望能来中国面谈。1972年8月,周恩来总理在北京接见了以稻山嘉宽为团长的日本经济贸易代表团。会谈除了讨论日本从中国进口原油外,新日铁公司还决定为武汉钢铁厂提供协助,承诺建设钢板生产线。

随后,稻山嘉宽率领新日铁公司通过技术转移,协助武汉钢铁厂进行现代化改造。在新日铁公司的帮助下,武汉钢铁厂很快成为中国当时最现代的钢铁厂。尽管许多日本雇员对于技术转移颇有微词,但稻山嘉宽坦陈,他非常高兴能有机会参与到中国钢铁工厂的现代化改造中。稻山嘉宽提到20世纪初日本钢铁厂的铁矿石主要来自武汉,因此他非常高兴能够以这种方式回报这座城市。

稻山嘉宽是日本知名企业家,出生于东京银座,1927年毕业于东京帝国大学(现东京大学)经济学部,第二年便进入八幡制铁所工作。事实上,当时日本的八幡制铁所历次扩建所需的铁矿石和生铁原料都是从中国武汉的汉冶萍公司进口的,出面进行铁矿石和生铁贸易的正是日本三井物产。不仅如此,三井物产还插手了武汉的汉冶萍公司铁厂的建设工作。

1977年9月,中国冶金部副部长叶志强率领中国冶金考察团访问日本。稻山嘉宽再次敏锐地感觉到新日铁的机会来了,于是他用最短的时间制作了一份电影拷贝。在电影里,钢厂烟囱没有浓烟滚滚,厂房宽敞明亮,工作现场一尘不染;厂区几乎看不到人影，只有少数几个人坐在计算机屏幕前指挥着生产；炼铁的高炉比中国的大10倍，炼钢的转炉比中国的大10倍……

一个月后，这部影片被叶志强转交给了时任国务院副总理的李先念同志和部分中央领导，时任中国国家计委主任的陈锦华和上海市政府的官员也都看过这部影片。11月，稻山嘉宽以中日长期贸易委员会委员长的身份来到北京，李先念副总理会见了他。双方明确表示了技术合作的意向，计划在中国的沿海地区建设一座现代化的钢铁厂。

刚刚度过特殊时期的中国百废待兴，急需先进技术建设钢铁厂，恢复生产发展国家工业。与此同时，自1973年开始经历了两次石油危机，日本开始重视工业节能减耗，这对工业原材料和运输企业的打击是巨大的。面对欧美的钢铁贸易壁垒，以及韩国的紧追不舍，日本也需要中国的原油发展经济，这就是中国和日本能源换技术的基础。

于是，在新日铁公司总经理稻山嘉宽回到日本仅仅10天后，新日铁公司常务董事大柿谅便来到了北京，开始了工作层面的推进工作。1977年12月28日，国务院召集有关部委负责人在中南海开会，专题研究现代化的钢铁厂（上海宝山钢铁厂）的建设问题。宝钢工程是改革开放中最重要的、最具代表性的大工程之一，可以说是寄托了重整中国经济的巨大期待。

1978年2月16日，中国中日长期贸易协议委员会主任刘希文和日本日中长期贸易协议委员会委员长稻山嘉宽代表中日双方政府在《中日长期贸易协定》上签字。这是中国向日本出口原油和煤炭，日本向中国出口技术、成套设备和建设器材的长期贸易协议。实际上，新日铁公司总经理稻山嘉宽多年来一直倡导“考虑以石油为基础开展与中国的长期易货贸易”的构想。

助建现代化钢铁厂

1978年10月，邓小平同志踏上日本国土，成为首位访问日本的中国国家领导人。访日期间，邓小平先后参观了日本新日铁、松下、日产汽车等公司。时任新日铁公司总经理的稻山嘉宽就是邓小平在日本主要的商业接待者，他陪同邓小平参观了当时世界上最先进的新日铁君津钢铁厂。

在参观过位于千叶县君津市的君津钢铁厂后，中方希望在中国建设同等规模的现代化钢铁厂，从而提高中国钢铁厂的经营管理水平。对此，稻山嘉宽表示“将尽全力提供协助”。随后，稻山嘉宽根据当时中国政府的提议和要求，带领上千所日本公司参与了一个庞大的工程——中国第一个现代化钢铁厂“宝山钢铁总厂”的建设。

1978年11月21日，中技公司和新日铁公司在上海锦江饭店举行《关于订购上海宝山钢铁总厂成套设备的总协议书》签字仪式。1978年12月23日，上海宝山钢铁厂举行开工典礼。这是新中国成立以来最大的一个建设项目，总投资达300亿元人民币，额度甚至超过了当时中国全年财政收入800亿元人民币的1/3。就这样，上海宝山钢铁厂的建设正式启动。

此时的三井物产与我国台湾地区的企业有着大量的贸易往来，在上海宝钢的建设初期并没有看到它的身影。而三井财团的骨干企业东芝公司、三井造船和石川岛播磨重工积极与新日铁公司开展合作，成为上海宝钢的重要设备供应商。三井造船负责高炉送风，石川岛播磨重工则负责港埠、栈桥的工事。

实际上，同样是在1978年，有一家名为“朝阳贸易株式会社”的日本企业与中技公司、新日铁、三一企业一同签订了《上海宝山钢铁总厂第二号技术协作合同》。而打开朝阳贸易株式会社的官方中文网站，在“朝阳贸易的追求方向”一栏中，可以发现这样一段陈述：“时刻以作为三井物产集团的一员而骄傲和自律、健全以行之有效的内部管理为基础的公司体制。”

当然，除了参与主体建设的三井财团新日铁公司外，参与上海宝钢工事建设的其他日本财团公司还有好多家。日立造船（属三和财团）提供了钢铁烧结设备，空分设备由神户制钢提供，运输系统由日本车辆会社负责，石灰、动力、整备则由三菱重工负责。日方提供的各类基建施工与设备安装相关图纸光重量就达322吨，成套设备重达36万吨。

自上海宝钢工程开工后，包括相关企业在内，先后有数千名日本技术人员被派遣到宝钢总厂，和5万名中国工人并肩工作。新日铁公司总经理稻山嘉宽嘱咐驻华的日本员工：“要以建设自家钢厂一样的态度，全厂上下同心协力帮助中国。”实际上，上海宝钢的建设对于中日两国是一次双赢的合作，帮助中国建设现代化钢铁企业的同时，也有效缓解了当时日美钢铁贸易摩擦给日本带来的冲击。

1981年初，建设中的上海宝钢突然收到了“所有工程建设终止”的通知。其实，上海宝钢的停工也是无奈之举，因为当时中国出现了严重的通货膨胀和财政赤字，耗资巨大的宝钢引起了民众的不满。于是，稻山嘉宽便决心做中日之间的黏合剂。他积极向中国提供帮助并建言献策，除了日本政府外，还从日本财团的金融机构融资了3000亿日元用于支持宝山项目。

随后不久，在中日双方不懈努力下，宝山钢铁项目得以顺利复工。从1984年3月开始，中方向新日铁公司等企业陆续派遣3200余名留学工人，学习生产技术。其实，这些工人也不全是宝钢员工，机械工业部还从鞍钢、武钢、包钢等全国大型钢厂抽调了骨干。同时，新日铁公司又从大分、君津、八幡三大钢厂陆续抽调1320名技术骨干前往上海现场指导，一直到1985年9月一号高炉正式点火。

此后，以帮助上海宝钢融资为契机，两国建立了中日经济知识交流会，通过交流会，中日双方共同想办法解决现实问题。1981年5月6日至16日，中日经济知识交流会第一次会议在日本神奈川县箱根举行。作为重要的中日定期对话机制，交流会每年轮流在两国举办，重点讨论双方共同关心的宏观经济形势和中日经贸合作问题，到 2019 年已经举办了 39 届。

助力宝钢快速成长

1992 年，三井物产与上海宝钢签署了综合合作协议，建立定期干部交流机制，双方定期举行干部交流和各项专题业务交流。同时，双方还互派骨干员工赴对方公司进行培训。为了巩固和深化三井财团与宝钢的合作关系，三井物产一直在进行十分细致的协调工作，在总经理会议、干部互派、情报共享等方面与宝钢建立了牢固的联系。

在新日铁公司和三井物产为上海宝钢提供技术、物流服务和人才培训的同时，三井财团开始帮助宝钢进行新的产业扩张。1993 年，宝钢以 9000 万日元建立了自己的日本子公司宝和通商，主营宝钢所需的钢铁生产设备、零部件，以及钢铁产品的出口。除此之外，宝和通商还涉足集装箱贸易、港口投资等多个领域。在日本，宝和通商是中国主要集装箱生产商的代理商。

当然，想要在铁板一块的日本市场打开缺口，没有三井等日本大财团的默许，根本是不可能的。20 世纪 90 年代，在其他大型国有企业还没有摆脱计划经济体制的局限时，上海宝钢已经表现出领军企业的气质，这与三井财团的全力支持分不开。一方面，三井物产帮助宝钢建立自己的商贸企业；另一方面，三井物产与宝钢集团一道进行资本运作，以合资方式借助宝钢切入中国产业链的各个环节。

1994 年 4 月 20 日，日本三井物产、中国宝钢集团、中国宝山区月浦镇工业公司以及意大利塞柯成套咨询工程公司合资兴建了“上海意达彩涂钢材制品有限公司”，该公司总投资 952 万美元，是当时国内最大的专业生产彩涂钢材制品的中外合资企业。其中，宝钢集团投资额 57%，全套引进意大利 90 年代设计制造的全液压自动控制的彩板门窗型材轧制生产线、钢制家具生产线等设备。

在与宝钢集团合作的同时，三井物产还不忘带领更多日本企业一起进入中国市场。1994 年 12 月，三井物产、新日铁、伊藤忠、丸红钢铁、香港北海集团、广州经济技术开发区工业发展集团、广州啤酒厂合资兴建了“广州太平洋马口铁有限公司”。该公司投资总额为 1.08 亿美元，注册资金为 3600 万美元，年产能力为 16 万吨高质马口铁，产品主要用于饮料罐、化工罐、食品罐等容器包装。

中国钢铁市场经济化专门讲座——宝钢钢铁生产知识研修班，中间为时任三井物产上海总经理的星屋秀幸。其间，他一直忙于与上海宝钢集团和汽车制造商上海通用之间的商业往来

1995 年 1 月，三井物产、新日铁公司、宝钢集团、南通市投资管理中心合资 13.85 亿元人民币，建立了“南通宝钢新日制钢有限公司”，各方分别占有 5.0%、20.0%、67.5% 和 7.5%

的股份。产品主要销往上海、江苏、浙江等地，广泛用于国家重点标志性工程，如上海交银、中银大厦、APEC 会议中心主会场、上海东海大桥、浙江舟山大桥、苏通大桥、上海地铁 6 号线等。

1995 年到 2003 年的 8 年时间，是上海经济快速发展的时期。据时任三井物产上海总经理的星屋秀幸回忆，作为三井物产上海的负责人，他一直忙于与上海宝钢集团和汽车制造商上海通用之间的商业往来。与此同时，星屋秀幸还积极参与上海日本商工俱乐部和上海日本人学校举办的各种活动，并于 1999 年获得上海白玉兰纪念奖，2003 年获得白玉兰荣誉奖。

上海宝钢不仅在硬件上与新日铁公司合作，在软件上也不例外。1998 年 11 月，宝山钢铁公司联合重组上海冶金控股公司和上海梅山公司，成立宝钢集团有限公司。时任上海宝钢集团公司总经理谢企华在重组后为实现统一规划、统一经营、统一管理，花费 8900 万美元引进新日铁公司的管理软件。上海宝钢对外宣传称，自己将新日铁公司的管理经验与中国国情相结合，创新出了“集中一贯管理”模式。

2005 年，新日铁公司、上海宝钢和阿赛洛共同建成了“宝钢新日铁汽车板有限公司”，投资总额为 65 亿元人民币，其中上海宝钢出资 50%，新日铁公司出资 38%，但主要生产设备及核心技术均来自新日铁公司。同时，上海宝钢到 2009 年 6 月的保证借款也都是由三井物产提供的保函作为担保的。实际上，上海宝钢从“出生”的那天起，对三井技术、人才和物流的依赖就已盘根错节、深入骨髓。

到 2007 年，三井物产与上海宝钢集团在中国国内共经营 7 个钢铁加工基地。虽然因为政策限制，上海宝钢享有合资公司的控股权，但三井物产的势力却不局限于此。以无锡宝井钢材加工配送有限公司（以下简称“无锡宝井”）为例，上海宝钢集团的投资比例是 51%，但董事长由三井物产委派。与此同时，无锡宝井还需要从新日铁公司进口原材料，并引进日本先进的加工设备。

不仅是合资公司，宝钢集团在海运物流环节也有着三井血统。2004 年 3 月，上海宝钢集团公司与日本商船三井公司签订采用 30 万吨级大型矿船承运宝钢巴西进口矿产品 20 年的长期运输协议，此后商船三井每年至少为上海宝钢承运 1000 万吨以上的铁矿石。钢铁生产企业与一家外国船公司签订如此长期的运输协议，在世界航运市场上也是非常罕见的。

铁矿石价格的高明玩家

2005 年 2 月 22 日，日本新日铁公司与巴西淡水河谷公司就 2005 年铁矿石采购价格达成协议，同比上涨幅度达到 71.5%。对此，上海宝钢集团等中国企业反应强烈，认为“这个涨幅超出了钢铁业能承受的范围”。因为如果参照当年的进口量，2005 年中国进口铁矿石成本会上升 260 亿元人民币左右，占 2004 年中国全国钢铁行业总利润的30%~35%。

可是最终,由于在铁矿石价格上没有主导权,中国上海宝钢集团于2005年2月28日下午在其网站上发布信息,宣布其与巴西淡水河谷公司和澳大利亚力拓公司这两家世界上最主要的铁矿石生产商已就年度矿价达成了最后协议,价格涨幅为71.5%,这与此前新日铁公司率先"锁定"的价格涨幅完全一致。也就是说,参与谈判的中国上海宝钢集团不得不接受了铁矿石涨价超七成的结果。

事实上,早在2003年中国就已经取代日本成为世界最大的铁矿石进口国,作为世界上最大的铁矿石进口国和钢铁生产国,中国却在每年的价格谈判中处处被动。2005年,全球6.6亿吨海运铁矿石贸易的68.2%流向亚洲,其中中国钢铁企业进口铁矿石达2.75亿吨,占全球铁矿石海运贸易量的43%左右。然而,蹊跷的是,伴随着中国需求的暴增的却是国际铁矿石价格的暴涨。

2007年9月5日,作为国际海运价格指标的波罗的海散货指数(BDI)达到了8090点,创历史新高,但在2003年底以前,BDI还没有突破过2400点。显然,和铁矿石价格一同上涨的还有海运价格。9月5日当天的巴西、澳大利亚至中国平均铁矿石海运费也创下历史新高。澳大利亚西澳港至北仑、宝山港平均海运费为26.123美元,比2006年上涨了120.01%。

然而,与中国钢铁企业对于海运价格上涨引起的恐慌相比,日本钢铁企业却很平静。日本钢铁企业多数与航运公司签订了长期协议,能够拿到更便宜的价格。不仅如此,海运费的大幅提升还为三井财团的商船三井带来了巨额利润,为其扩充规模奠定了坚实的基础。这种相互依存、共同进退的关系源自日本钢铁企业和海运企业,甚至是矿山企业都已经早早形成了交叉持股的利益共同体。

3年以后,同样的一幕再次上演。2008年2月18日,巴西淡水河谷公司在其官方网站上公布了与日本新日铁公司、韩国浦项制铁公司达成的2008年度铁矿石基准价,巴西图巴朗粉矿、南部粉矿上涨65%,高品位的卡拉加斯粉矿则上涨71%。22日,中国上海宝钢集团与巴西淡水河谷公司正式达成一致,接受2008年铁矿石价格上涨65%,中国上海宝钢称"铁矿石涨价65%基本合理"。

与中国钢铁企业高价买铁矿石不同,几乎100%依赖进口铁矿的日本在数次涨价中"旱涝保收",几乎毫发无伤,甚至成为铁矿石涨价的受益者。这是因为在铁矿石的主要产地巴西、澳大利亚、加拿大、智利乃至印度,日本财团直接或间接拥有大量当地铁矿石企业的权益。正如前面提到的,巴西的铁矿石企业与三井物产和新日铁公司有着非同一般的关系。

自20世纪70年代初,三井物产就开始投资巴西第二大铁矿石生产企业MBR公司。随后三井物产携手新日铁公司又先后与巴西资源(CMM)公司、巴西淡水河谷公司达成战略合作。巴西共有22处铁矿石矿藏,仅巴西资源公司和巴西淡水河谷公司就拥有其中18家的开采权,也就是说,三井财团通过参股巴西两个最大的铁矿企业，接近垄断了巴西的铁矿石资源。

不仅如此，三井物产还在巴西、澳大利亚、印度以及智利等国家设立了三井贸易有限公司，连同其他分布在世界各地的12个相关联公司，已然构建起了一个钢铁原材料的全球交易网络。实际上，正是因为三井物产对上游原材料资源的强力控制，新日铁和上海宝钢这样的制造业企业才会被纳入三井财团这个“利益共同体”中，协同合作，不断发展壮大。

第五节 不一样的海外战略

变换马甲，布局澳大利亚

早在1960年，澳大利亚铁矿石出口正式启动，第一船货就是供给日本。澳大利亚独占一块大陆，使得澳大利亚具有极强的资源禀赋，拥有70余种的矿产资源，被誉为“坐在矿车里的国家”。铁矿石是澳大利亚重要的出口矿产资源，总储量超过153亿吨。澳大利亚的铁矿石不仅储量大，而且品位高，品质很好。

1965年，日本三井物产（三井财团的综合商社）开始投资澳大利亚的罗布河（Robe River）铁矿山；1967年，继续投资澳大利亚的纽曼（Newman）铁矿山。此后，日本介入澳大利亚铁矿业的步伐进入快车道，一直到1974年，10年中每年都保持数倍增幅。多年来，到澳大利亚谈判的日本企业就是三井物产、三菱商事、伊藤忠商事等几家综合商社。

事实上，日本三井物产之所以能够在澳大利亚投资经营铁矿山很多年，是因为与“两拓”（英国力拓公司、澳大利亚必和必拓公司）关系密切。位于西澳大利亚纽曼西北112千米处的西安吉拉斯（West Angelas）矿山和潘那沃尼加（Pannawonica）的几处铁矿山资源都由英国力拓公司、日本三井物产、日本新日铁公司、日本住友金属工业公司共同拥有和开采。

同时，日本三井物产还和澳大利亚必和必拓公司、日本伊藤忠商事共同拥有距离Port Hedland以南353千米的MAC铁矿和距离纽曼以东15千米的BHP－OB23/25铁矿；在纽曼西北90千米处的BHP－Yandi铁矿、Port Hedland以东175千米处的Goldsworthy铁矿，以及位于纽曼山的威尔巴克矿山（Mount Whaleback），也由澳大利亚必和必拓、日本三井物产以及澳大利亚CI矿产有限责任公司3家公司共同开发。

当然，日本的海外资源战略践行者从来都不会只是一个三井物产。2007年6月18日，日本三菱商事决定与澳大利亚默奇森公司在西澳大利亚州共同开展有史以来最大规模的铁矿石开发项目,各自控股50%的合资公司于2007年9月成立,双方出资逾30亿澳元,开发铁矿、建设铁路和海港。默奇森公司位于西澳大利亚州中西部地区,是当地新兴的铁矿生产商。

2008年初,日本三菱商事和澳大利亚默奇森公司签订协议,收购其50%的铁矿石资产,包括澳大利亚默奇森公司在西澳大利亚州的主体项目JackHill铁矿。澳大利亚默奇森主要拥有Crosslands资源有限公司50%的股权,后者是JackHill铁矿项目拥有者,JackHill于2006年投产,年产量近100万吨,其远景规划是将产能扩大到每年2500万吨。两家公司还将联合收购该区域内的其他铁矿石开发项目。

2009年6月,西澳大利亚州政府发展部投资服务局资深经理比尔·普莱斯顿对中国媒体表示:"澳大利亚和日本已经完成磨合,目前是一种唇齿相依的关系,我们合作中的不确定性很小,都知道下一步将会发生什么。但我们和中国,还在学习期。"日本的综合商社并不追求控股,持股一般在10%以下,主要不为分享股东红利而是把资金重点投入到基础设施上,进而控制和分享这一部分的权益。

据统计,在澳大利亚的24个主要铁矿中,日本企业就重点投资8家并参股了16家,日本人对全球铁矿山的"重金押注"可见一斑。以英国力拓公司的澳大利亚罗布河矿山为例,力拓公司、三井物产、新日铁公司和住友金属工业公司分别占了53.0%、33.0%、10.5%和3.5%的权益。在2010年的该矿铁矿石中,中国钢企买走大约1/2(按照长协矿价),日本钢企拿走1/4(这部分权益矿并不涨价)。

日本获取海外铁矿石的主体是日本财团和大型钢企。日本六大财团(三井、三菱、住友、富士、三和、第一劝银)与三大钢企(新日铁、JFE、神户制钢)之间通过相互持股、人事互派、系列贷款等纽带,成为利益结合体。在稳定澳大利亚和巴西后,日本继续扩展海外铁矿石资源多元化策略。

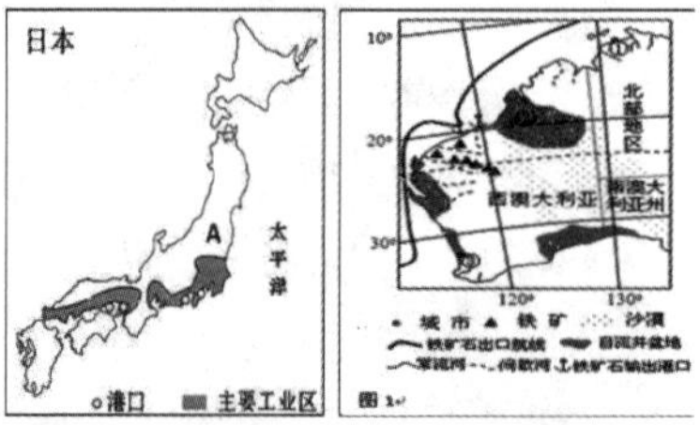

在澳大利亚的24个主要铁矿中,日本企业就重点投资8家并参股了16家,日本人对全球铁矿山的"重金押注"可见一斑

一直以来,日本都是世界钢铁生产和消费大国之一,其铁矿石全部依赖进口。和中国一样,日本炼钢所需的高品位铁矿石的每年进口量都数以亿吨计。日本每年铁矿石进口量大约为1.4亿吨,其中来自澳大利亚的占60%,来自巴西的占20%。然而,和中国不一样的是,日本钢铁企业从来不会为国际铁矿山的涨跌而苦恼,甚至摇身一变成为全球铁矿石市场的卖方角色。

日本将在澳大利亚和巴西的成功模式复制到其他国家。对于澳大利亚、巴西等成熟的铁矿石供应国,日本以购买矿和股本矿为主。对于南非、利比里亚等新兴且进入门槛较低的铁矿石供应国,日本多倾向于勘查矿。对于俄罗斯、乌克兰、印度等进入门槛较高的铁矿石供应国,日本则以购买矿为主、股本矿为辅。精明的日本财团未雨绸缪，积极地在全球“布局”矿业资源。

中铝入股力拓遭毁约

伴随着国际铁矿石市场价格的一轮又一轮飙升，中国钢铁企业在不断承受着成本剧增和利润挤压的残酷煎熬，特别是在国内铁矿石供给短缺且增量有限的市场环境中，无数企业陷入了被国外铁矿石供应商凶残绑架并可能窒息而死的窘境。在这种大背景下，许多中国企业开始学习“日本模式”，走上了在全球搜寻和围猎铁矿石资源的投资之路。

2007 年 11 月 8 日，澳大利亚必和必拓公司提出以该公司 3∶1 的比例和英国力拓公司进行换股。2008 年 2 月，中国中铝集团携手美国铝业公司以闪电速度，在市场高峰期用每股近 59 英镑的价格斥资 140.5 亿美元（美铝 12.0 亿美元，中铝 128.5 亿美元）合作收购英国力拓公司 12% 的普通股股份，并持有力拓集团 9.3% 的股份成为其单一最大股东。

英国力拓公司成立于 1873 年，公司总部在英国，是全球第三大多元化矿产资源公司，全球前三大铁矿石生产商之一。除了铁矿石之外，英国力拓公司还涉及铜、铝、能源、钻石、黄金、工业矿物等业务。1962—1997 年，英国力拓公司兼并了全球数家有影响力的矿业公司，并于 2000 年收购了澳大利亚北方矿业公司，成为在勘探、开采和加工矿产资源方面的全球佼佼者。

2009 年初，在“金融海啸”肆虐之际，英国力拓公司迫于 387 亿美元债务压力，希望继续向中国中铝集团寻求资金支持。此后，英国力拓公司高层开始与中国中铝高层频频会面，谈论的重点就是“注资”这个话题。但是，实际上这时候的中国中铝集团并没有下定决心注资，一方面，受金融危机影响，原材料商品价格大跌；另一方面，中国中铝当时所持有的英国力拓公司股份市值已缩水约 73 亿美元，跌到了 68 亿美元。

2009 年 2 月 9 日，《澳洲金融报》（*Australian Financial Review*）报道，英国力拓公司为了削减债务，正在与日本三井物产就出售力拓资产进行洽谈。知情人士透露，英国力拓公司在考虑将部分核心资产出售给日本三井物产的可能性，这笔交易可能为英国力拓公司带来约 50 亿美元的收入。这似乎表明力拓集团寻找的合作注资对象并不仅限于中铝集团一家。

此后不久，中铝集团便开启了与力拓公司的注资谈判。2009 年 5 月，中铝集团就与力拓公司签署战略合作协议，中铝将向力拓注资 195 亿美元，其中 123 亿美元将用于参股力拓公司的铁矿石、铜、铝资产，72 亿美元用于认购力拓公司发行的可转换债权，如果交易完成，中铝将持有力拓 18% 的股份，并将向力拓董事会派出两名董事。

在此期间，收购案陆续通过了澳大利亚竞争和消费者委员会、德国政府、美国外国投资委员会等权威部门的认可,中国中铝集团同时也获得了国内4家银行提供的210亿美元贷款。事实上,一旦注资交易完成,对于中国中铝集团无异于捡了一个大便宜。因为受金融危机的影响,国际大宗商品的价格已经基本见底,这时候参股力拓公司优质的矿产资源,显然是物有所值的。

然而,随着市场形势的好转,力拓公司财政也逐渐好转。2009年6月4日,中铝集团的百亿收购案被力拓董事会单方面否决,力拓公司宣布撤销中铝第二次注资的协议,这就宣告原本将成为迄今为止中国最大规模海外矿产资源投资交易彻底失败。与此同时,力拓还宣布会和必和必拓共同组建合资公司,经营在西澳大利亚州的铁矿石业务。

中铝收购力拓最终无奈宣布流产,其中至关重要的一点就是低至1%的违约金:因为按照此前双方签署的协议规定,力拓集团只需向中铝集团支付1.95亿美元的毁约费就可以了。也就是说,在享受了4个多月以来中铝集团注资带来的股价大涨和连带效应后,力拓仅以不到2亿美元的代价就轻松离场。中铝不仅帮助力拓集团解除了经济危机,还促使其股价上升并与必和必拓再次达成合作。

业内分析,力拓公司如果有诚意的话根本不会在协议中特别注意违约金,并且将其压低至1%。"对方这么明显的意图,缺乏经验的中铝集团没有注意到就算了,但是有丰富国际经验的投行也没有注意到就显得有些意外了,毕竟双方的财务顾问同样都是国际上知名的投行。"实际上,此次注资案中中铝集团的财务顾问是大名鼎鼎的美国摩根大通公司。

事实上,早在中国中铝最初宣布聘用财务顾问时,业界就曾出现一波争议,因为在担任中国中铝集团顾问的同时,美国摩根大通公司也与瑞士信贷一起担任力拓集团的联合经纪商,同一家投行担任交易双方的财务顾问,无论是对力拓还是对中铝,影响都是显而易见的。而在这笔跨国并购案宣告流产后,曾担任中国中铝集团财务顾问的美国摩根大通就又急速转型成了力拓配股项目的主承销商。

上海宝钢遵循的行动逻辑

中国有句俗语叫"画虎画皮难画骨",中国企业在学习日本海外资源战略时,往往只在意关注日本表面上拥有了多少矿山资源,而忽视了其核心的综合商社模式。在海外资源拓展领域,日本财团商社、钢铁企业和政府专门机构早已在利益共享的基础上通过相互持股、深度协调、定期对话形成了一种各司其职、各尽其责、密切配合的合作机制。

无论在巴西、澳大利亚抑或是中国等任何一个国家,不管涉足哪一个产业,作为三井财团的综合商社,三井物产几乎都遵循着同样一套"行动逻辑"。通过子公司或者少量参股相关企业的形式,以产业资本和商业资本结合的高效形式渗透到产业的上下游链条中,通过强大的贸易能力和物流网络建设能力,使上下游资源流动起来，从中获取高额的交易利润并抢占商业机会的“制高点”。

以日本为师成长起来的上海宝钢集团也有着属于自己的专业商社。作为亚洲金融与大宗商品交易中心，以及具有辐射东南亚及南亚地区独特的地理优势，新加坡已成为诸多钢铁巨头的“兵家必争之地”。在这样一个贸易发达的国度里，一家来自中国钢铁企业的下属海外子公司取得了成功，它就是“宝钢新加坡贸易有限公司”（以下简称“宝新公司”）。

成立于 1997 年 2 月的宝新公司可谓生不逢时，成立不到半年时间亚洲金融危机突然爆发，东南亚地区对钢铁产品的需求急剧下降。与此同时，东南亚钢材市场“水很深”，这里是日本、韩国钢铁企业的传统市场，这些企业在这一地区建有相当规模的钢材厂，为当地的日资和韩资的家电、汽车制造等下游企业配套，在泰国的 20 家剪切中心中就有 13 家是日资企业。

面对这样的市场格局和竞争态势，作为一个后来者，宝新公司做出了低调入市的决策，以贸易起家，把自己定位为市场的参与者和补充者。宝新公司将东南亚市场和南亚市场细分为传统市场、新兴市场、潜力市场 3 个部分，分别采取不同对策进行开拓，10 多年的时间里将业务面覆盖到东盟十国和南亚的印度、巴基斯坦，还在泰国、越南和印度设立了贸易代表处。

宝新公司的财务经理聂志权在接受记者采访时就表示：“宝新公司成立之初，目的就是把上海宝钢的产品拿到世界，一方面，可以了解日韩竞争对手，如日本新日铁、韩国浦项制铁有什么最新的进展；另一方面，积极搜集境外客户需求信息的一手材料，形成我们自己的营销渠道，保证我们在钢铁行业的领先地位。”

聂志权还表示：“很多中国钢企只是处于纯粹的贸易阶段，简单把钢铁产品卖出，还有一些中国钢企只是把新加坡包括东盟其他国家，作为原材料采集地。一个是贸易商，一个是采购商，这两种方式都比较原始。要想和当地政府建立良好关系，不能只是一个贸易商，而是要进行更多层面的合作并提供一些增值服务，才能真正融入当地，与当地政府和企业建立更紧密的联系。”

2011 年以来，世界经济受到全球性通胀、欧洲债务危机等因素影响回升乏力，国际钢铁市场需求低迷、竞争激烈，地区性贸易保护措施频出。宝新公司积极采取应对措施，克服了区域市场受到的自然灾害、需求萎缩、贸易保护等因素的影响，业绩强势增长，贸易量和贸易额年均增长率都保持在 30% 以上，还获得了新加坡“发展最快的 50 家企业”称号。

近年来，宝新公司改变了贸易公司买卖产品的简单模式，以贸易带动投资，布局宝钢在东南亚和南亚大区的钢铁及多元产业投资。在合资建厂和投资当地企业方面，除了更多雇用当地人之外，宝新公司还把宝钢特有的管理方式、技术带过去，利用当地原材料，合理规避贸易壁垒，更好地服务了当地的企业和客户，从而提升自身竞争力，为谋取未来长远发展打下良好的基础。

宝钢与武钢合并，三井跟进

2013 年 7 月，美国媒体称，横跨纽约海港的韦拉札诺海峡大桥正在用中国制造的钢材进行维修。加利福尼亚州的一家承包商将桥面钢板的制造合同转包给了中国中铁山桥集团有限公司。中国中铁山桥集团有限公司使用了 15000 吨来自中国鞍山钢铁集团公司制造的钢板，用以取代这座双层大桥的上层混凝土桥面。这引发了美国钢铁行业的强烈不满。

对此，美国钢铁协会发表声明称，“这是最近 10 年里最大的危机，50 万人的工作将面临危险”。美国最大电炉炼钢企业纽柯钢铁则在公司的官网刊登了这样的警告：“威胁是现实存在的，中国钢铁产品正涌入美国，现在是加以阻止的时候。”事实上，美国的钢材得到关税及横跨太平洋和大西洋的运输费保护，与中国鞍钢提供的钢材相比，每吨价格在通常情况下也高出 150 美元左右。

位于辽宁省鞍山市的鞍钢集团被喻为“中国钢铁工业的摇篮”，鞍山地区已探明的铁矿石储量约占全国的 1/4。鞍钢集团的前身是日伪时期的鞍山制铁所和昭和制钢所。1918 年 5 月 15 日，鞍山制铁所成立，由日本八幡制铁所工程师八田郁太郎任所长。到 1941 年，其钢铁生产能力占日本总生产能力的 28.4%，规模仅次于九州的八幡制铁所。

2016 年 5 月 26 日，美国国际贸易委员会宣布对中国输美碳钢与合金钢产品发起“337 调查”，调查共涉及宝钢、武钢、首钢等中国钢铁企业及其美国分公司共计 40 家企业。美国钢铁公司指控上述企业在美国密谋修改产品价格并控制产量和出口量，违反了《美国 1930 年关税法》第 337 条款，要求启动“337 调查”，发布永久排除令、有限排除令和禁止令。

2016年5月26日，美国国际贸易委员会宣布对中国输美碳钢与合金钢产品发起“337调查”

这是美国首次对中国钢铁产品发起“337 调查”。根据该调查程序，美方一旦裁定企业有违规行为，相关产品或被永久禁止进入美国市场。对此，涉案中国企业严阵以待。事实上，这一时期的中国钢铁企业外有强敌封锁，内部也并不平稳。中国钢铁行业集中度低，产业布局分散，产能分散；产能过剩导致亏损严重的企业一度停产，成为“僵尸企业”；钢铁企业融资难、历史包袱重、富余人员分流安置面临压力等问题都尚未解决。

2016 年 9 月，为应对“内忧外患”，曾经在新日铁公司全面协助下建设起来的武汉和宝山两家钢铁企业决定实行合并重组。合并方案的核心内容是：宝钢将扮演整合者的角色，吸收合并武钢，武钢整体并入宝钢。新成立的集团拟命名为“宝武钢铁集团”，原武钢集团成为新集团的子公司，拟更名为“武钢新产业发展公司”。

合并重组后,新的中国宝武钢铁集团总资产超过7000亿元人民币,年产能达到6000万吨,规模仅次于全球第一大钢企安赛乐米塔尔。两家大型钢铁企业的重组还能发挥湛江港和防城港的协同优势,湛江港、防城港是宝钢和武钢在华南地区的重要布局。此外,宝钢在物流配送方面做得比较好,因此,未来二者在物流、加工、配送方面也会优势互补,降低物流成本。

2017年5月,中国宝武集团旗下的钢铁服务平台“欧冶云商”实施首轮股权开放和员工持股,增资10.5亿元人民币,共引入了三井物产株式会社、北京首钢基金有限公司、本钢集团有限公司、江苏沙钢集团有限公司、普洛斯投资(上海)有限公司和北京建信股权投资基金(有限合伙)等6家战略投资者。在首轮融资和开展员工持股后,欧冶云商第一年的整体财务绩效就提升了50%。

2017年11月4日,中国宝武—新日铁友好合作40周年纪念活动在上海宝钢股份厂区1号高炉纪念广场举行。日本三井财团的新日铁株式会社社长进藤孝生表示,新日铁将继续珍惜与中国宝武40年来的信赖关系,构建比过去更加“紧密和成熟的关系”,力争进一步提高现有合资公司的盈利能力以及竞争力。通过密切交流,双方一起抓住共同发展的机会,实现双赢。

2019年11月18日,中国宝武与日本三井物产举行2019年度干部交流会,中国宝武董事长陈德荣、日本三井物产社长安永龙夫等出席。双方均表示,中国宝武的业务组合与三井物产的六大业务领域有诸多的交叉点和合作领域。未来,双方的合作可以从钢材加工服务向提供综合材料解决方案延伸,从传统贸易向贸易物流平台转变,从中国市场向亚洲新兴市场以及全球市场辐射,从钢铁领域向新材料、金属资源领域延伸,探索共同在第三方市场开展事业投资。

参考文献及来源:

1. 陈湘球. 国际能源通道恩仇录[J]. 能源,2018(3):32-36.

2. 王铁兵. 卡特执政时期美日贸易摩擦研究[D]. 沈阳:辽宁大学,2015.

3. 马景源. 汉冶萍在黄的中国最大两座高炉[N]. 黄石日报,2018-11-15.

4. 张旻. 浦项制铁成功之路[J]. 经济工作通讯,1997(6):46-47.

5. 日本制铁株式会社网站,www.nssmc.com.

6. 新日铁住金收购美国车用钢板工厂[EB/OL]. (2013-12-22)[2021-10-07]. https://china.huanqiu.com/article/9CaKrnJDqwK.

7. 陈言. 面对特朗普的贸易战,吃过大亏的日本心态复杂[EB/OL]. (2018-03-21)[2021-10-07]. https://www.guancha.cn/chenyan3/2018_03_21_450926.shtml.

8. 林蔚仁. 后生可畏:在“黑字”里成长的浦项制铁[J]. 中国工业评论,2017(10):98-105.

9. 日韩企业全面对立 新日铁住金起诉浦项钢铁[EB/OL]. (2012 - 10 - 26)[2021 - 10 - 07]. https://www.517japan.com/viewnews-61196.html? open_source=weibo_search.
10. 王守谦. 寄生于中国的日本八幡制铁所[J]. 能源, 2011(7):3.
11. 史胜之. 从新日铁的发展史探日本企业腾飞之路[J]. 日本问题研究, 1988(4):5.
12. 中国"改革开放"的日本功臣——稻山嘉宽[EB/OL]. (2019 - 04 - 16)[2021 - 10 - 07]. https://www.keguanjp.com/kgjp_jiaoliu/kgjp_jl_renwu/pt20190416060003.html.
13. 大而不倒:韩国浦项钢铁竞争力全解析[EB/OL]. (2015 - 08 - 11)[2021 - 10 - 07]. https://www.sohu.com/a/26801124_117959.
14. 陈芳, 朱延福. 日本铁矿石资源战略模式对我国的启示[J]. 郑州航空工业管理学院学报, 2014(1):38 - 42.
15. 沈乎. 美银美林建言中国投资拉美[EB/OL]. (2011 - 09 - 16)[2021 - 10 - 07]. https://other.caixin.com/2011-09-16/100305973.html.
16. 王志根. 迅速成长的巴西钢铁巨人[J]. 世界知识, 1988(15):27.
17. 韦行. 日本钢铁企业大规模竞购海外铁矿石资源[J]. 上海金属, 2009, 31(3):1.
18. 毕夫. 中国企业海外铁矿资本大布局[J]. 对外经贸实务,2010(11):72 - 76.
19. 斋藤英纪, 高战敏. 澳大利亚 - 日本铁矿石贸易的现状和未来[J]. 国外金属矿山, 1994(5):10 - 13.
20. 深谋远虑展宏图——记宝钢新加坡贸易有限公司[EB/OL]. (2012 - 01 - 13)[2021 - 10 - 07]. http://www.cafta.org.cn/show.php? contentid=58909.
21. 戚水仙, 高少平. 巴西——世界钢铁企业投资的热土[J]. 拉丁美洲研究, 2003(3):57 - 61.

第四章

彩电市场的龙争虎斗

20世纪70年代，三井财团的索尼通过绑定美国芝加哥当地最大的家电销售公司马希利尔，用了不到3年的时间就将市场占有率提升到了30%。又因为芝加哥是当时美国最大的家电销售中心之一，所以索尼彩电由此得以迅速扩展到全美国，并最终打开了美国的彩电市场。

1995年12月，日本三井财团旗下的索尼与中国上海广电集团和上海真空电子有限公司合资（其中索尼出资70%）成立了“上海索广映像有限公司”，并于1996年12月正式投产。合资公司主要生产全线平面彩电、平面特丽珑显像管、背投影彩电及相关关键件等产品。

2003年，从中美彩电“反倾销案”开始，索尼、松下、三洋、东芝和ORION等日本彩电业巨头，就全力给美国五河电子公司和两家工会组织等申请方提供信息、数据和技术等方面的支持。这些日本企业一边为诉讼方提供支持，一边又对中国政府和彩电行业一再表示它们与该案没有关联。

——作者题注

【阅读提示】

“三井”告诉了我们什么(4)

2002年12月3日,三井物产与上海广电集团(以下简称“上广电”)达成了全球市场的战略合作协议。2003年春天,上海广电三井物贸有限公司正式营业,合资公司中上广电持股60%,三井物产持股40%,总裁则由三井物产派遣。对此,时任日本三井物产驻中国总代表的副岛利宏表示,和上广电签订战略协议开展合作,目标是将其打造成中国的索尼。

在三井物产信息产业本部官方网站的“显示器事业部”一栏中,上海广电三井物贸有限公司被认定为三井物产的关联企业。其中,网站上有特别的说明:“上海广电三井物贸有限公司从事以显示器相关业务为中心的上海广电集团的产品的销售,以及显示器相关零件、材料的采购业务,兼顾上广电的电子产品的销售和集团内部的战略企划、实施功能。”

回顾历史可以发现,上广电与三井财团的渊源可以追溯到20世纪70年代末。1978年,国家批准上海电视机厂(上广电的前身)从日本富士财团的日立公司引进全国第一条彩电生产线。1987年,三井物产携手三井财团旗下的东芝公司,帮助上广电成立了投资额达27亿元人民币的“上海永新彩色显像管公司”,其设备全部从东芝公司引进。

事实上,无论是索尼还是东芝,都是依靠着三井财团庞大企业群的支持,借助欧美市场发展壮大起来的日本消费电子类制造企业。作为当时中国家电企业第一集团中非常重要的一员,上广电显然也希望通过和三井物产的合作,进一步强化自身的业务能力,学习模仿日本和中国台湾的经营模式,从而完成其“中国索尼”的梦想,然而最终却事与愿违。

2006年,曾经意气风发的上广电亏损达到20亿元人民币,大部分银行不再给其贷款,员工工资的发放也成为难题,无奈在3年后的2009年宣布破产重组。为什么拥有雄厚国资背景的上广电会在短短几年时间里走向破产的深渊?究其根源在于上广电没有摆脱过去“引进—落后—再引进”的老路,投资10亿美元引入的日本NEC液晶显示屏生产线,在投产时便已经是落后产能了。

上广电希望通过与三井物产、东芝(属三井财团)等日本企业合作来模仿日本企业曾经的成功之道,打造中国的索尼,然而只是学习到了形似,没有领悟到“三井商道”的精髓。只有理解了日本以综合商社为核心的财团模式,构建出全球化的产业互联网生态系统,才能真正学到它们的本领,然后再联系实际,走适合自己的路。

本章导言

2018 年 4 月，美国贸易代表公布的基于“301 调查”加征关税清单中涉及大量的家电品类。在此次公布的对中国征收附加关税清单中，涉及产品价值约 500 亿美元，除集中在高科技领域的项目外，还包括了家电品类视听产品的 79 个品类。就细分行业来看，彩电行业出口依赖性较强，以 TCL、海信为代表，出口业务比重较大的中国彩电企业受到较大影响。

数据显示，2017 年中国国内彩电出口 1 亿台，冰箱出口 4958 万台，空调出口 5244 万台，洗衣机出口 2318 万台。其中，彩电出口规模是国内市场的 1 倍，其他家电品类产品几乎都是国内外各占一半。因此，由美国无端挑起的中美经贸摩擦，中国的家电产业受到牵连是绝对无法避免的。中美经贸摩擦的结果必然是对美出口产品价格有大幅提升，致使出口量出现一定幅度回落。

事实上，这已经不是中国彩电业第一次遭遇经贸摩擦了。早在 2004 年，美国国际贸易委员会就以中国部分电视机生产商向美国市场低价倾销彩电产品为由，对价值逾 2.76 亿美元的中国产彩电征收最高可达 78.45% 的关税。因为当时的四川长虹对美国市场的依赖性相对较大，所以其成了中国国内主要电视生产商中受打击最严重的。

在中美彩电“反倾销案”结束之后，许多媒体开始进行反思。有的认为，中国企业应研究目标市场的游戏规则，按规则办事才能事半功倍。有的认为，企业在走向国际市场的时候，要把产权制度改革放在首位，解决“中国是非市场经济”这一问题。有的则认为，要充分吸取经验教训，举一反三，强化行业协会在国际反倾销中的组织与协调功能。

当然，这些方面都是值得中国企业深思的地方，中国彩电业如果能够总结经验教训，切实改进竞争策略，调整产品结构，是极可能将经贸摩擦的坏事转化为好事的。实际上，中国彩电业应对国际贸易摩擦的策略并不是一定要摸着石头过河的探索，中国正面临着与 20 世纪 70—80 年代日本在出口贸易上相同的遭遇，应该借鉴日本的成功经验。

日美彩电摩擦的高峰在1976年。在此之前的1968年3月,美国电子工业协会附属的进口委员会就曾向美国商务部提出申诉,要求政府和国会对从日本进口的相关产品实行配额限制,但由于证据不足,最终不了了之。不过这一事件还是引起了美国对电视进口实行较为严格的限制,同时也让日本企业意识到单纯的产品出口模式是存在很大弊端的。

1976年,日本对美国彩电出口量急剧增加,达到296万台,比前一年增长2倍多。于是,美国彩电产业保护委员会根据美国通商法第201条款,即紧急进口限制条款向美国国际贸易委员会提出申请。以此为基础,美国国际贸易委员会就日本的出口行动进行调查,要求强化关税等进口管制措施。最终,日本政府与美国政府签订了维持出口市场秩序的《日美彩电协定》。

在日本对美国彩电出口实行自主限制之后,为了回避日美彩电贸易摩擦和进一步在美国市场上获取利润,日本彩电厂家纷纷对美国进行直接投资,几乎所有的日本彩电厂家都在美国本土进行彩电生产。日本厂家在美国本土生产的彩电数量增加,且在1979年超过日本对美国的彩电出口。可以说,日本企业通过对外直接投资缓解了日美彩电贸易摩擦。

与此同时,日本彩电企业也逐渐意识到了"打铁还需自身硬"的道理。相比于拥有超高的生产销售量,掌握电视行业的核心技术才是在未来国际商战中立于不败之地的法门。从1985年开始,日本国内彩电产量逐年下降,出口彩电数量也从原来的每年1000万台减少到500万台左右。但在液晶显示、OLED、图像处理芯片等领域,日本企业的脚步从未停歇。

如今的彩电市场环境似乎是,中国企业把持着液晶市场话语权,韩国三星和LG则主导着OLED市场,曾经的王者日本看起来已经被边缘化,但事实真的如此吗?就以被视为显示行业未来的OLED技术为例,表面上来看,韩国三星和LG近乎瓜分了全部OLED市场,但事实上,OLED面板生产的关键设备——真空蒸镀机,却一直都被日本企业独家垄断。

第一节 后来者迎头赶上

踏上电视机新纪元的门槛

1939 年,在纽约世博会上,美国无线电公司(Radio Corporation of America,RCA)推出世界上第一台黑白电视机。随后,席卷全球的第二次世界大战,使电视机的发展几乎停滞了 10 年。二战结束后,电视机发展迎来了爆发期,以美国为例,从 1949 年到 1951 年,短短的 3 年时间中,电视机产量从 100 万台上升到 1000 多万台。

当然,电视产业的发展不仅有数量的增长还有技术的飞跃。1950 年 3 月 29 日,美国无线电公司主席戴维·萨尔诺夫展示了一只全电子彩色电视机显像管,并宣布“我们已踏上电视机新纪元的门槛——彩色电视机时代”。1953 年,美国无线电公司设定了全美彩电标准。1954 年,美国无线电公司正式开始为消费者生产首款彩色电视机 CT-100。

在大洋的另一端,二战后的日本工业化步伐加速推进、经济逐步复苏。工作与消费成为 20 世纪 50—60 年代日本社会新的身份认同,日本消费市场呈现出大众化的特征。与此同时,日美同盟关系的建立也推动了美国文化渗透,使日本国民开始憧憬美式生活方式,“三大神器”“私家车”“个人住宅”等陆续成为日本国民美式新生活的代表。

其中,以冰箱、洗衣机、黑白电视机为代表的“三大神器”,以彩电、空调、汽车为代表的“新三大神器”先后接力,引领了当时日本社会的消费革命。资料显示,1955 年日本冰箱、洗衣机、黑白电视机普及率分别不足 1%、5%、1%,但到 1965 年已经达到 51%、69%、90%。而在这一过程中,东芝、索尼、松下、夏普等一批日本家电企业快速崛起。

凭借日美同盟关系,日本家电企业在这一时期频频从美国引进先进技术,这些都为 20 世纪 50 年代日本家电业的兴起起到重要作用。由美国联邦政府支持的美国无线电公司,就成为最主要的学习目标。1952 年,夏普公司(属三和财团)成为日本第一家从美国无线电公司获得基本电视机专利转让的企业。同年,在获得技术专利后,东芝也开始生产黑白电视机。

东芝隶属于三井财团,其前身是由日本发明家田中久重于 1875 年创立的田中制造所。东芝公司在很长的一段时间里都是代表日本科技领先技术的一张明信片,日本第一台雷达、第一台晶体管电视机、第一个日文处理器、第一台 DVD、第一台笔记本电脑,都是出自东芝这个品牌。事实上,早在 1927 年,东芝就生产出了世界上第一个可以显示电视机画面的一级显像管。

在获得了黑白电视机的技术专利后，以东芝为首的日本家电企业迅速发展并占领了日本市场。由于当时的欧美家电产业需求也同样处于成长期，欧美企业基本都聚焦于本土市场，加上日美两国产品风格的错位和政府贸易政策的扶持，日本企业虽然实力不足，但是很快便填满了日本黑白电视机市场。于是，日本家电企业将目光瞄准了更为先进的彩电技术。

20世纪60年代，受美国国内反垄断法案限制，美国无线电公司决定将其具有领先优势的彩电生产技术以许可形式转让给日本公司使用。当时，美国无线电公司认为将技术许可给日本公司既可以在日本市场得到高额回报，又能避免对外直接投资的风险，降低成本。1960年，东芝生产出了日本第一台彩色显像管电视机，成为日本第一家把彩色电视机商品化的厂家，被誉为日本的“彩电之父”。

有人评价说，日本经济腾飞始于日本电子产业，而日本电子产业的发展始于美国无线电公司的专利转让。因为在互联网发展之前，电视机特别是彩色电视机，是世界人民获取信息资讯最广泛的媒介，是现代世界传播和全球化的象征之一。所以当彩色电视机在日本第一次开播时，美国无线电公司的创始人萨尔诺夫作为嘉宾受邀到访日本，并享受到了国家领导人级别的待遇。

索尼获得三井的大力支持

1960年，日本索尼公司推出了世界上第一台晶体管电视机：TV8－301。晶体管电视机也叫“分立元件电视机”，比此前的电子管电视机具有一定的优势。但是，相比于同年推出彩色电视机的东芝，索尼实际上已经落后了一步，因为索尼的TV8－301仍然是一台黑白电视机。此后，由于索尼在黑白电视机上的销量一直不错，因此并没有积极参与到彩色电视机的市场竞争中。

世界上第一台晶体管电视机：索尼TV8-301

索尼同样属于三井财团，其前身是由井深大和盛田昭夫于1946年联合创立的“东京通信工业株式会社”。相对而言，被誉为“经营之圣”的盛田昭夫更为出名，他出生在日本爱知县名古屋市的一个富裕家庭，家族经营着有数百年历史的“子日松”酿酒公司。井深大比盛田昭夫年长13岁，他的岳父是曾经担任过日本教育大臣的前田多门。

在成立初期，索尼主营的是晶体管收音机，这也为日后索尼开发出第一台晶体管电视机奠定了技术基础。单单是一款晶体管收音机，1959年索尼就出口美国400万台，1965年甚至飙升到2400万台。索尼靠拢当时的美国市场，直接在美国注册了美国索尼公司，简直就是站上了超级风口。当时，索尼认为美国人发明什么，自己拿过来改就行了。

随着彩色电视机销售量的逐渐提高，索尼逐渐意识到了这一市场的巨大潜力，于是开始着手研发彩电技术。但是，由于没有准确预估形势，作为公司创始人之一的井深大坚持一开始以良率极低的独自架构 Chromatron 来制造彩色电视机。参与研发的工程师吉田进曾表示，索尼实际上在 20 世纪 60 年代初期利用这一技术就做出了彩电原型机——19C－70，但是根本无法稳定量产。

即便如此，索尼也不得不把这款良品率极低的彩电推向市场。因为，在当时的日本彩电领域，技术落后就意味着未来将失去市场。松下、三洋等这些后来知名度非常高的公司，也都开始在电视机领域大显身手。松下于 1960 年推出了自己品牌的第一台彩色电视机 K21－10，三洋也于同年开始生产销售第一批 21－CT 型彩色电视机。

为了盈亏平衡，索尼不得不为这一系列的电视设定高价，1964 年时每台 19C－70彩电的售价为 20 万日元，相当于 600 美元，而当时 2400 美元就能买到一辆福特公司生产的最新一代野马轿车。就这样，索尼在两年时间里居然先后卖出了 1.3 万台 19C－70 彩电。结果也可想而知，由于卖一台亏损一台，公司不断赔钱，索尼也走到了破产的边缘。

在索尼几乎陷入绝境的时候，盛田昭夫和井深大凭借着自己的人脉，向日本开发银行借了一笔 6.5 亿日元的巨额贷款，让索尼得以撑过自己彩色电视机技术开发前的黑暗时期。那么，银行为什么会愿意向濒临破产的索尼提供贷款呢？一方面是因为盛田家族和前田家族的人脉关系，当然更重要的还是索尼背后有着强大的三井财团作为背书。

索尼在创业初期内部有一个顾问委员会，这个顾问委员会在索尼的融资和投资上起到了巨大的作用。1953—1959 年，该委员会的主席是万代顺四郎，也是索尼公司的董事长。二战前，万代顺四郎是三井银行的首领。发展初期的索尼实际上得到了三井财团的大力帮助。这也就能解释，为什么现在索尼银行的银行卡，可以直接在三井住友银行的 ATM 上办理业务。

在获得了银行巨额贷款后，井深大带领索尼的几个主力工程师开始了彩电技术研发的最后攻坚。1967 年，索尼的技术团队终于解决了彩色电视机一直存在的难题：图像扭曲和光发散。索尼将此项新产品称为“特丽珑”（Trinitron，意为栅条彩色显像管），并注册了相关商标。以此技术生产的彩色电视机画面比起同时代的普通显示器颜色要更加鲜明。

扭转败局的“特丽珑”

1968 年 10 月，索尼在日本市场推出“特丽珑”电视机 KV－1310，随后一举引爆全球的抢购热潮。这是一款极具跨时代意义的产品——首次在显像管（CRT）

电视机中使用了单枪三束管,使 CRT 显示技术的画质有了巨大飞跃。特丽珑显像管不仅在亮度、色彩方面表现非常出色,同时也有着极高的色彩纯度。凭借着特丽珑电视机,索尼在 3 年内便还清了银行贷款,彻底摆脱了危机。

索尼特丽珑的专利技术叫作“单枪三束技术”。特丽珑显像管的电子枪采用了多重散光聚焦系统(MALS)、可扩散扫描椭圆孔镜头(EFEAL)以及低电压光圈阴极管(L－SAGIC)等技术。特丽珑显像管在亮度及色彩表现力方面非常出色,而且色纯的表现也相当好。然而,单枪三束结构对相关控制电路的要求很高,如果厂家的技术水平不过硬,很容易在聚焦以及几何失真方面产生缺陷。

简单来说,特丽珑技术的主要优点是:减少热量散布,相同耗电量下更为明亮而且对比度更佳,完全的平面荧幕。特丽珑技术的诞生,打造了整个显像管时代的技术巅峰,无论是在电视机、显示器还是广播监视器领域,索尼特丽珑都代表了当时最高画质水平。除了索尼以外,三菱的钻石珑(DiamondTron)技术其实也是特丽珑技术的一种。

1973 年,索尼凭借特丽珑显像管技术荣获美国电视界最高荣誉“艾美奖”。作为美国电视界的最高奖项,艾美奖每年表彰在影视、制片、节目、电视台以及技术开发等领域做出杰出贡献的人,特丽珑电视机成为第一个获此殊荣的电子产品。事实上,相比于日本市场,索尼特丽珑电视机在美国市场似乎更受欢迎,当年有大批的美国消费者宁愿加价排队也要购买索尼的彩色电视机。

在很长一段时间里,索尼公司都拥有“特丽珑”这项设计的专利权。这项专利权过期后,其他的一些公司也会将自己生产的类似这种显像管以“珑”(Tron)结尾的名字命名。资料显示,1968—1988 年,索尼共卖出了超 1 亿台特丽珑电视机,并获得了“有史以来最热卖机型”的美誉。

事实上,索尼的特丽珑系列电视机从诞生一直到 20 世纪 90 年代,都是无可争议的电视机霸主,当时在市场上贴有特丽珑标签的显示器几乎成为索尼显示器的同义词。2016 年《时代》杂志将索尼的“特丽珑”电视机排在“50 款影响时代的设备”中的第二位,仅次于苹果的 iPhone 手机,而二者的发布时间整整差了 39 年。

在特丽珑技术之后,索尼再接再厉,于 1996 年 12 月开发出了世界第一款纯平 CRT 电视机——KV－28SF5。在此之前,由于电子枪的设计结构,为了保证轰击屏幕上不同位置荧光粉的距离一致,电视屏幕呈球面状。然而,这种球面的屏幕会存在一定程度上的画面扭曲,影响观感。索尼使用了优化的物理钢化平面玻璃作为屏幕,配以改进的高性能聚焦电子枪,消除了过去电视屏幕画面扭曲的情况。

索尼 KV－28SF5 的发布意味着纯平彩电时代的到来,松下、东芝紧随其后,陆续推出了自家的纯平电视机产品。因此,业界把索尼 KV－28SF5 特丽珑电视机称为平面电视的鼻祖。2005 年,索尼成立了 BRAVIA 液晶电视品牌,正式进军液晶电视领域。2008 年,索尼正式停止了特丽珑显像管在所有领域的销售,给曾经辉煌的特丽珑显像管的历史画上了一个句号。

“二流品”的迅猛崛起

在20世纪70年代以前，作为电视工业的始发国，美国一直是全球彩电产业的绝对领导者，拥有全球最大的电视消费市场以及美国无线电公司、通用电气、Zenith等一大批电视机巨头。1966年时，美国国内的彩电产量就已经突破了500万台。同时期的日本家电企业还只能不断学习和引进美国的技术，日本彩电产品更是被欧美同行视为“便宜的二流品”。

当时，美国无线电公司的主打机型为17～19寸黑白电视机以及21寸彩电，售价分别为250美元和495美元，而同期日本市场主流产品则为14寸的黑白电视机，价格仅为140美元。虽然1959年皇太子明仁大婚和1964年东京奥运会两次电视直播拉动了日本电视机的消费热潮，但是很长一段时间里日本市场仍以便宜实用的黑白电视机为主。

美国无线电公司早在1926年就开始了电视机的研究工作，无论是黑白电视机还是彩色电视机都是当时排第一位的电视机厂商。后来，美国无线电公司的彩电业务于1985年被美国通用电气收购。美国通用电气也是在二战前就开始生产电视机的厂商，它始终保持着强大的研发和市场营销能力，彩电规模一度居首位，但此后也由于业绩不佳，于1988年将彩电业务出让给了法国汤姆逊(Thomson)公司。

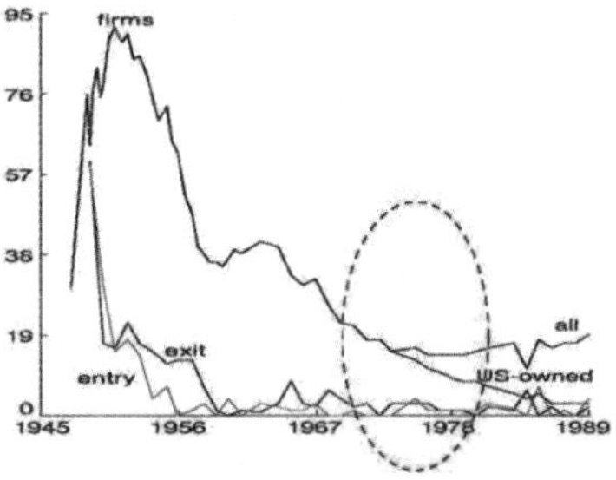

20世纪70年代，美国本土电视企业消失殆尽，许多美国电视工厂被日本和欧洲厂商所收购
资料来源：Television Digest

进入20世纪70年代以后，出于忽视采用集成电路、高自动化生产技术以及向发展中国家转移工厂等诸多原因，美国彩电领域被日本后来居上，许多美国电视工厂被日本和欧洲厂商所收购。事实上，美国彩电产业的发展经历了起始期(1953—1960年)、高速成长期(1961—1970年)和衰落期(1970—1989年)三个阶段。美国彩电业的衰落也就意味着曾经生产“二流品”的日本彩电业的崛起。

伴随着产业结构升级转型，日本国内电子等一批新兴产业得以发展。与此同时，日本也迎来了战后经济高速增长的20年，日本国民收入水平的快速提升也带动了彩电等消费品的高速增长。日本彩电家庭普及率由1968年的5%提升至1975年的90%，户均保有量突破1台。此后，户均保有量持续提升，1981年日本彩电户均保有量突破1.5台，1991年突破2台，目前稳定在2.2台左右。

自20世纪80年代开始，美国产业政策逐步向高新技术、高端制造业等倾斜，传统制造业进一步衰退，日本制造业则进入国际化浪潮。以索尼、东芝、松下等为代表的日本家电企业,逐步取代美国企业成为全球彩电市场的领头羊。不仅如此,日本彩电企业还在美国掀起了直接投资设厂的浪潮,以规避贸易与汇率风险。整个20世纪80年代的鼎盛时期,日本彩电曾占据全球40%左右的份额。

由于经济社会的不断发展,日本家庭结构层面也在逐渐改变,过去“夫妻+孩子”的家庭类型占比下降,单身群体则大幅增加,使得“家庭”消费占比下降,“个人”逐步成为消费主体。消费者需求也从刚需品类扩展到更多的可选品类,虽然传统的彩电销售规模仍保持稳定增长,但“由物质到服务”升级转变开始发生,交通通信、娱乐教育等消费支出占比上升。

1982年,三井财团的索尼公司推出了Watchman便携电视机。据说Watchman便携电视机一开始是为日本的棒球迷设计的,让他们可以随时随地看到棒球直播。要知道在那个年代,电视机还都是有“庞大的屁股、笨重的身材”,索尼直接把电视机做到了便携的程度,使用电池供电,屏幕仅有2.5英寸大小,让消费者可以走到哪里就看到哪里,放在当时可以说是妥妥的黑科技了。

最后,当日本国内彩电市场出现饱和以后,日本彩电开始大量出口美国。随着自身技术创新、成本控制与效率提升,日本企业开始在美国市场全面发力。根据日本经济企划厅数据,1970年美国电视市场本土品牌市占率85%,日本品牌只占10%,到1975年日本品牌份额已升至24%(其中,索尼、松下各占11%),1976年这一数据更是升至33%,日本彩电开始逐步占领美国市场。

第二节 把彩电卖到美国去

索尼绑定“带头牛”

20世纪70年代中期,通过特丽珑彩电在日本本土取得巨大成功的索尼决定进军美国市场。虽然当时的索尼彩电在东南亚一带已经名声显赫,在日本国内更是无人不晓,但是在大洋彼岸的美国消费者眼中,索尼彩电只是来自东方的“杂牌货”,并没有市场。索尼也尝试过大量投放广告和降价等促销手段,但效果甚微,不断地降价反而损毁了索尼彩电的品牌形象。

面对这一局面,新上任的索尼国外部部长卯木肇也是一筹莫展。有一天,他偶然路过一处农场,当时夕阳西下,飞鸟归林,一个满脸稚气的牧童牵着一头雄壮的大公牛走进牛栏,一大群牛紧随其后,温驯地鱼贯而入。眼前这一景象让卯木肇突发灵感,何不找一家“带头牛”商店率先销售索尼彩电呢?于是,卯木肇决定以美国芝加哥最大的电器销售商马希利尔公司为主攻对象。

第二天一上班，卯木肇便兴冲冲地赶到马希利尔公司求见经理，但吃了闭门羹。在连续碰了3次壁后，马希利尔公司的经理终于同意接见他，并直接甩下一句硬邦邦的话："我们不卖索尼的产品，你们的产品像瘪了气的足球，踢来踢去没人要，只能降价拍卖。"卯木肇意识到这是过去索尼不断降价促销给品牌带来的不良影响，于是马上在当地报刊上重新刊登广告，塑造品牌良好形象。

当卯木肇再一次找到马希利尔公司经理时，经理又提出了一个问题："索尼的售后服务太差了，我们不敢销售。"为此，卯木肇命令公司设立特约服务部，负责彩电产品的维修等售后服务，并在报上公布特约服务部的地址和电话号码，并保证随叫随到。可是，当这些工作都完成后，马希利尔公司仍然拒绝销售索尼的彩色电视机，这次给出的理由则是："索尼的知名度不够，不受消费者欢迎。"

没有消费者，那就自己创造消费者。卯木肇召集30多名工作人员，规定每人每天拨5次电话，向马希利尔公司订购索尼彩电。接连不断的求购电话，把马希利尔公司的职员搞得晕头转向，在忙乱中误将索尼彩电列入了"待交货名单"。这让马希利尔公司经理十分恼火，干脆直接找到卯木肇，抱怨道："你搞什么鬼，干扰我们公司的正常工作，太不像话了！"

卯木肇十分镇静和诚恳地表示："我几次三番求见您，一方面是为了本公司的利益，另一方面是考虑到了贵公司，作为日本国内最畅销的索尼彩电，具有很多优点，一定会成为马希利尔公司的摇钱树。"面对不断坚持的卯木肇，这时马希利尔公司经理才说出了自己不卖索尼产品最重要的原因："索尼产品利润小，比其他彩电折扣少2%。"

对此，卯木肇却说："折扣高2%的商品，摆在柜台上卖不出去，贵公司获利也不会增加，索尼彩电虽然折扣小，但商品质量好、销售得快，贵公司同样可获得可观的利润。"同时，卯木肇表示马希利尔公司可以先试销，如果一周内销不出去，彩电原封搬回。马希利尔公司经理最终同意了他的提议，很快索尼便选派两名能干的、年轻英俊的推销员送两台彩电去马希利尔公司。

结果出乎意料得好，当天下午就传来了两台彩电都已售出的消息。马希利尔公司又订了两台，很快再次售出。当时正值12月初，是美国家电市场销售的旺季，经过一个圣诞节，一个月内竟售出了700台索尼彩电，使马希利尔公司获利甚丰。之后，马希利尔公司便开始大量订购索尼彩电，并确定把索尼彩电作为该公司下年度的主销产品，并在芝加哥各大报刊刊登索尼彩电的巨幅广告。

有了当地最大的家电销售公司马希利尔做"带头牛"，随后芝加哥地区一百多家商店开始纷纷要求经销索尼彩电。不到3年的时间，索尼彩电在芝加哥的市场占有率就达到了30%。芝加哥是当时美国最大的家电销售中心之一，索尼彩电由此得以迅速扩展到全美国，并最终打开了美国的彩电市场。

全面打开美国市场

早在20世纪60年代末期,日本彩电便已经出口到了美国。当时美国对日本的彩电进口量一直保持在100万台左右,这是因为从1968年美国电子工业协会就已经对日本的彩电倾销进行了诉讼,1970年提起反补贴诉讼以及垄断法诉讼,1972年又对日本提起彩电反补贴税诉讼。在一系列限制下,日本彩电始终无法提高在美国的市场份额,这一情况在1976年前后发生了改变。

1976年是美国建国二百周年,同时也是总统选举与蒙特利尔奥运会召开之际,各色的电视节目让许多美国家庭希望可以拥有第二台电视机。于是,美国国民对电视机的需求暴增,导致美国市场对电视机的需求增加。这时,美国彩电竞争力低下的缺点就暴露出来,相对质优价廉的日本彩电更受欢迎,日本对美国的彩电出口急剧增加。

数据显示,1973年日本彩电出口美国数量为108万台,占据美国市场份额的15%。1975年这一数据为122万台,但是到了1976年日本彩色电视机出口数量暴增至296万台,是1975年的2.4倍,使得日本在美国彩电市场的进口率上升至1976年的86.3%。与此同时,日本彩电在美国市场的占有率从1975年的16.8%上升到了1976年的30.9%,上升了约一倍。

美国彩电进口市场近80%的份额由日本企业占据,这意味着曾经被视为“便宜杂牌货”的日本彩电成功进入了美国市场。以彩电为代表的日本产品在最初进入美国市场时也曾受到形象低劣、声誉不佳的困扰,许多日本企业在美国甚至都没有产品销售渠道。除了美国市场自身的需求外,日本企业的市场策略也是非常重要的。

索尼创始人盛田昭夫的自传《日本造》,生活·读书·新知三联书店,1988年出版

日本企业往往是集中全力选好进入市场的突破口,它们不是采取全线出击一下子占领全部市场的策略,而是选中美国某个地区、某个批发商或是某种类型的消费者,先打进去,站稳脚跟后再逐步扩大市场份额。就比如前面提到的索尼“带头牛”策略,索尼国外部部长卯木肇就认为,在一个地区总销量占80%以上的少数几家大型商店,才是最值得下功夫开拓的客户。

事实上,日本企业的这种“带头牛”策略非常常见,和索尼同属于三井财团的丰田汽车也习惯使用。丰田汽车先选择了加利福尼亚州作为进入美国市场的突破口,通过该地区了解到美国市场的特点、消费者喜好以及获得与美国批发商和经销商打交道的经验。在突破口取得成功,然后再全面进入美国市场,利用这种以点带面的方式打开销路。

同时，日本企业还会巧妙地运用一种所谓的“市场份额价格”策略，即采用相对较低价格进入市场，以便取得一部分市场并进一步达到长期控制该市场的目的。相对低廉的价格会让厂商和经销商利润受损，如初期索尼彩电相对其他彩电的折扣就要少2%。但日本企业乐于在最初几年里受点损失，并把这种损失视为对长远市场发展的一种投资。

此外，日本企业十分注意搞好与美国中间商的合作关系，向他们提供各种帮助，支付较优厚的酬金，激发中间商经营日本产品的积极性。比如，在和马希利尔公司交涉时，索尼每次都是从对方的利益考虑问题。在开拓海外市场初期，日本企业都坚持“经销者利益第一，本企业利益第二”的原则，始终与中间商保持友好商务关系。

最后，就是日本企业后发制人的意识。美国创造了诸多科技发明，而最后将其变成产品的往往是日本。日本企业在美国技术的基础上仿制、改进和创新，以最少的投入取得最大的经济效益。例如，录像机技术的发明者是美国人金斯伯格，技术专利掌握在美国安贝克斯公司手中。1960年，索尼与安贝克斯达成协议，取得专利使用权，当年就制造出录像机产品，并率先打入美国市场。

美国产业受到了损害

鉴于1976年日本彩电出口美国数量激增，美国保护彩电产业委员会于同年向美国国际贸易委员会提出对日本实行制裁的申请。很快，美国国际贸易委员会做出判决，认为日本彩电的“急风暴雨式”出口使美国彩电行业遭受损失，建议卡特总统强化关税等进口管制措施，同时决定就日本的“不公平贸易习惯”问题（指倾销、政府提供出口补贴等）进行调查。

美国国际贸易委员会的前身是1916年创建的美国关税委员会，这是一个独立的、非党派性质的准司法联邦机构。其主要职责就是判定美国国内行业是否因外国产品的倾销或补贴而受到损害，并就贸易与关税问题向总统、国会和其他政府机构提供技术性信息和建议。此外，美国国际贸易委员会与美国商务部共同负责美国对外反倾销和反补贴的调查工作。

在美国保护彩电产业委员会召开的关于电视机有无损害听证会上，与会的6名委员一致认为美国的彩色电视机及半成品受到了日本进口的损害，其中有4名委员认为美国彩色电视机行业已经受到了损害。数据显示，1968年时美国尚有28家本土电视机制造商，但到了1976年就只剩下了6家，他们都希望通过政府单方面限制来缓解摩擦。

美国国际贸易委员会向时任美国总统卡特提出了如下建议：“希望在1977年后5年间，对进口彩色电视机（成品及半成品）提高关税如下：1977—1979年关税提高20%，1980—1981年关税提高15%，1982年关税提高10%。”实际上，美国企业希望通过提高关税的方式来减少日本对美国彩色电视机的出口,但是很显然提高关税并不能从根本上减少日本彩电的进口。

美国产业界表示,正是由于日本彩电对美国市场的大量出口才导致美国电视机行业压力以及失业人口的增加。但实际上,导致这一现象的根本原因是美国与日本彩电制造厂商在产品开发与市场战略上迥然不同,日本厂商实施降低彩电价格、节能等贴近消费者的战略,而美国厂商却没有任何变化。同此前的纺织品和钢铁产业一样,美国再一次将自身出现的问题归罪于他人。

1977 年 1 月 21 日,美国贸易谈判特别代表办公室(USTR)决定向总统申请对电视行业进行进口救济,同时美国各界要求限制日本彩电的进口。美国贸易谈判特别代表办公室由美国国会根据 1962 年的《贸易扩张法案》创建,1980 年该办公室更名为“美国贸易代表办公室”,首脑为美国贸易代表,他是大使级的内阁官员,直接对总统和国会负责。

1977 年 3 月,在华盛顿召开的日美首脑会议上,美国提出了希望日本在彩电问题上进行自主限制,如果美国单方面提高关税会被认为美国与其高举的自由贸易原则相违背。美方认为日本应该首先进行自主出口限制,将彩电出口数量控制在 250 万台,如果双方可以通过协商配合来解决美国的产业问题,那么就没有必要产生矛盾。

在会议上,美国总统卡特表示:“美国着意转向新型科学行业的发展,而且会加速处理日本出口到美国彩电的影响,因为日本的出口对美国就业率有着不利的影响。但不希望通过关税限制来进行解决,而是通过自主出口限制协议来解决问题,因为这样不会破坏长期的解决贸易问题所付出的努力,最好是能够与日本和平友好地解决贸易问题。”

对此,时任日本首相的福田赳夫也做出了积极回应,他表示:“1976 年彩电出口数字十分高是一个不寻常的现象,我已经要求电子行业进行克制,但目前日本政府反垄断法律并没有实施这些约束的能力。”同时,福田赳夫表示他完全理解美国总统的担忧,愿意在这个问题上给予美国国际贸易委员会一个答复,并强调 1977 年的彩电出口量绝不会达到 1976 年的高水平。

谈判桌上的讨价还价

1977 年,美国财政部部长迈克尔·布鲁门特尔在给卡特总统的报告中写道:“日本电视机的进口对美国就业率的影响是负面的,目前彩电行业受到的冲击尤其严重。”事实上,美国方面也明白任何日本业内提出的自主限制方案都不会解决美国想要解决的问题,即便是形成了方案也不能保证这个方案长期有效,只有通过政府间的谈判达成贸易协议才最为有效。

于是,美国总统卡特任命罗伯特·斯特劳斯为美国贸易代表,负责与日方谈判并达成贸易协定。斯特劳斯是相对保守的民主党人,在卡特竞选总统期间发挥了相当大的作用,更是有着“民主党先生”的称号。在从政之前,斯特劳斯是一名非常成功的商人,他的朋友曾经表示:“如果真有大资本家的话,那么斯特劳斯就是最大的资本家。”

1977 年 4 月,作为贸易代表的斯特劳斯在给日本首相福田赳夫的信中写道:“美国国务院和美国国际贸易委员会相信日本彩电出口美国会保持在 250 万台,但实际上美国国内产业视这个数量还是太高。美国国际贸易委员会的报告和最新的贸易数据检查后认为 250 万台数量过高,如果可能应当降低到 190 万台,这个问题需要重新审视,如果未低于这一水平可能会激怒国会。”

1977 年 5 月,日美双方就彩电出口问题开始进行谈判。在谈判过程中,双方主要对限制对象和限制数量有分歧。

在限制对象上,美国方面要求把完成度极低的半成品也作为限制对象。这样做的实质是限制了日本在美国的子公司,因为日本在美国的子公司是通过对半成品二次加工运行的,这样限制半成品的进口,无疑是切断了日本在美国子公司的生路。

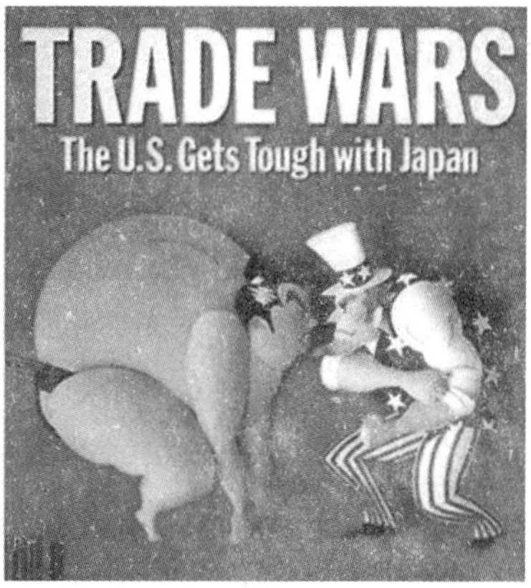

考虑到日美在国际地位上的不对等关系，日本能做的只能是尽量规避贸易协议所带来的冲击

在限制数量上,美国方面进一步压低日本彩电的出口数量,要求以 1973—1975 年的平均水准大约 110 万台作为目标。但这个数量只不过是 1976 年出口数量 296 万台的 37%,甚至连一半都没到。日本方面则声称为了避免给日本彩电行业造成冲击,坚持以 200 万台为限。对于分歧,美国贸易代表斯特劳斯表示希望访问日本东京,在彩电数额问题上与日方重新商讨。

1977 年 5 月 20 日,日本政府与美国达成了“维持市场秩序协定”。协议规定:日本彩色电视机从 1977 年 7 月 1 日到 1980 年 6 月 30 日每年出口美国的数量为 175 万台,其中成品电视机为 156 万台,半成品电视机为 19 万台。通过协议不难发现,在美国的压力下,日本为缓解两国彩电的贸易摩擦问题做出了妥协,限制数量比此前首脑会议时协商的 250 万台少了约 30%。

美国贸易代表斯特劳斯在给总统卡特的备忘录中写道:“我们成功地与日本政府达成协议,我相信这将缓解国内和彩电行业存在的问题,而不损害日本产业。同时该协议的约束水平高于国内产业和工会要求,而且工会将受益,因为日本子公司将在美国生产,会带来大量的美国劳动力需求。但是国内生产商的风险会增加,可能因为日本在美国生产而导致国内生产商市场份额的减少。”

对于日本而言，虽然日本政府的态度是妥协于美国，从美国国内投诉开始到双方进行谈判，日方都是主动配合美国，但这已经是日本能做出的最优选择。考虑到日美在国际地位上的不对等关系，日本能做的只是尽量规避贸易协议所带来的冲击。事实上，协议规定的出口数量比1973—1975年日本出口的平均标准仍略有增加，基本上不会对日本彩电行业有过大的冲击。

另外，美国迫使日本政府接受电视出口自主限制，规定1977—1979年每年只能向美国出口175万台电视机，但日本企业在美生产的电视机却并不受限制。同时随着日元的持续升值，从20世纪70年代末开始，日本企业在美国掀起了直接投资设厂的浪潮，以规避贸易与汇率风险。此后，随着日本彩电厂家对美国直接投资的增加，日本彩电对美国出口额急剧减少，上述协定未到期便已经自动失效了。

第三节　隐身的日本彩电

全方位进入中国市场

1979年，也就是在日美签订彩电贸易协定的两年后，中国放宽了对家用电器产品的进口，日本电视机厂商便把目标盯准了中国市场。事实上，当时将目光转向中国内地这片新兴市场的不是只有日本，还有欧洲的电视机生产商，只不过欧洲厂商过去一贯以中国香港和东南亚的高收入消费者为销售对象，并不重视主要靠薪金谋生的阶层，认为中国内地的电视机市场潜力不大。

日本企业并没有贸然做出判断，而是通过各种渠道和方法来研究分析中国电视机市场。其实，从1978年改革开放之后，一些索尼的广播电视专业产品及家电产品就开始进入中国市场。1980年，三井财团旗下的索尼公司便在北京设立了办事处和客户服务机构。随后又在上海、广州、成都等地设立了办事处，以便进一步熟悉中国市场。

随后，日本企业从“市场 = 人口 × 购买力 × 购买动机”的概念进行分析，并得出结论：当时的中国有10亿的巨大人口，收入虽然相对较低，但中国人有储蓄的习惯，已经形成了一定的购买力。最重要的是中国群众有看电视的需求，特别是1983年央视第一届春节晚会播出后引发的电视热潮。所以，中国存在一个很有潜力的电视机市场。

从1984年下半年开始，日本彩电出现了前所未有的对华出口热。1983年日本向中国出口彩电54.1万台，1984年猛增3.3倍达到了231.3万台，1985年上半年出口量又是1984年同期的4.1倍，中国一跃成为日本彩电出口最大的市场，而

1983年时还是第六位。此后很长一段时间里,进口的日本彩电在中国消费者中被认为是质量可靠的保证。

日本各大电器公司把来自中国的巨额订单视为“上帝的恩赐”,纷纷增设生产线,改一班制为二班制,有的甚至取消周六的休假,让工人加班加点干活。生产显像管的日立制作所茂原工厂临时从附近的造船厂招收300名工人充实生产线。东芝、三菱等公司还分别从韩国和新加坡等地紧急进口显像管,安装在向中国出口的电视机上。

进入20世纪90年代,随着日本国内彩电消费市场的低迷以及韩国企业的追赶,日本彩电产业开始进入衰退期,但是通过对中国市场的开拓,日本彩电企业依旧维系着全球龙头地位。这一时期的中国随着城市化进程加快、商品房改革完成,家电开始步入高速普及阶段,到2008年左右城镇市场基本完成大家电普及,其后在“家电下乡”等政策推动下,农村也基本完成了大家电普及。

1994年5月,上海有关部门对该市进口家电经销商进行了突击抽查。检查中发现,某家电行销售的索尼2565彩电,同样的规格型号却有7080元、7180元和7380元3种价格。标价签上列出的商品重量分别为39千克、40千克、42千克。家电行负责人表示,39千克的是珠海组装的,40千克的是日本原装的,42千克的是马来西亚组装的。这一事件引发了当时大家对“日本原装”彩电的讨论,同时也意味着中国消费者逐渐从过去的盲目迷信走向理性。

与此同时,以索尼、松下为代表的日本彩电厂商也意识到了问题的存在。当时为了迎合某些消费者“买原装甚于买质量”的心理,一些不法商人有了“可乘之机”。上海进出口商品检验局曾对上海市场的20家进口家电经销商店进行暗访,结果发现能真实地标明产地的只有4家商店,乱标产地、冒充原装、误导消费的情况已非常严重,而这在很大程度上影响了日本彩电品牌的商业口碑。

于是,在1995年12月,日本索尼与上海广电集团和上海真空电子有限公司合资(其中索尼出资70%)成立了“上海索广映像有限公司”,并于1996年12月正式投产。合资公司主要生产全线平面彩电、平面特丽珑显像管、背投影彩电及相关关键件等产品。2000年8月,索尼又在无锡100%投资成立了“索尼电子(无锡)有限公司”,生产背投彩电以及从事数据投影机的组装工作。

扶植中国彩电企业

1994年,中国消费者协会提请国家广播电视质量检测中心,在1993年国家彩电抽检的基础上,对13种国产21英寸平面直角遥控彩电进行了产品比较试验。测评结果表明,国产彩电的综合技术和质量已达到相当高的水平,与先进国家的产品相比,差距明显缩小,收视效果毫不逊色,这意味着国产彩电生产水平在20世纪90年代中期已经趋近进口货。

对此，时任国家一级企业国有长虹机器厂厂长的倪润峰表示：“中国彩电工业经过十年多的引进、消化、吸收、创新与提高，已拥有相当的经济规模，技术、质量水平大大提高，有的已达到世界先进水平。”倪润峰还认为，中国彩电市场拥有潜在经济活力，能够在竞争中跻身国际先进行列，并形成真正的中国民族工业。但事实情况究竟如何呢？这还要从中国彩电业的发展历程说起。

实际上，在黑白电视机的研究发展上，中国与日本几乎是站在同一个起跑线上的。1958 年 3 月，天津无线电厂（712 厂）参照苏联旗帜牌 14 英寸电子管电视机，试制成功中国第一台黑白电视机，并将其命名为“北京”。1970 年 12 月，在极为困难的特殊时代，天津无线电厂顶住重重压力，制造出了中国的第一台彩色电视机。不久，北京电视台和上海电视台先后推出了彩色电视节目。

但是受限于经济条件和社会环境，可以研制不代表可以生产，中国企业根本无法自行生产电视机的显像管等重要元器件，引进国外先进的彩电生产线是产业前期发展的必然选择。1972 年，国务院批准从国外引进一条彩色电视机生产线，并已经和美国无线电公司初步达成协议，但最终还是由于当时特殊的历史原因而被搁置。

直到 1978 年，国家才正式批准引进第一条彩电生产线，定点在原上海电视机厂，即现在的上广电集团，引进方也由美国无线电公司改为日本的日立公司，相比于此前与美方达成的 7300 万美元，从日立公司引进的彩电生产线费用高达 1.6 亿美元。1978 年，四川国营长虹机器厂也从日本松下电器引进了彩色电视机生产线，并开发仿制研发彩电生产线。

1980 年 10 月 22 日，中国第一条彩电生产线从日本胜利公司（JVC）引进，并参照中国实际情况进行设计，在天津无线电厂建成。这条彩电生产线的建成，标志着中国大批量生产彩色电视机的开始。可以发现，中国彩电产业的诞生、发展过程都充满了日本企业元素，而引进日本彩电生产线在当时也成为一种风潮。

从 1984 年开始，中国政府又指定北京、天津、上海的 3 家企业为彩电装配基地，这 3 家企业分别从日本引进了年产 15 万~20 万台的生产线。特别是，在中央给予地方政府财政自主权后，地方政府开始为本地的黑白电视机厂进口大量的彩电装配线，先后引进了 113 条生产线。直到 1985 年下半年国务院对生产线的引进采取了严格的限制措施，才终止了这股热潮。

1985 年，机载火控雷达专家倪润峰入主长虹，出任国有长虹机器厂厂长，他提出要效仿日本松下电器。当时，松下正在为自己的第一亿台电视机下线庆功。倪润峰对松下企业精神的学习可谓是细致入微，十分推崇松下并对其加以模仿。日本企业密切注意倪润峰，并称倪润峰为“中国的松下幸之助”。

1986 年，在彩电生产线普及的大潮中，长虹又从松下引进了中国国内第一条彩色电视机自动流水生产线。松下不仅向长虹低价销售高性能的生产线，同时也提供大量彩电关键部件，其中比较有名的就是松下彩管。长虹从日本松下公司引进了国内第一条自动化彩电生产线之后，走上了规模化发展的道路，并依靠引进的生产技术于1989年第一次发动了大规模的价格战。

此后，长虹领导人倪润峰数次带队去日本，寻求松下、东芝的技术帮助。以三井财团为例。1998年，三井财团的东芝向长虹提供碱性电池的生产设备和技术，东芝与长虹建立技术开发战略联盟。1999年，东芝与长虹合作生产“大清快”空调；同期，三井财团的索尼公司向长虹提供VCD机芯；三井物产也与长虹签订了长期的出口代理协议。

进入20世纪90年代后期，中国彩电工业开始进入以长虹为代表的寡头竞争阶段。但长虹在获取中国彩电市场份额优势的同时，也因为依赖松下提供核心部件的习惯，使自己在被日本财团统合的道路上越走越远，那些利润最高的环节也一直都被日企等海外企业控制。事实上，在彩电产业领域，日本企业培育了两个好学生，一个是中国，另一个是韩国。

1986年，四川长虹从松下公司引进了国内第一条彩色电视机自动流水生产线，举行彩电工程奠基剪彩仪式

（对这一段历史感兴趣的读者可以阅读笔者2020年出版的《三井帝国在布局：揭开日本财团的“一带一路”》“第八章：家电市场的功守道”。）

把风光让给韩国

1985年，日本国内彩电生产创下1790万台的最高纪录，此后便开始逐年下降，1994年日本国内彩电产量降至944万台。调查表明，日本国内彩电产量下降的主要原因是日元升值带来的不利影响，以及日本彩电生产商纷纷把生产转向海外市场。事实上，这一时期日本彩电海外生产量达3000万台，是其国内产量的3倍，日本从彩电出口王国变成了彩电海外生产王国。

由于日本彩电生产重点已转向海外，所以日本出口彩电数量也从原来的每年1000万台减少到500万台左右。同时，日本官方的调查数据显示，1994年日本进口的彩色电视机与录像机等家用电器产品金额达到2985亿日元，比1993年猛增38.3%，其中进口彩电数量突破400万台。那么这一庞大的彩电出口市场将由谁继续引领呢？答案是韩国。

1993年，韩国的彩电工业完成产值21亿美元，其中出口额14亿美元，在家电出口中占有举足轻重的地位。但是，当时韩国彩电技术水平总体上比日本落后2年到3年，而且在核心零部件、系统技术方面的差距更大。此外，20世纪90年代韩国产品的商标知名度在世界上不是很高，超过半数的彩电，尤其是出口彩电采用定牌(OEM)方式生产。

即便如此,韩国电子产业的报告显示,当年韩国已经占据了世界彩电市场14%的份额,并呈现良好的增长趋势。韩国明确了彩电工业的发展战略,加强技术开发,提高产品品质和生产效率,确保出口市场。回顾历史不难发现,韩国的彩电业能够在短时间内取得突飞猛进的发展,离不开日本家电企业的支持,事实上直到液晶电视普及之前,韩国彩电产业一直都有日本企业的身影。

韩国的第一台电视机是由金星公司(现在的LG电子)于1966年推出的“VD-191”,本质上是引进日本日立公司的技术和零部件仿制生产的电视机产品。不仅是LG电子,现如今全球最大的彩电生产商韩国三星的发展同样离不开日本。在显像管(CRT)电视时代,三星显然是电视产业的后来者,但其凭借着自身的发展造就了一段业界传奇。

1969年,当索尼特丽珑彩电大放异彩之时,韩国三星电子才刚刚成立。由于三星电子当时并没有什么技术,所以只能从日本索尼公司进口黑白电视机的成套散件和基本组装技术,生产低档产品,然后再贴上日本三洋(属住友财团)的品牌销往海外低端市场。为此,三星电子还出资与三洋电机、住友商社合资成立了三星三洋电器。

1972年,三星电子开始在韩国国内销售黑白电视机。1974年,通过引进日本松下的技术,韩国亚南电子推出韩国生产的第一台彩色电视机。1977年,三星电子开始出口彩电。1978年,三星生产的黑白电视机产量超过日本松下,居世界首位,这对于一家成立不到10年的企业来说,其成绩足以震惊世界。1980年,三星开始在韩国国内销售彩电。

这里有一个小插曲,为什么三星彩电是先进行出口然后再在国内销售呢?原来在1980年8月之前,韩国全斗焕政府是禁止企业在国内市场销售彩电的,给出的理由是政府希望老百姓多储蓄、少消费。韩国1977年出口11.1万台彩电,1978年彩色电视机出口数量猛增至59.4万台,但1979年因美国的进口配额制度出口数跌至40万台,这时韩国才决定打开国内彩电市场。

事实上,一直到20世纪70年代后期,三星的能力仍仅限于产品组装,关键配件需要向日本企业采购。进入80年代以后,三星开始重视技术研发并在全球范围内引入一些高水平的技术研发人才,根据公司的长期发展需要成立一系列研发机构。此后,三星彩电产业进入高速发展期,先是以低成本优势占领全球的中低档市场,随后进军中高端市场,并最终在2006年赶超索尼,成为世界第一。

日企放弃疯狂的投资策略

2001年,韩国三星成功开发出世界上第一台40英寸的TFT-LCD液晶电视,彻底颠覆了业界对于液晶电视屏幕尺寸的固有观念。事实上,正是凭借着在液晶电视领域的成功，以三星、LG 为代表的韩国彩电企业才得以超越曾经的彩电霸主日本，成为世界彩电领域的新领头羊。然而，在三星彩电成为世界第一的背后，依然伴随着日本企业的身影。

TFT－LCD 的全称是 Thin Film Transistor Liquid Crystal Display，即薄膜晶体管液晶显示，它将薄膜晶体管（TFT）技术和液晶显示（LCD）技术相结合，通过薄膜晶体管对液晶的控制实现高清动态显示，是当前主流的一种液晶显示技术。如今市面上常见的大多数平板电视，其屏幕就是 TFT－LCD 屏，因此液晶面板的发展史在很长一段时间就是液晶电视的发展历程。

同彩电技术一样，液晶显示技术也是由美国无线电公司于 1968 年率先发明的。随后，罗克韦尔、西屋电气、摩托罗拉、AT&T、通用电气、施乐和惠普等美国公司虽然也都尝试着投入 LCD 这个新领域，但最终都在 20 世纪 70 年代放弃了相关平板显示技术的开发，液晶显示技术并没有在美国实现产业化，而日本企业开始接棒液晶显示技术的研发与商业化。

日本企业从一开始关注到液晶显示器，到后来起领导世界潮流作用的是须羽精工和夏普两家企业。1983 年，须羽精工在东京的一次记者招待会上宣布了一款 2 英寸的微型彩色液晶电视，使电子产业界大为震惊。1988 年，夏普则在日本电子展览会上展示了 14 英寸的液晶显示屏。看到能够应用薄膜晶体管来生产液晶显示器电视机后，松下、日立、东芝等大企业也纷纷行动起来。

20 世纪 80 年代末，受日本 TFT－LCD 液晶产业迅猛发展的影响，以三星为代表的韩国一些大企业也开始布局 TFT－LCD。当时，三星主要通过战略联盟的方式与日本企业开展合作，积累技术力量以待时机。当时的日本是 TFT－LCD 领域当之无愧的霸主，依托完整的产业链体系，1990 年日本占全球 TFT－LCD 液晶面板 90% 的份额，到 1994 年更是上升至 94%。

1983年，精工电视手表在东京研发，获得吉尼斯世界纪录“世界上最小的电视机”的称号

很快，韩国企业的机会就到来了。美国开始对日本平板显示厂商发起反倾销诉讼，同时提高了 TFT－LCD 的关税。与此同时，受泡沫经济破灭的影响，日本国内经济出现萧条，投资规模减少，液晶产业也由此进入衰退期。日本企业因为亏损，削减产量，一批液晶行业的专业工程师面临失业。三星利用这一时机，在日本设立研究机构，招揽失业的日本工程师。

1995 年，韩国三星与日本富士通签订技术交叉许可协议。1996 年，三星建成第一条 3 代液晶面板生产线，已经可以赶上日本企业的生产能力。1998 年，三星建成了 3.5 代液晶面板生产线，至此领先当时只有 3 代液晶面板生产线的日本企业。液晶屏幕的代际划分，主要就是切割出来的液晶面板大小。液晶产业各家企业之间的竞争，简单理解就是争相建设更高世代、可生产更大尺寸面板的生产线。

众所周知，液晶面板产业的投资额都是天文数字，动辄就要上百亿元的投入，但韩国的三星与 LG 在 TFT－LCD 行业周期下行期间迎难而上，采取“反周期投资”模式，面对巨额亏损，仍坚持大举投资，扩张产能，其目的就是提前占领市场，因为三星等韩国企业知道，一旦行业回暖，统治级别的市场份额就会展现出惊人的爆发力。

1999 年，随着笔记本电脑、台式机及平板电视需求的急速增长，三星以 18.8% 的市场份额占据全球面板行业第一的位置，LG 则以 16.2% 的市场份额位居第二，将曾经的霸主夏普赶下台。2002 年，三星的大型液晶电视年生产量首次突破 1000 万台。事实上，当时的日本企业不是没有发现液晶电视巨大的发展前景，但由于 1997 年亚洲金融危机的爆发，日本企业不愿像韩国企业那样采取疯狂的投资策略。

当时，日本企业选择将技术转移给中国台湾的合作伙伴，将 TFT－LCD 进行台湾本地化生产。由于中国台湾有着良好的半导体工业基础，因此在日本技术的加持下，中国台湾的 TFT－LCD 产业开始了腾飞。但是，中国台湾企业并没有像日韩企业那样建立完整的上下游供应链体系，对外部市场的依存度太高，所以在 2008 年国际金融危机爆发时陷入了濒临破产的境地，再也不能对韩国三星造成威胁。

第四节　反倾销诉讼的幕后推手

通过代理商进入新市场

2000 年，中国显像管彩电的出口开始迎来爆发式增长，当时中国彩电业年总生产能力高达 8661 万台，而国内每年平均需求不足 3000 万台。巨大的产能销售差迫使中国彩电生产商“走出去”，长虹将自己的海外市场第一站放在了美国。当时，长虹已与日本三井物产、日本松岩、美国 GE、荷兰飞利浦等签订了出口协议，但是其并不想把这块大蛋糕拱手让人。

2001 年 2 月，长虹领导人倪润峰亲自前往美国，对华人季龙粉创办的 APEX 公司进行了两个星期的考察，并最终达成大规模合作，长虹以赊销（O/A）的方式在美国开展贸易，由 APEX 公司帮助长虹在美国销售彩电。有关资料显示，在成为长虹的合作伙伴前，APEX 只是洛杉矶一家注册资本仅有 2800 万美元、以贸易为主的小公司。

从2001年7月开始，长虹彩电便源源不断地发向美国，由APEX公司在美国直接提货。APEX公司一度成了长虹最大的合作伙伴，季龙粉也成了长虹的红人，倪润峰把APEX公司称作"在一定业务范围内的长虹在美国的主要代理商"。这一年，长虹出口收入增长超过10倍，公司主营业务收入增加30亿元，其中出口收入增长幅度超过600%。

然而，超高销量的背后却是另外一番景象，APEX公司崇尚"低价、注重销量"的营销策略。这使得随后的几年中，长虹彩电的出口量大增，但品牌影响力却越来越小。美国《财富》杂志曾有报道称，平均每4个美国家庭就有一台APEX品牌（长虹彩电在美国被冠以APEX公司的商标）的家用电器，因为"它的产品单价可以比同类产品便宜30%到50%"。

通过打价格战，长虹在美国市场上压制了日本索尼的霸主地位，并一举成为第一个在美国获得彩电市场占有率冠军的中国企业。2001年，长虹的出口收入达到7.7亿元人民币；2002年，长虹的出口收入达55.4亿元人民币；2003年，长虹的出口收入达50.3亿元人民币。2003年1—3月，中国家电企业向美国累计出口额同比增长37.7%，达到8.6亿美元，占中国家电总出口额的31.5%，美国已经成为中国家电企业的第一大出口市场。

长虹在美国的经营活动中严重依赖APEX公司，使其在美国市场已经丧失了主动权，与出口额一同增长的还有高额的债务。没有APEX公司，长虹很难在美国开拓市场。2001—2003年，虽然APEX公司帮助长虹一共销售了价值50亿元人民币的彩电，但是，这3年间，APEX公司只向长虹支付了5.53亿元人民币，APEX公司的赖账导致长虹彩电直接亏损36.81亿元人民币，濒临破产边缘。

也就是说，长虹一边在美国有着超高的销量，一边却入不敷出，显然长虹被自己选择的这个代理伙伴APEX公司给"诈骗"了。事实上，所谓的华人季龙粉只是一位来自中国江苏常州的普通商人，但是在他的家乡，从各级政府到大小企业，季龙粉都可说是声名狼藉。2004年10月，季龙粉在深圳被四川警方以"涉嫌票据诈骗"刑事拘留，不过这已经是后话了。

就在长虹因巨额欠款无法追回而焦头烂额的时候，一场更大的风波随之而来。2003年5月2日，美国五河电子发明公司联手国际电子业兄弟会（IBEW）与国际电子产品、家具和通信工会（IUE-CWA）两家劳工组织，针对中国和马来西亚出口到美国的彩电产品，向美国商务部和国际贸易委员会提出反倾销诉讼。反倾销商品涉及范围为21英寸以上显像管彩电，包括普通显像管彩电、高清晰数码彩电和背投彩电，其中83%的产品由四川长虹生产。

诉讼方美国五河电子发明公司认为，中国彩电业的发展得益于中国政府的直接支持，特别是促进了军工产业技术向消费类电子生产转变。与此同时，中国的彩电出口到美国还会引起美国人民的地方保护情绪，如果大量进口劳动密集型产品，必会影响美国的失业率。2003 年 5 月 7 日，该申诉获得了美国国际贸易委员会的立案。

中国彩电价格“Very good”

2003 年 8 月，在美国政府对中国彩电生产企业进行倾销立案调查后，《中国电子报》走访了美国的一些城市，实际情况和诉讼方美国五河电子发明公司给出的市场反馈比较一致。中国彩电在美国市场上受欢迎的程度非常高，甚至有商场要求记者帮忙介绍中国的电器生产企业，希望记者能够推荐一些中国的电器生产厂家到美国来。

《中国电子报》记者在洛杉矶一家大型商场采访到正在选购彩电的消费者，他们都表示中国的彩电“Very good”（非常棒）。由于中国彩电进入了美国市场，美国市场上的彩电价格降低了许多，这对于消费者来说是一件乐见其成的事。美国的彩电市场一直以来都是日本产品的天下，中国彩电的出现能够起到制衡日本彩电的作用，防止日本垄断美国的彩电市场。

当提及美国政府对于中国彩电倾销案件的诉讼时，许多经销商、消费者都表示不理解政府为什么这样做。所谓的“外来产品会使美国本土人民产生地方保护情绪”也仅是一家之言，不能代表广大消费者的意见。同时，如果这次倾销案件成立，那么美国将会提高中国彩电的关税。这样一来，中国彩电出口到美国的数量就会减少，销售价格就会上升，最终增加的是美国当地消费者的购买负担。

事实上，美国国内始终存在将贸易问题政治化的倾向，表现出保护本国市场的强硬态度

尽管美国消费者对中国彩电表示欢迎，但这依然改变不了反倾销案的结果。2003 年 11 月 25 日，美国商务部公告了中国彩电企业倾销调查结果，初步裁定中国部分电视机生产商（长虹、厦华、康佳、TCL）向美国市场倾销产品，其中，四川长虹被认定的倾销价差为 45.87%。2003 年底，美国官员来到中国，开始对这 4 家中国企业进行核查。

在此次中美彩电倾销案中，美方认为中国彩电的“非正常”低价销售造成了中美贸易逆差，影响了美国彩电业的正常发展。给出的依据是 2001—2003 年，中国出口美国的彩电从 56295 台增加到了 1759640 台，且价格低于正常市场价值。与此同时，这 3 年间美国对华贸易逆差增加了 50%。在申诉方的证词中，美方把这些都归因于中国彩电对美国的“倾销”行为。

但是，2003 年美国两大电器连锁店 Best Buy 和 Circuit City 的网上促销广告显示，大于 21 英寸的彩电产品中最便宜的其实并不是中国的彩电产品。相反，一些日韩和欧洲知名品牌产品的价位也不高，甚至低于中国彩电 10 ~ 30 美元不等。一款由长虹生产的24英寸的APEX纯平彩电的售价为249.99美元，而同样是纯平的25英寸两款飞利浦产品的售价也不过是217.99美元和229.99美元。

事实上，美国国内始终存在将贸易问题政治化的倾向。按照经济学理论，贸易虽然从整体上使一个国家获利，但因为存在收入分配效应，在整体受益的同时，总是会有一部分人得到好处，另一部分人遭受损失。然而，代表受损者的利益集团则不可避免地会通过政治手段影响美国政府的政策，特别是2004年是美国总统的大选年，希望连任的布什总统必然会表现出保护本国市场的强硬态度。

但是，该案的产生和调查过程还存在一些困惑：首先，美国五河电子发明公司实质上只是一家小小的木工和彩电组装厂，中国的彩电并不与其有直接的竞争关系；其次，自从日本彩电进驻美国市场，美国各大企业便逐渐退出了彩电生产业，美国本土基本上没有整机生产企业和自己的彩电品牌，因此也就谈不上产业受损。那么，为什么还会对中国企业提出反倾销诉讼呢？

是谁策划了反倾销诉讼

2004年3月3日，美国商务部对华彩电反倾销终裁公开听证会举行，这被看作关系到对中国彩电厂家反倾销税率指控能否成立的决定性战役。听证会由主管国际贸易法的美国商务部部长助理杰夫·梅主持，阵营强大的中方律师团和美国申诉方的律师团就该案进行了针锋相对的辩护。

中国机电商会、长虹、厦华、康佳和TCL聘请的4家律师事务所，共同组成了一个由10多名知名国际贸易法律师组成的律师团。其中，占中国对美国彩电出口总量80%的长虹律师团，主导了这场长达3个多小时的辩护。在长虹律师团辩护后，中国机电商会和厦华的代表律师丹尼·波特、TCL的代表律师迈克尔·豪斯，分别有针对性地指出了美国商务部对其各自客户在倾销幅度计算方法中的错误。

中方认为，长虹在2003年相当部分的出口，都是源于在申诉方提起申诉以前长虹与客户所签订的长期供货合同。事实上，长虹原定于2003年4月的发货，不幸因非典型性肺炎暴发而被推迟。为此，长虹与客户修订了原有的合同将原定于年初的发货推迟至年中，因此增加了这一期间的发货量。此外，彩电行业的季节性销售色彩非常强，也应予以考虑。

尽管中方企业和律师团据理力争，但当时华盛顿的政治环境对中国的贸易问题而言，显然并不乐观，所谓的“听证会”也只不过是走一个过场罢了。不过，此次听证会却解开了此前很长一段时间令人最为困惑的难题，究竟是谁策划了美国企业对华彩电的反倾销诉讼？

在这次美国商务部的听证会上，美国申诉方一改其以往的说法，公开声称：他们代表的是整个美国彩电行业。然而，众所周知，自从20世纪80年代日本企业在美国大量投资建厂，美国彩电行业几乎全部是由日本彩电公司的分支机构把持。

这也就意味着美国申诉方代表的其实是日本彩电生产商,这实质上就是一场中日彩电生产商之间为争夺未来家电市场的经贸战。

人民网驻联合国记者从华盛顿发回的报道揭示,日本企业主要是索尼、松下、三洋、东芝和ORION等彩电业巨头,从“反倾销案”开始,就给美国五河电子发明公司和两家工会组织等申请方提供信息、数据、技术等方面的全力支持。这些日本企业一边为诉讼方提供支持,另一边又对中国政府和彩电行业一再表示它们与该案没有关联,并不断表示它们不支持诉讼方。

当时的现实情况是,中国企业的低价格彩电对日资企业构成很大威胁,迫使它们基本撤出美国本土转到墨西哥等国家办厂。日资企业尽管在墨西哥生产彩电,但中、小尺寸彩电竞争力仍不及中国产彩电,为了保护自身利益,日资企业必然阻挠中国彩电在美国的进一步深入。因此,面对中国彩电的迅猛来势,日本彩电企业当然不会选择坐以待毙。

2004年5月14日,美国国际贸易委员会就中国对美出口彩电反倾销进行终裁投票,以5∶0的投票结果一致认定中国彩电确实对美国产业造成了实质性的损害。至此,这起针对中国出口机电产品涉案金额最大的“反倾销案”,以中国彩电企业应诉失败而宣告结束。相关企业虽然进行了艰苦的抗辩,终裁较之初裁税率也有了很大的降低,但依然损失惨重。

两周之后,美国国际贸易委员会对中国彩电企业最终裁定并发布的反倾销幅度,除了厦华和康佳,其他所有中国彩电品牌在征收反倾销税后全部面临出口亏损。2004年6月4日,美国国际贸易委员会正式签署对中国彩电征收反倾销税的征税令,此后5年内,美国进口中国彩电的税率按倾销税率征收。此外,美国政府对中国彩电企业征收反倾销税是从初裁结果公布之日前90天起算,中国彩电企业还将为此补交大笔反倾销税。

中国企业输在哪里

在中美彩电反倾销大战后的反思中,有媒体认为中国彩电企业在这场诉讼中本可以不输,或者不会输得这么惨。事实上,美国彩电反倾销诉讼的对象不是只有中国,还有马来西亚,而就在诉讼案开始不久,马来西亚企业便联合了起来。同时,该国的外交力量也迅速走上前台,马来西亚驻美大使代表本国政府分别给美国商务部和国际贸易委员会发出公函。

反观中国这边却是热闹非凡,从被起诉到初裁的一个月间,中国企业分化为3个阵营,先是创维邀请TCL、康佳、海信共同聘请律师,结成联盟与美国谈判,而后被排除在外的长虹、厦华、海尔3家立即反戈,自立阵营,联手中国机电商会聘请美国律师应诉。此后,康佳却又突然宣布独立应诉,创维、海信、TCL则加紧结成另一条战线。

各个阵营一面努力维护自己的利益，一面又想借美国政府打击其他阵营以获得更多市场份额，甚至同一阵营内也各怀“鬼胎”，结果算计来算计去让美国政府和日本企业坐收渔利。美国家电业和其背后的日本彩电企业针对的是全体中国彩电企业，可最终却利用中国企业的自我混乱，在调查时各个击破。尽管在2004年3月的听证会上中国彩电企业联合组成了律师团辩护，但是为时已晚。

实际上，中国企业之间，在面对市场竞争以及个体利益与行业整体利益的取舍上，要认真向日本企业学习。日本企业在进行海外拓展时，相互之间往往会采取“抱团”模式，很少单兵作战，在信息获取、产业协同、融资助商方面产生聚集效应，成功发展出一条对外共赢之道。同业之间既讲竞争，又讲合作，采取战略联盟（财团模式），并共同追求战略联盟的利益。

学习日本企业拓展模式，从单打独斗到“抱团”出海，采取战略联盟（财团模式），并共同追求战略联盟的利益

从世界经济历史的角度来看，每当经济不景气或是出现衰退的时候，就是贸易保护主义兴起之时。在全球化浪潮和世界经济复杂形势交织在一起的情况下，各国各企业之间的竞争必然会日益激烈。加入WTO后，中国经济快速增长、出口持续扩张，势必会让以美国为首的西方发达国家的贸易保护主义进一步抬头。

在巨大的中美贸易顺差的背后，也暴露出了一个非常严峻的问题，那就是中国出口产品在具备相当成本优势的同时却极其缺少技术优势。就彩电行业而言，中国企业研发能力不足导致其在高端市场上不具有竞争优势。中国彩电企业产品结构相对单一，高附加值产品比重较低，出口市场较为集中。部分企业不注重品牌、技术含量，过多地依赖大批量低价出口，把价格竞争作为主要的销售手段。

出口产品的技术含量低，就会很容易给竞争对手以“倾销”的口实。以这次“反倾销案”为例，美国主要是针对普通彩电，而并非数字电视，那些在结构调整上走在前面的企业所遭受冲击就相对较小。当时的中国彩电企业大都处于产品结构调整时期，由普通彩电向数字电视过渡、低端产品向高端产品延伸，但是很遗憾这些先进的技术并不掌握在中国企业手中。

2004年12月，《中国财富》杂志访问了索尼、东芝、日立、夏普、三洋等7家日本企业。这些企业对中国家电企业看法基本相同，只是说辞不一。客气的说法是“中国企业没有核心技术的研发能力，甚至连自主开发都谈不上”。也有部分评价相当刻薄：“中国企业的竞争力，就是根据市场行情购买成形技术或进行辅助性开发，实际是一群水果贩子，专门做产品包装，什么水果好卖，就包装什么水果。”

第五节 日本已被全面超越？

索尼始终占据高端市场第一

2014 年 7 月，三井财团旗下的索尼公司决定将电视业务拆分出去并独立运营。事实上，此前受韩国和中国彩电企业崛起的影响，索尼的彩电业务出现了一段时间的亏损，仅 2011 财年的亏损就达到了 1475 亿日元（约合 85 亿元人民币）。也正是在 2011 年 11 月，索尼发布了提升电视业务盈利能力的计划，而“将电视业务独立”正是这一计划的核心部分，从而可以实施电视业务的改革。

对于电视业务的独立运营，索尼集团高级执行副总裁高木一郎认为：“尽管外部感知不到电视业务的差异，但公司内部变化的确较为明显，索尼电视业务拥有了更大的决策权与执行权，自行决定有利于电视业务的预算开支。”时任索尼 CEO 的平井一夫也表示，子公司化并不等于出售业务和退出，其目的是促进各业务的独立发展，从而进一步提高竞争力。

索尼希望电视业务独立后可以提升产品竞争力并加速向高端产品转移，不再以低价格换取份额，转而定位更明确和更高端地要给消费者以时尚生活。索尼电视官方给出的用户画像：有钱人、发烧友、忠实索尼粉丝、追求时尚的消费者、游戏玩家。在此之前，索尼就已经在这方面下足了功夫，截至 2013 年，在 4K 领域索尼在日本获得了 75% 的市场份额，同时也在美国市场取得了 4K 产品市场份额第一的成绩。

所谓的 4K 分辨率是指水平方向每行像素值达到或者接近 4096 个，属于超高清分辨率。在此分辨率下，观众将可以看清画面中的每一个细节，每一个特写。它不同于消费者在家里看的所谓高清电视（1920 × 1080 分辨率），也不同于传统数字影院的 2K 分辨率的大屏幕（2048 × 1080 分辨率），而是具有 4096 × 2160 分辨率的超精细画面。

索尼推出的画谛系列电视机代表了消费级产品画质的巅峰水准

2018 年 8 月，索尼提出画谛系列（MASTER Series）的概念。索尼提到，画谛系列电视代表了消费级产品画质的巅峰水准，其非凡的画面表现能够忠实传达创作者的意图。2019 年，索尼更是推出了首款 8K 分辨率的消费级电视机——Z9G。8K 电视机分辨率为 7680 × 4320，超过 3300 万个有效像素点，是 4K 电视机的 4 倍。只不过这款具有标志性意义的产品，价格也是惊人，98 英寸售价为85000英镑。

进入2020年,受到新冠肺炎疫情的影响,上游的面板价格开始上涨,此时低价的战略就会面临腹背受敌的情况。整机厂商一方面无法摆脱低价红利,另一方面又面临成本压力。久而久之,低价策略不但没有为品牌带来足够的营收去支持技术研发,反而导致产品格局止步不前。相对来说,索尼所处的高端电视产品领域因价格定位较高,目标人群对价格不敏感,所受到的冲击并不是很大。

2021年6月,专注于家电类大数据分析的奥维云网发布了当年中国"6·18""线上+线下"的销售监测数据报告。数据显示,相比于2020年"6·18"大促期间,彩电市场销售量整体上涨80%,索尼电视销售量同比增长104%。此外,奥维云网数据还显示,索尼电视的市场份额,以及零售量、零售额,均保持线上、线下全面上涨势头。长期以来,索尼始终保持着高端电视市场第一。

在代表高端电视消费主力军的OLED电视上,2020年在中国市场"6·18"期间,索尼有5款产品跻身畅销产品榜单Top10,其中3款产品稳居Top3;2021年"6·18"期间,索尼电视继续有5款产品跻身畅销产品Top10榜单,并且全部稳居Top6的行列,说明索尼彩电进一步凭借产品、技术和品牌的诸多优势,巩固了在OLED电视市场的王者地位。

对此,索尼(中国)有限公司消费电子营业本部副总裁木村维人表示,尽管中国彩电市场相对2019年整体呈现下滑趋势,但是从销售额来看市场在逆势提升,而且电视机整体的保有量、渗透率在逐渐升高,并趋于饱和。但是,索尼的目标消费群对于高端、大屏、高品质电视产品的需求却是在增长的。同时,伴随着中国消费者消费习惯的进一步改变,索尼电视未来的市场机会仍然很大。

电视叫什么不重要

从2019年开始,中国电视市场出现了一批"新玩家",并将电视以"智慧屏"命名。对于这一风潮,索尼(中国)有限公司消费电子营业本部总裁谢飚直截了当地表示,"电视叫什么不重要,没人在乎名字叫什么,重要的是它能够给消费者带来怎样的使用体验"。事实上,索尼是目前市场上唯一使用安卓原生态系统的电视,具有极大的系统流畅性、安全性以及非常优秀的扩展性。

索尼视觉产品公司总裁、索尼高级执行副总裁高木一郎表示:"索尼更重视能够给用户提供什么样的视听体验。不管是怎样的显示技术,消费者在意的是什么产品能够带给他们生活感动。而这一感动,就是索尼所认为的附加价值。"高木一郎认为,索尼拥有Z9D(最好的液晶电视)以及A1(最好的OLED电视)两款高端产品,这是索尼良好市场表现的基础。

如今,OLED电视被业内视为高端产品的代名词,这也是索尼的制胜法宝之一,目前中国市场上有15~20款OLED电视产品型号。索尼OLED A1上市后立即成为中国 OLED 电视市场的销量冠军，占有整个中国 OLED 电视市场 30% 的份额。事实上，索尼是最早将 OLED 技术商用的企业之一，早在 2007 年索尼就发布并上市全球首款 OLED 电视产品。

OLED（Organic Light – Emitting Diode），又称为有机电激光显示、有机发光半导体，由美国华裔科学家邓青云于 1979 年发明。OLED 正式使用则是在 1987 年，美国柯达公司推出了一款 OLED 双层器件。1997 年，OLED 由日本先锋公司在全球第一个商业化生产并用于汽车音响，作为车载显示器运用于市场。因此，可以说，OLED 的最早商业化是在日本市场。

世界上第一款使用 OLED 屏幕的手机是诺基亚于 2008 年发布的 N85，同时期三星的 OLED 屏幕手机比诺基亚晚发布了 4 个月。此后，将 OLED 手机进行推广与布局的是三星与苹果两大巨头。索尼抓住了机会，在 OLED 电视市场占据了半壁江山。不仅于 2007 年发布了第一台民用级 OLED 电视——XEL – 1，还在 2017 年推出了重新定义 OLED 电视市场的产品——A1。

在索尼 2007 年推出第一台 OLED 电视以后的很长一段时间里，韩国的三星和 LG 一直在主导着国际 OLED 屏幕市场。日本企业在显示领域似乎已经边缘化，那么事实真的如此吗？实际上，索尼从未停止过 OLED 显示技术的研发，之所以没有第一时间跟进 OLED 电视产品，是因为本着对产品和消费者负责的态度，其 2017 年推出的标杆级 OLED 电视也印证了这一点。

另外，从表面上来看，三星和 LG 近乎瓜分了全部 OLED 市场，日本电视厂商对 OLED 电视态度相对保守。但事实上，OLED 面板生产的关键设备——真空蒸镀机，却被日本独家垄断。蒸镀机的工作原理是将 OLED 发光材料附着在玻璃基板上，在 OLED 生产制造中必不可少。想要生产 OLED 面板，位于日本本州岛中北岸港市的佳能公司的一个小工厂——Canon TOKKI 的真空蒸镀机无异于一张入场券。

除 Canon TOKKI 之外，还有大量日本企业在 OLED 生产链条中扮演着举足轻重的角色，比如，OLED 生产必需的蒸发掩膜大多由 Dai 日本印刷公司生产，日本电气玻璃公司制造的玻璃基板、日本住友化学和昭和电工生产的聚合物、日本出光兴产和三井化学生产的 OLED 发光材料等，是生产 OLED 的基础产品。在高端 OLED 监视设备大面积应用的广电领域，形成近乎独占态势的是日本索尼公司。

2019 年 11 月 26 日，由三井财团的索尼和住友财团的松下成立的日本面板制造商 JOLED 公司举行了“能美事业所”印刷式 OLED 生产线完工仪式。这是全球首条印刷方式的 OLED 生产线，能利用类似喷墨打印机般的技术，将发光材料涂布在基板上。韩国厂商目前在 OLED 制程中普遍使用的蒸镀技术，需要真空环境与光罩技术，成本较高，而印刷式技术能比蒸镀技术少 90% 的成本。

芯片才是制胜之道

随着智能电视的不断发展，索尼不单单注重画质体验，在保证大屏产品优异的音画体验的同时，还不断考虑如何增强电视与其他产品之间的无缝衔接。在画质的提升，特别是将低画质转化为高画质的技术领域，是没有尽头的，永远都可以将目前的画质提升到一个全新的水平。凭借着在图像处理芯片技术方面的优势，索尼依然处于业界高端水平并引领行业发展。

除了关注显示设备，索尼还一直强调芯片对画质的重要性，因为对索尼电视而言，画质芯片一直是最重要的，也是其最大的优势。索尼从 1997 年推出第一代图像处理芯片 DRC 到现在 20 多年的时间内，从来没有停止过对自研画质芯片的持续迭代和升级，已经推出了超过 10 款图像处理芯片，积累了相当丰富的经验和技术。

画质芯片需要内容端的积淀和对显示底层技术的深刻理解，因此只有极少数老牌企业才具备。实际上，所谓的“独立画质芯片”本质上是一块专用集成电路处理器。差一些的芯片可以进行画面对比度增强、色彩增艳、信号降噪等简单的处理，而相对强大一些的独立画质芯片，基本都具备分辨率倍增功能，也就是将原本低分辨率的视频信号实时转换为高分辨率的视频信号进行播放。

同时，在那些功能最强的独立画质芯片内部会有一个专门的“图像数据库”，数据库中的内容来自厂商购买了版权的一些影视作品，包含人物、肤质、天空、建筑、花草等典型的画面内容。在处理图像信号时，画质芯片会将图像与数据库中的内容进行比对。

当然，不是所有的电视企业都有技术自研独立画质芯片，更不是所有品牌都拥有足够大、有版权的影像数据库，索尼就是其中的佼佼者。众所周知，索尼不只出品家用电视，它还具备大型电影摄像机、专业影像监视器设备，甚至还有电视台使用的控制台、转播车等产品线。同时，索尼也拥有全球最具影响力的电影公司、音乐公司、娱乐公司。索尼实际上掌控着影像作品从拍摄到制作，再到广播放映的整个流程的技术标准，所以它们非常清楚，该如何设计画质芯片。

2002 年，索尼推出贵翔（WEGA）图像处理芯片，搭载这一芯片的“贵翔引擎”（WEGA Engine）被誉为当时全球范围内领先的革命性显示技术。其最大的特点是可以广泛应用于包括 CRT 显像管、背投影、等离子、液晶等在内的多种显示设备，对包括高清晰度信号在内的各种模拟或数码影像信号，进行全程数码处理，索尼形象地将它比喻为“电视的心”。

如果说 1997 年索尼开发的 DRC 芯片数码精密显像是对显像技术的一次突破，那么 2002 年索尼推出的“贵翔引擎”就可以说是对显像概念的一次革命。“贵翔引擎”技术创造性地整合了影像处理的不同环节，为各种显示设备输出高清晰影像创建了一个重要的平台。甚至可以说，是索尼引领整个电视行业兴起了"图像处理"的竞争热潮。

2021 年，索尼在中国家电及消费电子博览会(AWE)上举行了新品发布会，"重头戏"正是全新的电视芯片—— XR 认知芯片(Cognitive Processor XR)，它能像人一样学会认知，来提升电视的音画品质，所以被称为"认知芯片"。索尼还展示了"屏幕发声技术"，使得视频中的鸟儿飞到哪里，声音就会在相应的屏幕位置上发出。这不仅仅是 XR 认知芯片，还需要扬声器、屏幕等其他硬件的"搭配"使用。

索尼的 XR 认知芯片采用了不同于此前大家所熟知的人工智能(AI)的处理方式，因为传统的 AI 会基于用户的使用习惯来学习，而 XR 认知芯片驱动则是通过模仿人类视觉和听觉的认知方式来处理优化电视内容。可以说索尼此次发布的 XR 认知芯片打破了传统电视芯片的壁垒，让智能电视的大脑更加多元化，更加具有人类的感知能力。

最赚钱的不是彩电

2021 年 4 月底，日本索尼集团发布了 2020 财年财报。财报显示，索尼集团在疫情肆虐的 2020 年实现营业收入 8.99 万亿日元(约合 5193 亿元人民币)，同比增长 9%；净利润为 1.17 万亿日元(约合 675 亿元人民币)，创历史最高纪录。值得注意的是，这一利润的背后，最大的功臣不是索尼的电视机、照相机等硬件产品，而是游戏、音乐等娱乐产品。对索尼而言，最赚钱的并不是彩电业务。

受疫情影响，居家娱乐需求明显增加，索尼的游戏、音乐等娱乐产品的营业收入同比增长 13%，占整体营收的五成。索尼公司高级副总裁、索尼中国董事长兼总裁高桥洋表示，在新需求、新技术、新模式不断催生，个性化主张引领社群娱乐的后疫情时代，索尼将致力于"开拓创意娱乐生态圈，打造传递感动价值链"。电视机是价值链产品的重要一员，但不是唯一。

在"连接人、感动人、支持人"的索尼价值链中，影音产品仍是索尼实现消费者与创作者无缝沟通的重要桥梁之一。2021 年在中国市场上，索尼电视先后推出了搭载首款 XR 认知芯片的 BRAVIA XR 电视系列新品，其中包括 8K 液晶电视 Z9J、画谛系列 4K OLED 电视 A90J，以及新一代游戏电视液晶电视 X95J 等 8 个系列 26 款机型。

在电视内容方面，索尼电视携手腾讯视频、爱奇艺等中国国内头部内容平台，构建了囊括电影、电视剧、综艺、网剧等海量影视资源的内容矩阵，并与腾讯极光 TV 联合打造"极光校准模式"，实现了软硬件的完美协同，提升了流媒体内容的观看体验。除了与腾讯视频等内容平台合作外，索尼还积极与中国智能家居领先企业 Lifesmart 合作，共同打造智能家居空间。

索尼公司高级副总裁、索尼中国董事长兼总裁高桥洋表示："从电子硬件、娱乐内容到服务平台，索尼逐步搭建起创造感动、体验感动、传递感动的价值链。”在打通价值链的全品类产品中，电视机只是其中一个呈现端的产品。事实上，从一开始，索尼努力打造的就不是单一的彩电产业，而是整套的影音娱乐产业体系，“从镜头到客厅”需要完善的硬件产品作为支撑。

索尼公司高级副总裁、索尼中国董事长兼总裁高桥洋表示：毫无疑问，中国市场是索尼最终的市场

索尼认为，电视机作为一类商业显示器只是显示端的承载方式，如果不能和更多合作伙伴的系统配合应用，意义有限。电视机作为商显的应用场景其实非常丰富，教育、娱乐、酒店、零售、数字告示等领域都会用到商用显示设备。在寻求开放式的市场合作上，索尼可以提供与众多伙伴合作的整体解决方案融合模式，实现了软件系统和硬件产品的高层次融合和生态圈的扩展。

例如，自新冠肺炎疫情发生以来，远程会议大规模崛起，网络摄像机需求供不应求，而随着人们思维习惯从线下到线上的转变，远程视频协作需求一定会持续井喷，而视频信号的采集则是良好远程协作体验的基本保障。在信号采集上，索尼一直是行业的领头企业，占据着大部分市场份额。因而，索尼大力拓展网络摄像机的产品线，尽可能地满足不同用户的视频采集需求。

同时，索尼不但要努力提高画质和光学技术，而且要在处理端扮演重要角色。利用处理设备把采集的声音和视频进行 AI 处理，智能化是未来 AV 发展的一个关键趋势。在显示端，索尼将投影、商显产品整合为整体解决方案。如此一来，索尼便打造出从信号采集、处理到显示端的全产业链解决方案。

此外，在游戏平台方面，索尼拥有全球最大的游戏平台之一——PlayStation，坐拥庞大的游戏玩家社群。截至 2021 年 3 月底，PS4 全球累计出货已达 1.159 亿台，2021 年 2 月新发布的 PS5 也已售出 780 万台，PS PLUS 会员达到 4760 万人，索尼正致力于把 PlayStation 打造成一个沉浸式游戏平台。为此，索尼专门推出了 Ready for PlayStation 5 电视机型，拥有 BRAVIA 游戏模式功能，可以为玩家自动提供低延迟畅玩 PS5 的游戏体验。

参考文献及来源：

1. 戴文. 索尼彩电是如何打开美国市场的[J]. 中国化工，1995(11)：48.

2. 郎朗. 彩电倾销案在美首次听证 幕后策划日本彩电巨头浮出水面[J]. 中国对外贸易，2004(4)：34－36.

3. 赵伟，管汉晖. 中国彩电企业遭受美国反倾销诉讼的原因和对策分析[J]. 国际贸易问题，2004(8)：78－81＋90.

4. 索尼官网,www. sony. com.

5. 靳伟. 索尼帝国兴衰史[EB/OL]. (2017－09－11)[2021－10－07]. https://zhuanlan. zhihu. com/p/29228180.

6. 吴东炬,杨宝龙. 日本家电产业史[EB/OL]. (2018－09－11) [2021－10－07]. https://www. doc88. com/p－29029057620733. html? r＝1.

7. 于昊. 索尼后疫情时代战略:开拓娱乐生态圈,打造感动价值链[J]. 电器,2021(6):74－75.

8. 牛亮. 寻找"带头牛"——"索尼"打入美国市场的开拓之路[J]. 企业销售,1995(2):21－22.

9. 马名伟. 美国市场欢迎中国彩电[N]. 中国电子报,2003－08－21.

10. 王铁兵. 卡特执政时期美日贸易摩擦研究[D]. 沈阳:辽宁大学,2015.

11. 邹德浩. 谁策划了美对华彩电反倾销[N]. 国际商报,2004－02－26.

12. 索尼谢飚:电视叫什么不重要,芯片才是制胜之道[EB/OL]. (2020－01－11)[2021－10－07]. https://baijiahao. baidu. com/s? id ＝ 1655575012817989702&wfr ＝ spider&for＝pc.

13. 白益民. 三井帝国在布局:揭开日本财团的"一带一路"[M]. 北京:中国经济出版社,2020.

14. 高端彩电市场强者归来 索尼为何能延续此前的亮眼成绩[EB/OL]. (2021－08－07)[2021－10－07]. https://www. sohu. com/a/481978826_120001964.

15. 王晓玲,张娅. 季龙粉"空手道传奇"回放[J]. 商务周刊,2005(2):38－39.

16. 刘丽霞. 中美彩电反倾销大战后的反思[J]. 安徽职业技术学院学报,2004(4):28－30.

17. 李新永. 中国彩电工业的竞争与发展分析[J]. 北方经贸,2000(1):191－193.

18. 金阁. 日本彩电生产重点已转向海外[J]. 电子产品世界,1994(12):15.

19. 弥新. 反倾销风暴考验中国彩电企业生存[J]. WTO 经济导刊,2004(5):78－81.

20. 杨赛. 韩国 OLED 产业被日本蒸镀机左右 究竟谁才是最终赢家? [EB/OL]. (2021－06－26)[2021－10－07]. http://www. diankeji. com/guandian/36422. html.

21. 冠华. 全球首条印刷式 OLED 生产线建成[J]. 广东印刷,2020(1):1－2.

22. 张胜. 韩国彩电业的启示[J]. 招商周刊,2006(8):30.

23. 梁平茂. OLED 技术在电视领域的应用[J]. 科技与创新, 2014(20):2.

第五章

“刺刀见红”的美日汽车战

出身于三井物产的神谷正太郎非常注重市场情报的分析与预测，他在成立丰田销售公司后抓的第一件事，就是打造“调查室”，专搞情报，其实这就是三井物产情报调研部（后来的三井物产战略研究所）的翻版。这些信息情报经过相关领域的专家分析后，提供给公司管理层作为他们决策的根据。

1980 年，日本三井财团的丰田汽车公司运销美国的汽车数量同比增长了一倍。与此同时，美国哥伦比亚广播公司制作了一个《丰田入侵》的新闻特别节目，把底特律的停滞和丰田的繁荣兴旺做了详细的对比报道，节目以大量篇幅描绘了美国工厂的悲惨景象，并感叹道：“底特律的辉煌时代已经成为过去。”

以三井物产为核心的三井财团是日本产业、商业力量的代表和象征，而丰田财团可以看成制造型企业成功学习三井商道，升级为新晋财团的典型案例。不仅如此，深受三井商业文化影响的丰田汽车财团内部其实也已经悄然孕育出了一个“小三井物产”——丰田通商。

——作者题注

【阅读提示】

“三井”告诉了我们什么(5)

美国的经营模式往往是金融、商业和产业分离，而日本的经济结构则是典型的产业金融，高度的产融结合，因此不能完全用西方的思维方式去考量和分析日本的情况。比如日本的丰田公司并不是一家简单的汽车制造业企业，它实际上可以被称作“丰田财团”。如今，丰田财团已经形成了一个“帝国”，日本企业独有的财团体系，正是支撑丰田“不死鸟”的核心所在。

目前众多研究大多把“丰田模式”简单地等同于“及时制”(JIT)，等同于精细化管理。其实，这些仅仅窥见了丰田制造环节的一角，而没能够看到丰田模式的全貌。只有从“财团”角度去审视，才能清晰地描绘出一个真正的日本丰田。丰田实际上就是三井财团的一个翻版，这不仅是说丰田与三井、三菱等日本几大财团组织结构近似，而且丰田财团也正是三井财团成员之一。

作为三井财团中的重要成员，日本丰田的崛起当然也少不了三井财团在背后的大力支持。石田退三、神谷正太郎等丰田公司的高级管理者大都来自三井财团，他们在丰田陷入危机时力挽狂澜，拯救丰田于水火。不仅如此，丰田家族和三井家族的渊源颇深，近百年间三井家族与丰田家族一直保持着用通婚联结家族纽带的“商帮”经营传统。

通过联姻，丰田与三井紧密融合成一体，当某个单一日本企业出现严重问题时，只是伤一指却不足以动全身，这种含金融、商业、产业“海陆空”“三位一体”军团结构的强强联合，给其中的单一企业以极大支撑，财团体制能有力地助其渡过难关。日本丰田已发展成为庞大的财团体系，不仅仅局限于汽车行业，而是几乎涉足银行、证券、保险、商社、电气、通信、化学、钢铁等众多重要行业。

俗称“小三井物产”的丰田通商，将整个汽车领域上下游企业的活动所构建的价值链条称为“价值链”。作为丰田财团旗下的综合商社，丰田通商以汽车相关业务为主轴，不断向汽车以外的领域拓展业务。如今，丰田通商不仅提供材料、产品或商品，还通过同关联企业的合作以及业务投资，实现原材料的资源开发、高效供应体系的方案策划和构建。

在日本汽车界，“销售的丰田，技术的日产”流传甚广。在某种程度上甚至可以说，丰田汽车就是一群商人的集合。丰田的商业能力集中体现在丰田通商身上。作为丰田财团的综合商社，丰田通商总是刻意保持低调，尽量地隐蔽起来，在背后默默地支持和帮助着丰田汽车。现在的丰田通商已经成为排名在三井物产、三菱商事、住友商事、伊藤忠商事、丸红商事之后的日本第六大综合商社。

本章导言

2020 年初暴发的新冠肺炎疫情，至今仍在全球范围内肆虐，数百万人被夺去了宝贵的生命，更多人的生活因疫情而改变。这对于本来就处于低迷期的汽车行业而言，更是雪上加霜。根据中国汽车流通协会发布的数据，2020 年第一季度，国内乘用车经销商零售 319 万辆，同比下滑 42%，接近“腰斩”。作为国民经济支柱产业，汽车制造业产值规模大、上下游链条长，意义重大。

进入 2020 年 5 月后，经过 3 个多月的复工复产，汽车的生产和销量开始逐渐恢复，但分化也越来越严重，有些企业凭借强大的体系迅速恢复战斗力，而有些企业则在重压之下无奈加快退出市场的步伐。显然，一汽丰田属于前者。据官方数据，2020 年 6 月，一汽丰田共销售新车 8.2 万辆，同比增长 30%。2020 年 1—6 月，一汽丰田新车累计销量达 35.08 万辆，同比微增 0.7%，一汽丰田成为为数不多实现逆势增长的汽车品牌。

具体到车型来看，一汽丰田也实现了轿车、SUV、燃油车和新能源车的全面增长。以自带抗寒属性著称的一汽丰田继续延续着其遇寒更强的“惯例”，在疫情影响并未完全消退，整体车市依旧严峻的大背景下，一汽丰田的逆势增长就显得尤为难得。那么，作为日本丰田汽车在中国的合资企业，一汽丰田到底是如何做到逆风上扬的呢？

在疫情最严峻的 2020 年 2 月初，一汽丰田积极推出了“山河无恙，人间皆安”的抗疫品牌语，并积极捐款捐物，主动承担起“国之重器”的责任。作为首批响应支援疫情防控的车企，一汽丰田第一时间配合中日双方母公司一汽集团及丰田汽车（中国）进行捐款，为武汉市及全国其他省份疫情严重地区购置医药、医疗器械、口罩、护目镜、防护服等医用物资，支持抗击疫情的相关工作。

在上海，一汽丰田上海锦江店临危受命，接到保障抗击疫情中 340 辆医疗救护车的任务，他们迅速集结，由包含上海市劳动模范在内的 7 名高级技师，组建了一支急救车维护“梦之队”。在沈阳，在物资运输最艰难时，一汽丰田联合饿了么外卖平台，一起为沈阳地区多家医院提供送餐专车……正是一汽丰田一次次的实际行动,使得其品牌形象成为公众心中彼时最需要的支撑力量,引发了广泛共鸣。

一汽丰田通过积极复工复产,及时推出应对疫情的营销策略,为消费者和客户提供各项服务,让市场对品牌的持续发展充满信心。同时,一汽丰田关爱医护人员和客户的举措,体现了其品牌温度。面对新冠肺炎疫情,一汽丰田更是展示出了守望相助、命运相连的共同体意识,通过及时调整佣金矩阵,取消对经销商前两个月的考核,让经销商能够挺过最艰难的时期。

可以说,一汽丰田将日本企业信奉的"一损俱损,一荣俱荣"的经营理念带到了中国市场。面对疫情带来的复杂情况,一汽丰田在第一时间为经销商减负解压,用实际行动与经销商共谋发展之路。通过切实可行的措施为迷茫的经销商指明了发展之路,也让经销商更有信心应对疫情下、疫情后的市场。当然,这些也为一汽丰田逆势上涨的销售额奠定了扎实的基础。

事实上,即便面临着严峻的疫情风险,一汽丰田也没有停下其继续前进的脚步。2020 年 6 月 29 日,一汽丰田新能源分公司项目正式启动,这也意味着其新能源战略全面落地。根据一汽丰田公布的新能源行动计划,将导入代表丰田全球最高技术和安全水平的新能源全新平台,不断充实和扩大 HEV、EV 等产品和销量,为中国消费者带来更好的移动出行体验。

丰田汽车和一汽集团联合投资 84.95 亿元人民币建设的新能源汽车工厂坐落在天津生态城,总建设面积达 197 万平方米,分两期建设,比上海的特斯拉工厂还要大。不仅如此,日本丰田汽车与中国比亚迪合资打造的"比亚迪丰田电动车科技有限公司",也于 2020 年正式宣告成立。面对中国新能源汽车市场的变革,日本丰田更是提出了"以中国市场驱动全球布局"的战略目标。

沧海横流方显英雄本色,历经磨难才知勇者初心!受新冠肺炎疫情的影响,2020 年国内外各大车企都没有太大的动作,除了发布新车之外,很少有战略方面的动向。而就是在这种情况下,世界第一大汽车厂商——日本丰田,不畏惧疫情威胁与市场风险,开始一步又一步地执行它早已制订好的计划,这背后体现的正是百年丰田深厚的企业底蕴和强大实力。

第一节 丰田汽车与三井商道

三井商道文化的传承

每当人们谈起日本汽车，就必然说到丰田。早在20世纪80年代日本就流行着这样一句话：“如果没有了丰田，就没有了日本。”这句话的真正含义是，如果丰田垮台了，日本的汽车产业和贸易就垮台了，日本政府的财政也就难以为继了。由此可见丰田汽车在日本国民经济中所占据的重要位置。那么，丰田又是如何从一家小小的自动织机工厂发展成为世界汽车霸主的呢？

事实上，日本丰田是三井财团二木会（总经理会议）的重要成员，其与三井财团之间有着割舍不断的历史渊源。1894年，丰田佐吉（丰田喜一郎的父亲，丰田创始人）与纺机工厂老板石川藤八共同开办了“乙川棉布合资会社”，为其提供周转资金的正是三井财团的综合商社——三井物产。在三井物产的帮助下，丰田织机在日本被迅速推广，并于1906年成立丰田织机株式会社。

对于丰田织机株式会社，三井物产不仅自己参加，而且广泛动员社会各方面的资金，并成功地动员了大阪、名古屋以及东京等地的资本家以股东和主要成员的身份加入该公司。公司注册资本为100万日元，这在当时的日本是一家少有的大公司。对丰田佐吉这样一位发明家来说，三井物产为其提供了一个“想干就可以干”，能充分发挥自己才能的组织。

1909年5月4日，在三井物产两名高管的陪同下，丰田佐吉开始对美国进行访问，踏上了“连做梦也没有想到的”美国。这次美国之行，丰田佐吉除了对美国纺织行业进行了实地考察外，还有一个最大收获，就是对美国的汽车业发展印象极深，并敏锐地意识到了未来汽车将成为工业文明的主角。正是在这一年，美国通用汽车合并了另外两家汽车公司——奥克兰汽车和凯迪拉克汽车。

1912年5月，丰田佐吉急需资金，从三井财团关联的“服部商店”的社长服部兼三郎那里很快就借到了25万日元。原来，三井物产古屋支店店长儿玉一造在三井银行支行长矢田介绍下，认识了服部兼三郎，并把他介绍给了丰田佐吉。1915年10月，儿玉一造的弟弟儿玉利三郎（曾在伊藤忠商事工作）入赘到丰田家，娶了丰田佐吉的长女爱子为妻，并改名为“丰田利三郎”，他就是丰田汽车的第一任社长。

百年后的今天，现在第十一任丰田汽车社长丰田章男的夫人田渊裕子，是原三井物产副总裁田渊守的女儿，而丰田章男的母亲则是原三井银行董事三井高长的女儿三井博子。另外，丰田章男堂兄丰田达娶了原住友银行（现三井住友银行）行长堀田庄三的女儿真理。三井住友银行是由三井财团与住友财团各自的主办银行于2001年整合而成的。

通过联姻，丰田与三井紧密融合成一体，当某个单一日本企业出现严重问题时，只是伤一指却不足以动全身，这种含金融、商业、产业“海陆空”“三位一体”军团结构的强强联合，给其中的单一企业以极大支撑，财团体制能有力地助其渡过难关。现在的丰田已发展成为庞大的财团体系，不仅仅局限于汽车行业，还涉足银行、证券、保险、商社、电气、通信、化学、钢铁等众多重要行业。

《三井帝国启示录——探寻微观经济的王者》（白益民著），讲述三井商道的中国文化根源

以三井物产为核心的三井财团是日本产业、商业力量的代表和象征，而丰田财团可以看成制造型企业成功学习三井商道，升级为财团的典型案例。但实际上，深受三井商业文化影响的丰田汽车集团内部已经悄然孕育出了一个“小三井物产”——丰田通商。像三井物产一样，丰田通商承担起了培育和构建全球汽车产业链的重任。

丰田之所以与一般汽车企业不同，主要是因为它深受三井商业文化的影响。丰田的模式中蕴含了很深的“三井商道”。实际上，“三井商道”来源于中国的浙江地区。在《三井帝国启示录——探寻微观经济的王者》（白益民著）一书中，揭示了中国江浙地区，如“温州商人”“浙江商人”等古老商帮的经营理念，它们在“三井”“丰田”的经营哲学和经营文化中都有所体现。

不能依赖外国工厂生产

1925年，福特、克莱斯勒、通用三大美国汽车巨头先后在日本开设工厂，它们的汽车装配工厂遍布横滨、大阪等地。在此后的10年间，这3家美国汽车公司生产了近21万辆车，产量是日本本土车企的近2倍，占据了日本汽车市场半壁江山。日本政府对此感到不安，认为像汽车这样的重要交通工具，不能依赖外国工厂生产。

日本政府和军方开始呼吁国内厂商自制国产汽车，但当时大财阀的反应都十分冷淡。只有两个后起之秀挺身响应，一位就是丰田公司的丰田喜一郎，另一位则是日产公司（属富士财团）的鲇川义介。1933年6月，丰田喜一郎在丰田自动织布机械制作所内设立了汽车部，从此开始了丰田汽车公司制造汽车的历史。

丰田汽车第二任社长丰田喜一郎是丰田财团创始人丰田佐吉的长子，从东京帝国大学工学系机械专业毕业后就来到他父亲创办的丰田纺织株式会社当了一名机师。受父亲丰田佐吉的影响，丰田喜一郎对汽车产业的未来充满希望。为此，年轻的丰田喜一郎曾专门花费 4 个月的时间体验英国的汽车交通，并走访了英、美尤其是美国的汽车生产企业，彻底弄清了欧美国家的汽车生产状况。

在设立汽车部之后，丰田喜一郎先是从美国购买了一辆雪佛莱汽车发动机进行反复拆装、研究、分析、测绘。1934 年，丰田喜一郎又托人从国外购回一辆德国产的 DKW 前轮驱动汽车，经过连续两年的研究，于 1935 年 8 月造出了第一辆 G1 型卡车。随后丰田喜一郎开始向社会征集车标方案，优胜者的设计方案是在原名的基础上将 Toyoda 改为了现在大家熟悉的 Toyota。

1936 年，为了更好地从事丰田汽车的销售金融业务，丰田金融株式会社正式成立，丰田金融株式会社实际上就是后来丰田通商株式会社的前身。丰田通商作为丰田财团旗下唯一的综合商社，以汽车相关业务为主轴，不断向汽车以外的领域进行多种业务的拓展，经过几十年的发展已经成为丰田财团的核心企业，被誉为“小三井物产”。

1936 年 9 月，日本国会正式通过了限制外资的《汽车制造事业法》。根据这部法律，“凡在日本一年间生产汽车 3000 辆以上者，必须先得到政府许可，并且此类汽车公司，半数以上股资持有人必须为日本国民”。当时，通用和福特汽车公司在日本的年产量早已超过了 3000 辆，因此日本政府表示对这两大汽车公司的实绩予以认可，但基于新法产量不再增加。

与此同时，丰田自动织布机制作所、日产汽车公司，被日本政府指定为“正式认可的汽车制造厂商”。随后，丰田喜一郎起草了一份《成本计算与预定计划》，提议丰田成立汽车制造公司。1937 年 3 月，丰田集团在董事会上决定：设立丰田汽车工业公司。资本额达 2000 万日元的丰田汽车公司，比丰田体系下两大企业丰田纺织公司、丰田自动织布机制作所所有资本额加起来还高。

1938 年 11 月 3 日，丰田汽车厂正式投产。到 1939 年的时候，由于日本政府的强制法令，外国汽车制造商几乎都被驱逐出了日本。外国汽车制造商的退出并没有给丰田汽车的发展带来机遇，反倒是迎来了一场巨大的危机。席卷资本主义世界的经济危机强烈地冲击着日本经济，尽管丰田汽车总厂的兴建过程中设备的引进、原材料的采购等急需大量的资金，但市面上银根奇缺，借贷无门。

1940 年，由于战争的原因，当时的丰田喜一郎对工作非常消极，只是专心读书。于是，丰田喜一郎的好友冈本藤次郎就将原来三井物产的大将赤井久义推荐给了丰田喜一郎当副手，于是赤井久义成为丰田汽车工业的副社长。此后，丰田喜一郎便将公司的主要工作全部交给了赤井久义，自己偶尔过问一下主要管理人员的人事问题。

与此同时，第二次世界大战的爆发也打破了丰田汽车的商业梦想。日本政府开始推行“战时经济新体制”，日本由一直延续的自由经济突然变成统制经济。虽然借助于战争，丰田汽车公司的规模和资产有了长足的扩大和增长，但是由于实行的只有“卖方市场”的统制经济体制，丰田汽车在生产技术和设计等方面的进步却不是很大，在商业领域更是出现了极大的倒退。

显示超凡的魄力和胆识

1945 年 8 月 15 日，日本宣布无条件投降。在日本宣布投降仅仅 13 天后，日本通产省的官员就召集丰田、日产等当时日本汽车公司的首脑，商讨日本的工业再建问题。日本政府认为，只有民用轿车工业的发达才能使日本恢复经济的梦想成为现实。因为小轿车不仅是高附加值的产品，同时也是钢铁、橡胶、玻璃、机电的综合工业品，可以成为推动整个日本经济发展的原动力。

1947 年 6 月，在日本官员的努力说服下，盟军司令部终于同意日本每年生产 300 辆小轿车。10 月，丰田汽车公司就将自己研发的 SA 型小轿车投入批量生产。可是由于 SA 型小轿车的大部分零件都是手工制造的，生产成本很高，市场上根本卖不动。到 1948 年该型号汽车停产时，丰田汽车的亏损已经高达 1 亿多日元，几乎面临倒闭。

1950 年 6 月 5 日，由于市场供求失衡、汽车大量囤积、企业资金回笼情况急剧恶化，时任丰田汽车社长丰田喜一郎和其他经营管理人员全体引咎辞职。事实上，同他的父亲丰田佐吉一样，丰田喜一郎是发明家和工程师，并不是一名成功的商人，无法拯救陷入严重经营危机的丰田汽车。于是在 7 月 18 日，石田退三听从了由三井财团主导的董事会的决定，接管了丰田汽车，并成为第三任社长。

被称为丰田“中兴之祖”的石田退三早年间来自三井体系。正是在三井物产古屋支店店长儿玉一造的推荐下，石田退三于 1915 年进入了三井财团旗下的服部商店工作；另外，他还是丰田喜一郎的姐夫丰田利三郎的表弟。后来，石田退三作为丰田纺织常驻中国上海的代表，从事对中国和东南亚的纺织品出口业务，1948 年就任丰田纺织社长。

1950 年，石田退三接管丰田汽车后，就先与公司财务部部长花井正八到处奔走去筹措资金，然而却遭到冷眼，四处碰壁。最终，以帝国银行（三井银行前身）和东海银行为首的银行团借给了丰田汽车 1.88 亿日元的贷款，帮助公司渡过了难关。在提供贷款的同时，帝国银行又于 1950 年调派了中川不器男出任丰田汽车专务，协助石田退三。

1950 年 6 月，朝鲜战争爆发，美军选择日本作为其重要的军备供应方。在朝鲜战争 1.3 万辆军用卡车的订单中，丰田汽车占据一半的份额，获得了 42.4 亿日元的收入。1950 年 6 月，丰田汽车工业公司赤字累计 21 亿日元；到 1951 年 3 月，竟产生了 3.5 亿日元的利润。这一时期，不管是卡车，还是吉普，只要一造出来，都会立刻被美军买走，价钱也完全按照石田退三定下的支付，绝无拖欠。

20 世纪 50 年代，在日本加入关税及贸易总协定正式实施的准备阶段，日本汽车业为免受欧美汽车业的冲击，在扩大生产规模、发展新车型和降价、企业重新组合3个方面采取了一系列重大举措。在这“三大战役”中，石田退三领导的丰田汽车在经营开发和销售战略方面显示出超凡的胆识与魄力，为企业日后的腾飞打下了良好的基础。

1956年，继承丰田产业株式会社商业部门（最早的丰田金融株式会社）设立的日新通商株式会社正式更名为“丰田通商株式会社”，5年以后丰田通商株式会社在名古屋证券交易所上市。实际上，由于此前负责丰田汽车销售的三井物产正处于解散重组时期，因此所依赖的原有销售网络被迫中断，丰田汽车急需建立自己的综合商社。

到20世纪50年代后期，三井财团的丰田汽车年生产量虽然提升到了28万辆，但其中大部分仍为面包车和卡车，小轿车的年生产量不足5万辆。与此同时，受日本政府政策调整影响，日本汽车市场上正处于“持续衰退”的萧条时期。在这样的大背景下，石田退三选择了一条与众不同的发展道路，决定耗资23亿日元建造属于丰田汽车的小轿车专用工厂。

1959年9月，位于名古屋爱知县的日本第一座专门生产轿车的工厂——丰田汽车元町工厂正式落成投产。可以说，元町工厂的建成具有划时代的意义，是丰田汽车飞速发展时期的象征性产物，也揭开日本社会汽车化的序幕。元町工厂的建立不仅使丰田汽车与竞争对手之间拉开了巨大的差距，同时也为日后丰田汽车将产品销往世界各地提供了原动力。

“汽车战”进入白热化程度

第二次世界大战后，美国一度成为世界上最大的汽车生产国，20世纪50年代初其年产量就已达到了800万辆，而当时处于经济恢复阶段的日本汽车年产量仅3万辆。即便如此，丰田汽车还是早早就确立了国际化视野。而为丰田汽车带来这种战略思维的正是丰田汽车销售部门的负责人神谷正太郎，他被誉为“日本汽车产业中最具国际意识的首脑”。

同石田退三一样，神谷正太郎也来自三井财团体系。1917年，从日本名古屋商业学校毕业后，神谷正太郎便加入了三井物产，由于工作成绩突出，其先后被派往美国西雅图和英国伦敦分公司工作，此后还担任过美国通用汽车公司设在日本的销售广告部经理。1935年9月，神谷正太郎在三井物产前辈的介绍下加入丰田公司，主要负责销售工作。

在三井物产的商业经验，以及之前在通用汽车、欧美等国家（地区）的海外商务活动经历，使神谷正太郎在销售领域有着深刻的洞察力。通过对美国市场的多次考察，在了解到美国的小型汽车市场已经开始形成之后，他便建议丰田生产在美国市场上具有竞争力的小型汽车。经过他的努力，两辆丰田“皇冠”轿车于1957

年8月在横滨被装上轮船销往美国。1957年10月,神谷正太郎在美国成立了销售公司,其成为丰田汽车在美国最早的销售基地。

尽管当时向美国出口丰田轿车显得有些为时过早,但神谷正太郎的超前国际化视野却为丰田汽车的高速发展奠定了坚实的基础,也为日本的经济繁荣做出了杰出的贡献。作为要把日本生产的轿车出口到美国去的第一人,神谷正太郎曾经表示说:“别人往往是在考虑一年之后的事情,而我不过是在冷静地考虑3~5年以后的事情而已。”

不仅如此,神谷正太郎还认为日本不应该回避资本自由化的问题,与其消极等待还不如采取积极的行动,创建一个可以抵御资本自由化冲击的体制。扩大和强化日本国内外的销售力量是日本国产汽车能与国外产品开展竞争对抗的唯一方法。1964年,以多米尼加共和国为开端,丰田通商作为丰田旗下的综合商社开始了丰田整车的出口业务。

1967年,日本汽车产量猛增到315万辆,跃居世界第二。20世纪70年代后期,随着国际原油价格飙升,节油性能较好的日本汽车在美国市场的占有率大幅上升。1970年,美国国会对空气污染限制法进行了全面修订,重新规定所有汽车必须在1975年达到新的排气限制标准。以丰田汽车为代表的日本汽车企业在得知了美国强化限制汽车排气的信息后,迅速制造出了达到美国限制标准的汽车。

两次石油危机(1973年、1979年)以后,由于美国汽车一贯以奢侈、豪华和大型为主,美国的汽车业因美国汽车能耗高而受到严重打击。与此同时,日本汽车凭借着低排放、低油耗、轻型豪华、价格低廉等优势,很快就打入了美国市场。

1975年,美国汽车工业界对日本汽车向美国出口提出了著名的反倾销诉讼,并取得了成功。通过诉讼,美国汽车业表面上取得了胜利,但其实借用法律手段参与商战已经说明商战的失利,也表明了日本汽车在质量、价格方面的优势,反倾销诉讼在一定程度上反而替日本汽车做了免费广告。

1978年,日本对美国的汽车出口数量为152万辆;1979年,日本汽车在美国市场的占有率爬升到17%,达到了164万辆;1980年又进一步上升到24%。当年,日本对美国汽车出口达到192万辆,占美国汽车进口总量的80%。以美国克莱斯勒汽车公司陷入财务赤字为开端,1980年美国三大汽车公司通过全美汽车工会要求美国政府对日本汽车实施进口限制,并在美国国会开展游说活动。

20世纪80年代初,日本汽车的大量涌入使美国的汽车业进一步萧条,美国汽车产业当时每年有近6万人失业,这也加剧了美国的贸易逆差。美国汽车大王福特三世甚至惊呼:“美国正面临着经济的珍珠港!”美国朝野纷纷呼吁,由政府出面利用政治手段,通过谈判,气势汹汹地要求日本予以让步。1981年2月,美国参议院提出对日本汽车实行进口配额的方案。

正当日美汽车战进入白热化之际,1981年4月9日,美国“乔治·华盛顿号”

核动力导弹潜艇同日本货轮“日升丸”号相撞了。4月底在中国香港出版的《远东经济评论》杂志发表了一幅题为《保卫美国》的漫画，耐人寻味地把汽车战和撞船事件联系到了一起。漫画上，人们看到一个夸张的场面：“乔治·华盛顿号”像鱼雷一样，将日本货轮“日升丸”号尾部撞了个大窟窿。轮船倾斜下沉，停在甲板上准备运往美国的日本小轿车稀里哗啦地坠入海中。

漫画《保卫美国》：美国“乔治·华盛顿号”核动力导弹潜艇像鱼雷一样，将日本货轮“日升丸”号尾部撞了个大窟窿。轮船倾斜下沉，停在甲板上准备运往美国的日本小轿车稀里哗啦地坠入海中

同年5月，日本政府同意了对汽车实施自主出口限制，美国政府还对日本自动限制对美国出口汽车数量表示了感谢。然而历史经验告诉我们，自主出口限制并不能起到任何作用。汽车贸易逆差在美日贸易逆差中所占比重仍在不断上升，由1985年的53.9%上升为1990年的72.7%，在1994年日美657亿美元的贸易逆差中，约370亿美元（总逆差的60%）是汽车及其零部件贸易所致。

第二节　全面打入美国市场

美国市场并不是铁板一块

1950年，被誉为“销售之神”的神谷正太郎建议把销售业务从生产公司分出来，单独成立丰田汽车销售公司，他的新销售理论得到了两任社长丰田喜一郎和石田退三的赞赏与支持。1950年4月，丰田汽车销售公司正式成立，由神谷正太郎出任总经理，拥有股资8000万日元。在产销结合上，生产公司与销售公司完全平等，彼此相对独立，并按事先拟好的合同行事。

出身于三井物产的神谷正太郎非常注重市场情报的分析与预测，丰田销售公司成立后他抓的第一件事，就是成立“调查室”，专搞情报，其实这就是三井物产情报调研部的翻版。随后不久，神谷正太郎又把调查室扩大为“计划调查部”，配备统计、运算、设备等60多名专家搞情报分析工作，由他们挑选调查员交上来的资料，经整理后，提供给总经理作为决策的根据。

1957年8月25日，丰田的两辆“皇冠”牌小轿车登上了美国口岸。经过试销并征求用户的意见，计划调查部了解到丰田车存在着车体过重、功率不足、发动机过热等缺点，丰田当即对汽车进行了改进设计。1957年10月，日本丰田公司百分之百出资在美国开办了第一家子公司——美国丰田公司。

事实上,1957—1960年,第一代丰田“皇冠”成为首款出口美国的日系车,但它销量惨淡,最终只卖出287辆。“车到山前必有路,有路必有丰田车。”这句广告语对中国人来说再熟悉不过了,可是对于当时的美国市场,丰田汽车的确有些“无路可走”了。

20世纪60年代,丰田销售公司在日本国内有商店250多家,国外代理店148家,并用当时最新通信设备相连,随时把最新数据、情报汇总到计划调查部。丰田公司的计划调查部每年要进行两次市场调查,还进行专项调查和抽样调查5~6次。调查对象都在6万人以上,调查费达6亿~7亿日元。调查范围之广,开支之大,在日本业界首屈一指。

为了打开美国市场,日本丰田再次祭出了“情报”这个法宝。首次进军美国市场受挫后,丰田公司卧薪尝胆5年整,重新制定了市场策略,开始有组织地搜集美国当地汽车市场信息,调查对手情况,分析制定对策。20世纪60年代初期,正是通过对计划调查部的资料整理分析,并进行判断,神谷正太郎预测到了70年代美国将需要省油车,而且认为丰田完全可以借此机会打入美国市场。

丰田认识到,要想进入几乎是“通用”“福特”独霸的美国汽车市场,对初出茅庐的丰田公司来说,无异于蚍蜉撼树。但通过调查,丰田发现美国的汽车市场并不是铁板一块,随着经济的发展和国民生活水平的提高,美国人的消费观念、消费方式都在发生变化。在汽车的消费上,已经摆脱了那种把车作为身份象征的旧意识,而是逐渐把它视为一种纯交通工具。

到1965年丰田“光冠”牌小汽车进入美国市场前,丰田在当地已经建立了384家经销店和能存放200万美元汽车零件的仓库。1968年,由于有了此前的铺垫,丰田汽车就像潮水一般迅速涌入美国市场,仅当年一年就往美国销售了27万辆汽车。

此后不久,20世纪70年代的两次石油危机着实给千千万万个美国家庭上了一堂节能课,美国车的大马力并不能提高本身的实用价值。加上交通阻塞、停车困难等现实问题,使得低价、节能、耐用的小型车成为消费者追求的目标。但是美国的一些大型汽车制造公司却无视这些信号,继续生产以往的高能耗、宽车体的豪华大型车。

1975年,日本丰田汽车在美国进口汽车市场上的份额超过了此前居首位的德国大众汽车。与丰田高歌猛进形成鲜明对比的则是美国本土汽车企业经营业绩直线下降。克莱斯勒接连多年亏损,1979年亏损就达11亿美元。20世纪80年代初,美国汽车产业每年有近6万人失业。

丰田定位于美国小型车市场,但小型车市场并不是没有对手的赛场,德国大众汽车的小型车在美国就很畅销。于是,丰田汽车对德国大众汽车的用户进行了详尽的调查,充分掌握了大众小型汽车的优缺点。此后,以这些情报为基础,丰田汽车开始搭建自己的销售网络体系,建设销售、服务“一体化”的零售店,每个店都设立了供应零部件的门市部,并配有懂礼节、技术精的维修人员。

在美国销售,必须在美国生产

1980年1—2月,丰田汽车公司运销美国的汽车就比上年同期增长了1倍。与此同时,美国哥伦比亚广播公司(CBS)制作了一期《丰田入侵》的新闻特别节目,把底特律的停滞和丰田的繁荣兴旺做了详细的对比报道,节目以大量篇幅描绘了美国工厂的悲惨景象,并感叹道:“底特律的辉煌时代已经成为过去。”

1980年夏天,当25万名美国工人被裁减时,CBS又连续推出美日对比节目,报道日本经济的繁荣,讲述美国经济一片萧条的悲惨故事,这些节目在美国民众中引发了强烈的危机感。这一系列情况自然引起了美国社会对日本的责难,把美国汽车工业失利全部归罪于日本汽车的大量进口,认为日本汽车存在“倾销”情况。

面对这一挑战,美国本可以像1975年一样继续利用“反倾销诉讼”进行反击,但美国并没有这样做。出人意料地,美国选择了由全美汽车工人联合会(UAW,亦称“美国联合汽车工会”)主席道格拉斯·弗雷泽以及不少专家、使节出头,于1980年初专程赴日,呼吁日本汽车公司向美国投资,到美国设厂,甚至不惜喊出“美国是投资最自由的场所”(美国专栏作家格莱福特语)以吸引日本企业。

1981年,美国汽车工人砸烂日本丰田小轿车的照片,牌子上面写着:“如果你们要在美国销售,就必须在美国生产。”

1981年3月,美国报刊在报道国内反应时,发表了一幅美国汽车工人砸烂日本丰田小轿车的大照片。在这辆近乎废铁的汽车前,放着一块牌子,上面写着:“如果你们要在美国销售,就必须在美国生产。”这无疑是在向日本汽车制造企业发出警告。可以说,这次日美经济战中呈现的特点是美国一反常态,采取了截然不同新战略:把日本企业家及其资本“请进来”。

事实上,向海外投资,攫取高额利润是第二次世界大战结束以后美国跨国公司的得意“杰作”,几十年间,美国一直都是对外投资规模最大、获益最高、取得原料最多的国家。因此,邀请日本投资一举在当时被很多人看作“开门揖盗”,但是美国汽车业实则有着自己的小算盘,希望借助合作的方式来阻止日本汽车大量涌入美国市场。

1984年4月12日,美国联邦交易委员会正式宣布,同意日本三井财团的丰田汽车公司和美国通用公司合作生产家用小型汽车。1984年,丰田汽车与通用汽车在美国加州成立了新联合汽车制造公司(NUMMI),这也是美国第一家合资汽车公司,这里后来也成为丰田进军北美市场的重要基地。利用在新联合汽车制造公司积累的生产和销售经验,丰田随后几年内又投入了超过163亿美元在美国多处建厂。

虽然有全美汽车工人联合会的推动,但一开始包括通用汽车在内的美国国内汽车制造商并不同意与日本企业合资建厂,碍于美国政府的大力推进和数百万美元的税收激励才勉强同意了这个决定。以新联合汽车制造公司为例,通用汽车拿出的其实是自己两年前就已经关门歇业的最差的厂房——弗里蒙特工厂,这家工厂此前经常生产出一些通用系统内部质量最差的产品。

同时,丰田选择的加州弗里蒙特工厂有工会撑腰,旷工人数经常超过20%。一旦企业想要严明法纪、惩戒工人就会激怒工会,工会甚至可以在几分钟内就让整个工厂全线停产。然而,丰田接手工厂后的做法却让那些想看热闹的美国汽车制造商大跌眼镜。在新联合汽车制造公司开工后首次招聘中,丰田选择的就是那些从前闹得最凶的工会领导成员。

1984年夏天,丰田将这些重新上岗的美国汽车工人以30人为一组的规模陆续送到日本丰田工厂开始学习丰田的造车模式。经过两个星期的培训,美国工人被日本丰田的工作方式深深震撼了。在返回弗里蒙特临行前的寿司告别会上,穿着和服的美国工人和他们的日本同行深情地拥抱。通过这种实地学习和言传身教,丰田完全改变了弗里蒙特工厂美国工人的工作习惯。

新联合汽车制造公司聘请的还是原来的那批工人,但短短一年时间,新工厂的旷工率就从20%以上骤减到了2%,唯一改变的事情就是生产和管理的体系以及企业文化。1986年底,新联合汽车制造公司的生产率名列通用汽车公司所有工厂首位。此后,这家工厂生产出了800万辆高质量汽车,用每百辆汽车产生多少瑕疵品的数据来衡量,丰田管理下的新联合汽车制造公司的成绩在全美是最优秀的。

不放过每一个成长中的市场

丰田汽车第五任社长丰田英二的胆识与谋略和他的学习成长环境是密不可分的,他是丰田集团创始人丰田佐吉的侄子,1936年从东京帝国大学工学部机械制造专业毕业后便进入丰田自动织机制作所工作。1950年,受三井财团指派接管丰田汽车并出任社长的石田退三很快便选择了丰田英二作为其接班人进行培养。1950年7月,石田退三就将丰田英二派往美国考察,而他在美国的保证人正是战前在三井物产纽约分公司机械部门工作的伟伯先生。

回到日本后的丰田英二便成为丰田汽车公司的四号人物,排在他前面的分别是石田退三、中川不器男(三井银行派遣到丰田汽车的专务)以及大野修司。1967—1982年,丰田英二出任丰田汽车工业社社长;1982—1992年,担任丰田汽车(由丰田汽车工业与丰田汽车销售合并而成)董事长。丰田英二在任期间确立了丰田的精益生产方式,使丰田汽车成为全球知名的大企业。

1983 年 8 月,就在丰田汽车在美国市场高歌猛进的同时,丰田公司内部召开了一次董事会。这次董事会一开始就以一些无关痛痒的讨论话题向外界掩饰着丰田汽车的雄心,但当媒体和公众以为这又是丰田例行公事的总结、表态和发表鼓舞人心言论的会议时,会议室的门却突然关闭了,因为他们要开始这次董事会真正的也是绝密的话题。

时任丰田公司董事长的丰田英二向公司的高层主管、设计师、工程师和企业战略研究专家抛出了一个问题:我们可以创造出一辆豪华汽车去挑战顶级市场吗?事实上,当时除了丰田英二之外,没有多少人是从一开始就认同丰田向豪华车市场进军的号角,因为他们都认为既然丰田已经通过小型汽车在美国市场取得了巨大成功,就应该继续做好自己擅长的。

当然,丰田英二的决策并非突发奇想,而是源自他对市场的敏锐洞察力。美国的婴儿潮(Babyboomer)一代正在长大,20 世纪 40 年代后期到 50 年代初期出生的美国人被称为 Babyboomer。这些人与饱经战争风霜的父辈们相比,具有明显不同的价值观,他们将很快进入壮年,消费能力也将大幅度提高。年轻时,他们就是丰田汽车忠实的消费者,但是现在他们想要购买更高档的汽车。

丰田英二正是嗅到了豪华车市场的机遇,才决定投资 10 亿美元、投入上万小时的研究和设计来投产一款全新的高档汽车。作为丰田汽车的掌门人,丰田英二的“野心”是巨大的,他不愿放过每一个成长中的市场。可以说,丰田英二是真正具有胆识、谋略和胸怀的企业家,在日本财团向全球渗透中起到了重要作用,是日本商界不可多得的中坚力量。

1986 年 10 月,丰田美国销售公司、豪华车研发部门的高层举行了一场会议,讨论新车型命名事宜。最终新车定名为“雷克萨斯”(Lexus),因为 Lexus 的读音与英文“豪华”(Luxury)一词相近。车标则采用车名 Lexus 字母“L”的大写,“L”的外面用一个椭圆包围的图案。椭圆代表着地球,表示雷克萨斯轿车遍布全世界。

1989 年,研发投入高达 5 亿美元的丰田雷克萨斯(Lexus)诞生了。没有人会忘记丰田的 Lexus LS400 在全球高级车坛所引起的震撼,汽车上市当年就销售了 16302 辆。两年后,雷克萨斯就成为在美国销量最好的进口豪华品牌,并推出了新型号 SC 古贝。2000 年,雷克萨斯抢占了凯迪拉克北美最畅销豪华车的宝座。从那一年起,丰田雷克萨斯就再也没有离开这个位置。

为继续巩固在美国市场的地位,丰田汽车从 2000 年夏天开始连续推出好几个新车型,如 Tundra(坦途)皮卡、Avalon(阿瓦隆)轿车、CELICA(赛利卡)两门车和 Echo 次紧凑型车。2001 年又以平均 40 天生产一种车型的速度推出了几种新车型。加上 2000 年的 4 款车型,到 2001 年底的 18 个月中,丰田先后共有 13 款新车投放到美国市场。

2001年,丰田在美国共售出各类汽车174万辆,在当时美国家用车市场总体销量出现下滑的大趋势下,仍然具有很好的表现。这些其实都得益于雷克萨斯品牌多年来为丰田树立起的良好企业形象和产品形象,雷克萨斯的成功彻底改变了美国消费者对于丰田汽车的固有印象。然而,当年美国《财富》杂志曾对丰田汽车极尽挖苦,称丰田生产雷克萨斯就如同在麦当劳店里销售惠灵顿牛排。

利用好感遏制保护主义政策

2000年前后,日本丰田"普锐斯"混合动力汽车刚刚进入美国市场,一开始新车的销售情况并不乐观。当时的美国消费者几乎都不知道什么是混合动力技术,并且根据加利福尼亚州于1998年制定的法规,加利福尼亚州内各家汽车制造商的售车总数的2%必须为"零排放车",而混合动力究竟属不属于"零排放车"也没有定论。

为此,丰田将"普锐斯"带到了美国加利福尼亚州政府负责零排放限制的机关——加利福尼亚大气资源委员会的委员那里,并让委员当场试乘。同时,丰田还将加利福尼亚大气资源委员会的委员邀请到日本,听取有关"普锐斯"开发过程的介绍,并参观生产现场。随后不久,加利福尼亚州政府便决定修改"零排放车"限制,做出让步,承认除了电动汽车外,混合动力车也算是"零排放车"。

与此同时,丰田公司在加利福尼亚州各城市的28个销售店里,将电动汽车和"普锐斯"以同样的条件试着销售了6个月,以测试消费者的反应。结果,据当时的负责人讲,消费者对"普锐斯"的咨询占了绝大多数,在销量上"普锐斯"也远远超过了电动汽车。丰田华盛顿事务所的负责人表示是试营销的成功改变了加利福尼亚州政府的决策,但是据了解当时情况的销售负责人讲,实际上丰田公司和加利福尼亚大气资源委员会之间达成了某种交易,美国则把这一招数称为"院外活动"。

美国将丰田公司的独特外交策略称为"院外活动"。此前,从没有哪个国家的组织机构可以像丰田这样渗透进美国的政治领域

2002年7月,一辆红色"佳美"轿车从丰田位于美国田纳西州的生产线上开下来,这是丰田在北美(包括美国、加拿大和墨西哥)生产的第1000万辆汽车,也标志着日本公司进军美国并实现美国本地化生产的一个新里程碑。事实上,现在美国市场上销售的丰田汽车2/3是本地制造。在贸易保护主义盛行的美国,唯一能够在美国市场避免进口限制的方法就是在美国进行直接投资。

为了更好地在美国本土进行投资,丰田并不会将成品车组装厂、发动机厂以及零配件厂都集中在某一个州或城市里,而是将其分散在不同的地区。通过这种方式,丰田可以在美国发展其由各州长、地方议员以及各州选出的联邦议会议员所组成的关系网,然后再邀请这些州长、议员到访日本并参观丰田工厂,最后利用这些政治家对丰田的好感来遏制保护主义政策的抬头。

2007 年 2 月,在美国密西西比州东北部的图珀洛市郊外,丰田汽车建造的北美第八个组装厂正式动工。在开工典礼上,纷纷登台致辞的美国政治家和当地权威人士毫不讳言地称丰田公司为密西西比州的“救世主”。据密西西比州州长黑力·巴伯介绍,在 2005 年的时候他就参加了与丰田关系密切的爱知世博会(丰田的总部就设在日本爱知县的丰田市),并与丰田副会长中川胜弘进行了面谈。

有媒体报道揭秘,丰田汽车有 7 名职员为注册说客,他们以华盛顿事务所为据点,日夜忙于与政治家们进行隐秘活动和搜集各类信息,以不断提升丰田在美国的政治影响力,而这种政治影响力也为丰田立下了不少功劳。另据《华盛顿邮报》报道,丰田还透过各州政党及政治行动委员会,每年额外向国会议员提供至少 100 万美元的竞选经费。

除此之外,万一遭遇困境面临危机,丰田汽车还有一招撒手锏,就是请美籍员工出面求情。2019 年 4 月,丰田汽车一百多人的访问团,来到华盛顿国会大厦,向参、众议院的议员陈情。这是每年定期举行的“Fly - In”活动,由美国人的各地厂长集结领军,提出面临的问题。此次针对的正是美国准备对进口车加征 25% 关税的措施,其一旦实施就会给当地员工带来极大伤害。

事实上,无论美国由哪一个政党执政,都必须尊重民众的诉求。尤其特朗普政府倾向于本土保护主义,号称“保护当地美国工人的利益”,因此利用美籍员工向政府陈情施压的方式,很可能取得更加显著的效果。很多时候,亚洲传统文化中的政商关系,经常被人诟病,但是企业正常经营,往往离不开深厚的政商关系帮助,丰田在美国搭建政商关系的方式值得中国企业学习与借鉴。

丰田曾将这种政治关系称为“丰田小组”,但考虑到这种称谓太过于露骨并有可能激怒某些人,于是后来改称“丰田议会网”。由于丰田独特的企业性质,这些高级的外交策略甚至连日本外务省都没办法学会。此前,从没有哪个国家的组织机构可以像丰田这样渗透进美国的政治领域。正是得益于“丰田议会网”的努力,才使得丰田可以在当时日益恶化的日美贸易战中实现稳定发展。

第三节　汽车领域的“世纪大战”

坚决不接受美国的要求

1990 年,美国市场上日本汽车的比例已达 36%,而日本市场上美国汽车的比例却仅占 8%。此外,那些在美国直接生产的日系企业汽车的数量也高得惊人,

1983年时仅有5万辆，到1990年时就已超过了100万辆。于是，美国三大汽车公司（通用、福特、克莱斯勒）和美国汽车工业协会联合向美国国际贸易委员会和商务部告发了丰田、马自达、日产、三菱等4家日本汽车公司。

美国汽车企业巨头认为，日本生产的工具车（乘客、载货两用车）在美国市场上存在“不正当销售行为”。同时，美国三大汽车公司的领导先后在电视上露面，公开指责以丰田为代表的日本汽车企业侵吞美国市场，夺走了美国人的就业机会。1991年，美国再次要求日本进一步自动缩减在美国市场上日本汽车所占的比例。

1992年1月，为了扭转在日美汽车大战中的颓势，美国总统乔治·布什亲自出马，不远万里、风尘仆仆来到日本。其随行人员包括美国三大汽车公司领导在内的21名企业家，重点就是与日本首相宫泽喜一讨论解决日美之间的汽车贸易问题。在美国的压力下，双方发表了《全球伙伴关系行动计划》。日本答应两年后把进口美国汽车及零部件的金额从90亿美元增加到190亿美元。

与此同时，还要求日本每年至少购买2万辆美国汽车，同时决定1992年向美国出口汽车的数量由原定230万辆减少到165万辆，但美方仍不满意，希望逼迫日本做出让步。然而，实际上日本汽车的市场表现却再次重创了美国汽车企业。以1993年为例，美国对日汽车出口总计1265亿日元，而日本对美汽车出口则高达25760亿日元，是前者的20倍。

1993年4月，日本当时的首相宫泽喜一与美国总统克林顿举行首脑会谈，确定进行日美间的一揽子经济协商。1994年2月，当时的日本首相细川护熙和克林顿总统在华盛顿举行首脑会谈时，以总额高达1400亿美元的刺激经济增长计划来取悦美国，但终因双方各执己见，日本以美国的要求有悖“自由贸易原则”为由致使会谈失败。

1994年6月，日美重开汽车及零部件等方面的贸易谈判，然而此次谈判注定没有结果。负责此次谈判的日本通产大臣桥本龙太郎，为了担任日本下届首相，在对美贸易问题上表现得寸步不让，以争取国会和民众的信任与支持。7月，美国单方面宣布，若9月底仍达不成汽车及其零部件等方面的协议，便启用“超级301条款”对日本进行制裁。

美国“超级301条款”是美国贸易代表办公室利用贸易政策推行其价值观念的一种手段。其核心是以美国市场为武器，强迫其他国家接受美国的国际贸易准则，以此维护美国的利益。实际上，美国的贸易政策是攻击性的单边主义政策，通过潜在威吓的作用打开外国市场，是一种典型的恶意运用权力，以达到美国贸易目的的行为。

为了缓和矛盾，日美双方经过激烈的讨价还价，于1994年10月在政府采购、保险市场、平板玻璃等三个领域达成了协议，但在汽车及其零部件领域仍未取得一致意见。在以往的日美汽车大战中,零部件问题是一个只“冒烟”不“起火”的问题,这次却有所不同,零部件成为日美贸易不平衡的一个重要砝码。随后,日美双方决定于 1995 年重开汽车及其零部件谈判。

1995 年 5 月 5 日,日本、美国就汽车及其零部件问题举行的贸易谈判在加拿大结束,结果双方未达成协议,谈判以失败告终。5 月 16 日,美国贸易代表坎特发表声明,宣布鉴于日本在汽车的替代零部件和配件等售后市场存在市场壁垒,美国决定对其实施制裁,具体措施是对日本产的丰田、本田、日产、马自达、三菱等 5 家品牌的豪华汽车征收 100% 的关税,涉及产品总进口额达 59 亿美元。

面对美国的制裁,日本汽车工业协会在 1995 年 5 月 17 日发表声明,宣称坚决不接受美国的要求。时任通产大臣桥本龙太郎也发表讲话,认为美国的做法违背了 WTO 的原则,声明如果美国的制裁措施付诸行动,日本将进行报复,把美国汽车零件向日本的出口额削减 10% 。同一天,日本贸易代表正式通知 WTO,要求同美国就汽车贸易争端举行紧急磋商。

真正的谈判专家不是政府官员

美国政府表示,如果日本在 1995 年 6 月 28 日之前仍未向美国汽车及零部件开放市场,就将立即实施惩罚性关税制裁。至此,由汽车产业引发的日美贸易大战“一触即发”。日美双方也开始艰难的汽车贸易谈判。6 月 12 日,两国中层代表在 WTO 总部所在地日内瓦重开双边谈判,然而正如人们所预期的那样,谈判无果而终。

从 1995 年 6 月 22 日起,日美双方准内阁级别和专家级别会议在美国华盛顿开始了马拉松式的谈判,但直到 26 日,华盛顿和东京方面仍未取得有效进展,各方分歧依然存在。美国总统克林顿和贸易代表坎特也都在不同场合上一再重复他们要对日方实施制裁的威胁。就在桥本龙太郎与美国贸易代表坎特谈判的同时,丰田汽车作为日本汽车企业代表也开始积极发挥作用。

在日美汽车谈判过程中,真正的谈判专家不再是政府官员,而是像丰田章一郎(左一)这样的日本企业领袖

1995 年 6 月 27 日下午 3 点,时任丰田汽车会长的丰田章一郎与美国驻日本大使蒙代尔在东京港区赤坂的美国大使官邸举行了紧急会晤。由于 6 月 28 日在爱知县丰田市召开的股东大会上,丰田章一郎将代替因病疗养的丰田达郎担任会议主席。因此在此前的一周里,他都以准备股东大会为由闭门不出,这就为他秘密造访东京提供了极大的便利。

此次秘密会谈是由美国大使馆方面在 1995 年 6 月 26 日晚间突然提出的,但此前数日,丰田公司的领导早已提出与美国大使馆官员进行接触,双方可谓“一拍即合”。为什么美国大使馆会选择丰田汽车作为接触对象,实际上当时日本几大汽车厂商的经营状况各不相同。丰田的盈利高达3149亿日元,而日产却有610亿日元的赤字,因此丰田的表态在很大程度上决定了其他厂商的行动。

第二次世界大战以后,丰田、本田、日产、三菱和马自达(属住友财团)等5家汽车制造业企业逐渐脱颖而出,成为日本汽车产业发展的领头羊,而其中丰田又居于相对的领导地位。可以说,以丰田汽车为代表的日本五大汽车生产企业才是这次汽车贸易战中日本方面的绝对攻防主体。

在与美国驻日本大使蒙代尔的会谈中,丰田章一郎表示丰田公司同意1996年度64.5亿美元的采购金额。在明确了丰田的自主计划后,蒙代尔迅速与贸易代表坎特以及美国总统克林顿取得了联系。随即谈判有了实质性的进展,美国贸易代表坎特声明美国克林顿政府放弃对五大日本汽车厂商进口美国零部件的具体数额要求,日美谈判迈出了一大步。

1995年6月28日,也就是在美国实施惩罚性关税制裁的最后期限,日美双方签署了关于汽车和汽车零部件的协议。实际上,这次贸易协议是在日本拒不接受具体数值目标的情况下达成的,从而使历来日本屈服于美国的制裁而做出让步的日美经济谈判格局发生了根本性的变化,日本政府认为"这是向成熟的日美关系迈出的新的一步"。

第二天零时,丰田公司正式发表了题为"新的国际商业计划"的自主计划。丰田1998年的北美计划具体包括,与美国通用合作生产包括Prism在内的整车110万辆,到1998年将在美国的独立工厂TMM的产能扩大50万辆,研究在美国建立第三家工厂,等等。在丰田之后,本田、三菱、马自达也相继发表了各自的自主计划。

在日本企业界,流传着这样一句谚语:"商人的丰田,技术的本田。"在这次日美汽车的世纪大战中,恰恰是丰田这样的"商人"成为解决国家间经济纠纷的幕后主体,甚至走向了台前。日本政府在一定程度上为丰田这样的财团企业提供了政策咨询、外交斡旋、法律保障等支持,真正的谈判专家不再是政府官员,而是像丰田章一郎这样的企业领导。

丰田章一郎,是丰田汽车公司创始人丰田喜一郎的长子,也是现任丰田汽车社长丰田章男的父亲。丰田章一郎在1952年加入丰田汽车公司后,便一直跟在神谷正太郎的身边学习,接受接班人的教育。出身于三井物产的神谷正太郎带着丰田章一郎广泛地会见销售界和实业界的人士,精心地把他培养成为一位见识渊博的商人。

在丰田汽车工业和丰田汽车销售两家公司于1982年合并为丰田汽车公司时,丰田章一郎取代了自己叔叔丰田英二成为丰田汽车的社长。在丰田章一郎任期内,经历过3次日元升值,他不断削减成本,扩大销售,为丰田汽车成长为日本乃至全球汽车的领先品牌打下了坚实的基础。1994 年 5 月—1998 年 5 月，丰田章一郎担任日本经团联的第八任会长。

构筑合纵、连横的全球化体系

受三井财团等日本大型财团交叉持股结构的影响，丰田汽车公司早在 1974 年就与 10 多家核心企业组成了丰田集团，同时又与几百家中小型企业组成协作网。到了 20 世纪 90 年代，丰田集团已经形成了一个由经营组织、制造、研发、供应链 4 个环节组成的大集团企业体系。体系内部普遍形成交叉持股状态，这种稳健的资本结构，让丰田集团的经营可以不受外部因素的干扰。

20 世纪 90 年代，特别是 90 年代中后期，受日美贸易战的影响，为了避免与来自北美和欧洲地区的汽车生产企业产生正面冲突，东南亚便成为丰田汽车等日本汽车企业全球发展战略的重要生产基地。相对北美、欧洲和日本国内市场而言，东南亚地区的东盟国家汽车市场发展较晚、规模较小，是非成熟市场，日本汽车企业很快便占据了统治地位。

1996 年，日本丰田汽车在东南亚地区一共生产/组装了 37 万辆汽车，这些产品中有 2/3 开始了当地化生产过程，其中当地化率最高的零部件产品已经实现了 40% 的当地化率。泰国是丰田汽车在国外的第二大市场，也是其在环太平洋地区最大的海外生产基地。丰田汽车泰国公司（日本丰田集团拥有 59. 6% 的股份）的产量占公司在东南亚地区总产量的 40% 以上。

在印度尼西亚，日本丰田集团拥有 49% 股权的 PT 丰田 - 亚洲公司，是丰田在东南亚地区主要的发动机生产基地。在菲律宾，日本丰田集团拥有丰田汽车菲律宾公司 25% 的股权，生产几种亚洲车。在越南，一个很小规模的装配厂已经试制生产成功。从生产方面看，丰田集团在东南亚地区的汽车生产基地规模已经超过了其在欧洲地区建立的生产基地。

在丰田汽车进驻东南亚地区的同时，丰田集团旗下的保险、银行等业务也在不断扩大，尤其重视将业务扩大到东南亚地区。考虑到近几年地区性的货币危机，丰田集团不失时机地在一些国家以低价收购了一批中小企业，业务范围涵盖印度、马来西亚、泰国和菲律宾的商品流通、零售、运输以及其他服务业。仅 1997 年，丰田集团就斥资近 20 亿日元收购了东南亚地区 7 家汽车零部件生产、销售企业。

2000 年 7 月 17 日，日本丰田汽车会长奥田硕走访美国福特汽车全球总部，与福特公司总经理杰克 · 纳萨尔举行了会谈。两位总裁就技术交流、海外业务合作以及系列企业之间建立友好关系等问题，全面地交换了意见，而且双方就进行实物性交涉达成了协议。11 月 2 日，纳萨尔总经理来到名古屋，再次举行了丰田集团和美国福特之间的正式会谈。

福特公司希望丰田集团可以帮助其在日本销售汽车,丰田集团则表示将代为介绍有兴趣代销福特汽车的下属系列销售店。对于丰田集团而言,通过与福特的合作,能够为长远发展开辟更广阔的空间。特别是进入21世纪以后,美国经济增长速度持续放缓,汽车市场出现需求下降的苗头,一旦日美之间再次爆发汽车贸易摩擦,可以凭借同通用和福特两大巨头的合作关系,在一定程度上减轻风险。

事实上,据日本媒体统计,从1930年到2000年的70年中,日本丰田和美国福特共有5次计划结盟。坚定不移地推行全球化,是丰田集团重振雄风的长远战略。丰田国际合作的主导思想就是展开"全方位外交"。截至2000年,丰田集团在世界上25个国家拥有45家独资、合资和合作型企业,在160多个国家拥有180多家代理商和7000多家经销网点与维修中心。

2000年7月,丰田集团创建了丰田金融服务股份公司(TFS),这是一家包括汽车销售金融服务在内的金融领域总括型企业。2001年4月,日本千代田火灾海上保险公司和大东京火灾海上保险公司合并成立爱和谊保险公司,爱和谊保险公司的母公司为日本MS&AD保险集团,而MS&AD保险集团的最大股东正是丰田汽车。随着金融业务的不断完善,丰田集团也逐渐完成了向丰田财团的转变。

丰田财团形成了完整的"产商融"体系:拥有丰田汽车、丰田自动织机、日本电装、爱信精机、爱知制钢、捷太格特、丰田车体、丰田纺织、东和不动产、丰田合成、日野汽车、大发工业、丰田住宅等十几家制造业企业作为产业支撑。在大的实业背后,则有着丰田金融服务股份公司和爱和谊保险公司等提供金融服务。最后,由丰田通商作为桥梁,将产业和金融紧密地联系在一起。

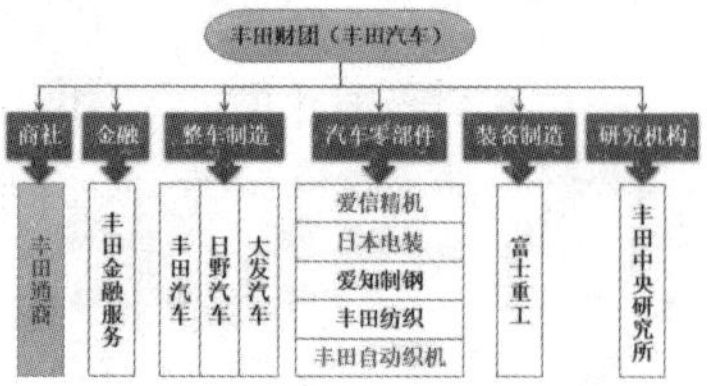

丰田财团已经形成了完整的"产商融"体系,在大的制造业企业背后,有着丰田金融服务股份公司提供金融服务,最后由丰田通商作为桥梁,将产业和金融紧密地联系在一起

除了利用一切机会寻求与其他厂商进行合作、利益互补、共同发展,为企业未来发展创造良好的外部环境外,丰田财团在企业内部也开始实施主营业务机构的重组规划。2001年,丰田财团设立了专门的控股公司,将财团体系中的大发工业公司和日野汽车工业公司纳入这家控股公司。通过一体化和内部网实现零部件开发、革新的高效率和低成本,大大缩短了资金周转时间。

大发汽车的前身是1907年以生产和销售内燃机为目的创建的发动机制造株式会社,1998年被丰田集团收购,成为丰田汽车的一员,负责生产小型车,丰田持股比例为51.2%。日野汽车则是一家位于日本东京的柴油货车、巴士和其他车辆制造商,在日本的中重型柴油卡车制造领域占据着领导地位。2001年8月,丰田汽车控股实行对日野汽车的控股,拥有其50.1%的股份。

丰田财团将新设的控股公司按照产品经营方向组成以下3家企业:经营普通

车和小型车的丰田汽车公司，经营微型车的大发工业公司，以及主要生产卡车的日野汽车工业公司。与通常的控股机构不同的是，此次设立的控股公司，不仅从资产上进行监督管理，而且负责下属3家企业从开发到生产、销售的基本经营战略的制定、实施和监督。

丰田惨遭美国“刹车门”迫害

2008年，起源于美国的金融危机开始肆虐，几乎席卷全球市场。在国际金融危机爆发的大背景下，美国汽车工业的崩溃和国内汽车市场的全面失守，似乎又要导致一次“日美汽车大战”的爆发。2009年，美国汽车市场全年新车销量为1043万辆，与2008年相比下降21%，与2007年相比下降35%，交出27年来最差销售业绩。

与美国汽车业几乎险遭灭顶之灾不同的是，丰田汽车2008年的全球销量利润却达到了新高，不仅在产量上赶上了美国通用，更是凭借150亿美元的年利润坐到了全球汽车业老大的位置。而2008年通用和福特的亏损额分别达到了168亿美元和146亿美元，2009年通用和克莱斯勒两家公司更是由于资不抵债相继申请了破产保护。

面对丰田汽车咄咄逼人的气势，美国并没有继续选择拿出关税制裁进行威胁，而是选择向日本制造赖以生存的质量生命线开炮。2009年10月5日，丰田汽车因踏板问题在北美地区召回380万辆汽车，起因是美国安全部门认为，丰田生产的真空助力泵密封胶圈因设计问题，在极端环境下使用，在一定的概率上会出现胶圈裂口，导致刹车踏板变硬、出现漏气异音、发动机故障灯亮等情况。

2010年1月21日，丰田汽车美国公司宣布召回230万辆汽车，一周之后，又继续追加召回110万辆汽车。召回原因是这些汽车的油门踏板因设计问题在踩下去之后可能无法恢复到正常位置，存在极大安全隐患。2月4日，美国运输部正式对2010年款普锐斯刹车系统缺陷展开调查。分析师认为，普锐斯陷入“刹车门”令丰田在汽车质量领域“失去光环”。

事实上，在美国汽车召回是家常便饭，每年实施500次，涉及的汽车品牌既有国外的也有美国的。在丰田大规模召回的同时，美国本土汽车企业也宣布召回旗下数万辆有质量问题的车辆，但美国媒体选择一笔带过，或者未做报道，反而是对丰田汽车的质量问题大肆渲染，美国本土企业也趁机打出丰田车主换美国品牌汽车给予优惠的广告，美国国会一些议员则是对丰田极尽讨伐之能事。

据当时美国《华尔街日报》一篇题为《日本制造的危机》的文章预计，最开始丰田汽车的20亿美元召回和17%的股价下跌只能算全部代价的首付款而已。《纽约时报》甚至将丰田的困境放大到整个日本经济的问题，报道援引专家观点：“按这个速度，日本将沉到海底。如果丰田有问题，日本就有问题。”还有调查报告显示，如果日本车在美国销量持续减少，日本 GDP 将因此降低 0.12%。

日本丰田陷入"刹车门"旋涡为其美国竞争对手带来难得的发展机遇，2010 年 1 月丰田汽车在美国的销量同比下降 16%，是该公司自 1999 年以来首次在美国月销量跌破 10 万辆，而福特和通用则分别上涨 24% 和 14%。美联社认为，短短数周，丰田召回事件实现了美国通用、福特等汽车制造业巨头数十年来未实现的梦想，更是打破了丰田汽车的品质神话。

2011 年 2 月 9 日，美国公路安全管理局（NHT-SA）和国家航空航天局（NASA）的一份调查报告结果显示，经过 10 个月的调查，"消费者投诉的自动加速问题，绝大多数是驾驶者操作失误造成的，和汽车本身并没有关系"。为了处理莫须有的"刹车门"事件，丰田公司先后向美国政府支付了 4880 万美元罚款，而比这些罚款更重要的是部分北美市场的丢失。

丰田在美国攻城略地，改写了美国车市格局，实际上导致了美国朝野上下的不满和嫉妒。可以说，美国朝野是在借"刹车门"事件"修理"丰田汽车，从而扶持美国本土汽车企业，渡过金融危机难关。到了 2011 年，国际金融危机见底，美国经济开始复苏，美国三大汽车巨头中的通用汽车和福特汽车也开始扭亏为盈，再去打压丰田汽车已无必要。

2012 年 12 月 26 日，日本丰田汽车公司宣布，公司同意支付约 11 亿美元赔偿金，与美国集体诉讼原告达成和解，以告别困扰它 3 年多的"刹车门"事件，这可能是美国汽车行业诉讼史上最高和解金额。11 亿美元的赔偿金对丰田汽车来说虽然有点冤，但是对于正在大规模布局美国市场的丰田财团来说，这笔资金或许可以看作丰田财团为了防止悲剧重演而交给美国政府的保护费。

第四节　中国越来越重要

轿车项目好像太早了一点

1964 年 4 月，第一辆丰田"皇冠"轿车（CROWN）进入中国，正式开启了其跨越了半个多世纪的中国旅途。20 世纪 70 年代末期，日本丰田汽车曾经与中国有过一次亲密接触。丰田汽车向中国有关部门提出与北京东方红汽车厂合资生产的意向，但由于当时特殊的政治背景，最终并没能如愿以偿，于是丰田汽车选择了按兵不动。

1979 年，中国改革开放伊始，一句汽车广告语就开始在中国流行："车到山前必有路，有路必有丰田车。"这句带有鲜明"无厘头"色彩的广告语，就是当时日本丰田率先在中国打出的品牌宣传广告。1980 年 7 月，日本丰田汽车在北京设立了首家丰田汽车维修服务中心。10 月，丰田汽车在北京设立了代表处，成为最早在中国设立代表处的国外汽车厂商之一。

20 世纪 80 年代中期，中国掀起了一股建立汽车合资企业的热潮。上海市政府把“绣球”抛向了丰田，向其表达了建设合资工厂生产丰田轿车的想法。出乎所有人的意料，丰田并没有选择“投入巨资建厂与中国政府拉近关系占领市场”，而是选择了拒绝，仍以出口业务为主。后来德国大众闻风而动，于是在 1984 年 10 月 10 日，中国与联邦德国合营的上海大众项目签约。

同一时期，由美国汽车公司（AMC）投资的北京吉普公司、由法国标致公司投资的广州标致等合资汽车公司也迅速成立投产，一时间风光无限，成为当时中国市场的宠儿。那么，为什么日本丰田汽车会选择拒绝生产合资小轿车？原来丰田汽车通过市场调查研究得出了一个结论，“轿车项目好像太早了一点”，当时在中国受欢迎的应该是用于生产的车，如皮卡和旅行车。

20世纪80年代，北京机场路上著名的“车到山前必有路，有路必有丰田车”的广告曾经在人们心中留下深刻的印象

实际上，为丰田汽车提供这一论断依据的正是丰田通商。早在 1971 年 6 月，丰田通商就在我国香港成立了专营贸易、对内地销售和投资的丰田通商香港有限公司。虽然无法直接进入中国内地市场，但这期间丰田通商通过香港公司对中国内地汽车市场进行了大量的调研和准备工作，仔细分析了什么样的车型能成为主流车并在中国发展下去。

1985 年 3 月，丰田汽车会长丰田英二率队访华，与中国领导人和汽车业界的同行会晤，并且到丰田北京维修站看望员工，虽然合资项目没有成功，但丰田汽车对中国市场的重视可见一斑。据说，丰田当时还在广州、遵义和厦门等城市组装生产过一种双排座皮卡，后来由于所有零部件都要用外币购买，成本太高，实在进行不下去就停止了。

20 世纪 90 年代，中国进入改革开放以来经济发展的加速期，这引起了全球各大汽车公司对中国市场战略的调整和重视。丰田汽车在新社长奥田硕上台后也提出了“尽丰田集团之全力，助中国汽车之发展”的口号。可以说，无论是从市场占有还是从利润空间的角度考虑，加大在中国本土生产汽车的力度成了丰田这一时期的必然选择。

当然，由于日美贸易战的影响，选择中国本土化也可以很好地避免与欧美汽车生产企业产生正面冲突。1993 年 6 月，丰田在北京成立丰田汽车（中国）有限公司，当时相中的第一个整车项目是沈阳金杯汽车股份有限公司下属的金杯客车有限公司,希望以金杯客车为契机进入中国汽车市场。然而,由于无法占有合资50%的股份,合资计划最后以失败告终。

1993年,丰田开始与四川进行合资谈判。1994年1月,在四川省政府给出许多优惠政策后,丰田与四川旅行车制造厂终于签订了意向性合作书。此后经过漫长的谈判,在1997年亚洲经济危机爆发的第二年,丰田汽车坚定地迈出了进入中国汽车制造行业的第一步,在四川成都建立了第一家合资企业,开始正式生产"柯斯达"牌客车。

1998年11月10日,由丰田汽车公司、丰田通商株式会社和四川旅行车制造厂(以下简称"川旅厂")以45%、5%、50%的投资比例,总投资9909万美元建成了四川丰田汽车有限公司(以下简称"四川丰田")。由于前期细致而充分的市场调研,四川丰田投产不到一年,就产销柯斯达客车2000多辆。在其后相当长的一段时间里,柯斯达一直占据着中国各级领导的公务活动用车市场。

借一汽重组,道路豁然开阔

1997年9月,日本丰田汽车向中国政府有关部门提交了在天津生产丰田整车的项目建议书,希望与天津汽车工业集团有限公司(以下简称"天汽集团")共同成立合资公司。实际上,由于中国当时的政策限制,直接合资建轿车厂的路暂时还行不通,因此丰田汽车选择了一条类似于"买壳上市"的途径:先入主大发汽车,再寻求逐步扩张。

日本大发汽车公司是最早进入中国的国外汽车厂商之一,并且已经与天津市相关政府部门建立了良好的合作关系。早在1984年,日本大发公司和天汽集团就开始进行技术转让合作。丰田对这一项目的进展了如指掌,当时丰田就持有大发10%的股份。1995年,丰田把在大发汽车公司的持股比例倍增至33%。1998年丰田占大发的股份达到51.2%,使大发汽车成为自己的子公司。

2000年5月29日,由于有着大发汽车这层铺垫,天津丰田项目正式获得批准。7月12日,丰田汽车公司与天汽集团下属的天津夏利股份有限公司共同投资1亿美元成立天津丰田汽车有限公司,中日双方各占50%的股权,年生产能力为3万辆。虽然投资仅有1亿美元,但实际上,丰田当时在中国已经建立了29家零部件生产厂家,都能够为天津项目提供配套服务。

受当时政策的影响,日本丰田在天汽集团只能生产1.6升排量以下的小型车,严重影响了丰田在中国市场上的全面发展。显然,天汽集团并不是丰田最佳的合作对象,寻找更有实力的合资伙伴的事宜就被提上了日程。这时候丰田就想到了一汽集团,毕竟早在1981年丰田就曾为其建设了两条生产线。20世纪90年代,一汽变速箱厂也曾引进过日野汽车(丰田旗下的汽车品牌)的变速器。

如此大品牌的丰田找到了自家门上,一汽集团无论是从利益增加还是从摆脱对大众的依赖方面来说,都不会放过此机会。最终一汽集团与天汽集团通过股权转让的方式实现了重组,而和丰田的合作则是要求其拿出多个车型来作为合作筹码。2002 年 6 月 14 日,一汽集团和天汽集团正式完成重组,造就了当时国内汽车界最大的重组案,并于 2003 年 9 月更名为“一汽丰田汽车有限公司”。

2002 年 8 月 28 日,在北京人民大会堂,一汽集团向全球媒体宣布了一汽集团与丰田、川旅厂与丰田的合作战略:“原由川旅厂和日本丰田各出资 50% 成立的四川丰田转变为成都一汽有限公司和日本丰田汽车公司各占 50% 的合资公司。按照一汽集团的总体规划,成都将成为一汽集团的三大汽车基地之一。”(三大基地分别为长春、天津、成都)

实际上,按照规定,国外汽车生产商在中国的合资汽车不能超过两家。而通过一汽集团先后重组天汽集团和川旅厂,天津丰田和四川丰田合二为一,统一成为丰田汽车与一汽集团的合作项目。对于重组变更,成都一汽公司首任总经理姜治表示:“这次重组,日本丰田才是大赢家。借助一汽集团两次重组,丰田在中国的合资道路豁然开阔。”

通过和一汽集团的合作,丰田得到了一汽在销售端和生产链的支持,其发展势头从华北一直拓展到了西南,开拓更广阔的市场势在必行。这一次,丰田汽车选择了与自己颇有渊源的广州汽车集团有限公司(以下简称“广汽集团”)。早在 20 世纪 80 年代,丰田就曾经与广汽集团探讨合作,可惜该项目只维持了两三年,最终因没有获得中央政府的批准而被迫中断。

2004 年 8 月 27 日,由于有了此前与一汽集团合资的成功案例,日本丰田和广汽集团的整车合资项目得到了国家发展改革委的批准,双方各出资 50% 成立“广州丰田有限公司”,其后在 2008 年更名为“广汽丰田有限公司”。当中最大的变化在于广汽丰田的自建销售体系,使产品的生产和销售合二为一,这也是丰田首次在华建立起生产基地和销售基地。

从 1964 年第一辆丰田“皇冠”轿车进入中国,到 2004 年广汽丰田公司的成立,丰田用了 40 年的时间完成了其在华合资业务的布局。诚然,虽然日本丰田在合资合作上所迈出的步伐并不像德国大众、法国标致那般的大胆和果断,但处处体现着日本企业的扩张哲学,一步步为自己打下坚实的基础,用一点点的努力来换取中国政府和企业民众的信任,走好自己的中国之路。

丰田章男很喜欢中国

在 2004 年广汽丰田公司的建立过程中,有一个人可谓是功不可没,他就是时任丰田汽车中国专务的丰田章男,正是他一手推动了丰田集团与广汽集团共同成立合资公司。对于丰田章男来说,广汽丰田就像是自己的孩子,尽管没有亲自抚养长大,但它的诞生无疑要归功于自己。每次来到中国,丰田章男都必然造访广汽丰田,前后已经有近10次。

丰田章男是丰田家族的第四代长孙,他的父亲是丰田汽车前社长丰田章一郎,祖父则是丰田汽车创始人丰田喜一郎。事实上,丰田家族和三井财团的渊源颇深,丰田章男的母亲就是原三井银行董事三井高长的女儿三井博子,可以说丰田章男实际上拥有着三井家族的血统。后来,丰田章男又娶了三井物产原副总裁田渊守的女儿田渊裕子。

2005年,48岁的丰田章男正式担任起丰田汽车的中国本部长职位,负责中国汽车业务。在跨国车企中,单独为中国一个国家的市场在总部特别成立一个部门的,只有日本丰田一家。对于中国,丰田章男曾经回忆说:“丰田整个家族都曾在中国居住过,我不得不承认,我真的很喜欢中国,并且喜欢在这里生活。”

2009年6月23日,丰田汽车公司在日本爱知县丰田市的公司本部举行董事会会议,正式批准丰田章男升任公司新总裁。当时,由于2008年国际金融危机的影响,2009年上半年丰田汽车虽然以356.4万辆的销售量保住了世界第一的宝座,但销量却同比下滑26%,而大众当年上半年销量同比只减少了5%,丰田汽车“世界第一”的位置岌岌可危。

2005年,丰田章男出任丰田汽车的中国本部长一职。对于中国,丰田章男表示:“我真的很喜欢中国,并且喜欢在这里生活。”

面对潜在的危机,丰田章男迅速做出调整,将发力重心转向中国市场。在接任丰田汽车社长后第一次接受媒体采访时,虽然远在大洋彼岸的美国,但丰田章男心心念念的仍是中国市场,他意识到了“中国汽车市场及汽车业未来发展迅速”。2009年上半年,全球车市下滑18%,中国车市却增长超25%,占全球汽车销量近1/5,几大车企在华销量全线飘红。

2011年10月,在丰田汽车研发中心(中国)有限公司TMEC的工程奠基仪式上,丰田章男更是用中文说出了“中国最重要”的口号。总投资6.89亿美元的丰田汽车研发中心(中国)有限公司位于江苏常熟,是丰田全球研发体系中最大规模的研发基地。研发中心颇受丰田汽车的重视,还专门委派总部研发的第二号人物山科忠担任中国研发中心的总经理。

2018年3月19日,为庆祝广汽丰田第三生产线在品质、安全、环境等多个环节达成投产目标,丰田章男亲率丰田总部高管团队现身广州。第八次造访广汽丰田的丰田章男再度表态,“中国的发展速度令人惊叹,希望能更加努力追赶上大家的步伐!从这个角度,中国对我来说仍然最重要”。可以说,决定丰田汽车未来命运的“主战场”就在中国。

2019年4月,丰田章男将“中国行”的目的地选在了清华大学。实际上,与清华大学共同成立“清华大学－丰田联合研究院”才是丰田章男此次“中国行”的真正目的。丰田与清华大学的合作由来已久，早在1998年双方便开始以开办技术讲座等形式推进研究。未来清华－丰田联合研究院的主要内容将不仅限于研究中国顾客所喜爱的汽车，还将共同探讨氢燃料的应用等，并贡献于解决中国能源问题以及社会课题的研究项目。

从体验共享单车、关注淘宝购物节到乘坐北京的10号线地铁，再到爱上中国的臭豆腐，丰田章男多次以各种各样的新形式去了解中国社会的生活方式与中国汽车市场的紧凑步调。“中国最重要！”在无数次提出这句口号的同时，丰田章男也正在不遗余力地将精力和重心放在中国市场，尽力去制造“符合中国人”需求的丰田汽车。

2019年10月8日，日产汽车董事会会议决定，由内田诚担任新一任日产汽车CEO。这次人事任命也标志着日系汽车三强中又迎来了一位“中国制造”的掌门人，内田诚在2018年4月刚刚被任命为日产汽车中国区负责人。其实不仅仅是丰田汽车社长丰田章男和日产汽车CEO内田诚，本田汽车董事长八乡隆弘也有着中国背景，作为本田常务执行董事，八乡隆弘曾担任过本田中国的“二把手”。

丰田通商：各个环节全面开花

有媒体将一汽丰田、广汽丰田和位于江苏的研发中心定义为丰田汽车在中国的“三驾马车”，但其忽视了最重要的“马车夫”——丰田通商（综合商社）。正是丰田通商引领了丰田汽车在中国制造生产的开端和布局，1993—1998年，丰田通商在中国市场先后共投资建成24家为汽车生产服务的企业和4家主营进口贸易及销售的公司。

如同三井物产这样的产业组织者一样，丰田通商很快便借助刚刚成立的丰田汽车（中国）有限公司，承担起了培育丰田汽车在华生存环境的重任。虽然丰田通商不是丰田汽车（中国）的大股东，但是主导了其最初的业务活动。此后，丰田汽车陆陆续续建立了二十几家汽车零部件生产厂，其中在很多合资企业中都能看到丰田通商的身影。

1993年8月，丰田通商在江苏昆山建立了在中国的第一家铝车轮钢圈汽车零部件生产厂。在随后的几年里，丰田的汽车零部件厂在中国华北、华中等地区遍地开花。据丰田称：“这正是为了配合未来的整车厂的诞生。”而随着丰田汽车加大开拓中国市场的力度，丰田通商作为综合商社承担起了构筑生产和配送体系，完善产业配套结构的重任。

丰田通商认为整车和零部件的物流服务是售后市场的主体。1996年7月，在向中国提出合资生产丰田整车的前一年，丰田通商联合上组株式会社同天津泰达投资控股有限公司共同投资组建了“天津丰田物流有限公司”。2000年丰田汽车合资项目落户天津后，丰田通商（天津）有限公司一直在为丰田汽车和其他供应商提供零部件的物流配送服务。

2003 年 12 月，丰田通商、丰藤海运与中国深圳长航实业发展有限公司正式成立深圳长航丰海汽车物流有限公司并为丰田汽车提供相应的水运物流服务。在业界，丰田通商的这一行动被看成丰田汽车与广汽集团合作的广汽丰田整车项目启动的前奏之一。因为在此之前，天津丰田项目启动的时候丰田通商在天津也设立了类似的物流企业。

2006 年 9 月，由丰田通商、新日铁、美达王等多家公司共同出资成立的日铁特殊钢棒线制品(苏州)有限公司在苏州工业园区正式成立，主要产品为汽车用冷镦钢丝和磨棒钢，年产量 7000 吨左右。实际上，随着天津一汽丰田和广州广汽丰田合资公司的成立与投产，作为综合商社的丰田通商开始为丰田汽车在中国境内构筑更加宏大的产业配套体系。

2007 年 10 月 26 日，《宝钢日报》报道："由上海宝钢、三井物产、丰田通商共同投资建设的广州宝丰井钢材剪切中心破土动工，主要为广州丰田汽车供货。"连同宝井昌剪切中心(三井物产与上海宝钢合资)在内，宝钢每年可以向广州丰田汽车加工配送汽车钢材 7 万吨以上。显然，对于丰田通商而言，在产业配套的各个环节全面开花，掌握主导权才是其核心诉求。

如今在国人全力打造自主品牌之时，丰田公司已经完成了用中国品牌来包装日本零配件的过程，通过丰田通商铺路搭桥，丰田财团旗下的爱信精机、日本电装进入产业链。丰田汽车在台前表演，丰田财团体系下的五强企业通力合作，协调一致，使丰田公司成为中国汽车市场的最大赢家，其成功之道被丰田章男一语道破——"零部件的利润大大高于整车销售"。

2015 年 11 月 11 日，丰通环新贸易(上海)有限公司在上海正式宣布开业，丰田通商(中国)有限公司和安徽环新投资有限公司各持股 50%。安徽环新集团是一家从事汽车发动机和其他重要系统关键零部件研发生产的中国企业。作为丰田通商家族一员，合资公司的成立标志着丰田通商正式强势进入汽车后市场，将为中国庞大的汽车后市场带来新的服务模式、注入新的活力。

汽车后市场是指汽车销售以后，围绕汽车使用过程中的各种服务，它涵盖了消费者买车后所需要的一切服务。也就是说，汽车后市场是汽车在从售出到报废的过程中，围绕汽车售后使用环节中各种后继需要和服务而产生的一系列交易活动的总称。汽车后市场包含了生产制造、物流运输、金融服务等几乎所有的汽车产业可用价值。丰田通商在其官网中表述称，综合商社活动的基础其实就在于价值链。

丰田通商将整个上下游企业的活动所构建的价值链条称为"价值链"。作为综合商社，丰田通商不仅仅提供材料、产品或商品，还通过同关联企业的合作以及业务投资，实现原材料的资源开发、高效供应体系的方案策划和构建。在汽车产业价值链方面，从原材料的开发与采购到交车服务，再到废弃物的重复使用与回收再利用，丰田通信在广泛领域发挥商社功能，提供附加价值。

第五节　丰田大战特朗普

美国总统推特“宣战”

2017年1月5日，刚刚锁定第45任美国总统宝座的唐纳德·特朗普在社交媒体推特(Twitter)上表示：“丰田想在墨西哥建厂，为美国生产卡罗拉，没门，要么在美建厂，要么等着高额边境税吧。”特朗普公开威胁如果日本丰田不把生产线从墨西哥转移至美国，就将对其征收重税。在这条推文发出来5分钟之后，丰田在美国的股价迅速下跌，市值蒸发了约12亿美元。

作为对特朗普“点名”的回应，丰田汽车社长丰田章男于2017年1月11日在特朗普位于华盛顿的办公室会晤了候任副总统迈克·彭斯。正是由于长期担任众议院共和党会议主席一职的彭斯倒戈支持特朗普，给特朗普胜选添加了最重的一枚砝码，所以其成为特朗普最倚重的搭档。丰田章男此时会晤彭斯，显然是希望了解美国新任总统特朗普对于日本汽车的真实看法。

美国总统特朗普（左）宣称进口汽车及零部件对美国国家安全构成了“威胁”，并点名批评了日本丰田等汽车车企

事实上，特朗普对于日本和日本汽车的“不满”由来已久，早在1987年9月，特朗普就买下了《纽约时报》的整版广告，刊登了一封致美国民众的公开信。开篇第一句便是：“日本和其他国家占美国便宜占了几十年。”1988年，特朗普又上了一次著名的《奥普拉脱口秀》，在节目上他历数日本汽车和录像机横行美国市场，将美国公司击溃于无形，自己想去日本做生意却被重重政策门槛拦在门外的事情。

对于特朗普这样一位想要重塑美国制造业，坚持“American First”（美国优先）的贸易保护主义者而言，面对目前被世界几大汽车工业巨头瓜分的美国汽车市场的现状自然也是颇有微词，曾经不止一次地呼吁“日本正在榨干纽约，必须阻止他们”。为了给美国人创造更多的就业机会，特朗普对于这些在美国市场“闷声发大财”的日系车企显然是不会手软的。

一组数据也能够证明特朗普对于美日汽车贸易关系“严重失衡”和“不公平”的担忧：2015年日系车对美出口额是美系车对日出口额的49倍之多，日系车占据美国市场近40%的份额，而美系车在日本市场占比仅为0.3%。美系车在国内的工厂已从2007年的41家锐减至2015年的27家,美国国内至少有269万辆的产能闲置,这显然是让特朗普无法忍受的。

2017年1月下旬,丰田汽车社长丰田章男在底特律举办的汽车展上宣布,丰田汽车今后将开启5年100亿美元的在美投资计划,用于开发新款车型和提升工厂生产能力以及投资位于得克萨斯州的“丰田北美总部”。同时,丰田章男还强调了丰田对美国经济所做的贡献,“过去60年里丰田累计在美投资220亿美元,为美国创造了13.6万个工作岗位”。

位于美国得克萨斯州达拉斯北部Plano的丰田北美总部耗资10亿美元打造,主要容纳制造、销售、市场、财务和其他服务部门,将销售和生产的决策部门集中到北美总部可以使两个部门建立起协同机制,从而迅速增加畅销车型的产量并投放市场。丰田北美总部雇员总数多达4200人,其中除了从加利福尼亚州、肯塔基州迁来的数千名员工外,还在得克萨斯州当地新招了1000多名员工。

2017年2月10日,也就是在特朗普上任3周后,日本首相安倍晋三启程赴美访问,成为特朗普就任美国总统后会见的首位亚洲领导人。这次访美,有副首相兼财务大臣麻生太郎及外相岸田文雄陪同,这在安倍的出访中前所未有。而在访美前夕,安倍晋三还特意会晤了丰田汽车社长丰田章男,面对特朗普挥舞的贸易大棒,日本政商再一次站在了一起。

“敲打”还在继续升级

2017年3月,美国总统特朗普造访美国汽车业重镇密歇根州底特律近郊,与包括丰田在内多家车企高层进行会谈,而丰田汽车北美CEO吉姆·伦茨被其点名,要求丰田在美国建厂并生产汽车,以创造更多的工作岗位。正当吉姆·伦茨谈到丰田计划在美国AI研发方面投入10亿美元时,特朗普打断了他的发言,并一再说:“你们一定要在这里建厂。”

特朗普再次升级对丰田的压力,希望其在美国建新工厂。丰田不得不正视这个问题,可能不得不牺牲本土产能才能满足特朗普的要求。增加美国产能就意味着要降低其本土汽车产量,一直以来,丰田都坚持保持其日本国内产量在300万辆左右。“考虑到美国和日本汽车贸易的不平衡性,日本车企进行一定数量的产能转移将是不可避免的事情。”日本分析师中西孝树说。

2017年4月10日,日本丰田汽车宣布将对其美国肯塔基工厂投资13.3亿美元,同时会新雇用700多名的员工。这是美国肯塔基州有史以来获得的第二大投资、第一大汽车投资。除了最新款的丰田凯美瑞之外,这次投资还将让丰田全球架构(Toyota New Global Architecture)下的任何一款汽车受益,包括了2018款凯美瑞、2016+普锐斯、2018款C-HR以及雷克萨斯等新车型。

肯塔基工厂是丰田在美国设立的第一家工厂,于1988年正式投入使用。北美产丰田汽车的1/3出自该工厂，是日本本土之外最大的汽车生产基地，2016年共生产了约50万辆汽车。美国总统特朗普自上任以来，一直在宣扬“买美国货、雇美国人”的政策。为了保证未来市场不受特朗普可能的贸易保护政策影响，身为日本企业的丰田很早就决定扩大美国本田生产规模，以避免可能产生的关税。

2017年8月，丰田公司又和马自达公司宣布计划斥资16亿美元共同在美国建设大型汽车工厂。这家代号为Project Mitt的工厂能为美国创造4000个高收入工作岗位和数以万计间接工作岗位。与此同时，丰田还宣布将在墨西哥工厂的计划投资额减少30%至7亿美元，并将计划年产能减半至10万辆。

实际上，马自达公司设在墨西哥的汽车厂于2014年初就开始生产出口美国的汽车。马自达公司在美国的汽车年销量一度达到了45万辆，但其在美国生产却是空白，均从日本或墨西哥向美国出口，对美出口比例最高。这次虽未直接受到“敲打”，但在特朗普2017年1月初指责丰田公司后不到一个月，马自达股价也下跌了15%，跌幅远超丰田和日产。

对马自达而言，考虑到其在美国的市场全部依赖进口，与丰田汽车合资建厂是应对高关税的重要措施之一。而对丰田来说，合资建厂也将有助于缓解特朗普对其的警惕心。丰田和马自达宣布合作的话音刚落，特朗普就立马发推特称赞合资公司：“丰田和马自达将在美国建立一个价值16亿美元的新工厂，并为美国创造4000个新的就业机会。这是美国制造业的一项伟大投资！”

2018年1月，丰田汽车与马自达的合资公司在美国亚拉巴马州正式成立，名为“马自达丰田美国制造公司”（MTMUS），计划生产马自达新款跨界SUV和丰田卡罗拉。在新合资公司中，丰田和马自达持股比例相同。这个新合资工厂是在美国总统特朗普当政后车企宣布建立的唯一一个全新的汽车工厂，而双方本来已将工厂定址在了墨西哥。

丰田与马自达合资建厂表面上是日系汽车向特朗普的妥协，实际上是抱团取暖。就在双方宣布共同在美国建设大型汽车工厂的同时，丰田与马自达还签署了合作协议书进行资本合作，丰田收购了马自达5%的股权，同时马自达也将取得丰田0.25%的股权，形成相互持股关系。另外，从2020年4月开始马自达将与丰田金融服务开展合作，将其汽车金融合作伙伴由美国摩根大通变更为日本丰田。

根据丰田方面公布的数据，丰田金融服务所管理的资产价值超过1150亿美元，由此成为全球最大的汽车金融服务供应商之一。丰田深耕汽车金融市场多年，其在汽车类金融产品和服务市场的丰富历史经验将为美国国内的马自达经销商提供帮助。马自达同丰田金融服务合作的附加好处包括其可以提升对客户数据的控制力，而金融业务中的再投资行动还可以继续反哺丰田。

丰田第一个表示“不能忍”

2019年5月17日，美国白宫发布声明，宣布延迟半年就是否加征高达25%的汽车及零部件进口关税做出决定，并指示美国贸易代表莱特希泽（Robert Lighthizer）与有关经济体（日本、欧盟）就汽车贸易进行谈判。声明中称，美国商务部于2月向特朗普提交的调查报告认为，进口汽车及其零配件已经严重威胁损害美国国家安全。

声明一出，丰田汽车第一个表示“不能忍”，当天丰田北美官网就发表声明，对“进口汽车威胁美国国家安全”论做出正面回应，不少外媒将此举定义为“态度强硬”“措辞坚决”。在声明中，丰田先表示美国白宫的行政宣言是“美国消费者、工人和汽车工业的一次重大挫折”，随后表明立场：“今天（白宫）的声明向丰田发出了一个信息，那就是我们的投资不受欢迎，我们在美国各地的每一位员工的贡献都不受重视。”

“我们的运营和员工为美国生活方式、经济做出了重大贡献，不会对国家安全构成威胁。”在声明中，丰田汽车如是说。丰田在美国市场已经建立起了研发中心和10家制造工厂。同时，丰田在美国拥有1500家经销商网络和广泛的供应链，开展各项业务，直接和间接地在美国雇用了超过47.5万名员工。迄今为止，丰田在美国市场中的总投资已超过600亿美元。

日本丰田公司在美国市场已经建立起了研发中心和10家制造工厂，直接和间接地在美国雇用了超过47.5万名员工

丰田在声明中也明确了对加征汽车及零部件关税的反对态度，称历史已经表明，限制进口汽车和汽车零部件在创造就业、刺激经济以及影响消费者购买习惯等方面的效果是适得其反的，人为的限制将减少消费者的选择，并影响所有的汽车制造商，因为美国制造业使用的汽车零部件都来自全球。实际上，丰田此前一直避免就特朗普的贸易政策表明立场，此次罕见的强硬回应似乎是在释放某种信号。

面对丰田汽车的强硬态度，特朗普也毫不示弱。2019年5月27日，特朗普开始对日本进行为期4天的访问，抵达日本后的特朗普选择撇下安倍晋三，先宴请了众多日本企业家。在日本商界企业家晚餐会上，特朗普出席并且发表演讲，演讲中，特朗普耐人寻味地提到了丰田章男，他表示：“丰田汽车（CEO）在哪里？”并开了一句玩笑，“老板今天来了，但是一点不像老板。”

在演讲结束后，特朗普特意走下台同包括丰田章男和孙正义在内的日本商界企业家代表握手。虽然特朗普做出了这样看似友好的姿态，但是这并不能掩饰当场尴尬的局面。值得注意的是，在特朗普演讲开头，其依旧表达了美国在美日贸易中吃了大亏的论点:“我想说日本占据贸易优势已经很多年了,这也是日本企业家喜欢美国的原因。”

特朗普与丰田章男在镜头前的合影,并不能从根本上解决日美两国汽车产业之间的分歧。就在特朗普访日前,日本汽车协会发表了一份态度更加强硬的官方声明,在这份官方声明中,日本车企表态是“非常失望”,而同时兼任日本汽车协会主席的丰田章男更是直接带头,再次强硬“批评”了特朗普的关税政策——“作为日本汽车联合会的主席,对于美国的关税问题,我感到深深的失望”。

2019 年 5 月 30 日,美国总统特朗普以非法移民影响美国主权为由,宣布根据《国际紧急经济权力法》对墨西哥发起贸易制裁。从 2019 年 6 月 10 日开始,对所有墨西哥商品征收 5% 的关税,如果墨方不采取移民限制措施,关税将逐月提升 5 个百分点,直至 10 月升至 25%。实际上这一突如其来的制裁,真正遭殃的是日本汽车企业。

美国对墨西哥实施关税制裁,日本汽车制造业成为最大的受害者。自 1994 年北美自由贸易协定签订以来,日本等国的汽车制造商纷纷在墨西哥、加拿大投资设厂生产汽车,免税销往美国市场。为此,一些生产零部件的工厂也迁往北美,形成了完整产业链。2018 年,墨西哥产汽车及零配件出口美国 1281 亿美元,相当于日本产汽车对美出口量的 2 倍以上。

2018 年,丰田、日产、本田、马自达 4 家日本车企共在墨西哥生产汽车 130 万辆,约 60% 出口到美国。丰田在墨西哥生产的 19 万辆汽车中更有 18 万辆是输往美国的。特朗普恰恰是抓住了日本汽车企业的这一命门,发起打击。2019 年 5 月 31 日,东京股市马自达汽车股票下挫 7.31%,日产、本田分别下跌 4.10%、4.00%,日系 4 家车企股价平均下跌 5.31%。受此牵连,日经 225 种股票平均跌幅超过了 1%。

贸易协定不是终点

2019 年 6 月 8 日,在日本举行的二十国集团(G20)贸易和数字经济部长会议上,人们并没有看到美国贸易代表莱特希泽的身影,这是因为莱特希泽将有更重要的事情要处理;13 日,莱特希泽在华盛顿与日本经济再生担当大臣茂木敏充举行双边部长级会谈,进行最新一轮的日美贸易谈判。日方希望美方下调或者撤销对日本汽车等工业产品的关税。

8 月 21 日,日本经济再生担当大臣茂木敏充与美国贸易代表莱特希泽在华盛顿就两国贸易协定继续进行谈判。第一天谈判结束后,茂木敏充告诉媒体记者:“我们把国家利益放在首位,谈判非常艰难。”他表示,双方缩小仍待谈判的事项范围,“逐步接近(谈判)最后阶段”,但日方与美国方面的双边贸易谈判“非常艰难”,双方迄今仍有许多分歧。

据日本《共同社》报道，美方希望削减与日方的贸易逆差，要求日方进口更多美国农产品，包括牛肉、猪肉、小麦和奶制品；日方希望美方降低对日本汽车和汽车零部件征收的关税。对于日美贸易谈判，由于汽车出口在近20年来一直是日本对美出口的重要产品，所以日方谈判的核心其实在于汽车，对丰田而言，其在美国的汽车销量就占到了其全球总销量的23%。

就在日美贸易谈判艰难前行的同时，2019年9月5日，据墨西哥媒体报道，墨西哥的汽车零部件供应商网络 Automotive Cluster of Queretaro 总裁 Renato Mendoza 称，位于墨西哥瓜纳华托州大阿帕塞奥的丰田新工厂的投产，将会促进丰田在墨西哥中部尤其是克雷塔罗州成立新供应商基地。丰田瓜纳华托工厂将于2019年底开始运营，投资7亿美元，预计创造1500个就业岗位。

事实上，这家位于墨西哥瓜纳华托州的丰田新工厂就是特朗普曾经在推特上点名批评的那一家。那么，日本丰田为什么敢于在这一关键时期公开与特朗普对着干？在美国，生产一辆汽车的人力成本约为2400美元；而在墨西哥，生产一辆汽车的人力成本仅为500美元。这意味着，一辆美国生产的汽车人力成本约占汽车销售价格的13%；而在墨西哥，这一比例可能还不到3%。

2019年9月25日下午，日本首相安倍晋三与美国总统特朗普在美国纽约举行会谈，就缔结贸易协定达成最终协议并签署文件。其中，关于美国进口日本牛肉，关税从目前的38.5%逐步下调至9.0%。此外，关于工业产品，汽车的关税待遇问题有待后续磋商。日本政府计划以书面形式，明确美国不会对日本输美汽车加征额外关税，或在进口数量方面实施限制。

2019年12月4日，日本参议院批准了日美贸易协定国会承认案，标志着该协定正式通过日本国会审批。此前，该案已在日本国会众议院获得通过。日美贸易协定于2020年1月1日正式生效。该协定涉及日美两国贸易往来中工业、农业等多个领域的关税。在日本对美国出口方面，在除汽车以外的空调部件、燃料电池等多个工业领域撤销关税，日本牛肉可在6.5万吨内享受4.4%的低关税。

据报道，在针对该议案的审议中，对于最受关注的美国可能会对日本汽车行业追加征税的问题，日本执政党自民党表示："此前担心的汽车追加增税问题没有发生，而且协定里也明确写入了（日美）双方将在今后继续协商关税问题。"自民党还称："这份协定切实维护了日本的国家利益，汽车关税问题不会成为令人担心的内容。"

不过，日本在野党针对这个问题发出了质疑的声音，日本立宪民主党表示，"（日美贸易协定）并没有保证不会针对（日本）汽车以及相关零部件征税，也没有约定今后的协商一定会取消追加征税"。该党还声称，"这并不是一个双赢的协定，对于日本来说是一场完败"。显然，汽车关税问题仍然悬而未决，一句留待未来磋商的论述并不能缓解人们的担忧。

在美国市场上，丰田汽车的保有量为 3800 万辆左右，远超大众、本田等品牌，只有通用、福特等本土车企能够企及。此外，丰田在美国的投资金额高达 600 亿美元，直接解决的就业人数达 9.3 万余人，间接解决的就业人数更是高达 40 余万人。丰田在美国的产能达到了整个集团的 72%，远超日本和中国市场。因此，丰田汽车与特朗普"美国优先"战略的恩怨情仇并不会因为日美贸易协定生效而真正结束。

参考文献及来源：

1. 陈鸿斌. 日本汽车业战战兢兢应对特朗普大棒[N]. 上海证券报，2017 - 02 - 13.
2. 关洪涛. 战后日本汽车产业的发展及政策研究[D]. 长春：吉林大学，2008.
3. 忠野忠良，林小利，刘利利. 向世界第一进军的三河商法——丰田汽车工业公司[J]. 中外企业家，1995(2)：16 - 19.
4. 大野耐一. 丰田生产方式[M]. 谢克俭，李颖秋，译. 北京：中国铁道出版社，2016.
5. 沈庆，凌云，马胜. 日美汽车贸易摩擦对中国汽车产业应对中美贸易摩擦的启示[J]. 汽车与配件，2019(2)：44 - 47.
6. 梅珞. 漫画、照片中的日美汽车战[J]. 国际新闻界，1981(2)：62 - 64.
7. 贺平. 贸易摩擦争端解决中的"国退民进"：以丰田公司为例[J]. 现代日本经济，2012(1)：61 - 68.
8. 丰田官网，www.toyota.jp.
9. 野地秩嘉. 丰田传[M]. 朱悦玮，译. 北京：北京时代华文书局，2019.
10. 李友中. 战火又起的日美汽车大战[J]. 世界知识，1992(8)：26 - 27.
11. 冷崇总. 话说日美汽车大战[J]. 北京物价，1995(10)：32 - 33.
12. 李永钧. 东南亚汽车工业掠影[J]. 上海汽车，2004(3)：40 - 42.
13. 丰田通商：借力突围 打造全方位汽车服务体系[EB/OL]. (2016 - 04 - 25)[2021 - 10 - 07]. http://www.cworks.net.cn/news_show.php? id = 212.
14. 王欢. 特朗普称汽车进口威胁国家安全 丰田强烈反驳[EB/OL]. (2019 - 05 - 21)[2021 - 10 - 07]. https://baijiahao.baidu.com/s? id = 1634126681296010208&wfr = spider&for = pc.
15. 丰田章男、八乡隆弘与内田诚：日系三强都爱"中国造"CEO[EB/OL]. (2019 - 11 - 04)[2021 - 10 - 07]. https://www.sohu.com/a/351588570_121861.
16. 陈晨晨. 特朗普的 80 年代：与日本斗，其乐无穷[EB/OL]. (2018 - 05 - 15)[2021 - 10 - 07]. https://user.guancha.cn/main/content? id = 16647&s = fwzxfbbt&page = 2.
17. 蒯佳祺. 供应链管理丰田击败美国汽车军团的内功[J]. IT 时代周刊，2005(14)：53.
18. 李金昌. 日本汽车是怎样打入美国市场的？[J]. 环境保护，1987(10)：15 + 8.
19. 张玉棉. 关于日美汽车贸易摩擦问题始末[J]. 日本问题研究，1996(3)：23 - 25.
20. 裴健如. 特朗普加征汽车关税引众怒：丰田表示"不能忍"，欧盟斥为"无稽之谈"

[EB/OL]. (2019 - 05 - 22) [2021 - 10 - 07]. http://www.nbd.com.cn/articles/1334422.html.

21. 杰弗瑞·莱克,迈克尔·豪瑟斯,优质人才与组织中心. 丰田文化:复制丰田 DNA 的核心关键[M]. 王世权,韦福雷,胡彩梅,译. 北京:机械工业出版社,2016.

22. 罗敬贤. 日本丰田汽车公司的美国化[J]. 国际经济合作,2004(3):44.

第六章

群雄争霸芯片产业

1976年3月，由日本通产省牵头，以东芝（属三井财团）、日立（属富士财团）、三菱电机（属三菱财团）、富士通（属第一劝银财团）、NEC（属住友财团）五大公司为骨干的国家性科研机构超大规模集成电路（Very Large Scale Integration，VLSI）技术研究所正式成立。

20世纪80年代，美国半导体企业被以东芝、日立为代表的日本企业压得喘不过气，英特尔公司更是濒临破产。1981年，美国超微半导体（AMD）公司净利润下降超过六成；1982年，美国英特尔公司被逼裁掉2000名员工。即便如此，美国在半导体芯片领域的颓势还是没有止住。

20世纪90年代，由三井财团的东芝公司提供技术支持的无锡742厂一跃成为当时我国产能最大、工序最全、首家具有现代工业大生产特点的集成电路生产厂。在“无锡微电子工程”建设期间成立的中国华晶电子集团公司，被誉为“中国微电子产业的黄埔军校”。

——作者题注

【阅读提示】

“三井”告诉了我们什么(6)

20世纪70年代初,迫于美国的政治压力,日本不得不放宽对欧美计算机和电子元件的进口限制,虽然当时的日本可以生产出内存芯片,但是最关键的制程设备和生产原料都要从美国进口。日本在半导体芯片产业领域的技术也明显落后于美国,为了改变高端技术仰人鼻息的状况,日本政府和几大财团决定联合组建半导体产业联盟。

日本的财团体制半导体产业联盟并非单纯的技术合作或企业联合,而是在很大程度上展现了日本财团体系的一大特色,即平时相互竞争的日本企业公司也可以很好地组织融合在一起,共同开展研发工作。事实上,正是依靠超大规模集成电路技术研究所和几大财团企业的共同努力,才奠定了日本在20世纪中后期半导体芯片行业的霸主地位。

1985年6月,美国半导体产业协会(SIA)向美国政府提交了“301条款”申请,要求美国贸易代表办公室调查日本的不正当竞争行为。表面上看“301条款”是对日本芯片产品大量进入美国市场的不满,实际上是对日本财团组建产业联盟的打压。面对美国的步步紧逼,以及其采取的一系列政治手段,在这场旷日持久的日美半导体大战中日本选择了隐忍与退让。

美国政府及其半导体产业界一面指责日本的半导体芯片产业政策不合理,一面又对产业联盟模式赞叹不已。此后不久,美国政府便采取了和日本相同的政策措施,组建起相关的产业联盟。据统计,在美国最大的1000家企业收入中,有16%来自各种联盟。如今,产业联盟已然成为一种重要的产业组织形式,对产业发展、企业成长特别是高新技术企业的快速成长具有重要意义。

相对于企业并购等传统的合作模式,产业联盟能以较低的风险实现较大范围的资源调配,避免了兼并收购中可能耗时数月乃至数年的整合过程,从而成为企业优势互补、拓展发展空间、提高产业或行业竞争力、实现超常规发展的重要手段。产业联盟能在某一领域形成较大的合力和影响力,不但能为成员企业带来新的客户、市场和信息,也有助于企业专注于自身核心业务的开拓。

其实,在日本芯片产业衰落假象的背后有着另外一番光景。日本不是与美国进行正面交锋,而是果断选择调整产业发展方向,在产业链的上游和周边发挥自己的优势。整体来看,目前全球超过一半的半导体材料是由日本企业生产的,全球半导体行业涉及抗蚀剂的核心技术,几乎都已被日本企业所垄断。可以说,如果没有日本材料企业,全球的半导体制造企业都会“无米下锅”。

本章导言

2020 年 5 月 15 日，美国宣布升级对中国华为的制裁手段：向华为及其关联公司供应芯片的外国公司，不管是直接为华为生产，还是通过出口、再出口转运给华为，只要使用到美国芯片制造设备的，必须先获得美国政府的许可证。这一决定直接导致华为无法通过台积电制造麒麟芯片，相当于直接砍断了华为手机芯片的自研之路。显然，这一次的美国制裁直指华为手机的核心命脉。

美国的制裁也让华为储备多年的“备胎计划”浮出水面，并引发全民关注。早在 2012 年的华为实验室座谈会上，华为总裁任正非就表示：“我们做操作系统、高端芯片是一样的道理，当别人断了我们粮食的时候，备份系统要用得上。”面对制裁，华为旗下的芯片公司海思半导体宣布将启用“备胎计划”，兑现公司对客户持续服务的承诺，以确保公司大部分产品的战略安全。

在美国发出禁令之后，华为的高端手机所使用的芯片，唯有中国台湾的台积电一家公司可以提供代工。因此，华为立刻向台积电下了订单，台积电也在这 120 天内紧急为华为提供订单生产。但是，2020 年 6 月，台积电的态度突然发生了转变，华为的第四季度订单被台积电宣布取消，也就是说，台积电以后很可能将不再为华为提供高端芯片的代工服务。

事实上，早在 2019 年华为就预判了芯片危机的存在，花了 1674 亿元人民币储备芯片，比 2018 年增加了 73%。也就是说，基站芯片等更新速度较缓慢的芯片类型至少可以用一两年。影响最大的还是更新换代速度最快的智能手机芯片，美国高通公司的骁龙旗舰系列芯片甚至将升级周期缩短到了半年，如果华为未来不能及时跟上友商的速度，那么自然会在竞争中处于劣势。

华为公司也在积极寻找中国国内的合作伙伴，意图组建中国的芯片产业联盟。2020 年 6 月，华为宣布与中国芯片制造商中芯国际（SMIC）合作，并联合推出了麒麟 710A 芯片，这是中国自研、自产的第一款移动处理器。只是，中芯国际在现阶段还缺乏满足华为需求的能力和技术规模，其生产的麒麟 710A 芯片采用的是 14nm 制程工艺，在制程工艺上与世界一流水平（5nm）仍有着不小的差距。

此外，华为公司还与上海微电子装备(集团)股份有限公司(以下简称“上海微电子”)达成合作协议。据报道，上海微电子将在2021—2022年完工第一台28nm加工工艺的国内沉浸式中国光刻机。上海微电子还表示，其最新推出的一款用于芯片生产的设备，在最新的ARF技术加持下，能够用于11nm以上等级芯片的研发，未来将有望打破美国对华为的芯片垄断。

美国对华为打压的不断升级，看似“芯片之争”的背后，其实是在高科技领域的争夺。在芯片的研发上，设计和制造两个环节是非常重要的。事实上，通过不懈的努力和巨大的投入，华为在芯片的设计上已经达到或者处于世界领先水平，只是在芯片的制造上还有着很大的短板，近年来中国所使用的高端芯片几乎都是由台积电等厂商所代工的。

芯片可以说是一种距离人类文明巅峰最近的工业产物，因此制造芯片绝不是依靠简简单单地喊个口号，或者凭借满腔热血的冲动就能实现的。一颗芯片的制造工艺非常复杂，一条生产线涉及50多个行业、2000~5000道工序。其中最难的环节就是将不规则的晶圆切割成规则的晶圆，这期间就涉及了光刻机，常说的7nm、5nm制程工艺就是指光刻机所能达到的精度。

对此，华为总裁任正非在接受央视《面对面》节目采访时就有着清醒的认识，他说：“修桥、修路、修房子，我们已经习惯了，只要砸钱就行了。这个芯片砸钱是不行的，还得砸数学家、物理学家、化学家。中国要踏踏实实在数学、物理、化学、神经学、脑科学等各个方面努力地去做出改变，我们才可能在这个世界上站得起来。”

其实，早在20世纪70年代，美国就曾借口卡西欧公司违反反倾销法案，拒绝向日本提供核心集成电路(芯片)，这也给当时的日本企业带去了巨大的损失。面对这一局面，日本采取了“不卖给我，就自己做”的方法，由政府牵头，以财团制造业企业为核心骨干组建了“半导体产业联盟”，专门进行半导体产业核心技术的研发。他山之石可以攻玉，回顾历史方能更好地面向未来。

第一节 勇夺世界第一的日本芯片

世界消费电子企业的领头羊

1947 年 12 月，美国贝尔实验室的研究小组研制出了一种点接触型的锗晶体管。晶体管的问世，是 20 世纪的一项重大发明，是微电子革命的先声。晶体管出现后，人们就能够用一个小巧的、消耗功率低的电子器件，代替原来体积大、功率消耗大的电子管了。同时，晶体管的发明也为后来集成电路（IC，即芯片）的诞生吹响了号角。

1953 年，日本东京电信（1955 年更名为“索尼”）的创始人井深大在美国考察录音带的使用情况时，从朋友处得知美国西部电器公司（贝尔实验室的母公司）正在出售晶体管的专利使用许可。和大多数先进技术一样，当时的晶体管主要应用在军事领域。美国西部电器公司表示，晶体管很难在大众消费领域发挥作用，最多只能用来制造助听器。

但是，索尼公司的两位创始人井深大和盛田昭夫却认为，助听器的市场太小，他们想利用晶体管开发人人可用的产品，因为相较于传统的真空管，晶体管具有工艺简单、集成度高等优越性。当时的索尼尚处于艰难起步阶段，是一家只有七八名员工的小公司，购买技术专利是一笔不菲的支出，2.5 万美元相当于 900 万日元。幸运的是，发展初期的索尼得到了三井财团的大力帮助。

索尼创业初期内部有一个顾问委员会，这个顾问委员会在索尼的融资和投资决策上起到了巨大的作用。1953—1959 年，该委员会的主席是万代顺四郎，也是索尼公司的董事长。二战前，万代顺四郎是三井银行的“首领”。正是在万代顺四郎的帮助下，三井银行积极地购买索尼的股份，使索尼公司获得了日后腾飞所必需的充足资金。

1953 年，日本东京电信（即索尼）与美国西部电器公司顺利签署了专利授权协议。考虑到当时晶体管控制的声频频段，以及当时市场上真空管收音机的缺陷，索尼最后决定用晶体管制造收音机。1955 年，日本索尼公司设计出了世界上第一台量产型晶体管收音机，但当时日本索尼公司在国际上没有什么名气，新产品无法打开销路。

索尼公司创始人盛田昭夫找到当时的日本首相岸信介，想让首相帮忙想想办法，岸信介一口答应。岸信介决定利用出访欧洲和中南美洲的机会，把晶体管收音机作为国礼送给这些国家的领导人。本来，在首相的礼单上是日本画、银质香烟盒、袖珍扣珠等传统日本礼物，但在岸信介的坚持下，索尼公司的晶体管收音机最终成了最重要的礼物。

1957 年 3 月，索尼公司又成功推出了世界上第一台“可放在口袋里”的半导体收音机。单单一款收音机，1959 年就出口美国 400 万台，1965 年甚至飙升到 2400 万台。小巧的晶体管收音机在日本风靡一时，新技术的应用让索尼甚至整个日本电子行业成为世界消费电子企业的领头羊和模仿对象。不仅引领了全球电子消费品生产和发明的潮流，也为战后日本经济振兴做出了巨大贡献。

1959 年，美国得州仪器工程师杰克·基尔比发明了集成电路，让半导体技术向小型化、智能化更进一步。但集成电路与晶体管一样，当时都是为了满足军事需求的产品，而不是直接面向市场的大众消费产品。20 世纪 60 年代，美国军方对半导体的需求量超过供应量的 50%，集成电路的需求量则超过供应量的 70%。没有人会想到半导体和集成电路在民用消费电子领域具有巨大的潜力。

1963 年，日本住友财团旗下的 NEC 公司从美国仙童半导体公司获得了 Planar Technology 的授权。随后，日本政府要求 NEC 将取得的技术和日本国内其他厂商分享。由于此项技术的引进，日本的 NEC、三菱、东芝等都开始进入半导体产业。同时，日本政府还充分利用各种经济手段，比如税收优惠等促进半导体产业投资，保障行业均衡发展。

世界上第一颗中央处理器（CPU，数字芯片）是美国英特尔公司在 1971 年推出的。美国英特尔公司开发第一颗 CPU 的初衷，其实是为日本一家名为 Busicom 的公司开发一套可以使用在计算器上的芯片组。促成两个公司合作的是时任夏普公司（属三和财团）副总裁的佐佐木正，为了这次合作能发生，佐佐木正还让夏普向 Busicom 公司注入了 4000 万日元资金。

1971年，美国英特尔公司推出了世界上第一颗微处理器芯片——Intel 4004，它是为日本一家名为Busicom的公司开发的一套可以使用在计算器上的芯片组

1972 年，日本三菱财团旗下的卡西欧公司推出了世界上第一款使用芯片的个人用计算器——Casio Mini。卡西欧将月产量定为 10 万台，这在当时来说是不太可能的。但 Casio Mini 一上市便热销，其产量不得不提高到每月 20 万台。日本电子企业纷纷进入收音机、计算器等大众化、个人化的新产品领域，引发了相关行业对集成电路芯片的旺盛需求，有力地推动了日本芯片产业的快速发展。

半导体产业超级联盟

然而“枪打出头鸟”，由于个人用计算器产品的大卖，日本卡西欧公司在美国电子产品市场中的占比一度超过了 80%。1972 年，美国借口卡西欧公司违反反倾销法案，拒绝向日本继续提供核心集成电路，这是半导体技术的核心材料。日企在美业务受到重大打击，卡西欧的计算器份额也直接掉到了27%。面对这一局面，日本国内当时采取的方法是“不卖给我，就自己做”。

1974年，迫于美国的政治压力，日本不得不放宽对于欧美计算机和电子元件的进口限制，虽然当时的日本也可以生产内存芯片，但是最关键的制程设备和生产原料都要从美国进口。日本在半导体芯片产业领域的技术也落后于美国，在美国IBM公司开发的高性能计算机中，计划采用的是远超日本的1MB动态随机存储器，而当时的日本企业仅能生产1KB的存储芯片（1MB=1024KB）。

1976年3月，由日本通产省牵头，以东芝（属三井财团）、日立（属富士财团）、三菱电机（属三菱财团）、富士通（属第一劝银财团）、NEC（属住友财团）五大公司为骨干的国家性科研机构超大规模集成电路技术研究所正式成立。由日本著名的半导体专家垂井康夫担任研究所所长，专门进行半导体产业核心技术的研发工作。

从1976年到1979年的4年内，超大规模集成电路技术研究所的研究经费总额达737亿日元，其中政府补贴291亿日元，约占科研经费总额的40%，剩下的大部分则是由日本各大财团企业提供的。研究所的研发费用在不同的年份分别占日本半导体产业研发费用的22%~66%。根据研发项目与商业化应用距离的远近，项目的研究工作分别在联合实验室和成员企业的实验室进行。

项目的联合实验室主要关注对所有成员都有用的“通用”技术和面向未来的不需要利用企业现有知识的“基础”技术。成员企业的实验室负责项目应用性技术的开发工作，占用了总体预算资金的85%。成员企业的研究室为两组：富士通、日立和三菱公司组成计算机开发实验室（CDL），NEC和东芝公司组成日本电气-东芝信息系统（NTIS）。

半导体产业“超级联盟”的形成也在很大程度上展现了日本财团企业的一大特色，即平时相互竞争的日本企业公司也可以很好地组织融合在一起，共同开展研发工作。这种财团企业之间的联盟不仅集中了各自的人才，同时也促进了平时在技术层面沟通甚少的日本企业之间的相互交流，推动日本在半导体芯片领域的技术革新和产业发展。

实际上，正是依靠超大规模集成电路技术研究所和几大财团企业的共同努力，才奠定了日本在20世纪中后期半导体芯片行业的霸主地位。对于难度较大的高风险研究课题，日本半导体产业“超级联盟”采用的是多个企业实验室联合作战的方式，既充分调动各财团企业进行良性竞争，又在一定程度上考虑了参加项目企业的利益，从而保证了企业研发的积极性和成功率。

超大规模集成电路的研发涉及政府部门、企业、研究型大学、科研机构，如何协调“官、产、学、研”各方利益，保障项目研发的顺利进行，就需要日本政府来统筹协调并在其实施过程中发挥保障性作用。日本政府坚持以财团企业参加联合研究作为国家提供资金支持的前提,并将大部分的政府研发费用用于财团企业内部独立实验室的研发。

1980 年,成立 4 年的超大规模集成电路技术研究所取得了丰硕的研究成果,获得了 1000 多项专利,帮助成员企业提升了在集成电路芯片领域的制造技术水平,使日本公司在迅速扩张的芯片市场上占得了先机。当年,日本公布研制出 64KB 集成电路,比美国早了半年。与此同时,日本电气通信研究所也比美国早两年公布成功研制了用途极广的 256KB 动态存储器(DRAM)。

日本的成功得到了国际同行和观察家的广泛关注,极大地提高了日本通产省的国际声誉,其他国家纷纷仿效"日本式"的合作研究。1984 年,欧洲启动了费用达数十亿美元的欧洲信息技术研究开发项目的战略计划(ESPRIT)。1987 年,美国 14 家半导体公司组成了"半导体制造技术战略联盟"(Sematech),美国政府为其提供 50% 的研发经费。

取得成本和可靠性优势

各大财团企业之间的技术整合是日本半导体芯片产业迅速崛起并走向巅峰的秘诀。1970 年到 1985 年的 15 年间,日本电子产业产值增长了 5 倍,国内内需增长了 3 倍,而相关产品出口则增长了 11 倍之多。不仅如此,日本制造的品质也在快速提升。1980 年,美国惠普公司的芯片测试结果表明,日本的良品率远远高于美国。

1986 年,日本制造在全球动态存储器市场的占比高达 80%,全球前 10 名芯片制造商中有 6 家是日本企业,包括了东芝、NEC、日立、富士通、三菱和松下。到 1989 年,日本芯片在全球的市场占有率达 53%,美国仅为 37%,欧洲占 12%,韩国占 1%,其他地区占 1%。日本企业迅速占领了世界半导体市场,可以说一时间日本芯片风头无两。

日本半导体业的崛起以存储器为切入口,主要因为日本汽车产业和全球大型计算机市场快速发展,DRAM 需求剧增。而日本当时在 DRAM 方面已经取得了技术领先,日本企业此时凭借其大规模生产技术,取得了成本和可靠性方面的优势,并通过低价促销的竞争战略,快速渗透美国市场,并在世界范围内迅速取代美国成为 DRAM 主要供应国。

可以说,在整个 20 世纪 80 年代和 90 年代初,日美半导体竞争的主要战场是在动态存储器领域。日本三井财团的东芝公司也为此投入了 340 亿日元,有超过 1500 人的研发团队进行 DRAM 的研发和生产。但与此同时,作为东芝超大规模集成电路技术研究所技术专家的舛冈富士雄却花费了大量的精力去做当时"非主流"的 NOR 和 NAND 型闪存(Flash Memory)的研发。

那个时候正是DRAM鼎盛的时代，有很多人都觉得舛冈富士雄的研究发明是个“包袱”，与其研究NAND还不如好好做DRAM。然而，曾经在东芝销售部门工作过一段时间的舛冈富士雄却清醒地认识到，相比于昂贵的DRAM，NAND闪存更具竞争优势，因为他知道“无论性能多好的存储器，价格高就完全卖不出去”的道理。不久之后，市场的选择结果便证明了舛冈富士雄的判断是正确的。

20世纪80年代后期，DRAM市场结构发生了很大的变化，早期以大型机为主，对存储器的可靠性要求很高，日本企业在技术上有优势。但随着个人计算机（PC）的发展，市场看中的是更低廉的价格，反而对存储器的可靠性和寿命要求相对较低，日本制造的DRAM可靠性保证25年也就不再成为卖点。所以，日本制造在DRAM市场中的份额开始急剧减少。

实际上，DRAM的技术门槛并不高，韩国、中国台湾等通过技术引进掌握了核心技术，并通过劳动力成本优势，很快取代日本成为主要供应商。之后，韩国一面继续维持DRAM生产大国的地位，一面开发用于数字电视、移动电话等的SOC，双头并进。而中国台湾也通过不断增加投资，建成了世界一流的硅代工公司——台积电和联电，开发了一种新的半导体生产模式。

许多人将日本的DRAM市场份额急剧减少看作日本半导体20世纪80年代从鼎盛到衰落的象征。但实际上上述情况对日本半导体产业的冲击十分有限，在东芝工作的舛冈富士雄分别于1984年和1987年发明了NOR和NAND两种类型的闪存。闪存其实是一种永久性的半导体可擦写存储器，日常生活中的U盘、存储卡、SSD等都属于闪存。

现在无论是智能手机、家用电器，还是IC卡、信用卡中都装有闪存卡，根本无法想象如果没有闪存技术现在的世界会是个什么样子。闪存的作用不仅仅体现在日常生活中，如今随着物联网和大数据的不断普及，物联网的传感器和储存大数据的服务器也都需要大量的闪存。到2020年，全世界至少有25%的数据中心是全闪存数据中心。

东芝作为三井财团核心企业，一直以来都是日本“工匠精神”的最佳典范。在日本半导体产业鼎盛时期，东芝非但没有迷失自我，反而在工匠与商人之间成功切换，并根据市场做出了及时调整，于1993年将更符合市场需求的NAND闪存进行了商业化开发。舛冈富士雄的一位下属曾经说过，“舛冈在东芝以外的其他地方找不到工作，因为他的梦想只有在东芝才能实现”。

挑战美国高科技霸权

早在1977年3月，也就是日本超大规模集成电路技术研究所成立的第二年，美国半导体行业协会就得出结论：日本电子产业的成功，是在美国倾销的结果；而为了保持美国电子产业的竞争力，美国政府必须介入这次争端。美国政府也认同了 SIA 的观点,因为美国的执政者一致认为——对于高科技的垄断地位,才是美国霸权的基石。

1981 年,罗纳德·里根成为美国第 40 任总统。这位高喊"Let's Make America Great Again"(让美国再次伟大起来)的共和党政治家,刚一上台就启动了属于他政权时代带有贸易战趋向的关税政策,矛头直指经济正在腾飞的日本。为了减少美国对日本的贸易逆差,里根政府不断向日本施压,以借此改善美国经济环境,迫使日本市场对更多美国企业打开大门。

20 世纪 80 年代,日本是世界第二大经济体,在技术方面被日本赶超的阴云一直笼罩着美国,很多美国人担心自己的领先地位会被取代。与此同时,那一时期的美国媒体也在不停地渲染这种气氛,"美国日本化""经济珍珠港"成为当时的主流论调。美国国防部对此进行了调查,结论认为:美国所有的先进武器系统,都建立在无比先进的芯片技术上。所以,美国必须保护本土芯片业的市场。

这一时期,美国半导体企业被以东芝、日立为代表的日本企业压得喘不过气来,英特尔公司更是濒临破产。1981 年,美国超微半导体公司净利润下降超过六成;第二年,美国英特尔公司被迫裁掉 2000 名员工,还让 IBM 公司以 2.5 亿美元购买了自己 12% 的债券以保证现金流。即便如此,美国半导体芯片领域的颓势还是没有止住。

美国半导体行业协会得出结论:日本电子产业的成功,是在美国倾销的结果。而为了保持美国电子产业的竞争力,美国政府必须介入这次争端

1983 年,美国商务部出了一份报告,报告显示,5 个科技核心领域,美国只领先 2 个,分别是飞机制造和航空航天技术,而半导体、光纤和智能机械技术全部被日本占领了。尽管美国仍然有着货币优势、贸易优势,但是电子、半导体芯片产业,对国家安全有着巨大的战略意义。因此,实际上日本半导体芯片产业的崛起不再是普通的贸易摩擦问题,而是更深层次的战略问题。

1974—1985 年,日本 GDP 年均增长率达到 4.1%,GDP 总量接近美国的 60%,人均 GDP 超过 3 万美元,第三产业在产值结构和就业结构中的比重都超过了 60%。日本经济无论从数量上还是质量上,都达到了"鼎盛时期","日本式经营"成为当时世界所推崇的模式。而 20 世纪 70 年代的两次石油危机使以美国为代表的西方国家当时都普遍陷入"滞胀"泥潭。

1985 年,美国贸易逆差为 1485 亿美元,其中,日本占据 1/3 份额,为 497 亿美元。之后,日本的对美贸易持续扩大,一度占到 40%。1989 年,一项民意测试的结果显示,68% 的美国人认为日本是最大的敌人。当时美国分为亲日的樱花派和强硬的"敲打"日本派。对日强硬的"敲打"日本派多来自企业界、国会和公众,他们认为日本是比苏联更加可怕的敌人。

20 世纪 80 年代末，日本东京成为世界 500 强企业总部最多的城市，东京的 GDP 总量是美国纽约的 3 倍，比那时中国一年的国民生产总值（GNP）还高。对于普通日本国民而言，人人手中有钱，当时市面上七成的 LV 被日本人买去。到了 1990 年，日本 GDP 总量突破 3 万亿美元，总量已占到美国的七成，超越美国仿佛只是旦夕之间的事情。

在这样的大背景下，1985 年 6 月，美国半导体行业协会就日本电子产品的倾销问题提交了“301 条款”申请，要求调查日本的不正当竞争手段。事实上，在启动“301 调查”后，美国就开始与对方国进行协商，希望对方给予贸易补偿或消除贸易壁垒。如果没能在谈判桌上达成一致，美国总统就可下令实施单边制裁，如征收额外的关税、限制进口等。

第二节 新“珍珠港事件”

获取 IBM 的核心情报

1981 年 6 月，日本富士财团的日立公司在美国“硅谷”的代理商——原籍伊朗的巴里·费萨，将一份 10 卷绝密资料的复印件交给了日立公司高级工程师林贤治，并获得了一大笔报酬。这份绝密资料正是美国 IBM 公司新一代计算机 308X 系列 27 卷绝密设计资料中的 10 卷，当时 IBM 公司为了占领个人计算机市场，秘密开发出了最新一代计算机——308X 系列。

富士财团是日本传统的四大垄断财阀（三井、三菱、住友、富士）之一，是由第二次世界大战之前的安田财阀发展起来的。日本人称富士山为“芙蓉之峰”，所以富士财团又被称为“芙蓉财团”，该财团在日本制造业、商业和金融业等各重要领域有较大的影响力。以纺织业起家的丸红株式会社是富士财团的综合商社，至今已有 160 多年的历史。

实际上，美国 IBM 公司缜密周全的保密制度在业内一直非常出名，每年花费在安保措施上的金额就高达 5000 万美元，如此绝密的文件又是如何丢失的呢？原来，伊朗人费萨招聘到了曾在 IBM 公司工作过的计算机专家雷蒙德·卡德特，后者把他在辞职时私自带走的新一代 308X 系列计算机 27 卷绝密设计方案中的 10 卷给了费萨，而费萨则把资料复印件直接卖给了日立公司。

得到了这些价值连城的绝密资料情报后，喜出望外的日立高工林贤治便急切地想得到剩余的 17 卷资料，从而掌握美国 IBM 公司最新 308X 系列的全部核心秘密。日立公司认为，要达到赶超 IBM 的目的，最佳途径不是对 IBM 的产品亦步亦趋地模仿，而是先行获得IBM最新产品的设计资料，抢先弄出创新产品。于是，林贤治联系了和日立公司有着业务往来的柏林电脑公司技术咨询公司。

柏林电脑公司技术咨询公司位于哥斯达黎加首都圣何塞，公司董事长马克斯韦尔·佩利曾在IBM公司任职21年。他在1971年离开IBM时已升任该公司的高级系统研究中心主任，在1972年脱离IBM后他便创立了柏林电脑公司。由于佩利及其同僚对IBM公司的一切了如指掌，因而深得日立公司的青睐，他们不断向日立公司提供有关IBM的咨询业务，1981年双方的贸易额占柏林电脑公司总营业额的20%。

在接到日立高工林贤治的电报后，马克斯韦尔·佩利像往常一样将一项有关IBM3081型新型计算机的研究报告提交给了日立公司。然而，让佩利吃惊的是，日立公司回答说，他们对该报告已经不感兴趣，因为他们已经获得了"阿迪伦德工作程序手册"(308X系列)，但只到手第一、第三、第四、第八、第九、第十、第十一、第十二、第十五、第二十二等分册，如能搞到其他各分册，请速送来，务必保密。

吃惊过后的佩利意识到了问题的严重性，考虑到自身的利害关系，他赶紧把此事告诉了自己的好友、时任美国IBM公司负责工程技术的总经理伊文思，并警告他说，"日本人想摘取你们王冠上的钻石"。实际上，早在1980年1月，一份有关最新计算机软体设计的秘密技术文件就从IBM公司保险箱里不翼而飞了，丢失的设计图一旦落入竞争公司的手中后果不堪设想。

接到佩利提供的情报后，美国IBM公司迅速派负责安全事务的理查德·卡拉汉会见了佩利。卡拉汉曾在朝鲜战争中担任过美国海军舰长，退役后即加入美国联邦调查局(FBI)侦察队，从事反间谍工作，表现颇为出色；后来又在美国财政部调查科及扫毒组任职，从1973年起受雇于美国IBM公司。丰富的反间谍及反犯罪实践使卡拉汉善于审时度势、协调战术。

卡拉汉希望佩利可以帮助IBM公司核实日立公司是否真的获得了IBM的"王牌"，当然酬金也高达20万美元。随后，佩利专电回复日立公司有关"阿迪伦德工作程序手册"的询问。电称："据查，贵公司所要之物监视正严，然亦有法获之。"他要求10月初在日本与日立公司接洽。佩利和同事罗伯特、多米尼哥以及卡拉汉4人飞赴日本，并下榻在东京帝国酒店。

1981年10月6日，佩利与多米尼哥在东京帝国酒店的一个房间里和日立公司高级工程师林贤治进行了私下会晤。林贤治出示了3册机密原本手册，上面的"IBM机密文件资料"字样赫然在目，佩利以需要拿回去核实为由带走了部分资料。随后，佩利把到手的机密手册及其资料交与卡拉汉验证。显然，这份机密手册并非伪造，而是货真价实的真本。

事实上，当时的IBM公司可以立即依民事诉讼程序起诉日立公司，以禁止其利用已窃取的资料，并要求获得赔偿。但是，这样做并没有办法消除长期的威胁，也很难防范日立等日本公司继续使用已窃取的资料。于是,IBM 公司选择了另外一个办法,以佩利为诱饵,引蛇出洞,继而将搜集到的罪证提交司法部门,进行刑事诉讼,让日立公司陷入刑事犯罪,从而名誉扫地。

掉进 FBI 设置的陷阱

很快,IBM 公司就将日立公司窃取商业情报的情况报告给了 FBI。IBM 公司和 FBI 算是老朋友了,双方一直保持着良好的合作关系。20 世纪 70 年代,为了防范苏联在硅谷的科技间谍活动,FBI 就以隐蔽身份在硅谷设立了一家格兰马尔咨询公司,职员由 FBI 的探员充任。IBM 公司则为格兰马尔咨询公司的特工人员提供职业掩护,培训电子技术。

这次,FBI 立即将设在硅谷的侦查焦点由苏联转向了日本的日立公司。随后,由 FBI 特别探员阿兰·加里森召集助手和 IBM 安全负责人卡拉汉一起密谋,布下了一套连环计。首先,由佩利出面告知日立公司,柏林电脑公司技术咨询公司不会为客户获取机密资料,但或许有办法找人代办,邀请林贤治 11 月到美国拉斯维加斯会面。

1981 年 11 月,林贤治奉日立公司指派来到美国。在拉斯维加斯希尔顿酒店会晤时,佩利将卡拉汉介绍给林贤治,并称卡拉汉为“曾在柏林电脑公司技术咨询公司工作过的退休律师凯利根”。此后,卡拉汉又将 FBI 特别探员加里森推到了前台,以“可以协助日立获取 IBM 机密资料的哈里逊先生”的身份将其介绍给了林贤治,FBI 探员摇身一变成为格兰马尔咨询公司的总裁。

20世纪70年代,为了防范在硅谷的科技间谍活动,FBI就以隐蔽身份在硅谷设立了一家格兰马尔咨询公司,职员由FBI的探员充任

此后,“哈里逊总裁”(探员加里森)和“凯利根律师”(卡拉汉)同林贤治频频接触,并很快成了“好朋友”,几乎到了推心置腹的地步。当时机成熟后,林贤治便向两位美国“朋友”摊牌,请求他们设法提供 IBM 公司最新产品的情报和资料,并许以重金。“哈里逊总裁”则提醒林贤治注意他的所作所为是违背美国宪法的,这一行为让林贤治更加确认他这两位“朋友”有着通天的本领。

为了获得情报,日立公司派出了计算机记忆系统专家成濑淳与“哈里逊总裁”取得联系。一天清晨,两人乘车前往普拉特·惠特尼集团公司的布威尼飞机引擎制造厂,这里安装着日立朝思暮想的 IBM 公司最新产品。在停车场内,成濑淳依照事先的安排将一个装有钞票的信封交给该厂一名职员,换取了入厂证章。该职员还为他们打开了装有 IBM 记忆系统的保密室。

一进入保密室，日立公司的计算机专家成漱淳便欣喜若狂，疯狂地举起照相机对着设备拍起照来。他还得意忘形地拥抱着计算机记忆系统，要“哈里逊总裁”为他拍摄一张“凯旋照”，哈里逊悄悄提醒他，拍照可以，但千万不能把任何背景拍进去。得偿所愿后，成漱淳先付给“哈里逊总裁”3000 美元作为酬谢，继而又付出了 7000 美元获取了该计算机记忆系统的保养手册。

此后，这位“哈里逊总裁”便成了日立公司人员心目中的“神秘能人”。日立公司各部门的人员纷纷与他通信、接触 、订货，自动上钩的人越来越多。但是如果每次都是予取予求，日立公司一定会开始怀疑“哈里逊总裁”的身份，于是美国方面开始了讨价还价：“贵方所获密件日增，则我方人员风险日大。除非贵方所出价格优厚，否则我方恕不奉陪……”

为了能够放长线钓大鱼，美国联邦调查局使出了浑身解数，终于迫使日立公司让步，同意将一手交钱、一手取货的付款方式制度化：由日立的附属公司日生电子公司将钱汇往 NCL 电脑公司，再由该公司总裁吉田汤设法将钱拨入格兰马尔咨询公司的账户。当然，日立公司也表示，“我方所付金额之多寡，将视我方所要求的项目能否早日到手而定”。

中国古代有句老话，“将欲取之，必先予之”。为了能够进一步获得日立公司的信任，FBI 不断地将更多、更机密的资料交给日立公司。IBM 公司眼睁睁地看着日立公司旁若无人般地在自己的囊中取物，显然非常着急，一再要求 FBI 尽快完成诱捕计划。于是 FBI 探员加里森将收网的地点选在了夏威夷，40 年前（1941 年）的日本“偷袭珍珠港事件”也正是发生在这里。

硅谷日本间谍案庭外和解

1982 年 3 月，在夏威夷首府檀香山，林贤治同“哈里逊总裁”见了面，两人已称得上是“老朋友”了。一见面，日立高工林贤治就提出一个新要求：希望对方尽快提供 IBM3081K 新型计算机设计构想的全部 27 卷资料。日立公司已将获取 IBM3081K 计算机情报作为窃取美国科技的主要目标，并把这一窃密行动命名为“150K 计划”，由林贤治主要负责执行。

同时，林贤治表示，日立公司的首脑希望 IBM 公司行将退休的高级职员能够担任日立的“顾问”。对此，“哈里逊总裁”回复说，这些将要退休的 IBM 高级顾问德高望重，因此需由日立公司派出相同身份的首脑同其接洽，他们才会同意到日立就职。显然，FBI 此举是希望能够引诱到日立公司更多的高层露面。

1982 年 4 月 27 日，FBI 翘首以待的“日立大人物”终于登场，在旧金山由 FBI 探员假扮的高级顾问同中泽喜三郎见了面。中泽喜三郎是日立神奈川工厂总经理，该厂区主要生产日立公司的大型计算机主机。中泽喜三郎称赞了格兰马尔咨询公司 “不畏风险所提供的慷慨合作”。当然，他的这些溢美之词均被作为 FBI 的重大战绩记录在案。

原本FBI还希望不打草惊蛇,以引诱更大的蛇出洞,但是显然日立公司也有了警觉,在得不到更进一步资料的情况下绝不开展新的合作。于是在1982年6月21日,“哈里逊总裁”告诉林贤治,日立公司所需要的技术情报已全部弄到手,但必须追付一大笔酬金才可以。美国人一开始开价70万美元,经过激烈的讨价还价,最后以52.5万美元成交,并约定次日上午9时交货。

1982年6月22日,一辆褐色的大众面包车风驰电掣般地驶向格兰马尔咨询公司。汽车由日生电子公司总裁吉田汤驾驶,后面坐着林贤治和日立计算机软件专家大西勇夫,每次交货,日立公司都必会派出专家亲临现场验货。至此,日本日立公司在美国执行窃密计划的主要角色都已进入FBI的圈套,收网的时间已经到了。

进入办事处后,映入日本人眼帘的是两张写字台,上面放着日立公司清单上所列的所有IBM绝密资料和部件,一件也不少。林贤治大喜过望,得意忘形地将IBM的商标撕去,贴在自己的记事簿上纪念自己这一“辉煌成就”。正在此时,两个陌生人走进办公室大声宣布:“一切都结束了,我们是FBI的工作人员。”林贤治和大西勇夫顿时惊得目瞪口呆。

就在同一天,日本三菱公司的工程师木村也糊里糊涂地落入了FBI的圈套,当他带着窃取的IBM公司一份高级技术资料准备回国时,在旧金山国际机场束手就擒。第二天,美国有线电视新闻网(CNN)播放了一段录像,画面中,FBI警员押解着双手被铐在背后的6名日本人。美国当局称,这6人是日本日立制作所和三菱电机的雇员,因非法获取商业情报而被捕。

“日立间谍案”东窗事发后,日立公司先是以美国IBM公司自始至终参与侦查过程为理由要求法院撤销起诉。随后,日立公司又以日美关系为由提出不要对日本人进行审讯和判刑,但都遭到了拒绝。显然,美国IBM公司和美国司法部的态度都非常强硬,希望给盗窃情报的人以惩戒,并通过刑事案件的方式让日立公司在美国市场名誉扫地。

然而,市场的反应却令美国IBM公司和FBI始料未及,其职员行将锒铛入狱的日立公司反而名声大噪。东京权威性媒体日经新闻所做的民意测验显示,许多IBM的计算机用户已考虑改用日立的计算机,市场分析也表明日立计算机的销售猛增。不仅是在日本,甚至连美国政府的社会福利机构也竞相购买日立计算机,而不去订购售价较高的IBM计算机。

1982年8月,日立公司的最新型超级计算机S810问世,只比原订计划晚了一个星期,而其功能与日立窃取的IBM3081型电脑极为相近,但价格更具优势。IBM公司一看大势已去,只好鸣金收兵。与此同时,日美两国政府也担心事态进一步扩大,都希望早日结束这一案件的审理。因此,美国政府要求特别检察官赫约特·霍夫曼做出折中判决。

1983年2月,美国旧金山法庭做了如下判决。日立公司职员承认有罪,但不会被判入狱。主谋林贤治,罚款1万美元,缓期5年;同谋大西勇夫,罚款4000美元,缓期2年。1983年10月,三菱公司也以公司总部无罪、两名当事雇员有罪的条件取得了和解。就这样,轰动一时的"日立间谍案"以庭外和解的方式悄然结束了。

开启日美半导体战争

实际上,"日立间谍案"刚一爆发就引起了轰动,很快便登上了世界各大媒体的头条,被称为"20世纪最大的产业间谍事件"。针对日本公司的窃密行为,美国舆论纷纷惊呼,日本工业间谍对美国"硅谷"的冲击不亚于40年前对珍珠港的偷袭,因此也称为新"珍珠港事件"。如何对抗在半导体、计算机等电子产业取得巨大进步的日本,成为摆在美国面前的大问题。

针对日本公司的窃密行为,美国舆论纷纷惊呼,日本工业间谍对美国"硅谷"的冲击不亚于40年前对珍珠港的偷袭,因此也称为新"珍珠港事件"

1981年1月,美国司法部开始对IBM等美国电子产业厂商实行"司法援助"。在这种全美同仇敌忾的情势下发生的"日立间谍案",其"政府背景"不言而喻。最终,不仅日立制作所和三菱电机分别与IBM公司缔结了技术使用费的支付合同,就连在此事件中一向被外界认为是"清白无辜"的富士通公司也在承认IBM著作权的秘密协议上签了字。

仅1983年度,日本日立公司就向美国IBM公司支付了约100亿日元的技术使用费,富士通公司的支付金额也高达21亿日元。但是这些巨额的技术使用费并不能扭转一个事实,即随着半导体技术区域成熟化,美国产业链向发展中国家转移,以及日本等国家的加速追赶,美国半导体的优势地位逐渐丧失。在这种情况下,日美半导体局势发生了逆转。

根据美国半导体工会统计,1984年美国半导体市场的营业额为116亿美元,1987年则增至181亿美元,其中日本所占比率由14%上升到20%。1985年,日本企业首次成为世界最大的半导体销售商。到了1986年,日本芯片的市场份额首次超过了美国芯片,全球销量居首,世界半导体销量排行榜前三位均为日本企业。

与此同时,日本电子计算机在美国市场的占有率也由1980年的1%增加到1984年的7.2%,电子部件由3.2%上升到7.2%。对于这一情况,美国商务部认定,"对美国科技的挑战主要来自日本,目前虽仅限少数的高技术领域,但预计将来这种挑战将涉及更大的范围","维持及保护美国的科技基础,才是国家安全保障政策上生死攸关的重要因素"。

其实,一开始美国半导体产业发展所需的市场及资金主要以政府采购市场保障和国防高科技资金补贴为核心。美国国防部和航天部门的大量订单为集成电路的发展提供了最初的市场，同时庞大的政府需求促进了大量的新厂商进入，这就保证了美国中小企业能以较低成本获得先进技术，从而加速了集成电路向非军用品市场的渗透。

但进入20世纪80年代以后，随着半导体技术不断取得重大突破，半导体产品在国民经济中的应用范围越来越广，非军用计算机市场成为主流市场。同时，由于美国联邦政府财政赤字居高不下，以国防支出作为市场保障的方式日渐式微。于是，美国政府开始动起了“歪点子”，希望能够选择一种成本低、见效快的途径，采取“合法且公正”的方式保护美国本土市场。

回溯历史，1941年12月7日清晨，日本海军的舰载飞机和微型潜艇突然袭击美国海军太平洋舰队所在的夏威夷基地珍珠港，以及美国陆军和海军在瓦胡岛上的飞机场，史称“珍珠港事件”。对于偷袭珍珠港存在两种说法，一种是偷袭珍珠港是真正的偷袭，另一种则是美国人的阴谋。为什么会有这两种说法？因为日军的偷袭看似非常成功，但一些莫名其妙的巧合使日军的战略意图没有一项达成。

然而，无论是哪一种结果，对珍珠港的灾难性袭击都给了时任美国总统罗斯福梦寐以求的开战理由。1941年12月8日，就在日军偷袭珍珠港后的第二天，美国国会以只有1票反对、388票同意通过了对日本宣战的议案。因此，可以说，“日立间谍案”就是新时代的“珍珠港事件”，美国不惜以部分“牺牲”为代价，唤醒了本国民众，从而开启了日美半导体战争。

事实上，不仅仅局限于电子产业，富士财团的日立公司还是日本军工界的巨头。二战期间，日立就为日本军队生产过军舰、坦克、军用飞机发动机等，其生产的97式中型坦克在当时非常有名。二战以后，日立在装甲车和造船领域仍然具有很强的竞争优势，是日本第三大装甲战斗车辆制造商，日本陆上自卫队使用的牵引车和弹药车几乎全部由日立公司研制生产。

第三节　半导体的明争暗斗

美国挥舞“301条款”大棒

20世纪80年代，日本的高科技产品出口额开始逐渐超过其进口额。与此同时，日本在机器人、集成电路、光纤通信、激光、陶瓷材料等新技术方面也取得了巨大的成功。面对日本高技术产业的群体性崛起，日美半导体贸易摩擦日益激化。美国开始在高技术方面对日本采取防范措施，并加大技术保护力度，1984年成立知识产权委员会,限制本国技术外流。

1985年,三井财团的东芝公司推出了T1000,它使用外接电源,具备当时先进的性能和良好的便携性,这与美国人设计的那种笨重得需要扛起来才能移动的“膝上型计算机”形成鲜明对比,第一次给人们带来了“笔记本电脑”的概念。此后,以东芝为代表的日本企业又开发了一系列具有跨时代意义的电子产品,美国对待日本的态度也从防范转向了进攻。

1985年6月,美国半导体产业协会向美国政府提交了“301条款”申请,要求美国贸易代表办公室调查日本的不正当竞争手段。其中,美国半导体产业协会提供了关于日本市场壁垒的切实证据:在1984年,美国半导体产业在美国市场占有83%的市场份额,在欧洲占有55%的市场份额,在其他市场占有47%的市场份额,而在日本的市场份额仅为11%。

在这样的情况下,日美两国就半导体问题开始了第一次谈判。美国向负责谈判的日本通产省开出了极其苛刻的条件,要求将美国半导体在日本的市场份额提升到20%~30%,建立价格监督机制,终止第三国倾销。同时,美国还要求日本公开超大规模集成电路的研究计划。实际上,对于美国政府而言,真正决定谈判走向的核心是国家安全利益。

对于谈判的原因,当时的美国贸易代表克莱顿·尤特后来在回忆中写道:“我们美国的(芯片)技术和质量是不比日本的好,可能还更差。但是,我们……不能承受(美国)失去芯片生产能力的后果。芯片业是关系美国未来的关键。假如你失去了(芯片能力),你就将变得依赖别人。美国作为世界领袖,能依赖别人吗?我们的判断是:不能。”

1986年7月初,美国答应日本签订暂时停止倾销调查的协议,但这仅仅是姿态上的,实际上是玩起了心理战。美国警告日本方面,在设定的最后期限前,如果双方仍不能完全达成协议,就会再次使用“301条款”。对于美国提出的要求,当时的日本通产省和半导体产业界都不同意,日本产业界更是宁愿被课以重税也不愿意达成协议。

就在双方僵持不下的时候,一份报告悄然流入市场,这份报告宣称:日本电子企业间存在着一个“九人委员会”,他们定期坐在一起开会,讨论如何给芯片定价以及如何扩张芯片市场,以此达到控制、垄断该市场的目的。日本政府否认了这个传闻的真实性,美国政府也没有继续提供更多的证据,但这个传闻显然给了美国谈判的借口。

1986年9月,在一连串的压力面前,日本政府开始做出让步,与美国政府签署了为期5年的《半导体协定》(到1991年7月31日止)。虽然日本政府和半导体产业界极不情愿,但由于日本的政治和军事严重依赖美国,所以任何谈判条件都必须以维持美日同盟关系为底线。和此前日美双方的纺织品以及钢铁贸易谈判相似，日本所做的最后抵抗都是将时间拖到截止日前的最后一秒。

《半导体协定》的主要内容是设定日本产半导体的6个品种对美国以及第三国的出口价格：①日本政府不仅必须停止在美国市场的倾销，而且必须停止在其他市场的倾销（为美国占领其他市场让路）；②日本厂商必须保留详细的成本记录，以确定“公平价格”，日本产品的售价可以高于但是不能低于“公平价格”；③美国企业将获得日本20%的市场份额。

小题大做的“东芝事件”

1986年10月，美国“奥古斯塔”号核潜艇在直布罗陀海峡附近跟踪苏联核潜艇时，两艘核潜艇相撞。这次撞击说明美国失去了核潜艇的质量优势，衡量核潜艇质量优劣的主要性能指标是螺旋桨发出的噪声大小。过去，苏联虽然拥有数量优势，但是其核潜艇的螺旋桨所发出的噪声，远在200海里之外，就可以被美国声呐系统监测到。

美国虽然核潜艇数量少，但质量好、噪声很小，只有在20海里之内才能觉察到它的存在，隐蔽性比苏联核潜艇好得多，以质量的优势压倒苏联核潜艇数量的优势。当时，美国估计苏联人要消除这种差距至少要花10年时间。但是，此次潜艇相撞却让美国发现苏联已经迅速弥补了差距。美国中央情报局立即组织调查，很快查明苏联核潜艇之所以能在短期内提高螺旋桨的质量，是因为使用了最新的日本机床。

苏联使用的4台当时最先进的MBP－110自动控制铣床的生产厂家，正是日本的东芝机械公司（属三井财团）。实际上，早在1985年12月，日本和光交易公司驻莫斯科办事处首席代表熊谷独就向美国商务部和巴黎统筹委员会组织举报了这一情况。但是，日本政府此后在1986年4月、6月数度断然否认美国对于“东芝事件”的指控，美国政府也一直隐而不发，似乎在等待一个时机。

1987年初，美国等待的时机已经到来。虽然1986年9月日美双方刚刚签署了《半导体协定》，但美国发现美日逆差进一步扩大到586亿美元，美国半导体产品在日本的市场份额也并未有所提升。于是，美国发出了最后通牒：4月1日之前，必须改善市场准入和停止在第三国倾销。与此同时，冷战期间最大的军用敏感高科技走私案件“东芝事件”也被彻底引爆。

美国政府认为，日本东芝机械公司违反国际禁令向苏联出口8台自动数控铣床，使苏联得以改进潜艇隐身性能，不仅给美国，同时给整个西方世界防务构成巨大威胁。美国总统政府官员理查德·达尔曼评论说：“一个被视为盟友的国家，转移可能轻松颠覆战略平衡的技术，看上去这是荒谬的。在这种背景下，人们很容易会问：痛击日本有什么错？”

1987年2月，作为对东芝公司的抗议，美国国会9名共和党议员在国会山的记者会上用大锤公开砸烂东芝无线电收放机。在此之前，美国对日本的批评指责仅限于经济方面，诸如日本不遵守经济竞争的规则，开放国内市场力度不够，等等。但是，在“东芝事件”上，美国对日本的批评都主要集中在政治方面，认为日本为了区区小利而不惜做出损害美国乃至整个西方安全保障的事情。

就在美国国内因“东芝事件”反日情绪高涨的同时，日美两国就半导体问题开始了第二次谈判。1987年4月29日，日本首相中曾根康弘亲自前往华盛顿和美国总统里根谈判。然而，中曾根康弘这位被公认为日本最“国际化”的政治领导人也没有办法谈出任何结果。因为美国利用“东芝事件”，成功地把半导体贸易摩擦问题上升到了政治问题层面，这使得日本陷入了极大的被动。

1987年2月，作为对三井财团旗下东芝公司的抗议，美国国会几名共和党议员在国会山的记者会上，用大锤公开砸烂东芝无线电收放机

事实上，有充足可靠的资料表明，苏联核潜艇噪声明显降低发生在东芝机械违禁出口之前。此外，违禁出口机床的明明是东芝公司下属的一个子公司——东芝机械公司（东芝公司仅占一半股份，且无实际业务联系），但美国朝野上下却对与违禁出口无关的东芝公司大加挞伐。显然，美国是借子公司的问题株连母公司，扩大打击范围，“项庄舞剑，意在沛公”。

1987年4月17日，里根总统签署了战后以来第一个对日本实行经济制裁的法令，对日本出口到美国的价值3.3亿美元的电子存储器征收100%的关税。6月，美国国防部取消了原定从东芝进口的150亿日元的计算机合同。美国参议院则将制裁东芝的条款加入贸易法案当中，同时对东芝集团的所有产品实施禁止向美国出口2~5年的惩罚。

此后的几个月时间里，美国朝野群情激愤，再三谴责日本，并希望对东芝公司进行更大规模的制裁。当时的日本首相中曾根康弘不得不向美国表示道歉，日本方面还花1亿日元在美国的50多家报纸上整版刊登“悔罪广告”。与此事件有关的挪威政府，除了向美国保证今后决不再发生类似事件外，还关闭了康士堡公司驻莫斯科办事处，并停止了该公司正在与东欧国家进行的全部贸易。

一面指责，一面赞叹不已

1987年5月，东芝机械公司社长引咎辞职。7月，东芝董事长和总经理宣布辞职。9月，日本方面发动与东芝有密切生意往来的美国本土几百家大小企业，像通用电气、摩托罗拉等，对美国国会山展开密集游说，主要理由有：制裁后，1988年美国将减少3.4亿美元税收，就职于东芝集团美国分公司的4000人将失去工作，和东芝相关的美国公司也将有成千上万人失业。

与此同时，在1987年11月2日，美国商务部宣布调查结果，认为日本已经停止了芯片倾销行为。随后，美国制裁日本东芝公司的大锤高高举起，最终却轻轻落下。1988 年 4 月，美国国会通过的法案，最后制裁对象从东芝集团缩小为东芝机械，期限从 5 年缩短为 3 年。当年东芝集团在美国的年销售额约是 20 亿美元，而东芝机械大概只有 2000 万美元。

很多人认为之所以处罚程度轻微、反差巨大，是因为东芝公司在美国动员一切力量发动的"游说大作战"起了作用。据估算，东芝在这次游说行动中至少花费了 900 万美元以上。日本早稻田大学的小尾敏夫教授在 1991 年的一本书《说客——撼动美国政治的力量》中也称："东芝游说"是历史上最大的"作战"。之所以呈现这样的结局，归根结底是因为美国政府从日本得到了巨大的实际利益。

首先是由"东芝事件"所带来的直接军事利益，为了弥补美国的损失，日本政府向美国提出由日本出资双方共同开展技术研究，以"掌握更好的潜艇探测技术和制造出比苏联潜艇更安静的潜艇"。其次是日本同意由美国提出的合作开发 FXS 型战斗机的要求，相当于将日本自动相控阵雷达和机翼整体造型技术无偿赠予美国。当然，美国的核心焦虑还在于日本和美国之间高新技术领域的竞争。

1989 年，美国加码，进一步迫使日本签订了《日美半导体保障协定》，从而单方面开放日本半导体产业的知识产权、专利。显然，只对日本半导体产业步步紧逼是远远不够的，最终决定一场战争胜负的关键还是自身的实力的大小。负责和日本交涉的美国在亚洲地区的首席贸易代表克莱德·普雷斯托维茨，一面指责日本的半导体芯片产业政策不合理，一面又对它赞叹不已，"所以我对美国政府说我们也要采取和日本相同的政策措施"。

于是，就在日美半导体协定签署后不久，在美国国防部高级研究计划局的资助下，14 家在美国半导体制造业中居领先地位的企业组成并开始运作"半导体材料技术联盟"(Sematech)，其宗旨是解决美国半导体企业共同面对的制造技术课题，如研发极紫外光刻用的光掩模、光刻胶，以及半导体器件的结构、测试、制造等方面的先进技术。

这个由 IBM、英特尔等美国公司主导的"半导体材料技术联盟"实际上就是日本超大规模集成电路技术研究所的翻版，目的是恢复在 20 世纪 80 年代中期被日本半导体企业超过的美国半导体产业竞争力。该联盟共有 700 名研发人员，代表着美国 85% 的半导体制造能力。该联盟成员共同开发通用技术，共享知识产权成果。该联盟开发了大量先进技术，每个会员企业都可以分享。

事实上，无论是"东芝事件"还是日美半导体谈判，都不过是日美之间一系列贸易摩擦和高技术摩擦中的小小一环。自明治维新以来，日本最初是学习德国，接着学习美国，到了 20 世纪 80 年代日本实现了人类社会史上罕见的、比欧美更完善的现代工业体系和拥有大规模生产能力，达到了德、美等任何国家都未能达到的工业化水平。

当时，日本的工业品大举涌入美国市场，以至在美国的城市和乡村公路上行驶的汽车，商店里陈列的商品，到处都充斥着日本货和日本商品广告。对此，日本媒体这样描述:“在 20 世纪 80 年代世界经济中一枝独秀的不是美国,而是日本。在纺织、钢铁、造船、家电、汽车和半导体等制造领域,美国完全输给了日本。”显然,作为世界老大的美国必然下手狠狠教训一下这个过于张扬的后起之秀。

被埋没的日本电脑系统——TRON

1989 年,美国对日本正式祭出了“超级 301 条款”,向日本的“人造卫星、超级计算机、林产品、TRON”等商品,单方面设置了贸易壁垒。“超级 301 条款”是指经 1988 年《综合贸易与竞争法》修改补充后,对原来的“301 条款”新增加的“第 1302 节”。该条款的规定比普通“301 条款”更强硬,适用范围更广泛,更具有浓厚的政治色彩,故俗称为“超级 301 条款”。

“超级 301 条款”强行规定,美国贸易代表署于每年 3 月 31 日至 9 月 30 日提出美国认为“市场最封闭”“最不公平”的贸易伙伴和贸易领域。在接下来的 18 个月时间内,美国政府将同这些贸易对手进行谈判,如果贸易纠纷仍无法解决,美国就可以对这些贸易对手实施单方面贸易制裁,主要是对进口的某些产品实行高关税,关税最高达 100%。

在美国的这次单方面制裁的名单中,除了卫星、计算机等常规产品外,TRON 最为特殊,美国对 TRON 的指控是:“日本政府设下的贸易障碍。”实际上,TRON 是一个计算机操作系统的名称,最早是由日本东京大学助教坂村健研究创立的,坂村健对 TRON 系统的理念是:“基本软体,就是软体的平台,是资讯化社会的基础,就该如水与空气一般。”

TRON是由日本计算机工程师坂村健研发的一种计算机操作系统,相对于微软的Windows的封闭商业联盟,TRON从一开始就走免费、开放路线

TRON 系统的这一理念,比起美国比尔·盖茨推动的窗口系统要更加得到国际计算机学者的认可。因为相对于微软的 Windows 和英特尔的封闭商业联盟,TRON 从一开始就走免费、开放路线。所有的 TRON 的源代码可以免费得到,所以无论是成本还是安全性以及实际的可建设性,一旦 TRON 成为计算机系统的世界标准,都会比比尔·盖茨的 Windows 的方案更好。

1985 年,日本 NEC 公司宣布了第一个基于 ITRON / 86 规范的 ITRON 系统,并于 1987 年完成了第一台基于 TRON 系统的个人计算机试验机。与此同时,日本也推出了雄心勃勃的 TRON 计划,其目的是建立一个计算机结构标准的系统,以期在 20 世纪 90 年代实现各制造厂商所生产的计算机之间的兼容性。

1988 年,为了大规模推行这个标准,由日本的富士通、日立、松下、三菱、NEC 和其他 3 家公司联合组成了一个 TRON 协会。该协会规定,任何一家生产商如果承认该协会的话,都可以免费使用 TRON 标准。到 1988 年,日本富士通、日立、松下和三菱等公司都把 TRON 技术标准装入了它们的芯片生产线。

实际上,由于 TRON 作为开源架构的计算机系统,本身并不盈利,因此在“超级 301 条款”下达之前,就连美国 IBM 公司都已经加入了 TRON 的开发阵营。日本人有了自己的操作系统,并试图进入美国市场,这显然引起了美国的注意。美国软体业界律师哈威尔公开警告:“一旦 TRON 成为标准,日本资讯业将摆脱对美国软体工业的依附,美国再打入日本市场,将难如登天。”

当时美国微软公司的 Windows 1.0(1985 年 11 月)也刚诞生不久,操作系统还没有一个统一的标准。所以,日本政府希望更多的外国厂商可以加入自己的 TRON 协会,最终期望 TRON 能够成为世界范围的计算机技术标准。这样,一方面可以从每年支付给美国微软公司的巨额系统专利费用中解脱出来,另一方面可以使日本企业在计算机领域有更多的话语权。

不过,日本的这一美好设想很快就被美国打破了。通过“超级 301 条款”,在美国强大的政治压力下,国际上许多高科技企业开始“弃暗投明”和“明哲保身”,逐渐远离 TRON 系统,因为所有使用了 TRON 系统的企业都将失去美国市场。面向计算机的 TRON 操作系统就此一蹶不振,只能集中精力去研究和发展面向嵌入式机器的操作系统 ITRON。

随着日美《半导体协定》的执行,以及“超级 301 条款”的推出,通过一系列的政治手段,在这场旷日持久的日美半导体大战中美国才开始逐渐占了上风。1991 年,美国已经占到日本统计口径的 22%,但美国仍旧认为是 20% 以下,美国强迫日本签订了第二次《半导体协定》。1992 年,美国半导体销售额占世界半导体市场的 43.8%,日本则为 43.1%,让出了世界第一的位置。

1996 年 7 月,日美第二次《半导体协定》的 5 年期满,美国政府希望续签协议,而日本政府则希望停止协议,并以民间的方式取而代之。在谈判过程中,负责谈判的通产省次长坂本吉弘公开表示,谈判破裂后,要单独和欧盟接触成立“全球半导体工业政府论坛”,推动半导体贸易自由化,当时的欧盟也在舆论上响应了日本。最终,日美两国没有再续签第三次《半导体协定》。

第四节　不可避免的日韩大战

敌人的敌人就是朋友

1982 年,韩国三星电子与美国美光科技有限公司达成了 64K 半导体动态随机存取存储器(DRAM)技术的转让合作,开启了向最尖端的半导体事业进军的征程。

在此之前,韩国国内并没有生产半导体的能力,只能通过进口半成品的半导体进行组装。三星电子之所以选择 DRAM 作为突破点,是因为相比于 CPU 芯片,DRAM 技术难度较低,容易介入。

1983 年,三星电子宣布在京畿道兴建立第一个半导体工厂。为了完成半导体芯片的开发研制,三星电子从美国聘请了 5 名有半导体设计经验的韩裔美国科学家以及数百名美国工程师。同时,三星电子还派人到美国设立子公司,借助美国获取最前沿的存储半导体技术,为其不断升级提供支持。显然,如果没有美国的默许,这一切谈何容易。

然而,三星电子的 64K DRAM 是一项注定失败的商品开发,因为美国和日本早在 4 年前就已经完成了 64K DRAM 的量产,三星电子当时的成本还是日本的 4~5倍。雪上加霜的是,日本的半导体企业为了打击新兴的三星电子,联合起来开始进一步降价。即使有韩国政府的政策补贴,64K DRAM 芯片还是给三星电子带去了 1400 亿韩元的亏损。

即便如此,三星电子也没有停下自己在半导体芯片领域前进的脚步。与此同时,在三星电子掌握半导体制造技术后,韩国的其他财团企业也开始跑步进入半导体行业,比如涌现了后来为人熟知的 SK 海力士。三星电子和韩国其他财团企业敏锐地意识到,随着美国对日本半导体产业不断发起冲击,韩国半导体行业将很快迎来崛起的契机。

1986 年,日美两国签署了《半导体协定》,这个协定打击了日本整个半导体行业。协定中规定,限制日本半导体对美出口;日本承诺放开半导体市场,在 5 年内将国内市场份额的 20% 分给国外公司。1987 年 3 月,美国政府又以日本没有执行协定为名,决定对日本进行 3 亿美元的进口限制,国际市场 DRAM 价格上涨,三星电子的 DRAM 芯片业务也由此摆脱了亏损。

同时,在美国的强硬打压下,日本半导体芯片行业遭遇"滑铁卢"。日本在全球半导体的市场份额从 1986 年的最高 40%,一路下滑。其中,日本受影响最大的就是 DRAM 业务,从占全球市场的 80%,一路跌到最低的 10%。不过,日本的半导体市场并没有落到美国企业手中,原因是当时占据美国硅谷七成的科技公司都放弃了 DRAM 业务,转向其他研究。

抓住美日半导体摩擦的机遇,韩国半导体产业趁机迅速崛起。20 世纪 80 年代末,全球半导体行业面临下行周期的阵痛,三星电子做出了"逆周期投资"的意外决定。由于当时 DRAM 的技术门槛不高,三星电子借助其背后三星财团的力量,加大对 DRAM 的研发投入,扩大生产。大规模量产以及廉价劳动力带来的价格优势,使三星电子迅速夺得了日本的半导体市场份额。

由韩国人李秉喆创立的三星财团是韩国最大的企业集团,其营业收入相当于韩国 GDP 的 20% 左右。财团旗下包括 80 多个下属公司及若干其他法人机构,在全球70多个国家和地区建立了近300个法人及办事处，员工总数20余万人，业务涉及电子、金融、机械、化学等众多领域。旗下的三星物产(综合商社)，对韩国经济的飞速发展起到了极其重要的推动作用。

1990年，美国以三星电子用低价方式冲击美国市场为由发起了反倾销诉讼。时任三星集团掌门人李健熙(李秉喆之子)再次巧妙利用美国人打压日本半导体产业的机会，派出强大的公关团队游说克林顿政府："如果三星无法正常制造芯片，日本企业占据市场的趋势将更加明显，竞争者的减少将进一步抬高美国企业购入芯片的价格，对于美国企业将更加不利。"

秉承着"敌人的敌人就是朋友"的原则，美国政府接受了三星电子的游说，仅向韩国三星电子象征性地收取了0.74%的反倾销税，这与日本企业最高被收取100%反倾销税形成了鲜明对比。1992年，三星电子开发出世界第一个64M DRAM，超过日本NEC公司，成为世界第一大DRAM制造商。至此，韩国在存储半导体领域开始处于世界领先地位。

不仅如此，韩国三星电子的DRAM"双向型数据通选方案"还获得了美国半导体标准化委员会认可，成为与微处理器匹配的内存，日本则被排除在外。借此机会，三星电子顺利搭上微处理器推动的个人计算机时代快车。可以说，为了战胜日本，美国实际上通过联手韩国三星电子，重组了全球半导体产业的供应链，并努力想将日本从这条供应链上抹去。

三星接过东芝的接力棒

1986年10月，为了支撑DRAM产业的发展，韩国政府开始效仿日本的"官产学研"模式，由韩国电子通信研究所(KIST)牵头，联合三星、LG、现代等财团企业与韩国6所大学，一起对DRAM进行技术攻关，目标是完全消除韩国公司与日本公司之间的技术差距。该项目3年中的研发费用就达到了1.1亿美元，韩国政府承担了其中的57%。

日本的"官产学研"模式是奠定日本20世纪80年代芯片霸主地位的重要手段。其中，"官"是指政府机构，起到为创新研究开发和产学合作成果进行支援服务的作用；起主导作用的"产"指的是以三井、三菱为代表的财团产业界，具有对科技创新风险负责、承担发展主体的功能；"学"和"研"就是传统意义上的大学和研究机构，扮演提供和创造学术价值的角色。

也是在1986年，三星电子邀请时任东芝公司半导体事业部部长川西刚访问三星电子，并给予其最高规格的礼仪接待。随后三星电子便要求回访东芝的大分工厂。在那次参观之后，三星电子不仅挖走了东芝半导体的生产部部长，还建了一个几乎和日本大分工厂一模一样的工厂。继三星电子之后，韩国LG、现代等财团企业，也通过引进日本技术，逐渐提升了核心技术能力。

1989年,韩国LG与日本日立签署技术转移协议,取得了稳定的技术来源。由于韩国当时已经完成对1M DRAM和4M DRAM的技术攻关,于是日本日立将自己的1M DRAM和4M DRAM量产技术转移给LG。同时,LG支付几百万美元的专利授权费用,产品以OEM方式直接出口给日立。在此之前,LG的DRAM产品一直落后于三星和现代,通过与日立合作,LG得以追上韩国同行。

1986年,韩国三星邀请时任东芝半导体事业部部长的川西刚访问三星,并给予其最高规格的礼仪接待。在那次参观之后,三星电子建了一个几乎和日本大分工厂一模一样的半导体工厂

1991年前后,日本泡沫经济爆发,以三井财团的东芝公司为代表的日本电子企业缩减了芯片研发的投入,并对研发部门进行裁员,这些研究人员被韩国三星集团悉数接收。数据显示,当时三星电子的外籍顾问一共有77人,其中57人为日籍顾问,三星电子为这些技术人员开出了3倍于他们在日本的工资,并且提供4室1厅的公寓,配备秘书、司机和厨师。

当然,三星电子也给这些日籍顾问安排了有关技术转移的任务,广泛程度涉及日本制造商的研发体制、所使用的制造设备和人力资源情报。通过情报,三星电子得知东芝研究出了新型闪存芯片。于是,三星电子明面上向苦于资金周转困难的东芝公司提出联合开发要求,希望以资金换技术,暗地里则开始挖墙脚,让东芝的技术人员传授闪存技术。

事实上,作为营业收入占据韩国GDP 20%的大型企业,三星财团和日本企业界的渊源颇深。三星财团的核心是三星物产,虽然“三星物产”与“三井物产”的名称有一字之差,但它们的经营理念、组织模式和行为方式几乎相同。三星正是凭借着这种独特的经营理念和组织模式,帮助韩国成为“亚洲四小龙”中经济发展最具潜力的国家,在电子、汽车、钢铁、造船等现代化工业方面,韩国成了美国、日本和欧洲国家(地区)的竞争对手。

不仅如此,三星财团的3代领导人都曾有过日本留学的经历。三星财团创始人李秉哲(现任三星领导人李在镕的爷爷)早年间就读于日本早稻田大学政经科,1938年在韩国大邱成立了“三星商会”,1948年三星商会更名为“三星物产”。此后,三星物产还会定期向三井物产等公司进行咨询,学习和模仿日本企业的经营管理制度,整个三星物产都体现出了浓厚的日本式经营特点。

李健熙(李在镕的父亲)同样毕业于日本早稻田大学经济系,三星电子正是在李健熙的努力下才得以成立并走向辉煌的。李健熙认为,和岛国日本非常相似,韩国的基础资源也非常匮乏,而未来将是一个信息科技世界,三星应该去发展附加值更高的尖端产业。作为李健熙的独子,现在三星财团的实际掌门人李在镕也曾在日本庆应大学攻读MBA。

日本庆应大学的前身是由日本著名思想家福泽谕吉创办的“兰学塾”，被认为是把握着日本经济命脉和未来的中枢学府。在日本的企业、贸易和金融等实业领域，庆应大学的学子占据着许多重要的岗位，形成一群有实力的“庆应帮”。日本前首相小泉纯一郎、三井银行原行长神谷健一、三菱商事前社长藤山爱一郎、丰田汽车董事长丰田章男等都毕业于庆应大学。

1994 年也成了韩国三星电子半导体芯片产业的转折点，三星电子率先发布全球首块 256M DRAM，由此奠定了韩国在存储器方面追赶日本的基础。1995 年，三星在静态随机存取存储器（SRAM）领域，2000 年后在 NAND Flash 领域以及在显示器 Driver IC 等非存储式领域，产销量都成为世界第一。实际上，在三星电子辉煌的背后有着许多日本工程师的身影。

在美国打压日本、韩国崛起的大背景下，日本果断选择调整产业发展方向，在产业链的上游和周边发挥自己的优势。实际上，参与产业链上游，给日本带来的经济利益也不小，毕竟市场的蛋糕在持续做大。根据国际半导体产业协会的统计，2017 年，全球半导体上游设备和材料的市场销售额为 1039 亿美元，约占整个半导体产业总销售额的 1/4。

韩国半导体芯片的崛起与辉煌，日本半导体芯片的衰落与调整，看起来是产业转移的必然结果。韩国占据半导体芯片主流市场，日本则深耕产业链上游领域，两者相安无事，但实际上真的如此吗？产业转移是指生产线/工厂从高劳动力成本地区向低劳动力成本地区迁移，但日本的半导体芯片企业并没有向韩国迁移生产线，而是被直接替代了。

一直都在默默掌控

数据显示，在 2018 年全球前三大半导体公司中，韩国的三星电子、SK 海力士分别以 759 亿美元、364 亿美元的收入位居第一和第三。仅这两家韩企就占据了全球半导体市场 74.5% 的份额。2019 年第一季度，韩国半导体出口额为 231.99 亿美元，即使同比减少了 21.3%，也仍占韩国商品出口总额的 17.5%，排名第一，并为排名第二的机械（9.7%）的近两倍。

然而，在光鲜数据的背后，却是另一番场景。在消费半导体领域，韩国的确早已超过日本成为领头羊，但是在技术壁垒更高的工业半导体领域，日本还是王者。一个领域上游的材料与设备，决定着下游的工艺和产能。比如，三星电子并没有生产光敏抗蚀剂的能力，而且这种材料久置有风险，因此都是用多少，进口多少，几乎没有存货，仅此一项，三星对于日本进口材料的依赖程度就高达 90%。

尽管日本半导体行业的“辉煌”早已成为历史，目前的全球市场份额不到 10%，但在材料、精密机械、基础科学上的科研能力与技术积累却不可小觑。从表面上看，日本半导体行业是日薄西山，其实不然，其只是从“台前”走到了“幕后”。

半导体行业产业链极其复杂,包括上游的材料、设备、EDA 软件,中游的设计、制造,以及下游的封测等。

在半导体芯片的制造原材料领域,日本企业几乎可以说是一家独大。就具体材料而言,日本制造的氟聚酰亚胺和抗蚀剂均占全球产量的 90% 左右,氟化氢约占 70%。整体来看,目前全球超过一半的半导体材料由日本企业生产,全球半导体行业涉及抗蚀剂的核心技术几乎都被日美企业垄断。可以说,如果没有日本材料企业,全球的半导体制造企业都会"无米下锅"。

光刻胶自 1959 年被发明以来就成为半导体工业最核心的工艺材料,是半导体集成电路制造的核心材料。光刻胶的质量和性能是影响集成电路性能、成品率及可靠性的关键因素。在全球光刻胶产业结构中,日本占据着重要地位。日本国内拥有完善且丰富的半导体行业产业链,在光刻胶行业的专利分布上,全球排名前十的生产企业中有 7 家为日本公司。

在全球半导体制造核心设备市场 Top3 占有率排行榜上,日本企业在各主要环节,几乎都跻身前三,享有高度垄断地位。根据国际半导体产业协会的数据,日本企业在全球半导体材料市场占据的份额达到 52%。所以,即使日本从全球顶尖名单上滑落,但它仍牢牢掌控着半导体材料这个核心领域,无论是消费半导体还是工业半导体,只要生产就需要投入材料和设备,也就离不开日本。

事实上,不仅仅是氟聚酰亚胺、光刻胶和高纯度氟化氢等几种材料,可以说在整个半导体产业链的上游,日本掌握了绝对的话语权。半导体是个技术密集型产业,得核心技术者得天下,而越往上游,核心技术越密集、越高端,特别是在半导体材料和设备领域,虽然其相关企业的营收很难排进产业前十,但技术密集这一特点决定半导体材料和设备直接影响着整个产业链的中下游动向。

成立于 1926 年的日本信越化学工业株式会社是世界上首屈一指的硅产业龙头,也是半导体行业材料领域的领军企业。硅片供给属于寡头垄断市场,目前全球硅晶圆厂商以日本、中国台湾、德国等五大厂商为主。包括日本信越、日本胜高(SUMCO)、中国台湾环球晶圆、德国 Siltronic、韩国 SK Siltronic,前五大供应商囊括 90% 以上的市场份额,在 12 英寸硅片领域的市场份额甚至达到 98%。

日本半导体材料大厂信越化学及胜高公司,手握全球一半以上的半导体硅晶圆产能,市占率合计超过 51%,中国台湾环球晶圆因为并购 SunEdison 后成为全球第三大硅晶圆厂,但市占率只有 17%。窥一斑而知全豹,看似衰落的日本半导体早已掌控了半导体产业链的上游,这场不可避免的日韩半导体产业大战实际上从一开始就已经注定了结局。

无法完全摆脱对日本的依赖

2019 年 7 月 1 日,在日韩半导体产业相安无事近 20 年后,日本政府突然出台制裁措施。日本经济产业省宣布，自7月4日起，包括氟聚酰亚胺、光刻胶和高纯度氟化氢等3种OLED产业和半导体产业材料将限制向韩国出口。从产业分布来看，目前韩国在半导体领域的两大核心产业分别是OLED面板与半导体，而此次日本限制出口的3种材料恰恰是这两大产业的核心原材料。

2019年7月，日本经济产业省宣布，包括氟聚酰亚胺、光刻胶和高纯度氟化氢等3种OLED产业和半导体产业材料将限制向韩国出口，日本限制出口的3种材料恰恰是韩国在半导体领域的核心原材料

为什么要制裁韩国，韩国舆论认为，此次日本限制出口，将会打击韩国的支柱产业——半导体，此举无异于对韩国进行“经济制裁”，是日本针对2018年10月韩国大法院就日本殖民时期强征朝鲜劳工案等判决的“报复”。1965年，日韩签订《日韩请求权协定》，日本向韩国提供5亿美元二战劳工赔偿款，当时相当于日本外汇储备的1/4，韩国同意从此放弃官方和民间的劳工索赔要求。

韩国当年为了发展芯片产业，甚至不惜动用日韩建交过程中日本向韩国提供的这笔战争赔款。然而，2018年以来韩国法院相继对日本制铁（属三井财团），三菱重工等多家日本企业做出巨额劳工赔偿的判决，并以此为由扣押了这些日本企业在韩国的资产，事实上彻底违反了双方在1965年签订的官方协定。

日本政府此次限制出口的氟聚酰亚胺、光刻胶、抗蚀剂、高纯度氟化氢，在世界市场上的占有率达到70%～90%，韩国三星电子、SK海力士等企业立刻受到冲击。受中美贸易摩擦的影响，韩国2019年6月出口比2018年同期减少13.5%，出口连续7个月负增长，就是在这种情况下，又出现了日本制裁的变数。在半导体占韩国出口20%以上的情况下，韩国重要的出口产业遭受巨大损失。

尽管几十年来，韩国政府在相关产业的设备和材料方面不断加大投入，但是仍然没有摆脱对日本的依赖。以半导体产业为例，2018年，韩国进口的日本精密化学材料、硅片和半导体制造设备分别增长29.3%、51.0%和8.1%。而在韩国进口的高纯度氟化氢中，日本生产的约占40%的份额。可以说，日本在原材料领域的制裁犹如釜底抽薪。

与此同时，日本政府还决定自2019年8月1日起将韩国从简化战略物资出口程序的所谓“白名单”中删除，使其无法享受尖端技术出口免申请优惠。此前，日本经济产业省制定出用于出口高科技产品及武器的安全保障贸易友好对象国清单，亦称“白色清单”，日本可以通过相对简化的手续向“白色清单”中的对象国出口产品。

面对日本的一系列制裁，韩国总统文在寅在青瓦台主持首席秘书和辅佐官会议时表示，在韩国企业受损时政府将不得不采取应对措施，他不愿意看到这种情况。同时，文在寅敦促日方撤销相关举措，拿出诚意与韩方磋商，韩日陷入以牙还牙恶性循环的局面是绝不可取的。当然不仅仅是政府层面，作为韩国最大企业集团的三星财团也开始积极发挥作用。

2019 年 7 月 7 日，就在日本宣布制裁韩国一周后，三星财团实际掌门人、三星电子副董事长李在镕便出访日本，与当地商界商讨应对日本对韩国限制出口高科技材料事宜。李在镕启航去往日本的时间比原计划稍晚，直至夜里 9 点，李在镕才到达东京羽田机场。这引起了外部的猜想，认为他在去日本以前与韩国财政部部长洪南基和文在寅总统的现行政策办公厅主任金尚祖举行了会面。

回到韩国的第二天，李在镕急忙召集三星电子的主要经营团队举行了紧急总裁团会议，在会议上李在镕表示，“日本的出口限制措施不仅会影响到半导体和显示器产业，还可能扩大到智能手机和家电产业，我们必须制订应急计划”。虽然有消息称，李在镕这次访日并未解决任何关于材料供应的问题，但韩国国内也有看法认为，李在镕这次赴日已经拿到三星电子眼下最急需的核心材料供货订单。

第五节　“三国演义”成就东亚力量

中国芯片制造的探索之路

1956 年，新中国发出“向科学进军”的号召，在周恩来总理的关心下，教育部集合北京大学、复旦大学、吉林大学、南京大学、厦门大学 300 人，由黄昆（中国半导体技术奠基人）和谢希德（著名物理学家）牵头，在北京大学开设半导体专门化培训班。其间，中国独立提炼的锗晶体、自主研制的集成电路相继问世，各项技术只和美国差距 5～7 年，和日本几乎同步，领先韩国整整 10 年。

随后建立起的一系列研究所和生产半导体材料与器件的车间，使中国半导体学科和半导体技术独立自主地发展了起来。不仅如此，北京大学首批半导体专业毕业生更是人才济济，其中就包括了后来的中芯国际董事长王阳元、华晶集团总工程师许居衍、电子工业部总工程师俞忠钰、国家超导实验室学术委员会主任甘子钊等。

然而，突如其来的“文化大革命”改变了中国半导体芯片的发展轨迹。由于集成电路是先进技术，与国防军事密切相关，西方社会对中国长年实行禁运，无论制造设备还是工艺技术，在很长时期内断绝了中国交流引进的路径。当时还一度采用群众运动的方式“全民大搞”半导体，报纸上甚至宣传街道老太太在弄堂里拉一台扩散炉就能做出半导体。

显然，这种违背基本规律的鼓吹，严重冲击了正规工厂的半导体生产研发流程。一直到20世纪70年代初，随着中美、中日关系的缓和，中国才开始恢复与西方国家的经济技术交流。当时，中国从日本引进了7条半导体生产线设备，结果设备安装调试完毕后发现，自己对大规模生产制造工艺的一系列问题都没办法解决，最终生产线设备没有发挥任何作用。

1973年，中国与日本电气股份有限公司（NEC，属住友财团）进行谈判，希望能够引进全套的集成电路生产技术，从而解决大规模生产工艺问题。同时，为了引进美国的显像管技术，1973年11月中国派出12人前往美国进行实地考察，参观完美国无线电公司后又参观了生产玻壳技术的康宁公司。但是，事情的发展并非一帆风顺，“蜗牛事件”引起不小的舆论风波。

在中方考察组归国之际，美国康宁公司赠送给中方人员每人一份工艺精致的玻璃蜗牛小礼品。结果这份小小的蜗牛礼物被某些人臆断是美方对中国的侮辱，认为美国是在污蔑中国搞“爬行主义”，并拒绝引进美国彩电生产线。受此影响，中方此前与日本电气股份有限公司的谈判也宣告流产。但实际上，玻璃制品蜗牛或用巧克力制作的蜗牛是美国人至爱的圣诞节礼品之一。

与之形成鲜明对比的是，中国台湾地区的“工研院”1975年向美国购买3英寸晶圆生产线，1977年即建成投产。值得一提的是，同样是在1975年，中国大陆也已经完成了动态随机存储器核心技术的研发工作，当时的中科院109厂生产出中国第一块1024位动态随机存储器，达到国外同期水平，只是因为缺乏大规模生产能力而无法投入市场。

1977年8月，30位科技界代表受邀参加在人民大会堂召开的科教工作者座谈会。中国科学院院士、半导体器件物理学家王守武发言说：“中国共有600多家半导体生产工厂，其一年生产的集成电路总量，只等于日本一家大型工厂月产量的1/10。”这句话，把改革开放之前中国半导体行业的成就和家底概括得八九不离十。

20世纪80年代，中国熊猫品牌电视机的心脏部分，使用的就是从日本东芝公司引进的集成电路5微米全套生产线

1980年，坐落在太湖边的江南无线电器材厂迎来了一批西装革履的日本工程师。没过多久，厂里就贴出告示，宣布从日本东芝公司引进彩色和黑白电视机集成电路5微米全套生产线，这也是中国第一次从国外引进半导体集成电路技术。短短几年时间，厂里的芯片产量就达到3000万块，一度蜚声国内的名牌电视机——熊猫、金星的心脏部位统统装有这家工厂的产品。

江南无线电器材厂又叫“国营742厂”，1960年成立时只是江苏无锡一家身处小巷的地方国营小厂，以生产二极管为主。后经几次划转、合并，承担起新型半导体工艺设备的研究和生产任务，当时隶属于四机部（电子工业部)。无锡作为"第一个吃螃蟹"的城市,其电子产业迅速发展起来,成为中国集成电路产业布局中的一个重要基地,这些都与"国营742厂"时期打下的底子不无关系。

东芝开启在华半导体事业

20世纪80—90年代,由日本东芝公司提供技术支持的国营742厂一跃成为当时我国产能最大、工序最全、首家具有现代工业大生产特点的集成电路生产厂。由于引进技术的成功,电子工业部决定从隶属于该部的主力研究所,即位于四川的"24所"调出500人,与国营742厂共同组建无锡微电子科研生产联合体,以争取形成自主研发能力。

1989年,在"无锡微电子工程"建设期间成立了中国华晶电子集团公司,后者被誉为"中国微电子产业的黄埔军校",从这里"走出去"、在其他公司或政府部门担任过主要领导、骨干的人,据统计不下500人。然而,被寄予厚望的华晶电子集团公司却最终成为"投产即落后"的经典反面案例。这也说明了传统的计划经济运行体制已经远远不能适应芯片产业发展的内在规律。

1995年,国家领导人参观了韩国三星集成电路生产线,发出"触目惊心"的四字感慨。虽经屡次冲击,但中国的芯片产业还是大大落后于国际先进水平。党和国家领导人迫切希望提升我国的集成电路水平,领导同志甚至发出了"就是'砸锅卖铁'也要把半导体产业搞上去"的指示。于是,中国电子工业有史以来投资规模最大的国家项目——"909工程"应运而生。

由上海华虹有限公司、日本NEC、NEC(中国)有限公司共同投资7亿美元的华虹NEC就是国家"909工程"的主体承担单位。"909工程"的定位虽然以市场为导向,以不断升级的产品线为基础,但是由于中国企业并不了解市场,最终还是以政府需求为导向,很难找准芯片产业的突破口,交学费也就在所难免。

在这样的大背景下,日本东芝开始了它在中国半导体芯片产业的发展之路。2001年12月11日,中国正式成为WTO成员。12月9日至11日,日本东芝公司社长冈村正现身北京。冈村正说:"我是特意选择这个日期来北京的。"冈村正拜会了中国有关方面的领导,并参加了"东芝在华机构最高管理层会议"。在会议上,冈村正表示中国将成为东芝全方位的全球化中心。

2002年4月,东芝公司宣布将1994年在中国成立的合资公司无锡华芝半导体有限公司收购为全资子公司,并更名为"东芝无锡半导体有限公司"。无锡华芝半导体有限公司此前是由日本东芝与中国华晶电子集团共同出资建立的,主要业务是进行电视机和音响用的双极集成电路等民用集成电路的生产、组装、质检、测试等。

对于此次收购,时任东芝(中国)有限公司公关部部长的新庄宪先生表示:"东芝进入中国30年以来,一直非常重视中国市场。特别是中国入世以后,中国的战略性地位更加重要。所以,我们不仅在中国进行生产活动,还全面发展包括研发、销售、服务等在华事业。"东芝显然是希望用高质量的产品和最快捷的供货来满足中国市场对半导体产品飞速增长的需要。

2004年11月1日,由日本东芝半导体公司和东芝(中国)有限公司共同投资605万美元的东芝电子管理(中国)有限公司在上海宣告成立。在董事长兼总裁铃木诚二郎先生的领导下,作为东芝半导体事业在中国地区的总代表,新成立的东芝电子管理(中国)有限公司统一管理上海、香港和台湾的销售公司,上海的技术研发公司以及无锡的半导体生产工厂,强化整个中国地区从开发、生产到销售的统一管理机能。

2010年,东芝宣布公司的制造子公司东芝半导体无锡有限公司和南通富士通微电子就设立合资公司事宜签署了正式协议。东芝希望不断提高系统级芯片(SOC)后工序的海外生产比例并推进无厂化,设立合资公司正是该方针的一环。合资公司初期,东芝半导体无锡有限公司对新公司出资80%,南通富士通微电子出资20%,东芝打算通过这种方式,将公司在中国的SOC后工序业务外包给南通富士通。

2017年3月,日本东芝旗下的东芝数字解决方案公司与中国华为就面向产业物联网(IoT)领域的合作达成协议,第一个合作项目是推进面向窄带物联网(NB-IoT)在智能工厂领域应用的技术验证。在2017全球移动宽带论坛上,双方联合演示了搭载华为NB-IoT芯片的东芝IoT网关的智能工厂解决方案。今后双方将在华为位于日本乃至全球建立的开放实验室开展相关领域的验证测试,并进一步推动对商业应用的研讨。

三星渗透中国产业链

实际上,不仅仅是日本三井财团的东芝,早在改革开放、中韩建交前,韩国三星财团也已经开始积极探索在中国的发展。1978年,三星财团经香港从中国进口煤炭,成交了中韩两国第一笔贸易。1985年,三星物产以香港星进有限公司的名义在北京设立办事处。1990年,中国第一家韩国企业办事处——三星物产上海办事处成立。

1992年8月24日,中国与韩国正式建交,三星财团也搭乘改革开放的春风进入中国市场。1993—1995年,三星陆续在天津、苏州、威海、宁波成立子公司,业务涉及半导体、家电、数码电子产品,甚至重工业。其中,电子业务是三星财团在中国最大的业务部分,在中国各地设立了数十家生产和销售部门,主要生产半导体、显示器、笔记本电脑、电冰箱、空调、数码摄像机等产品。

近年来,"三星手机中国市场占有率仅剩1%""三星中国各地手机工厂接连关闭”，这些新闻一度让许多人认为深耕中国数十年的三星正在退出中国。事实上，大家忽视了非常重要的一点，手机业务只是三星电子全产业链的下游，上游的显示面板、半导体存储芯片、电池技术等，才是它的核心竞争力。在三星电子陆续关闭中国手机整机生产工厂的同时，其对半导体的投资却在不断加码。

2012 年 4 月 10 日，改革开放以来中国国内电子信息行业最大的外商投资项目——韩国三星电子一期投资 70 亿美元的存储芯片项目正式落户陕西西安高新区。这是三星电子海外历史上投资规模最大的项目，也是韩国三星电子继 1996 年进入美国奥斯汀之后第二次在海外建立半导体生产工厂。

有报道称，西安给出的财政和行政支持主要包括：财政对投资额进行 30% 的补贴；项目所需 130 万平方米厂房由西安方面代建并和土地同时免费提供；每年补贴水、电、绿化、物流费用 5 亿元；对所得税征收进行前 10 年全免后 10 年半额征收。同时，西安市还承诺，将为项目修建高速公路和地铁等交通基础设施。显然，西安是寄希望于以三星项目为龙头所形成的产业链和产业集群。

2014 年 5 月 9 日，三星西安半导体工厂正式量产，生产最新型的存储芯片 V－Nand。这标志着三星（中国）半导体有限公司将成为集存储芯片生产、封装、测试于一体的半导体综合生产园区，半导体生产领域全业态在西安高新区正式形成。此前，三星在韩国的华城建有存储芯片的生产基地，在韩国的温阳和中国的苏州运行有存储芯片的封装测试中心。

2015 年 4 月 14 日，三星（中国）半导体有限公司在西安举行了封装测试生产线竣工投运仪式。而在 4 月 15 日，三星电子（苏州）半导体有限公司新型生产线 I LINE 也竣工了。两天之内，三星半导体在中国的两家工厂生产线先后竣工，这不仅意味着三星半导体全业态生产链在中国正式形成，也意味着三星在中国的发展战略正不断朝着高端制造以及高科技转移。

不仅仅是半导体，韩国三星财团于 2013 年在苏州投产的液晶 8.5 代线，以及 2014 年 8 月在西安投资的锂电池项目，也都是三星电子向高端制造加码的案例。事实上，随着三星电子及其相关配套项目的相继落户和投产，加上西安高新区已有的美光、应用材料等半导体产业集群，一个规模过千亿元的三星半导体产业集群已经呼之欲出。

2018年3月，三星中国半导体存储芯片二期工程在西安正式开工，扩大生产线后，生产能力可提升到年产1000万块固态硬盘

为了给高科技投资提供后续动力，三星电子还在中国设立了三星电子中国通信研究院、苏州半导体研究所、杭州半导体研究所、南京电子研发中心和上海设计研究所等 10 所研究机构，研究人员超 7000 人。其中，三星电子中国通信研究院是三星电子在中国投资设立的第一个研发机构，同时也是国家批准认定的高新技术企业及软件企业。

2018 年 3 月，三星中国半导体存储芯片二期工程在西安正式开工，扩大生产线后，生产能力可提升到年产 1000 万块固态硬盘。据统计，在三星财团的 38 家中国子公司中，专门从事与半导体有关的子公司就有 6 家，涉及消费电子、信息技术和移动通信业务的公司有 14 家。仅 2018 年，三星电子就从中国市场拿走了 2600 多亿元人民币的营收，牢牢地掌控住了整个中国的半导体产业链。

中日韩上演“新三国时代”

2019 年 7 月，受日本政府制裁的影响，日本对韩国氟化氢出口同比减少 82%，降到 479 吨。到了 8 月，日本出口韩国的氟化氢数量和金额双双降到了零。而在 2018 年 8 月，日本出口韩国的氟化氢还高达 3378 吨。面对日本的“釜底抽薪”，韩国各大企业都在寻找新的出路，韩国 LG 集团从日本制裁开始便着手进行替代化尝试。

2019 年 9 月，LG 旗下的 LG Display 公司已经成功测试了韩国产氟化氢。到了 10 月 15 日，LG 宣布在面板生产中使用的液态氟化氢，已于最近全部转换为韩国产氟化氢产品，实现了 100% 的国产化替代。韩国媒体报道，为 LG 提供国产氟化氢的韩国供应商，其主要原料其实进口自中国。这个原料就是氟石，通过氟石（又称“萤石”）与硫酸反应产生气体，之后再经过蒸馏等方式，就能取得液态氟化氢。

除了在原材料供应上中国有不可小觑的力量外，在半导体产业用的超高纯度氟化氢生产上，中国企业也在扮演着重要角色。韩国 SK 海力士和三星电子负责材料开发的工程师，此前一直在根据半导体工厂的要求，对韩国本土企业生产的氟化氢成分含量进行调整。2019 年 9 月，SK 海力士宣布设在中国无锡的半导体工厂已经完全使用中国生产、韩国提纯的氟化氢取代日本产品。

不仅是 LG、SK 海力士，还有不少韩国企业也投入到了氟化氢韩国国产化研发中，这背后都离不开中国的氟化氢产品。比如，韩国的 Soulbrain 以前一直从日本进口氟化氢进行提纯，然后制作成半导体工程使用的蚀刻剂材料，再向半导体企业供货。在日本限制对韩出口后，Soulbrain 等企业开始从中国进口，三星电子实际上已经在旗下的半导体制造工厂中应用了 Soulbrain 公司的氟化氢材料。

中国不仅能提供丰富的半导体产业原材料，还有强大的市场潜力，可以说是全球最大、成长最快的集成电路市场。根据 HIS 的数据，预计 2020 年，中国会用掉全球 47% 左右的半导体产品。2019 年 12 月，据国外媒体报道，韩国三星电子将对其位于西安的中国芯片工厂增加 80 亿美元的投资，以促进 NAND 闪存芯片的生产。

当然，对中国巨大的半导体消费市场潜力感兴趣的不只韩国。中国目前正在大力发展半导体产业，但中国国内的半导体产业又相对弱小，对日本的材料设备以及芯片产品都有着很大的需求。因此，客观认识日本半导体发展实际，探索加强中日合作,将会实现双赢。日本在芯片设计领域特别是存储器方面的竞争力虽然出现了大幅衰退,但在材料设备及部分细分市场方面依然具有优势。

日本半导体企业在清洗设备、光刻机、匀胶显影设备、离子注入设备、刻蚀设备、热处理设备、晶圆检测设备、芯片测试设备等多数关键领域,长期保持竞争优势。全球前十大半导体设备企业中总能出现日本企业。其中,东京电子(TDK)作为日本最大的半导体设备企业,在刻蚀设备、薄膜沉积设备、匀胶显影设备、氧化扩散设备等方面有着很强的实力。

此外,中日半导体人才交流合作空间巨大。由于前期发展不足,目前中国半导体人才缺口很大,而日本半导体发展时间较长,产业成熟,人才基数大。2019 年 11 月,日本半导体巨头尔必达原社长——72 岁的坂本幸雄,就任中国芯片制造商紫光集团的高级副总裁兼日本分公司 CEO。紫光日本分公司计划在日本召集约 100 名技术人员,为实现量产而推进设计工作。

日本尔必达曾是日本半导体巨头。1999 年为了守住日本国产 DRAM 的阵地,日本 NEC 和日立制作所的 DRAM 业务实施剥离合并成立了尔必达公司,后来又并入了三菱电机的 DRAM 业务部门。拥有 30 多年芯片产业经验的坂本幸雄加入中国企业,在中美两国"高科技冷战"激化的背景下,令业界惊讶不已。

2019 年 12 月 24 日,中日韩工商峰会在成都举行,三国领导人出席并致辞。日本首相安倍晋三在致辞时表示,中日韩三国不是相互争斗的魏蜀吴。希望与三国的经济界领袖一道,三国共同合作,构筑与国际社会共同发展的"新三国时代"。李克强总理也表示,恰逢中日韩合作启动 20 周年。20 年来,国际形势风云变幻,但中日韩之间的务实合作始终持续推进,这符合三方共同利益和人民福祉。

事实上,在半导体芯片领域同样如此,中日韩三国半导体行业有着巨大的互补与合作发展空间。未来,中国将继续坚持扩大对外开放不动摇,打开的大门会越开越大。三国应按照市场化原则扩大合作,做大共同利益"蛋糕"。就如同李克强总理说的一样:"欢迎韩日企业'近水楼台先得月',抓住中国扩大开放的新机遇,赢得更多商机,更好实现互利共赢。"①

参考文献及来源:

1. 乔振祺,肖振铎. 三星独享西安千亿"嫁妆"?[J]. 中国报道,2012(5):82-83.

2. 冯昭奎. 日本半导体产业发展与日美半导体贸易摩擦[J]. 日本研究,2018(3):22-34.

3. 佐前. "硅谷电子间谍案"始末[J]. 国际问题资料,1984(6):24-27.

① 李克强出席第七届中日韩工商峰会[EB/OL].(2019-12-24)[2021-11-15]. http://www.gov.cn/premier/2019-12/24/content_5463532.htm.

4. 东芝事件全记录[J]. 经理人,2000(8):27.

5. 周倩. 相亲相杀:日韩电子制造业纠缠简史[J]. 中国工业和信息化,2019(9):84-90.

6. 方厚政. 日本超大规模集成电路项目的启示[J]. 日本学刊,2006(3):111-117.

7. 蒋培宇. 30 多年前,日本是如何输掉芯片战争的? [EB/OL]. (2019-05-23)[2021-10-07]. https://36kr. com/p/1723708243969.

8. 日本突然发动制裁 韩国媒体:韩日经贸战已开打[EB/OL]. (2019-07-02)[2021-10-07]. https://baijiahao. baidu. com/s? id=1637934534787044554&wfr=spider&for=pc.

9. 中日韩半导体产业故事[EB/OL]. (2018-04-14)[2021-10-07]. https://www. sohu. com/a/228255460_132567.

10. 五矩. 日本操作系统,如何被美国超级 301 法案架空三十年? [EB/OL]. (2019-06-04)[2021-10-07]. https://wwww. huxiu. com/article/302563. html? f=member_article.

11. 杨东海. 日本制定开发二十世纪九十年代计算机的 TRON 计划[J]. 计算机应用研究,1988(1):62-63.

12. 徐谦 ,张昊英. 东芝扩大在华半导体事业[J]. 商业时代,2002(7):27.

13. 陈和利. 三星半导体在华形成完整产业链[N]. 科技日报,2015-04-22.

14. 陈炳欣. 中日半导体产业合作大有可为[N]. 中国电子报,2019-12-06.

15. 许桁. 东芝电子亚洲 一颗不变的中国心[J]. 世界电子元器件,1996(5):35.

16. 木佳. 美日半导体战重开[J]. 世界电子元器件,1996(8):21-22.

17. 美国制裁公司的典型案例:1987 年东芝事件始末[EB/OL]. (2018-12-10)[2021-10-07]. https://www. sohu. com/a/282039835_120029359.

18. 青云. 王者无畏:三星总裁李健熙和他的商业帝国[M]. 北京:中国财政经济出版社,2014.

19. 日美贸易战期间——日立窃取 IBM 核心技术案揭秘[EB/OL]. (2018-12-06)[2021-10-07]. https://user. guancha. cn/main/content? id=59740.

20. 倪雨晴. 日韩贸易战开打,才发现日本还是半导体王者[EB/OL](2019-07-23)[2021-10-07]. https://www. 163. com/dy/article/EKPIT01U05199NPP. html.

21. 于昊. 新时代的东芝回来了[J]. 电器,2019(11):62-63.

第七章

文化渗透无孔不入

早在1952年，大川博接替黑川涉三出任东映社长时，公司已经欠下了11亿日元的债务，正是住友银行（后来的三井住友银行）出面帮东映挺过这笔债务危机。事实上，三井住友银行不仅和朝日新闻社以及旺文社有着金融业务往来，同时还是东映的主要融资银行。

1988年，三井财团旗下索尼收购哥伦比亚电影公司的谈判虽然进行得很顺利，但美方管理层仍存在疑虑，那就是索尼是否有足够的收购资本。随后，索尼亮出了最后的底牌：日本的5家大银行——三井银行、东京银行、富士银行、三菱银行和日本兴业银行通过贷款形式向索尼公司提供15.6亿美元的资金。

2017年2月，索尼公司旗下付费收看动漫频道第一名的Animax Broadcast Japan，与付费收看动漫频道第二名的三井物产旗下的Kids Station进行合并经营。索尼与三井物产两家公司的强强联合，不仅能提升收益，还能开发大量原创作品，以及扩大衍生商品的销售。

——作者题注

【阅读提示】

“三井”告诉了我们什么(7)

日本文化产业的成功不仅仅体现在动漫产业。如今日本已成为世界游戏软硬件领域当之无愧的第一生产大国，其中家用游戏机硬件约占世界的90%，软件占世界的50%以上，同时电影和音乐的创收也仅次于美国，位列世界第二。从“军事立国”到“经济立国”，最终落脚在“文化立国”，这是日本自明治维新以来立国战略的发展轨迹。

虽然日本政府的文化管理权力在经济产业省和文部省，但是在文化产业的发展过程中，真正起到核心作用的是“官产学”模式。这种模式的特点就是企业与政府、科研机构联合，整合三方的优势，一起协作参与文化产业的发展。其中，企业才是文化产业发展的主导力量，政府为企业提供政策支持，科研机构为企业提供信息技术支持。

日本文化产业一个突出特点就是企业的广泛参与，无论是财团体系内的大企业还是相关产业链上的中小企业，其参与热情都非常高。日本最有影响力的朝日新闻社每年都会颁发朝日奖(企业社会贡献奖)，用以表彰在学术、艺术等领域对日本社会有突出贡献的个人和团体。朝日啤酒、伊藤洋华堂、资生堂、电送、松下电器等企业在评选中的综合评价都非常高。

在过去的很长一段时间里，“日本制造”曾是廉价劣质的代名词，日本制造业企业虽能够通过保障产品的质量来为日本企业挽回一些颜面，但日本企业在国际上还是无法充分得到认可和尊敬。对此，日本索尼公司(属三井财团)的创始人盛田昭夫意识到，收购控制舆论的文化企业是建立起“知名国际企业”形象、提高知名度的最佳途径。

为了向全世界推广日本文化，日本政府机构、财团企业以及民间团体纷纷开始通过电视、广播、互联网、博览会、艺术节、国际会议、论坛等多种方式向海外传播“酷日本”战略的内容。“酷日本”即 Cool Japan，表示日本是一个具有超级软实力的国家，其国际文化影响力不容小觑，从流行音乐到家用电器，从建筑风格到流行服饰，从动漫到日本料理，无不彰显着日本潜在的软实力。

2005 年以来，为了促进中国年青一代对日本社会和文化的进一步理解，三井物产和复旦大学日本研究中心合作，每年共同举办 6 次“日本社会与文化”冠名讲座。邀请对日本文化有深厚造诣的学者、作家以及当地具有一定知名度和影响力的政府领导、企业家主讲，讲座主题顺应时代环境的变化，涉及社会、经济、政治、文学、艺术、中日关系等广泛领域。

本章导言

2018 年 9 月 11 日，华特迪士尼（中国）有限公司（以下简称“迪士尼中国”）在上海举行了 2019 年度启动会议。会上，迪士尼中国正式公布了迪士尼、皮克斯、漫威、星球大战四大品牌未来的内容规划以及公司在中国市场各大业务的战略部署。迪士尼计划推出更多融入中国风和强调地域特色的产品，以此进一步深化迪士尼的本土化策略。

长久以来，内容被迪士尼视作自己“基业长青的根本”，在强大和优质的内容 IP 的支撑下，消费品互动和主题乐园市场才得以被撬动。《疯狂动物城》《寻梦环游记》《冰雪奇缘 2》和《玩具总动员 4》等系列 IP 动画电影在中国市场都大受好评。其中《疯狂动物城》《寻梦环游记》等影片在中国的票房都突破了 10 亿元人民币大关。

在中国市场，除了成为第一家连续两年票房超过 50 亿元人民币的好莱坞电影公司以外，迪士尼的消费品业务在近年来也取得了不俗的成绩。本土化策略是迪士尼一个重要的发力点，迪士尼公司大中华区及韩国消费品副总裁及总经理林家文透露：“迪士尼消费品业务已经连续第五年保持两位数的快速增长，每秒钟就有 66 件迪士尼授权商品售出。”

迪士尼公司涵盖四大业务板块：媒体网络，公园、体验和产品，影视娱乐，以及直接面向消费者和国际业务。除电影与消费品外，主题公园业务仍是营业收入的主要来源，2019 年第四季度华特迪士尼的主题公园及度假区业务营收达 47 亿美元，同比增长 6%，其中上海迪士尼乐园对于美国华特迪士尼公司（以下简称“美国迪士尼”）的营收就做出了较大贡献。

上海迪士尼乐园是美国迪士尼在全球营运的第六座迪士尼乐园，也是亚洲第三座、中国内地第一座迪士尼乐园。于 2016 年开业的上海迪士尼乐园是一座拥有六大主题园区的主题乐园，还拥有两座主题酒店、作为国际化购物餐饮娱乐区的迪士尼小镇，以及相当于 56 个足球场面积的星愿公园。事实上，迪士尼乐园更像是迪士尼这个 IP 产业链的流通，无限放大了文化 IP 产业的价值和强化连接。

作为整个文化产业链的核心,上海迪士尼乐园先后与中国工商银行、百事公司、康师傅控股、上海通用汽车、蒙牛乳业集团、迪彩(上海)投资管理咨询有限公司、中国太平洋保险(集团)股份有限公司、远望谷信息技术股份有限公司、潘多拉珠宝(上海)有限公司、中国东方航空公司、中国银联、立白集团、中青旅控股等十几家中国公司达成了战略合作。

这些中国公司分别从金融、交通、娱乐、餐饮、消费等多方面为上海迪士尼乐园的游客提供服务。上海迪士尼乐园对美国迪士尼来说意义重大,迪士尼的目标是通过上海打造一个引擎,刺激中国对大量迪士尼产品的需求,包括玩具、服饰、室内陈设、电影下载和电子游戏。当然,迪士尼的文化产业王国可不仅仅局限于此。

除了乐园项目产生的直接收入以外,迪士尼乐园每年都会给上海带来超百亿元人民币的衍生效益,主要集中在旅游、购物、交通和住宿等方面。面对如此巨大的商机,自然也会吸引一批相关公司的积极靠拢。比如,作为上海迪士尼乐园项目的关联公司,陆家嘴、锦江股份、锦江投资、东方明珠、百联股份、第一医药和上海物贸等,就可以在参与迪士尼乐园项目的发展与相关业务时分得"一杯羹"。

上海迪士尼度假区总裁兼总经理薛逸骏(Joe Schott)在接受英国《国际金融报》专访时就表示:"中国是一个非常完美的、可以打造主题乐园的市场,我们对于中国市场的未来非常乐观。"此外,迪士尼宣称是"永远不会完工的乐园",在上海,迪士尼未来还有更多投资计划。在我们为上海迪士尼乐园的成功感到惊叹的时候,是否也应该想一想,中国人自己的"迪士尼"又在哪里呢?

事实上,早在1950年,《白雪公主》等美国迪士尼制作的动画片就已经在日本公映了。1982年,日本也在东京都以东的千叶县修建了亚洲第一个迪士尼乐园。美国迪士尼为日本国民展现了一个令人眼花缭乱的梦幻般的世界,迅速在日本掀起了一股迪士尼热潮。后来,在美国迪士尼的刺激和启发下,日本的动画电影界开始追求自身的发展,并最终成为世界文化产业领域的强者。

第一节 动漫王国的文化碰撞

《白蛇传》迎战《白雪公主》

第二次世界大战结束后，美国占领军总司令部（GHQ）在日本成立了民间情报教育局（CIE），该机构掌管日本的电影事业，所有的电影都要事先译成英文经过其第一次审批。CIE意识到了电影在民主化教育方面的重要作用，力图通过电影来启蒙和点化日本人。当时，电影胶片就成为可以传播动画电影的唯一媒体。

从1950年开始，《白雪公主》和《小鹿斑比》等由美国迪士尼制作的动画电影相继在日本公映。这些动画电影为正在贫困生活中苦苦挣扎、尚未踏上经济复兴之路的日本国民展现了一个令人眼花缭乱的梦幻般的世界，迅速在日本掀起了一股迪士尼动画片热潮。在美国迪士尼的刺激和启发下，日本的动画电影界也开始追求自身的发展。

1956年7月，以创建“东方迪士尼”为目标的动画电影公司——东映动画公司成立了。其前身是于1948年1月成立的日本动画株式会社，后来在1952年更名为“日动映画株式会社”。到了1956年，被日本东映株式会社收购后成为其旗下的动画部门，更名为“东映动画株式会社”（以下简称“东映动画”），并被当时的日本媒体称为“梦工厂”。

东映动画的第一部长篇动画作品，是于1958年9月制作完成、10月公映的彩色动画电影《白蛇传》，这是日本历史上第一部彩色长篇动画电影，在日本动画电影历史上具有里程碑式的意义。作品取材于中国的古老传说，讲述了化身为女子的白蛇与人间男子凄美动人的爱情故事。许多后来成为日本动画电影界中坚力量的人物，当初立志从事动画工作，据说都是受了这部作品的影响。

1958年10月，公映的彩色动画电影《白蛇传》，是日本历史上第一部彩色长篇动画电影

东映动画在日本成立伊始，全体社员就在社长大川博的带领下，为日本的动漫事业打开了新的一页。《白蛇传》之后，东映动画又接连创作了多部优秀的动画电影作品，如同样以中国传说为题材的《西游记》，还有《太阳王子霍尔斯的大冒险》等，在商业性和艺术性上都获得了巨大的成功，东映动画也成为名副其实的动画电影界的“龙头企业”。

说东映动画开启了日本动漫事业的新篇章,不仅仅是因为它带动了日本动漫产业整体的飞速发展,更是因为它为日本动漫培养了无数的专业人才。提到东映动画就不得不提起日本的“漫画之神”手冢治虫,作为东映动画最辉煌的明星之一,早在1956年加入东映成为一名原画师之前,手冢治虫就已经发表了《新宝岛》《铁臂阿童木》等脍炙人口的作品。

手冢治虫之后日本新一代的漫画大师,“假面骑士之父”石森章太郎亦加入了东映动画,不久就将其代表作《人造人009》改编成了动画电影。《长靴猫》系列自20世纪60年代诞生之日起,就成为东映动画的镇山之宝,在日本国内外赢得无数声誉,成为日本动画电影经典中的经典。甚至可以说,“长靴猫”的形象已经成为可以代表东映动画的标志。

1963年4月,一个名叫宫崎骏的年轻人进入东映动画,开始从事最底层的动画师的工作。后来这个年轻人成为日本动画电影界的领军人物,在世界动画电影界享有很高声誉,并为东映动画创造了《汪汪忠臣藏》《狼少年肯》《太阳王子霍尔斯的大冒险》等作品。此后,宫崎骏还和同样出自东映动画的高佃勋联合成立了如今大名鼎鼎的吉卜力工作室。

事实上,在日本动画产业中存在着泾渭分明的两种模式。一种是以手冢治虫为代表的“手冢治虫”模式,他们崇尚小投入的工匠精神,20世纪80—90年代无数的日本动画杰作都是在这一套模式下产生出来的。另一种则是以大川博、宫崎骏为代表的“大川博－吉卜力模式”,他们习惯将高投入、高产出的商业运作方式带到动画产业,使生产出来的动画电影作品可以在票房上取得空前成功,一度成为动画电影口碑的代名词。

当时,以美国迪士尼为蓝本的日本东映动画公司制作周期很长,其特点可以用3个“3”来说明——工作人员300人左右,构想3年,作画30余万幅。一部90分钟的常规动画片,预算高达6000万日元,制作周期则长达一年半。如此庞大的制作门槛,使大多数人望而却步,因此东映动画几乎垄断了日本动画市场,这一情况延续到电视机的普及之前。

三井在幕后时隐时现

1953年2月,日本放送协会(NHK)第一次开始进行电视转播,很快电视这一新媒体形式赢得了广大日本国民的欢迎。东映株式会社社长大川博敏锐地意识到电视将会对日本的动画产业产生巨大影响,于是大川博在第一时间找到了NHK进行合作,由东映做节目,电视台播出。当然当时所谓的“做节目”,也就是制作一些小短片和广告。

然而,当时日本的电影行业和电视放送行业是水火不容的,相互有敌视心理。这是个普遍现象,上到经营管理层,下到普通员工,双方都有很大的隔阂。1956

年，日本电影行业的经营者层面开始公开搞合作抵制电视放送行业，条约规定，各大电影公司，决不能给电视台提供片子用来播放。有鉴于此，东映公司准备设立自己的电视台，播放自己制作的节目。

1957 年 7 月，日本东映公司找来了两个盟友，3 家一起做主要出资者，决定在东京设立一个新电视台。这两个盟友一个是日本经济新闻社，其前身是三井物产为相关部门提供商业行情而在东京成立的《中外物价新闻》周刊；另一个则是一家出版社，叫作“旺文社”。11 月，由 3 方合资的日本教育电视台股份有限公司（朝日电视台）正式成立了。

东映动画是日本教育电视台的第一大股东，不仅手持 20 万股股份，还将位于东京六本木的一块地皮送给日本教育电视台作为总部使用。电视台的第二大股东是日本经济新闻社，是日本 5 家全国性报社之一。3 家里出资最少的是旺文社，大概不到东映动画的一半。但在日本教育电视台的经营方针中，旺文社反而表现出了最强烈的意向，日本教育电视台的总裁也由旺文社的总裁赤尾好夫来担任。

1958 年，被称为“三大神器”的电视机、洗衣机、冰箱已经非常流行，日本迅速进入了经济高速增长时期。在这样的时代背景下，日本动画电影界也开始努力开拓有自身特色的新的发展道路。然而，此时由东映出资成立的日本教育电视台却不在其掌控之下，东映动画社长大川博在日本教育电视台只得到了一个主席的名誉头衔，实际的经营事务主导权依旧是由旺文社的总裁赤尾好夫掌握。

1960 年 11 月，大川博接替赤尾好夫出任日本教育电视台总裁。在做了 4 年总裁，电视台经营状况逐渐有所改善后，大川博又再次把总裁位置交回给了赤尾好夫。然而，就在大川博卸任总裁后不久，双方积蓄已久的矛盾终于爆发，大川博与赤尾好夫正式闹翻。东映动画和旺文社围绕着日本教育电视台的经营权，开始了一场大战。

此时的日本经济新闻社总裁圆城寺次郎早已经被赤尾好夫拉拢了，于是便形成了东映动画被旺文社和日本经济新闻社“群殴”的境地。东映动画虽然控股多，但是被孤立了。为了应对挑战，大川博开始寻找新队友，这个新队友就是朝日新闻社。事实上，在日本教育电视台设立之初，朝日新闻社也是股东之一，只是资本关系比较轻微，持股量约是东映动画的 1/5。

东映动画要得到援军，也是要付出代价的，代价就是将所持的日本教育电视台股份的一半，转让给朝日新闻社。这样一来，在电视台内部就形成了两方对峙的局面，一方是东映动画和朝日新闻社，另一方是旺文社和日本经济新闻社。而几乎与此同时，日本富士电视台播放了一部动画电影，收视率节节攀升，获得了全国平均 30% 的佳绩，这部动画正是由已经从东映动画离职的手冢治虫创作的《铁臂阿童木》。

内忧外患，此时急需一个可以打破僵局的存在，而这个打破僵局的任务就交给了住友银行。事实上，住友银行（现三井住友银行）不仅和朝日新闻社以及旺文社有着金融业务往来，同时还是东映动画的主要融资银行。早在1952年，大川博接替黑川涉三出任东映动画社长时，公司就已经欠下了11亿日元的债务，正是住友银行出面帮东映挺过这笔债务危机。

1965年，住友银行给出的最终解决方案是，原本的日本教育电视台的三大主要股东的人，都被从核心位置上踢出去，由住友银行的退休干部山内直元就任日本教育电视台的总裁，朝日新闻社出身的横田武夫就任副总裁。1973年，日本教育电视台拿到了综合电视台的放送许可证，摆脱教育性电视台的限制路线，东映动画也终于实现了它创办电视台的初衷——推动日本动画片产业发展。

让美国人换个角度看世界

在三井、住友等财团金融机构的帮助下，日本动画产业除在电视动画片领域有强势发展外，日本动画电影在制作数量上也凸显出其他国家难以匹敌的长足进步，此时的日本开始将目光从国内转向国际。实际上，日本人选择输出动漫作品，起初还是垂涎于美国人在这方面所获得的成功，希望弥补国内制作发行中的经济缺陷，继而萌发了自己在动漫上的全球野心。

一开始的进展并不顺利，美国电视台虽然从20世纪60年代就开始播放日本动画，但在美国发行商看来，日本动画仅为廉价片源，他们通常依据"美国化"原则，对其进行"去日本化"的改编，甚至阉割。美国电视台通过配音或剪辑的方式来改编日本动画的剧情，更改或删除不符合美国主流价值观的内容，以致美国观众并不知晓这些动画作品实为日本制作。

这种"去日本化"的动画改动从20世纪60年代开始，一直延续到了80年代。有鉴于此，东映动画在动漫作品出口方面并没有操之过急，一直到1975年1月，东映动画才正式成立了自己的版权营业部，开始对外出口计划。经过十几年的发展，此时的日本动画已经在美国本土培养了一批忠实粉丝，从而激发了粉丝们深入了解"原版"日本动画作品的强烈意愿。

20世纪80年代以来，新一代美国人开始接受并喜爱上迥异于本土文化的兼具艺术性和娱乐性的日本动画。很快，各类"草根"粉丝团体纷纷涌现，尤其大学生组织了一大批日本动画社团，日益增长的公众意识导致粉丝社团对获取原始动画作品的需求更加强烈。无法忍受观看"去日本化"编辑过动画作品的美国人开始利用各种途径搜寻日本动画作品。

1988年，美国导演卡尔·梅塞克创办了流线（Steamline）动画公司，成为第一个为日本动画开拓美国影院和家庭视频市场的公司。此后，日本动画原作在美国开始播放，并于20世纪90年代快速发展，如《龙珠》《攻壳机动队》《美少女战士》《宠物小精灵》等作品均在美国掀起了观看高潮。这其中由东映动画制作的《龙珠》被称为“国民”漫画，获得了经典动漫第一名的荣誉大奖。

20 世纪 90 年代，日本动漫（Japanimation）在美国市场取得了空前的成功。在美国各类动漫展上，着日式服装的 Cosplay 者散布各个角落。日本动画作品在美国观众中日渐成为复杂前卫艺术的代表，在粉丝大力推动下，甚至有了专有名词 Anime（动画）。事实上，日本动画给美国人提供了看待世界的另外一种角度，一种亚洲文化的独有表达方式。

日本动画改变了美国人“动画仅为儿童制作”的固有观念。美国人传统认知中的动画是以迪士尼为代表的，受众是少年儿童的、主题狭窄的卡通作品。而日本动画则完全不同，具有极广泛的主题。日本漫画家手冢治虫就认为：“描绘人物的羞耻、信念、死亡、重生、责任和自我怀疑等问题，促使成年人也可在读取漫画的过程中有所收获，并将其作为一个严肃且有趣的艺术形式来对待。”

“看日本动漫能快速了解日本文化。”这句话其实一点都不夸张。动漫将日本的传统文化通过各种离奇的剧情、性格鲜明的人物设定淋漓尽致地展现了出来。日本漫画作品不会像《超人》系列那样一味强调个人主义和英雄主义，而主张的是《火影忍者》里面那种既离不开团队协作，又能在紧要关头凸显个人特色的典型人物。日本动漫倾向带有一定日本文化意义的诙谐幽默，而不是一般的单纯搞笑与荒诞。

事实上，日本动漫文化中的这种强调团队协助的精神正是日本社会“共生共荣”的普遍的价值观，这在以三井为代表的财团体系中尤为明显。财团最大的意义就是能建立庞大的生产体系，分工合作，避免竞争，力求共赢。各大财团的综合商社负责人还会定期聚首共商事宜，通过协商和利益均分，确定各自的客户群体和目标市场。

在很多美国粉丝看来，日本动画风格受西方文化影响很大，动画人物看起来并不像日本人，如人物多彩的头发颜色。事实上，这只是日本动漫用泛欧美化去隐藏或者是掩盖其内核中浓厚的本土文化特征，被日本学者岩渊功一称为“文化无嗅”（Cultural Odorlessness）。在全球化背景下，日本动漫通过减少或消除文化认同等方式来促进日本文化在国外的传播。

时至今日，日本作为世界上最大的动漫王国，其作品占据全球播放动画节目的 60% 左右，在欧洲更是达到了 80%。世界上有 70 多个国家播放日本动漫，40 多个国家上映日本动漫电影，日本动漫已经以其独特的魅力征服了许多国家的观众。在这样的大背景下，日本政府也在积极努力地抓住机会，希望通过动漫文化来改善日本的国际形象。

索尼牵手三井，拓展海外市场

2017 年 2 月，索尼公司旗下付费收看动漫频道第一名的 Animax Broadcast Japan，与付费收看动漫频道第二名的三井物产旗下的 Kids Station 进行合并经营。索尼与三井物产共同成立新的股份有限公司 AK HOLDINGS，而 Animax Broadcast Japan 与 Kids Station 这两家公司将被纳入其旗下，新公司也就成为拥有复数动画频道最多的持股公司。

日本卫星电视广告协议会的数据显示，在视听家庭数方面，索尼的 Animax Broadcast Japan 拥有 862 万用户，三井物产的 Kids Station 则拥有 818 万用户，合计约为1700 万用户。因此，两家公司的合并经营也震惊了动画与播放业界。新公司股份的半数以上由索尼数码娱乐公司持有，原索尼 Animax Broadcast Japan 公司的社长滝山雅夫出任新公司的社长一职。

索尼与三井物产两家公司的强强联合，不仅会提升收益，还能开发大量原创作品，以及扩大衍生商品的销售。值得注意的是，三井物产通过合并，将进一步远离非主营业务的动画、播放业务，以便在海外业务方面为新设公司提供帮助。而对索尼 Animax Broadcast Japan 公司来说，此次合并将对其经营状况产生巨大影响，付费动画播放机构之间的竞争形势将趋于平缓，业务资源将更加丰富。

2017 年 8 月，日本索尼影业在以 1.43 亿美元收购电影制作公司 Funimation Productions 95% 的股权后，正式成为这家总部位于美国得克萨斯州的电影公司的老板，该公司计划将日本动画电影如《龙珠 Z》和 *One Piece*（《海贼王》）用英文呈现给美国。这也是继 Animax Broadcast Japan 公司之后，索尼海外动漫产业的新动作，此前索尼 Animax Broadcast Japan 公司在23 个国家提供动漫游戏的有线电视网络服务。

资料显示，Funimation Productions 公司成立于 1994 年，是北美最大的日本动画、电影等作品发行方，拥有近 30 年 DVD 和电影发行经验。2016 年热映的动画电影《你的名字》，就由 Funimation Productions 负责其在美国的发行。同时，Funimation Productions 的流媒体服务 Funimation NOW 目前也已进入美国、加拿大、英国、爱尔兰、澳大利亚、新西兰等多国市场。

2019 年 3 月 23 日，在日本东京“AnimeJapan 2019”国际动漫展上，日本索尼旗下的 Funimation Productions 公司和中国哔哩哔哩公司（以下简称“B 站”）联合宣布，双方将在动画内容领域达成战略合作。B 站与索尼 Funimation Productions 的此次合作意味着，双方将在版权获取能力、IP 运作及海外市场业务拓展等方面得到进一步提升和加强。有分析人士认为，B 站与具备丰富海外发行经验的 Funimation Productions 合作，将为其优质 IP 在海外的发展带来更大的想象空间。

日本索尼 Funimation Productions 与中国 B 站的合作，将推动双方成为彼此在海外市场发展的重要助力，并推动更多优质内容进入全球视野。Funimation Productions 董事长兼 CEO 福永元表示：“我们很高兴能与 B 站达成合作，并共同寻求动画领域全新的发展机会。此次合作将有助于推动和满足全球领域的动画内容需求,不仅能够将丰富的新作品推向更多市场,也能让优质内容触达世界各地的粉丝。”

2020 年 4 月 9 日,中国 B 站宣布获得日本索尼公司 4 亿美元的战略投资。借此,双方将在国内娱乐领域展开更多动作,包括动漫、手游等业务。索尼通过旗下全资子公司美国索尼公司(SCA),以 4 亿美元的总对价认购 B 站新发行普通股。交易完成后,索尼通过其子公司共持有 B 站已发行股份总额的 4.98%。

不仅仅是动漫游戏业务,索尼旗下的 IP、音乐、周边等多项业务,也与 B 站存在非常多的交叉点。B 站影响了中国国内新一代的年轻用户和他们的娱乐消费习惯,而索尼公司想要更深入地抓住这些诉求,也会考虑到 B 站游戏之外的多项资源。此外,B 站还与索尼达成另一项合作,于站内上线了索尼旗下曲库和音乐 MV,包括流行巨星迈克尔·杰克逊(Michael Jackson)、碧昂丝(Beyoncé)等的作品。

第二节 任天堂的游戏王国

三井帮助淘到第一桶金

1868 年明治维新之后,日本各地大兴土木,石灰作为水泥的基本原料自然是热销产品。山内犹七在京都开了一家小店铺,名为“灰岩”,就是做买卖石灰的生意。山内氏原本也是大姓,起源于传统四大姓的藤原氏。有一部分藤原氏的子孙居住在古日本相模国镰仓郡的山内地区,这些人后来就改姓了山内。到了山内犹七这一代,已经过上了普通人的生活。

石灰店老板山内犹七膝下无子,由谁来继承店铺就成了大问题,于是他选择了日本最传统的解决方式:招一个上门女婿继承家业。就这样,大约是在 19 世纪 80 年代初,福井宗助的大儿子福井房治郎入赘山内家,更名“山内房治郎”。1885 年,山内房治郎正式继承了山内家的石灰店,并将店铺更名为“灰孝本店”。山内房治郎知道为水泥厂提供原材料没有什么发展前途,便决定自己生产水泥。

当时,恰逢京都府要对京都琵琶湖淤塞情况进行整治,而承包这一整治项目的正是三井财团。作为水泥生产商的山内房治郎抓住了这个千载难逢的机遇,通过和三井财团高层的接触,顺利让自己的灰孝本店成为三井财团旗下的小野田水泥在京都的独家经销商,并且琵琶湖整治项目的水泥也由灰孝本店代理提供。很快,在三井财团的帮助下山内房治郎淘到了人生第一桶金。

琵琶湖位于日本近江国的滋贺县，邻近京都、奈良、大阪和名古屋，为近畿地区1400万人提供水源，因此也被称为“生命之湖”。这里也是近江商人的发源地，现在日本著名的大商社三井物产、伊藤忠商事、丸红商事等的开创者都是近江商人出身。日本天台宗寺门派之总本山的三井寺也坐落在琵琶湖附近，近江八景之一的“三井晚钟”正是这里的美景。

由于明治维新的影响，日本不再闭关锁国，西洋的新鲜玩意儿也开始大量涌入日本，其中就包括西方传统桌游扑克，以及各种扑克的赌博玩法。虽然这类纸牌游戏很受日本民众的欢迎，但是一开始日本政府是禁止国内生产扑克的。直到1885年，日本的政治气氛趋于缓和，明治政府才取消了关于西洋桌游的禁令。就这样，包括花札、歌留多在内的日式卡牌制造业在日本重新繁荣起来，特别是花札。

花札，即花斗，又名花牌、花纸牌。据传，花札起源于日本安土（织田信长）—桃山时代（丰臣秀吉），直到江户（德川家康）后期才最终定型成为现在的样子。当时的日本卡牌制造商统合了各地方花札的玩法并发明了八八花，让花札成为所有卡牌中最火爆的一种。八八花的制造商位于日本传统手工业的中心——京都。

1889年，作为一个具有敏锐嗅觉的商人，水泥店老板山内房治郎也在京都市下京区正面大桥西入口处开了一家花札店。起初山内房治郎的花札店名字就是简单的“山内房治郎商店”，但是他很快就发现一个水泥业老板的名字无法为花札营销带来什么实质性的好处，于是他就将自己的花札店改名为“任天堂”。然而，这个现代电子游戏产业的开创者在当时只是京都无数家花札店中的普通一员。

1902年4月，日本政府突然颁布了法律第44号令，开始向桌游生产商征收高额的骨牌税。原来，参加了八国联军侵略战争的日本政府陷入财政危机，而且同沙俄关系的恶化，让明治政府必须做好战争的准备，红火的桌游产业就成了“倒霉蛋”。严峻的市场环境对于刚刚成立不到3年的任天堂而言无异于一记重击，山内房治郎面临的最大问题是如何活下去。

任天堂花札店老板山内房治郎首先想到的就是此前建立起来的三井财团的人脉，通过三井财团的牵线搭桥，任天堂很快就联系到了明治时期的“烟草大王”村井吉兵卫，此人掌管着日本烟草流通的命脉。很快，任天堂就开始借用村井吉兵卫的营销物流网络推广任天堂的卡牌，原本形单影只的“任天堂花札店”也一跃成为日本数一数二的纸牌游戏公司。

在获得了“烟草大王”的支持后，山内房治郎开始了新的动作。他意识到在骨牌税风暴中，最先倒下的就是各地的地方札生产厂商。因为受众不如京都地区的八八花，这些地方札厂商根本无法应对高额的骨牌税。于是，在这段时间里山内房治郎开始收购地方札模板和企业，待地方札生产商差不多全倒闭之后，任天堂则开始生产地方札，迅速填补了市场空缺。

从“山寨”游戏机到自主研发

1949年，当年轻的山内溥从祖父山内积良手中接管任天堂的时候，这家家族企业已经被常年的内斗和日本的大萧条折磨得不成样子。山内溥迅速推出自己的改革政策，他把企业中曾经掌权的家族成员、老员工全部逐出门外，取而代之的是高薪聘请大学生以及全面引进新技术。这些换血措施成功让企业恢复生机，还为后来的企业转型和重新崛起奠定了重要基础。

1959年，被三井财团扶持起来的任天堂和美国迪士尼的合作成为任天堂改变命运的第一个转折点——山内溥与美国迪士尼日本代理商洽谈成功，获得了迪士尼卡通形象的独家使用权。此后，借助迪士尼强大的影响力以及电视、杂志铺天盖地的推广，任天堂卖出了63万套迪士尼卡通形象的扑克牌。得益于这笔生意的巨大成功，任天堂以卡牌龙头老大的身份于1962年在大阪证券市场顺利上市。

正是在这一时期，山内溥去美国拜访了全世界最大的卡牌游戏公司——美国卡牌公司，却发现这只是一家规模小得不能再小的公司，这让山内溥十分震惊，甚至有些恐惧。回到日本后，山内溥决心扩展公司业务，并说出了改变任天堂命运的一句话“再做卡牌公司就完蛋啦”。

然而，任天堂的多元化发展之路走得并不顺利，由于山内溥的错误定位，盲目扩张任天堂的规模，耗费了大量财力的任天堂一度濒临破产。这一时期的任天堂先后创办了出租车公司、速食面公司，“山寨”了乐高积木而诞生出NB积木，设计过呼啦圈、签名笔、爱情旅馆甚至是母婴车。值得庆幸的是，这一次转型的失利终于让山内溥重新冷静下来并分析当时的市场形势，并迅速做出了正确调整。

1969年，山内溥在任天堂公司内部成立了一个新的部门，部门名称就叫“游戏”，这个部门设置在京都郊区的一个仓库里，它成了任天堂第一间研究与开发(R&D)办公室。1972年，美国的雅达利公司开发出一款名为PONG的商业游戏机，这个模拟两个人打乒乓球的游戏彻底改变了人们的娱乐方式。任天堂很快就适应了市场的走向，并开始生产“山寨”游戏机。

事实上，山内溥非常明白，虽然模仿生产美国游戏机的收入可观，但是“山寨”始终不是长久之计。可是以贩卖石灰和制作花札起家的任天堂并没有多少技术实力，于是山内溥开始寻找大的财团企业进行合作。1977年，任天堂与三菱电机合作推出电视游戏平台Color TV Game 6，当时这个电视游戏平台仅有6个简单版本的网球游戏，销量却达到了数百万部。

此后的一天，任天堂游戏部门的研发人员横井军平就找到了山内溥，并提出了一个建议：“我们自己制作一台可以打发时间的小型游戏机怎么样?”山内溥非常支持横井军平的想法，很快便联系到了夏普公司的社长共同商议制作“小型掌机”的宏图伟业，双方一拍即合并决定由横井军平负责全权开发。这个“小型掌机”就是日后带领任天堂走向辉煌的第一款掌机——Game & Watch。

1980 年，任天堂推出了自己的游戏机 Game & Watch，这台有着酱红色边框和银白色面板的小玩意在全球范围内卖出了 4000 多万台，它的成功不仅让当时背负 70 亿日元借款的任天堂秒变无债一身轻，还为公司创造了多达 40 亿日元的利润。很快，任天堂就把这笔盈利投入新一代游戏机 FC（NES）红白机的开发当中。

1980年，任天堂推出了自己的游戏机——Game & Watch，游戏机的成功不仅让公司还清了70亿日元的债务，同时还创造了多达40亿日元的利润

1981 年，山内溥对任天堂的研发部门下达了一个指令：“开发出一款其他厂商至少一年内无法模仿的家用游戏主机！”为什么山内溥会有这样的自信，这是因为在绝大多数厂商追求蝇头微利时，任天堂已经悄然开始了游戏机的硬件革命，在三菱财团的技术提携下，当时的任天堂已经独力完成了特制 IC 芯片（集成电路）设计，性能远远凌驾于同时期的游戏主机。

当然，在开发硬件设备的同时，任天堂的软件也取得了巨大的成功。同样是在 1981 年，负责街机美术设计的宫本茂开发出了一款名为 *Donkey Kong*（《大金刚》）的游戏。在游戏中扮演工匠的玩家需要拯救被金刚绑架的女朋友，而这一工匠的形象便是马里奥的原型。此后，出现在多款任天堂游戏中的马里奥成为站在游戏界顶峰的超人气多面角色。

有多大风险就有多大机遇

1983 年 7 月 15 日，任天堂推出了第一代家用游戏机——FC 红白机，首批 47 万台主机仅两个月就销售一空，不到一年时间销量就突破 300 万台，市场的需求日益高涨，掀起前所未有的流行风。任天堂的 FC 红白机以比其他竞争对手产品便宜得多的价格获得了市场的一片好评，很多人认为过低的游戏机价格几乎让任天堂无利可图，但山内溥却一点也不担心。

FC 红白机发售的最初一年里，游戏软件《马里奥兄弟（撞水管）》的销售就突破了百万套大关，第二年《高尔夫》（203 万套）、《棒球》（220 万套）、《F1 赛车》（148 万套）3 款任天堂生产的游戏软件也取得了理想的销售成绩，从而促进了游戏主机的销量。不久之后，任天堂又决定把在街机事业中曾有过技术协作的南梦宫（NAMCO）和为 FC 设计过开发程序的哈德森（HUDSON）收入麾下。

1985 年，由于在日本本土表现优异，任天堂决定进军以美国为主的北美市场。显然，这是山内溥的一次豪赌。这是因为当时的美国游戏市场刚刚经过一场崩溃，大量劣质和抄袭的游戏摧毁了 20 世纪 80 年代初期繁荣异常的美国电子游戏市场。就是在任天堂推出 FC 红白机的 1983 年，美国游戏界发生了一场史无前例的大地震——雅达利大崩溃。

美国雅达利公司由诺兰·布什内尔于1972年创立,创立当年就推出了首款街机——PONG,奠定了“街机始祖”地位。1976年,雅达利又推出了“雅达利2600”,这是史上第一部真正意义上的家用游戏主机系统。这款主机在当年可以说以强悍的实力横扫了整个世界,基本上可以称得上“现代游戏机的始祖”。顺便提一句,前苹果总裁乔布斯年轻时就曾是雅达利公司的一名职员。

“雅达利2600”游戏机为雅达利公司带来了巨大的财富和成功,但也埋下了失败的隐患。雅达利公司开始实施“数量压倒质量”的政策,短时间内美国市场上就出现了近万款游戏。大量同质化垃圾游戏让美国玩家彻底失去信心,而压垮雅达利的最后一根稻草是一款名为《E. T. 外星人》的游戏。当时雅达利的母公司时代华纳在1982年斯皮尔伯格导演的《E. T. 外星人》大获成功之后,斥2500万美元巨资将其版权买下,交由雅达利制作同名游戏。

1982年的圣诞季,这款用时不到6个星期制作出来的《E. T. 外星人》游戏开始发售,因在游戏发售前夕铺天盖地的宣传,游戏发售第一周销量便突破了百万套。然而游戏本身存在严重的质量问题,使其销量最终只定格在了150万套,而雅达利准备了400万套游戏。多出来的250万套游戏卡带,最终同其他一些卖不出的存货一起被埋在了新墨西哥州的阿拉莫戈多垃圾镇。

1983年初,美国雅达利公司停止了股票交易,随后在两周内裁员1700人。雅达利也失去了对北美市场的控制,接近3年的“冰川期”使原本达32亿美元的游戏市场规模缩水至1985年的1亿美元左右,跌幅超97%。有专家甚至预言美国的游戏市场需要20年才能重振,并认为任天堂选择此时进入美国市场就是一次判断失误。然而,有多大的风险就必然有与之相对应的机遇。

1985年10月,任天堂对FC红白机的外观进行了重新设计,以Nintendo Entertainment System(NES)之名登陆北美市场。为了避免让美国市场想起不好的回忆,任天堂公司非常用心,它们强调NES是作为一种玩具而不是游戏机上市。1986年,任天堂在美国的销售额达到了3.1亿美元,这一年美国游戏产业的总规模是4.3亿美元。

最终将任天堂NES游戏机送上北美游戏机市场王座的,是1987年登陆美国市场的游戏《超级马里奥兄弟》。仅仅是在1987年,NES北美市场就卖出300万套,是前一年的3倍。1988年发售的《超级马里奥兄弟3》在美国售出700万套,在日本销量达400万套,销售额5.5亿美元。1989年,任天堂的游戏机已占领美国90%和日本95%的市场,任天堂成为游戏界当之无愧的“巨无霸”。

进入20世纪90年代,日本任天堂在家用游戏机市场上的占有率一度达到了惊人的98%。根据外媒数据,在1990年30%的美国家庭都拥有任天堂的NES主机。同年,任天堂借力《俄罗斯方块》,将新款游戏机Game Boy带入游戏市场,这标志着任天堂主宰便携游戏机市场的开启。到2000年6月的时候,任天堂Game

Boy 销量突破 1 亿台，成为史上第一款销量破亿的游戏机。

“差别共存”的全新经营理念

20 世纪 80 年代后期，任天堂迎来了一个强劲的对手——日本世嘉公司（sega）。由中山隼雄领导的日本世嘉凭借着一系列极受欢迎的电视游戏机与游戏软件，迅速成为世界第二大销售家用游戏机的厂商。1986 年，世嘉公司推出了世界第一台体感游戏设备“摩托车街机”。1988 年，世嘉第五代也是世界第一台 16 位家用主机 Mega Drive 全球发售，公开挑战任天堂的霸主地位。

任天堂为了开发能够超越当时强劲对手世嘉的后续游戏机服务器，选择了当时的电子巨头索尼公司（属三井财团）作为新的合作伙伴。1990 年 10 月，任天堂和索尼协同研发的新主机超级任天堂（SFC）正式上市，这部新主机由于搭载了索尼新开发的 8 路音效芯片和增加回旋放缩机能，在游戏市场上取得了压倒性的技术优势。再加上任天堂强大的市场号召力，轻易就获得了市场的主导权。

之后双方更进一步展开 SFC 主机只读光盘（CD－ROM）光碟扩充周边与整合机种的合作研发。当时，任天堂和索尼两家公司间员工相处的气氛非常好，甚至索尼员工亲自为任天堂员工下厨。任天堂借助索尼的硬件开发技术，来制作机能更为强大的主机；而索尼则搭上了任天堂的顺风车，借助任天堂的创意一步步地将业务范围扩大。

1991 年，一款名为 Nintendo Playstation（任天堂游戏站）的全新游戏机亮相芝加哥电子消费展，由索尼负责产品硬件，任天堂提供旗下的游戏 IP，不难想象，这款产品如果问世将会在游戏界产生巨大轰动。然而这一项目却最终夭折了，只留下了几台原型机。在和索尼决裂后，任天堂迅速找到了当时另外一家也是 CD 机做得很好的荷兰飞利浦公司，制作了一样拥有 CD－ROM 的游戏主机：CD－I。

原来，三井财团的索尼公司在与任天堂谈判时，在合同中声明自己可以制定一种规格以使 CD－ROM 主机和 SFC 互换。当时的山内溥并没有意识到 CD－ROM的潜力，最终答应了索尼公司的这个条件。此外，索尼公司在和任天堂协同研发 SFC 主机的过程中，也逐渐掌握了主机的硬件特性和市场运作方式，甚至和任天堂在 SFC 时期最重要的游戏软件开发商伙伴形成了紧密联系。

或许是山内溥察觉到了索尼的小算盘，抑或是双方的关系出现了僵局。在没有正式通知索尼的情况下，任天堂就开始和飞利浦公司进行了合作。面对这种情况，在索尼总裁兼董事长大贺典雄的支持下，曾参与过任天堂合作项目的久多良木健组建起一个团队，开始研发属于索尼自己的游戏主机，这就是后来大获成功的 PlayStation 1（PS1）。

1994 年 12 月 3 日，索尼公司正式推出首个家用电视游戏娱乐平台——PlayStation 1。索尼研究了任天堂在经营上的弱点，改分纳制度为店头直销，任天堂当时为了降低经营风险采用了独自封闭的分纳制度，即将产品交给属下几家大批发商经销，这样可以降低风险确保自身利益，弊端就是增加了一道流通环节。随后，索尼又采用极低的权利金和宽松的软件审核制度把软件商罗致麾下。

1996 年，任天堂当时最重要的合作伙伴 SQUARE 倒向了索尼的 PS1，此后包括 SQUARE、ENIX、CAPCOM、KONAMI 等在内的几乎所有的主力第三方游戏厂商也都站在了索尼的一边。凭借着超群的图像处理能力，索尼的 PS 游戏主机席卷全球市场，随后推出了 PS2（2000 年），成为新的游戏标准，任天堂的王座受到了强烈冲击。

1994年12月，日本索尼公司推出了首个家用电视游戏娱乐平台——PlayStation 1（PS1）。如今，PlayStation已发展成了一个系列品牌，是游戏业界最负盛名的家用电视游戏机产品之一

21 世纪初，“财大气粗”的美国微软公司也加入了游戏主机的战场，于 2001 年推出的 Xbox 是微软的第一代家用游戏主机。就这样，现在在游戏主机行业，被称为“御三家”的任天堂、索尼和微软“三足鼎立”的形势就此形成，3 家公司势均力敌。近年来，面对游戏机性能的日新月异，任天堂在硬件能力上开始赶不上其他两位竞争对手的步伐，于是提出了“差别共存”的全新经营理念。

实际上，以任天堂、索尼为代表的游戏行业，已经渐渐变成了日本的一种文化。看似竞争的背后实则是日本游戏产业领域的一次再布局，任天堂和索尼已经是两家有着不同意识形态的公司，任天堂继续坚持以游戏软件开发为中心，而索尼则认为只有硬件的发展才能够带动社会的发展。显然，硬件和软件是相辅相成的，缺一不可，两者共同构成了日本在世界游戏产业中的王者地位。

2019 年 3 月，据美国媒体的统计，任天堂的新款游戏主机 Switch 以微弱的优势超过了索尼的 PS4 和微软的 XboxOne，成为 2018 年美国市场最畅销游戏机，不过要说全球范围内最畅销的游戏机，还是 PS4。索尼公司发布的财报显示，2018 年共卖出 1770 万台 PS4 游戏机，累计销量突破 9420 万台，作为对比，任天堂 Switch 在 2018 年则一共卖出了 1740 万台，差距十分微弱。

第三节　日本电通：世界的“广告之王”

将市场营销观念引入广告运作

1901 年，战地记者出身的光永星郎创办了一家通讯社——电报通讯社，向媒体报业提供新闻资讯。其后不久，为了支持其通讯社的业务，他又成立一家广告公司售卖报纸广告。1907 年,光永星郎将通讯社与广告公司合并成立了日本电报通讯社,也就是日本电通公司(以下简称"日本电通")的前身。事实上,不仅是日本电通,日本广告代理大都是脱胎于媒体,与媒体之间关系密切。

就在日本电报通讯社合并成立的这一年,光永星郎和美国联邦通讯社签订了合同,代理转销其新闻消息。这样一来,打破了日本大报社对海外新闻的垄断,使日本小报社也有了海外新闻来源,许多地方报社纷纷成为光永星郎的合作伙伴。通讯与广告的结合,让光永星郎的产业如鱼得水。到 1930 年的时候,日本电报通讯社几乎与当时最权威的美国联合通讯社不相伯仲。

然而,战争的爆发让光永星郎的广告业务一落千丈。二战期间,日本广告业受到了摧毁性打击,广告公司被合并到只有 12 家。随着二战的结束,日本经济开始复苏,广告业也进入恢复和整顿期。但是光永星郎并没有等来这一天,他在战争结束前的 4 个月含恨离世。真正带领日本电通和日本广告界走向复苏的是被誉为"广告鬼才"的吉田秀雄。

1947 年,44 岁的吉田秀雄被推选为日本电通的社长,成为日本电通的第四代掌门人。两年后,吉田秀雄敏锐地意识到了广播领域的新商机,开始协助创办民营广播电台,并为新开创的名古屋中部广播电台制作节目。这种"不务正业"不仅为商业电台的诞生奠定了基础,也大大增加了日本电通的广告营业额。由此,日本电通获得了新日本电台节目 60% 和中部电台节目 80% 的代理权。

1953 年,日本放送协会(NHK)第一次开始进行电视转播,日本电通就预言电视将成为大众传播媒体的中心,于是第一时间设立了电视部,为新开办的电视台进行节目的企划和制作。就这样,日本电通与媒体建立起了良好的关系,也得到了诸多媒体的帮助,使它们的广告发布获得了媒体的充分支持。媒体保障,从来都是广告公司实力的支柱。

1955 年,日本电报通讯社正式定名为"电通株式会社"。1956 年 9 月,日本电通的《市场营销与广告》月刊创刊。在创刊词中,吉田秀雄指出:"关于市场营销,我公司在二战结束后即开始关注其重要性,着手推进与普及市场营销的基础——市场调查技术,并将其作为广告运作观念之一。"由此可见,吉田秀雄实际上就是将市场营销观念引入广告运作的先驱者。

日本电通广告公司前社长吉田秀雄(1903—1963年),他实际上就是将市场营销观念引入广告运作的先驱者

不仅如此,翻开创刊初期的《市场营销与广告》,不难发现,由日后成为日本市场营销界、广告界、产业界精英人物撰写的稿件比比皆是,吉田秀雄和他所创立的"电通精神"影响着一代又一代的日本企业家。经过十数年的辛勤工作,

吉田秀雄精通广告业的里里外外，又在人际关系方面交友甚广，积累了丰富的经验，日本电通也开始了自己的辉煌历程。

事实上，相比西方的市场营销模式，市场营销理念在远东出现得要早上许多，而且是经过很长一段时间才得到推广和应用。被誉为“当代管理大师”的美国学者彼得·德鲁克（Peter F. Drucker）就认为，市场营销的首次实践不是出自西方，而是来自17世纪中叶日本的三井家族建立的世界上第一家百货商店——三井越后屋。

早在300多年前，日本的三井家族就提出了市场营销中的那些基本原则：成为其顾客的采购商；为顾客设计出合适的产品；为其产品开拓资源；无条件退款的原则；向顾客提供种类繁多的产品，而不是集中于某一种工艺、某一类产品或某一个生产过程。三井越后屋开创的这种“想顾客所想、按需销售”和“明码实价现银销售”的经营方式在当时是极大的革新和突破，由此聚集了莫大的支持和人气。

在此基础上，三井家族的继承人不仅创建了日本迄今为止最大的零售企业——三越百货公司，而且建立了日本最大的制造业、贸易和金融财团之一，即三井财团。三越百货是战前的三井财阀直至现在的三井财团的主要成员公司，其商号正是从“三井越后屋”中取“三越”二字而成的。如今，“三越”已经成为日本影响力最大的百货商场品牌。

具有参与重大事件的商业潜力

吉田秀雄和日本电通的广告视野并不局限于日本一隅，他很早就瞄准了广告业发达的欧美各国，雄心勃勃地期望有朝一日能赶超欧美。吉田秀雄认为：“自由贸易必然带来激烈的国际竞争，其前哨战就是市场竞争。而且，美国先进的广告与市场营销代理机制将不可避免地进入日本，日本电通作为日本广告代理业的代表，理应接受欧美广告代理业的挑战。”

1956年，日本电通在美国夏威夷设立驻火努鲁鲁事务所；1959年，设立纽约事务所；1960年，又将业务员派驻芝加哥、洛杉矶等地；1961年，在纽约成立美洲总部；1962年在法国巴黎派驻欧洲业务员。在推进广告活动的国际化方面，日本电通还积极扩大并推进与欧美广告公司间的合作关系，并将此命名为“电通国际构想”。

1958年，日本电通在东京主办了第一届亚洲广告会议，印度、泰国、中国香港、中国台湾等十几个国家和地区都派代表与会。1960年，日本电通又在东京主办了旨在谋求亚洲地区广告界团结、交流与发展的第二届亚洲广告会议。到了20世纪60年代，日本电通的月营业额已超过40亿日元。日本电通通过其在日本国内的28家分支机构，为2000家以上的广告客户服务，营业额占全日本广告费的30%。

通过全程参与1964年东京奥运会和1970年大阪世博会，日本电通向世界证明了日本广告业具有参与重大事件的商业潜力。为国家规模的活动提供服务，也成为未来日本电通业务不断多元化的重要跳板。从1973年起，日本电通广告经办额连续多年位居世界第一，其成为当时世界上最大的广告公司，被誉为“广告之王”。

1982年，日本电通与霍斯特·达斯勒合资成立国际体育休闲公司(ISL)，其中日本电通占股50%。德国达斯勒家族在国际体育界可谓“举足轻重”，霍斯特·达斯勒的父亲阿道夫·达斯勒正是阿迪达斯品牌的创始人，而他的伯父鲁道夫·达斯勒则是另一运动品牌彪马的创始人。合资公司ISL很快就拿到了国际足球联合会(FIFA)和欧洲足球协会(UEFA)旗下的4个赛事的营销代理权。

事实上，早在日本电通之前，FIFA、UEFA的营销一直是委托直营代理商ROFA和维士特里广告公司共同负责的。但是这两家公司显然缺乏专业水准，无法实现商业利益最大化。日本电通则通过专门设立的体育、文化事业部调查发现，文化消费将演变成新的潮流，国际性的体育竞赛活动必将成为有别于传统四大媒体(报纸、杂志、广播、电视)的新一代媒体。

人们只看到了ISL公司与FIFA、国际奥委会(IOC)亲戚般的往来，而不知道其幕后操纵者是日本电通。当日本电通连续夺得1984年洛杉矶奥运会和1988年汉城奥运会的广告代理权时，人们才恍然大悟，原来日本电通已经成为体育竞赛广告方面的第一品牌。正是由于日本电通的参与，洛杉矶奥运会成为奥运民间化、商业化的里程碑。

在体育相关的营销领域，日本电通通过参与奥运会、国际田联、世界杯等重大国际赛事，不断提升广告服务的竞争力。也为之后的2002年韩日足球世界杯和2005年在日本举行的世界博览会积累了不少经验。时隔56年后，2020年奥运会主办权再次花落东京，日本电通毫无疑问又一次被指定为东京奥运会的营销代理公司。

显然，日本电通作为世界的“广告之王”，其业务并不局限于体育竞赛，诸如举办国际会议、博览会、音乐节，策划影视制作等活动也是其重要的工作领域。如今，日本电通高度垄断日本的广告市场，几乎所有的大企业都是日本电通的客户，由日本电通一手包办广告，甚至是对外公关。日本电通代理的广告份额，占TBS、日本电视台、朝日TV总收入额的40%以上，富士TV的33.4%。可以说日本五大民营电视台，实际上都是由日本电通支配的。

不仅如此，通过广告和企业建立密切联系的日本电通，还负责组织这些企业的活动公演，担任对外媒体公关。除了企业，日本电通甚至负责政府布告、设计选举政党的广告、制定政治家的宣传战略等，一直是长期执政的自民党首先选择的合作对象。在日本有一个有趣的现象，记者如果想向企业公关负责人询问事情，接待他的不是该企业的负责人，而是来自日本电通的负责人。

如今，在东京银座附近的汐留，有一栋与松下东京总部比邻的47层的多功能建筑——电通大厦，这就是全球著名的广告业领导者日本电通总部所在地。这栋“电通王国”的办公大楼，集办公、餐饮、娱乐、剧院、图书馆等于一体。年营业额高达1000多亿元人民币、员工有1万多人的全球最大单体广告公司就在这里生活办公。

电通广场前有一座极具创意的雕塑，全部用原石雕成，形状像一只卧在地上的乌龟，四周有许多气孔，每天在固定的时间会有蒸汽喷出。每当喷气时，广场周围烟雾缭绕，吸引了许多游人驻足观看，在高楼林立的都市里，成为一道独特的景观。这个雕塑出自中国福建一位叫蔡国强的设计师，据说创作灵感源于中国古代的阴阳五行。

携手丰田进入中国市场

1979年，中国改革开放伊始，一句汽车广告语就开始在中国流行：“车到山前必有路，有路必有丰田车。”这句带有鲜明“无厘头”色彩的广告语，就是当时日本电通为日本丰田汽车设计的品牌宣传广告。事实上，早在1972年中日恢复两国邦交之后，日本电通就意识到了未来中国市场的成长空间，并在企业第九联络局里设立了专门的中国部。

通过与三井财团的丰田汽车合作，经过多年准备的日本电通终于迎来了进入中国市场的契机。1980年4月20日，日本电通在北京成立了第一家事务所，这也是第一家正式进入中国的广告公司。当时的办公地点设在北京饭店内，虽然办公空间较小但是对于日本电通有着重要意义。6月，上海事务所成立；其后在广州等地的事务所也相继成立。

1981年，日本电通与共青团中央、中国青联、中国青年旅行社合作，在天安门广场举办了一场演出，主题为：“中日青年肩并肩、手挽手在天安门广场合唱友好的歌，在长城手挽手。”这场演出是改革开放以来中国第一次举办的演唱会，同时也是资本主义国家演唱团体第一次来华进行文化交流。相比于欧美广告公司仅关注来华企业的广告业务，日本电通还十分重视文化交流。

当时，电通北京事务所的一半工作是为在日本的中国商品进行宣传，还有一半为电视机、汽车、照相机和手表这些原装出口到中国的日本产品做广告。特别是，伴随着三井财团的丰田、索尼、奥林巴斯、松下、东芝等公司以及日航、佳能、日立、精工等诸多日本企业进入中国，电通公司的业务逐渐多了起来。可以说，日本产品当时在中国的地位非常高，远胜于其他国家，有很大一部分功劳要算在电通公司身上。

1992年邓小平同志“南方谈话”后，掀起了日本企业进入中国市场的高潮，也间接让日本企业对来华投资产生了空前绝后的热情。随着日本企业来华数量的不断增加,日本电通的客户也达到1000家左右。其中,三井财团的丰田汽车于1993年6月在北京成立了丰田汽车(中国)有限公司,花王株式会社也于1993年8月在上海成立了合资公司。

为了避免被其他广告公司抢走这些重要客户,日本电通必须快速成立合资广告公司跟进服务,毕竟事务所是没有办法进行经营活动的。1994年4月,经过不懈交涉,最终以日本电通51%、中国国际广告公司(隶属外经贸部)47%、大诚广告公司(民营)2%的股权分配,成立了北京电通广告有限公司(以下简称"北京电通")。除了成立北京电通以外,日本电通还相继成立了东方日海和东派广告两家合资企业。

1996年9月,为了纪念日本电通创立九十五周年,日本电通推出了一项为期5年的"电通中日广告教育交流项目"。该项目是由日本电通与中国教育部签约,联合中国国内的5所院校,分别是北京大学、人民大学、清华大学美术学院、复旦大学、中国传媒大学合作开展的中日广告教育交流项目;同时,设立"留学研修制度",选拔上述5所院校的教师以留学研修员身份赴日研修。

后来,这个项目被拓展成3个阶段进行:1996—2001年的"中日广告交流项目";2001—2005年的"中日营销研究交流项目";2005年至今的"电通·中国广告人才培养基金项目"。事实上,这种坚持"核心研发人才·管理人才现代化"的模式一直是日本企业在中国积极推行的。同样是在20世纪90年代,丰田汽车也在中国设立了辽宁丰田金杯技师学院,培养优秀的本土汽车人才。

2011年4月27日,第三次"电通·中国广告人才培养基金项目"协议签字仪式在京举行。中国教育部与日本电通的合作始于1996年,旨在培养中国广告教育人才,提高中国广告教育质量

如今,合资公司北京电通已经发展成为中国国内少数具有真正实力将各种宣传手段如促销、事件行销、公关、网络互动与传统媒体有效整合,将方案彻底执行,提供"一站式"服务的代理商。同时,北京电通也是丰田汽车在中国市场最大的广告运营代理商,其每年可以从丰田汽车承接的业务价值约5000万美元(约合3.3亿元人民币)。

2016年7月,北京电通获得了一汽丰田汽车销售公司私有程序化购买(PDB)业务技术服务的代理权,利用电通公司自主研发的数字营销及数据处理工具,为一汽丰田提供全方位的网络营销解决方案。2017年10月,北京电通再次成为广汽丰田新车(新能源汽车)上市的合作伙伴,负责其营销战略策划、创意传播代理、活动策划等业务。

合纵、连横的互利共赢关系

2001年中国加入WTO，这使中国广告业进一步开放并开始融入国际市场。日本电通为了进一步有效利用集团内的各方面资源，协调集团各成员公司在中国的业务，更好地为客户提供全方位的信息沟通服务，成立中国电通有限公司。2001年11月30日，日本电通在日本本土上市，成为一家上市公司，也开启了电通公司的合纵、连横之旅。

2002年，法国最大的广告与传播集团阳狮集团收购了BCOM3集团。BCOM3是由美国李奥贝纳（Leo Burnett）、达美高（D'Arcy）和日本电通合资成立的传播集团。日本电通拥有合资公司21%的股份，在被阳狮集团收购后，电通仍保留15%的股份。就这样，通过互换股份日本电通和全球第四大广告与传播集团法国阳狮建立了合作关系，强化其在欧美市场的影响。

2008年1月，日本电通与中国分众传媒有限公司（以下简称"分众传媒"）子公司华光广告（香港）共同出资900万美元，成立网络广告公司——电众数码（北京）广告有限公司。其中，日本电通出资67%，分众传媒子公司华光广告（香港）出资33%，日本电通作为新公司的大股东负责公司的经营。日本电通此举意在利用分众传媒在中国的广泛客户基础，进军中国网络广告业，与在中国已经取得相当程度发展的欧美广告公司抗衡。

2013年，日本电通以32亿英镑的总价全额收购了总部位于英国伦敦的安吉斯媒体集团。2014年1月，日本电通将除日本以外的所有海外业务及电通网络与安吉斯正式合并为"电通安吉斯集团"。英国安吉斯是全球领先的以媒体和数字营销为核心的传播企业，1968年成立于英国，业务遍及全球130个国家和地区，拥有逾15000名员工。

2015年12月，中国阿里巴巴集团董事局主席马云拜访了日本电通集团董事长兼首席执行官石井直，双方对一致开启面向未来的全面战略达成合作意向。阿里体育携手日本电通，依托阿里巴巴的完整生态链，建立世界顶级体育资源的数字营销模式，通过有效利用赛事承办、市场开发和媒体转播等相关的各项权利，在中国这个潜力无限的市场进一步扩大影响力。

2017年6月，在戛纳国际创意节上，日本电通与中国腾讯宣布建立全球战略合作伙伴关系，开创无界融合的全新合作模式，共同开启未来营销的新格局。此次合作将更好地帮助全球广告主，基于大数据深度挖掘消费者需求，用数据来选择、创造、优化内容，并在全球范围内实现投放效果最大化。同时，双方还宣布开展"电通安吉斯集团大学×腾讯学院"计划，打造系统的商业培训体系。

2019年12月，日本电通与中国携程集团在东京正式签署战略合作协议。双方将通过行业资源开发、旅行产品研发和一系列市场营销活动，面向包括中国在内的国际游客深度推广日本旅游目的地，从而更好地吸引和服务全球访日游客。根据协议，双方将共同面向日本各地政府、观光机构、交通枢纽公司进行市场开拓，为日本各地旅游观光进行宣传和推广活动。

不难发现，与欧美国家实行一个行业代理一个品牌的广告规则截然不同的是，以日本电通为代表的日本广告公司可以对某一行业的多个企业进行广告业务受理，不同部门进行不同品牌的广告活动，具有极强的兼容性而彼此不受行业竞争的约束。这种运作方式使日本广告公司拥有丰富的客户资源，从而加速日本广告公司的规模化发展进程。

日本广告公司大都依托媒体，有些是媒介集团直接投资开办的广告公司，有些则是有媒介集团参股的广告公司。这种交叉持股的股权结构使广告公司和媒体结成稳定的合作互利关系，因而能够保障广告公司便利地获得稳定而较好的媒体资源。此外，日本广告公司与各大财团企业之间也有着十分密切的关系，从而保障广告公司能够拥有稳定的客户资源。

第四节　日本拿下好莱坞

第一家日美合资公司

20 世纪 60 年代，日本开始逐步向世界开放自己的市场，封闭的国内资本市场也终于打开了门户，正式允许外国企业在日本国内开展直接投资活动。1967 年 7 月，日本正式开始实施“第一次资本自由化”，决定开放一些行业，并将这些行业划分为允许外资比例占 100% 和 50% 的两类。

在允许外资比例占 50% 的行业中就有唱片行业。美国最大的唱片公司哥伦比亚广播公司（CBS）始终关注着日本的唱片市场，相关的开放措施刚一出台，其便决定在日本建立唱片公司，并开始在日本寻找合作伙伴。哥伦比亚广播公司事业领域之一的唱片集团不仅占有全球 20% 的市场，而且在唱片的技术开发方面表现十分出色，实现了黑胶唱片的商品化。

1967 年夏天，时任哥伦比亚广播公司国际公司总经理的哈培 · 夏因（后任美国索尼公司总经理）奉命到日本寻找合作伙伴。夏因先后去了好几家日本唱片公司，无论哪家公司都对哥伦比亚广播公司的计划感兴趣，但是当问及这些公司的决定时，它们只是反复地回答：“正在研究。”整整一个夏天，合作项目毫无进展。

1967 年 10 月，夏因想起了在广播设备上有过商业关系的索尼公司，希望能够从索尼创始人盛田昭夫那里得到一些建议。双方刚一见面，盛田昭夫便立即自荐说:“同索尼合资,怎么样?”其决断之快,令夏因吃了一惊。就这样,“踏破铁鞋”的夏因与盛田见面仅仅30分钟后,双方的合作便定了下来。原来,索尼公司很早便有与哥伦比亚广播公司合作的想法。

事实上,在发展初期索尼得到了三井财团的大力帮助。索尼创业初期内部有一个顾问委员会,这个顾问委员会在索尼的融资和投资上起到了巨大作用。该委员会当时的主席是万代顺四郎,也是索尼公司的董事长。二战前,万代顺四郎曾是三井银行的首领。在三井财团的支持下,索尼公司通过发展当时不被看好的晶体管技术,开发出世界第一台晶体管收音机TR-55,一举成功。

到了20世纪50年代,索尼的黑白电视机虽然大卖,但其技术竞争力毫无优势,其后所制造的彩色电视机产品的品控亦不甚理想,导致巨额亏损并把公司推到倒闭的边缘。虽然后来又利用特丽珑映像管技术偿还了巨额债务,但也使索尼公司意识到了仅仅依靠“硬件”业务是远远不够的。

1968年3月,CBS/SONY唱片股份公司诞生了,注册资本为72000万日元,成为日本实施资本自由化后的第一家合资公司。合资公司成立时,由索尼公司副总经理盛田昭夫兼任总经理,但实际的经营工作由当时索尼的制造企划部部长大贺典雄负责。新公司虽然有50%的外资,但是在经营管理上由索尼全权负责,哥伦比亚广播公司连一个董事也没有派驻过。

作为日本第一家合资唱片公司,CBS/SONY唱片股份公司迈出了索尼进军音乐娱乐业的第一步。索尼创始人盛田昭夫更是将“软件”(文化产业)业务与“硬件”(设备制造)业务一同定位为索尼集团的核心业务,认为“硬件和软件是索尼集团的两个车轮,必须使之同时运转”。

合资唱片公司虽然从零起步,然而在发掘新人方面一个接一个地取得成功,独特的音乐业务开展起来了。在以“演歌路线”(日本特有的歌曲演唱方式)为中心的业界,成功地开拓出了“偶像路线”,并因此迅速成长起来。公司成立十周年之际,销售额已经攀升到业界的第一、第二位。公司成立第一年的销售额是7亿日元,而在20年后的1988年,年销售额已经突破1100亿日元。

一波三折的并购谈判

索尼和哥伦比亚的合资公司在日本的成功使三井财团的索尼决心在唱片领域采取更积极的行动,于是就将发展目标定在了美国。1982年初,索尼唱片领域的负责人大贺典雄说服美国哥伦比亚广播公司,利用合资公司CBS/SONY的3500万美元自有资金在美国建成了一座激光唱片(CD)工厂。当时,CD作为优秀的音乐媒介已经取代了传统的黑胶唱片,成为主流市场。

1986年夏天,劳伦斯·特休取得了CBS的控股权,这位靠经营度假村发迹的亿万富翁考虑出售集团旗下的哥伦比亚唱片公司。时任哥伦比亚唱片公司总裁兼首席执行官的沃尔特·叶托尼科夫于是就向集团内最大和盈利最佳的分公司CBS/SONY的合资股东索尼公司提出,希望由日本索尼来收购哥伦比亚唱片公司。

显然,这对致力于进入美国市场的索尼公司而言,无疑是一次千载难逢的良机,它们立刻同意由迈克尔·舒尔霍夫(时任索尼美国公司副董事长)代表索尼与CBS进行谈判。索尼对世界上最大唱片公司的兼并是当时日本公司对美国公司的最大并购案,由于两家公司在管理制度和文化上存在巨大差异,兼并过程从一开始就注定不可能是一帆风顺的。从1986年底到1987年秋近一年时间里,双方的谈判一波三折。

1986年11月,叶托尼科夫第一次向索尼提出收购的建议时,特休给哥伦比亚唱片公司开出的价格是12.5亿美元。同时,舒尔霍夫与叶托尼科夫达成协议,保证在交出哥伦比亚唱片公司时管理层不发生严重变故,更重要的是,录制中的音乐作品不会有问题。然而CBS的管理层却强烈反对放弃唱片业务,谈判一度陷入暂停状态。

9个月之后,CBS资本大幅度增值,劳伦斯·特休决定再次进行出售尝试,并且提出了一个20亿美元的新价格。舒尔霍夫回去向盛田昭夫和大贺典雄报告,尽管价格在短短9个月内猛涨了60%,但他们还是再次同意收购。当时虽然正是日本经济扶摇直上的时期,日元对美元的汇率保持在80:1的水平上,不过对1987年的索尼而言,20亿美元仍是一笔数额巨大的款项。

1987年9月,CBS董事会议依然未能通过转让的提议,而是推迟表决,考虑以公开出售股票方式转让唱片业务股权。正当索尼感到震惊的时候,事情突然出现了转机。10月19日,“黑色星期一”出现,美国股市崩盘,使CBS对金融市场的前景产生严重动摇。第二天上午,特休在电话中告诉舒尔霍夫,如果索尼仍然对唱片公司感兴趣,他保证董事会会同意,但是价格仍维持在20亿美元。

时任索尼美国公司副董事长的舒尔霍夫第三次向东京请示。很显然,盛田昭夫并没有被价格问题所困扰,他对舒尔霍夫说:“如果它上个月值20亿美元,那它就还值20亿美元。”1987年11月18日,双方终于达成了协议。索尼方面组成了以坂井利夫(时任专务董事、财务部部长)为团长,包括律师在内的大规模谈判团,CBS方面也派出了一个大致相当的谈判团。

1988年1月,索尼公司终于把在全世界40个国家拥有唱片业务的哥伦比亚唱片公司迎进了自己的大家庭。叶托尼科夫也很好地履行了自己的诺言,在公司管理层和主要人才没有变动的情况下,把公司交给了索尼。大贺典雄当即安排叶托尼科夫担任新公司的总裁,后来大贺典雄自己把公司更名为“索尼音乐娱乐公司”。这笔以哥伦比亚唱片公司5倍盈利价格成交的兼并案,成为当时日本公司对美国公司金额最大的并购案。

1988年3月,索尼创始人盛田昭夫在合资公司CBS/SONY二十周年的庆典上雄心勃勃地说:“只有软件业务的发展,新的硬件才会发挥作用。我想,不仅是音乐,还包括电影在内,索尼要确立更大、更广的软件业务。”于是在这一年的夏天,舒尔霍夫和叶托尼科夫从东京总部得到新的指令:着手购买一家电影制片厂。对于快速发展的索尼而言,拥有一个自有软件库的好处变得比以往任何时候都更加明显。

日本买走了“美国魂”

索尼美国公司副董事长舒尔霍夫等一开始将美国米高梅影业公司(MGM)作为可能收购的对象,但是后来发现该公司影片库的所有权大部分都已经卖出去了。于是,哥伦比亚电影公司(Columbia Pictures)很快就成为索尼收购的首要目标,因为它对全部2700部库存影片都拥有版权,这在美国主要电影厂中是独一无二的。而且哥伦比亚电影公司当时正面临着财政困境,正是理想的收购时机。

虽然哥伦比亚电影公司和哥伦比亚广播公司名字很相似,却是完全不同的两家公司。哥伦比亚电影公司成立于1924年,由来自纽约东区的科恩兄弟创办。通过制作西部电影和喜剧电影,两兄弟使小小的电影厂在整个大萧条时期保持了盈利。尽管电影库存量并不是好莱坞之最,但哥伦比亚电影公司拥有12部奥斯卡获奖影片,是当年的最佳电影公司。

但是进入20世纪80年代下半段,哥伦比亚电影公司就好像被幸运女神抛弃了似的,经营状况老不见起色,其市场占有率一度降至14%。尤其要命的是,它的主要股东可口可乐公司已有意把所拥有的49%股份转让出去。可是美国本土却无人响应,这是因为公司的股份总额就已经高达34亿美元,同时还要加上12亿美元的债务。

1988年11月,舒尔霍夫和叶托尼科夫开始在纽约和哥伦比亚电影公司的董事长兼首席执行官维克多·考夫曼、总裁兼首席运营官卢·科曼谈判收购事宜。盛田昭夫和大贺典雄起初希望购买可口可乐拥有的49%或略多一点的股份,从而获得哥伦比亚电影公司的控股权,但谈判的发展使索尼最终决定以公开收购股票的形式兼并整个公司,从而避免出现收购哥伦比亚唱片公司时的波折。

谈判虽然进行得很顺利,但哥伦比亚电影公司的管理层也存在着疑虑,那就是索尼是否有足够的收购资本,要知道就在1988年1月,索尼才刚刚花费了20亿美元收购了美国最大的唱片公司。随后,舒尔霍夫亮出了最后的底牌:日本的5家大银行——三井银行、东京银行、富士银行、三菱银行和日本兴业银行通过贷款形式向索尼公司提供15.6亿美元的资金。

1989年9月25日,三井财团的索尼公司宣布斥资34亿美元,并承担哥伦比亚电影公司16亿美元的附带债务,对哥伦比亚电影公司、哥伦比亚图文电视公司和其在全美国的180个地方的820家电影院进行并购。电影向来是美国人的骄傲,日本公司的介入引起了舆论一片恐慌。有评论家一针见血地指出:“假如美国人买下了日本的歌舞伎,你做何感想?”

1989 年 10 月 2 日,美国《新闻周刊》封面上出现了一幅怪诞的图案:自由女神像穿了一身日本和服。该期刊的文章还激愤地写道:“日本买走了部分美国魂!”前哥伦比亚电影公司的一名高级职员对此也表示:“现时全世界都在欣赏好莱坞电影,这一美国垄断的好东西却也被日元征服了,令人困惑啊。”他还强调,“电影是现在美国垄断的少数东西中的一个,应该留给美国人。”

1989年10月2日，美国《新闻周刊》封面上自由女神像穿了一身日本和服，文章中写道：“日本买走了部分美国魂！”

对于美国的反对声音,盛田昭夫一再表示“这不是日本文化的入侵,我们不想把日本的管理人员送进哥伦比亚”。大贺典雄也坚守“全球本土化”的索尼座右铭,强调说,收购后成功的关键在于“不凸显日本公司的特点”,保证使被收购的公司保持美国特色。只是没过多久,大贺典雄就把哥伦比亚电影公司更名为了“索尼影视娱乐公司”。

在 1989 年初的时候,哥伦比亚电影公司每股市场价格为 12 美元,并购时涨到了每股 21 美元,可索尼最终的出价是每股 27 美元,疯狂地翻倍。1994 年 11 月 17 日,索尼在季度财务报告中宣布,公司在哥伦比亚电影公司的投资资产账面额减少了 27 亿美元,这个亏损额是历史上日本公司的亏损之最。这种不局限于当前经济利益计算的做法,充分展示了索尼的战略高度。

二战过后,东西方之间逐渐形成了一种自然的劳动分工。一方面,美国几乎把全部电子消费品的硬件技术转让给了日本和其他亚洲国家,实际上美国本土根本不生产电视机、录像机、传真机和摄像机;另一方面,通俗音乐、时髦电影、计算机软件等富有创造性的工作却一直是西方的领地,成为美国出口的核心商品。显然,索尼是希望可以通过一系列努力来打破这种东西方的分工格局。

索尼编织文化产业帝国梦

无论是收购哥伦比亚唱片公司还是哥伦比亚电影公司,都充分体现了索尼及其领导人的远见卓识。盛田昭夫敏锐地觉察到了美国文化产业特别是好莱坞拥有的资源在未来的商业争霸战中所具有的战略意义,包括软件资源和知识产权、民众情感的汇集、创造性世界发源地、信息产业的领头羊等。在发现实施产业并购所能带来的巨大发展前景情况下,果断实施并购是必然选择。

1992 年,三井财团的索尼公司凭借《终结者》《冰的微笑》《角斗士》等影片,将美国国内票房份额从最初的 9% 提高到近 20% 。1995 年,索尼迎来了一位改变其命运的新 CEO——出井伸之。他巧妙地运用哥伦比亚电影公司在电影界树立的形象,积极发展电影业务,提升电影产品质量,并在电子与娱乐业之间建立起一种战略性合作关系,将其整合进索尼的新价值链中,通过娱乐业带动电子产品的消费。

一直以来,索尼都是由出身理工科的创业团队人员进行管理,而出井伸之则是索尼第一位非创业团队、非技术人员出身的专业经理人。不同于传统的工匠企业家,出井伸之身上有着典型的商人思维。2000 年,出井伸之提出要打造“索尼梦想王国”,他要求索尼更多的是立体化,而不是多元化,如果去收购和自己完全不相关的业务,那么一不小心就会成为一家金融公司,实际上这就是典型日本财团综合商社(三井商道)的产业投资模式。

2004 年,在索尼两代人足足花了 10 年时间充分了解美国市场及其运作理念,并最终使“索尼影视娱乐公司”(原哥伦比亚电影公司)发展成一个领先的美国娱乐品牌后,索尼开启了自己的扩张之路。9 月 13 日,以索尼为首的收购财团又以近 50 亿美元的价格与具有 80 年历史的好莱坞最后一家独立电影公司——米高梅公司(MGM)达成收购协议。

米高梅曾是好莱坞的大哥大企业,创造出了历久不衰的银幕经典—— 007,塑造了家喻户晓的卡通形象——猫和老鼠,拥有 170 座奥斯卡金像奖(数量位列好莱坞八大制片公司之首)。收购米高梅后,索尼的软件库中的作品数量超过了 8000 部,进而一举超越时代华纳坐上全球媒体内容提供商的头把交椅。而这些电影资源还可以大量地发行 DVD,给公司赚来源源不断的钞票。

事实上,在索尼收购米高梅以后,好莱坞黄金时代的八大公司就已经有 3 家(由大导演卓别林创建的联美电影公司在 20 世纪 80 年代被米高梅收购)成为索尼的囊中之物了。2006 年,索尼影业的全球总票房达到了 35 亿美元,这是个惊人的数字,因为加上 DVD 销售和电视版权,索尼光是在电影上就获得了 100 亿美元以上的收入。

除了影视外,更早一步成立的索尼音乐娱乐公司在音乐出版市场也不曾停下脚步。2004 年 11 月,索尼音乐娱乐公司与全球媒体巨头德国贝塔斯曼旗下音乐部门 BMG Music 以各持股 50% 方式合并成为索尼贝塔斯曼音乐娱乐公司。2008 年 8 月,索尼宣布斥资 12 亿美元收购贝塔斯曼所持索尼贝塔斯曼另 50% 的股权,使其成为 100% 索尼子公司,并更名回为“索尼音乐娱乐公司”。

2012 年 4 月,索尼音乐娱乐公司斥资 22 亿美元收购英国百代音乐版权公司(EMI)。借此,索尼将控制全球 1/3 的音乐出版市场。收购百代的版权公司之后,索尼将获得利润丰厚的音乐出版市场 31% 的主导性份额,并开始世界范围内针对录音工序业务的现代化改革。成立于 1887 年的英国百代音乐版权公司是世界最大的音乐出版发行公司之一,公司拥有 1300 万首的音乐版权。

2018年5月22日，索尼公司宣布斥资23亿美元，收购英国百代音乐版权公司大约60%的股权，这将使其持股比例从过去的30%提高到90%左右，从而拥有绝对控制权，并成为世界上最大的音乐版权商。根据协议，英国百代音乐版权公司的估值加上债务总额为47.5亿美元，这比2012年索尼财团入股时给出的22亿美元值要高出1倍多。

在新闻发布会上，索尼新任CEO吉田宪一郎称："对内容知识产权的投资是我们长期发展的奠基石。"当然，索尼之所以敢如此大胆地进行并购，完全得益于其在"软件"业务上取得的成功。2017年，索尼音乐业务凭借8000亿日元的销售额，实现了1278亿日元的营业利润、15.98%的利润率，在整个索尼集团的业务当中吸金能力都堪称恐怖。

事实上，索尼对内容产业的执着源于创始人盛田昭夫长久以来的梦想。战后日本百废待兴，很长一段时间里，"日本制造"就是廉价劣质的代名词，盛田昭夫徒有一腔产业报国的热情，虽然他能够通过保障索尼产品的质量来为日本企业挽回一些颜面，但日本企业在国际上还是无法充分得到认可和尊敬。盛田昭夫迫切地希望索尼能建立起"知名国际企业"形象，而收购控制舆论的文化企业则是提高知名度的最佳途径。

第五节　用文化产业打开新市场

中国人对日本的时代记忆

1978年8月12日，《中日和平友好条约》在北京签字，这是继中日联合声明发表、中日两国邦交正常化公报发表以来两国关系史上又一新的里程碑。从1978年10月开始，由中国电影公司与日本电影制作者联盟共同推出的"日本电影周"（又称"日本电影节"）先后在中国8个城市举办了活动，并成为那一时期引进日本电影的主要渠道。

日本电影周放映了3部日本电影《追捕》《望乡》《狐狸的故事》，这是"文革"后第一次公开放映来自资本主义国家的最新电影。最开始在北京、上海、天津等多个大城市进行放映，然后推及全国，同时期上映的还有《生死恋》和《金环蚀》。这些电影在中国引起了热烈反响，截至20世纪80年代末共有50多部日本电影在中国上映。

由熊井启执导、栗原小卷主演的《望乡》（1978年）让中国观众通过银幕加深了对日本人民的了解，从感情上更理解和接受这个一衣带水的邻邦的国民。让中国人了解到日本帝国主义不仅给中国人民，给亚洲各国人民，而且给日本本国人民带来了巨大灾难和痛苦。中国著名作家巴金说："看完这部电影以后，我对日本人民的感情只有增加。"

由日本影星高仓健主演的《追捕》（1978 年）则因为其展现出的商业电影诸多经典元素，让当时的中国青年人大开眼界。日本演员高仓健塑造的冷峻、英武、沉着形象的角色更是在中国刮起了一股"寻找银幕男子汉"的风。一时间，社会上许多男青年留起了板寸头，穿起了长风衣，也催生出了后来活跃在中国大银幕上的如姜文、王学圻、张丰毅等硬朗型演员。

不仅仅是引进日本国内的优秀影片，在电影周期间，中日电影代表团还对电影的质量、技术、摄影器材等专业领域展开积极的探索与合作。其间，中日合作拍摄了多部电影，包括中国第一部与他国拍摄的动画片《熊猫的故事》（1981 年），剧情片《一盘没有下完的棋》（1982 年）、《敦煌》（1986 年）和《菊豆》（1989 年）。可以说，这些尝试为日后中国电影产业的发展提供了一定程度的帮助。

《追捕》和《望乡》等日本电影在中国引起"现象级"狂潮。事实上，引进日本电影也可以扩大中日两国其他领域特别是经贸领域的交流

《追捕》和《望乡》等日本电影在中国引起"现象级"狂潮，不只是高仓健、栗原小卷等日本演员成为当时青年人心中的偶像，日本电影中的时尚元素包括演员的日常消费品如私人轿车、打火机、服饰、家用电器、家庭装饰品等也给当时刚刚打开国门的国人以巨大冲击。事实上，引进日本电影也可以扩大中日两国其他领域特别是经贸领域的交流。

在电影中出现的日本产品，也随着日本电影进入中国市场，一大批日本商品实际上就是在 20 世纪 80 年代伴随着《追捕》《望乡》等日本电影相继进入中国的。当时，能够拥有一台日本家用电器也成为中国普通百姓生活中的一大时尚。日立彩电、东芝电冰箱、夏普洗衣机等家用电器在中国受到了广泛关注，更是产生了一大批的推崇者。

随之而来的还有风靡中国市场的索尼、松下等日本原装电器，以及丰田、本田等日产轿车进入中国市场，随着日本电影在中国的传播进入高潮期，日本文化在中国社会经济生活等领域的影响也在慢慢扩大，而两国经贸交流也在这时候达到一个高潮。据数据统计，中日两国贸易往来由 1972 年的 10 亿多美元增长到了 1982 年的 104 亿美元。

1992 年，连续举办了十几年的日本电影周停办，导致引进日本电影的主要渠道遭受挫折。同时，中国于 1993 年开始实行海外大片引进政策，以《亡命天涯》为代表的好莱坞分账大片开始进入中国，挤占日本电影在中国的市场占有率。此后的很长一段时间，在中国的电影院里，日本影片的踪迹越来越少，但是很显然，日本电影已经成为一个时代中国人的精神回忆。

免费赠送的动画片

1980年12月7日，中央电视台第一套节目播出了日本译制动画片《铁臂阿童木》。这部由日本“漫画之神”手冢治虫创作的动画片当时在日本创造了最高近40.3%的收视率，轰动了整个日本。这个勇敢、聪明、正义，有10万余马力，可以上天入地的小机器人几乎是人见人爱。但是，就是这样一部“现象级”的日本动画片，中央电视台的引进却没有花一分钱。

原来，日本三菱财团体系下的卡西欧公司向中央电视台赠送了《铁臂阿童木》的播出版权，作为交换条件，在每一集的播出前和播出后，插播长约两分钟的广告。因此，随着动画片一起播放的还有卡西欧公司的计算器和手表广告，广告中的主角仍然是阿童木，阿童木在太空中展示了卡西欧的计算器和手表等产品，这也是中央电视台播出的第一支外国广告。

实际上，当时的中央电视台开始为引进海外影视节目做准备，但由于刚刚实行改革开放，经费相对紧张。与此同时，进入中国市场没多久的日本电子品牌卡西欧想在中央电视台做广告，可是之前从没有外国公司在中国做电视广告的先例，因此中央电视台也不知该如何处理。最后经过双方协商签订了交换协议，中央电视台播出卡西欧公司的广告，卡西欧公司则免费为中央电视台提供动画片的播出权。

日本卡西欧公司由精通装配的工程师樫尾忠雄创立于1946年，是一家主要生产电子仪器、电子计算器的公司。卡西欧手表是日本三大品牌之一，多年来以真正多功能的G-SHOCK手表著称于世。卡西欧手表所代表的活力、年轻、时尚、多功能的品牌形象已经深入民心。2003年，卡西欧公司与三菱商事共同投资组建卡西欧(上海)贸易有限公司，其中卡西欧占有80%的股份。

由于《铁臂阿童木》在中国的热播，卡西欧公司的计算器和手表迅速打开了中国市场。此后，手冢治虫趁热打铁，组织人手免费为中国的读者将《森林大帝》的原稿改版到连环画上，并且交给了中国。1982年5月，广播出版社出版了《森林大帝》连环画，成为新中国成立以来第一部日本漫画书。当然，漫画书的封底同样印有日本日立电视机的捆绑广告。

1983年3月，北京召开了全国第十一次广播电视工作会议，这次会议既是中国广播电视发展的转折点，也是中国引进日本动画片的一个转折点。由于引进权力的下放，越来越多的地方电视台成为引进日本动画片的主力军。广东省政府方面特地提供了一笔资金供电视台采购海外电视节目，而《聪明的一休》就在采购节目单上。

1983年10月11日，由广东电视台引进、辽宁电视台负责译制工作的日本动画片《聪明的一休》正式播出，在全国引起了巨大反响。以广东电视台和辽宁电视台合作为契机，全国各电视台纷纷开始了联动。1985年1月4日，北京电视台开始播放著名的少女动画《花仙子》，同样是由广东电视台引进的。到1985年8月，《花仙子》已经同时被中国国内超过21家电视台播放。

1986年10月26日，美国经典动画《米老鼠与唐老鸭》登陆央视一套节目。这部全世界知名的动画一经引进就抢占了曾经属于日本动画片的黄金播放时段。1988年，美国动画片《变形金刚》先后在广州电视台、上海电视台和北京电视台播出，得到了爆炸性的反响。到1990年底，全国几乎每个城市的电视台都播放过《变形金刚》。

事实上，同最早的日本译制动画片《铁臂阿童木》一样，《变形金刚》是由美国孩之宝玩具公司赞助播放的，所以在动画热播之后，孩之宝公司加紧了向中国出口和宣传变形金刚的玩具。随着《米老鼠与唐老鸭》《变形金刚》等一系列美国动画片的热播，日本动画在中国遭遇“滑铁卢”，1987—1988年，中央电视台和北京电视台的荧幕上甚至没有了日本动画片的身影。

然而，这种情况很快就得到了逆转。1989年，日本“现象级”动画片《圣斗士星矢》进入中国，沈阳电视台率先完成翻译并在国内首播。从1991年开始，中央电视台、北京电视台等多家电视台开始播放《圣斗士星矢》。这部动画片在中国观众中引发一时风靡之浪潮，日本动画再次在中国崛起。1991—2006年是日本动漫在中国全面绽放的时期，其中大部分经典动画现在仍在流行和播放。

在音乐上更容易接触日本

中国人在很长时间里听到的都是“高、快、硬、响”的歌曲，而抒情歌曲很少。国门初开，那些与之相对的“低、慢、软、柔”的流行音乐便蜂拥而至。特别是，进入20世纪80年代，中国从日本引进了大量的影视剧和动画片。如电影《追捕》，电视剧《阿信》《排球女将》《血疑》，动画片《铁臂阿童木》《花仙子》《聪明的一休》等，这些影视作品中的主题歌也以翻译演唱的形式，很快就成为当时中国的流行歌曲。

进入20世纪90年代以后，伴随着改革开放的深入，中国人对音乐文化的需求逐步升温，但因为大陆(内地)流行歌坛自身的创作尚处于起步阶段，优秀作品严重不足，于是大批台湾、香港歌星的歌曲长驱直入，在全国范围内掀起了港台流行歌曲的热潮。实际上，这些港台歌手演唱了大量的填词翻唱作品，其中数量最多和影响最大的，就是对日本歌曲旋律的借用。

许多著名港台歌手都有利用日本歌曲旋律，填写中文歌词进行重新演绎的经历。而说到日本的歌曲旋律就不得不提到中岛美雪，对于现在的年轻人来说，“中岛美雪”这个名字可能仅仅停留在“有印象”的程度，但如果你经历过20世纪“港乐”的辉煌，就一定会知道“没有中岛美雪就没有当年的香港乐坛”“她一个人养活了大半个华语乐坛的人”。

邓丽君的《漫步人生路》，徐小凤的《人生满希望》，王菲的《容易受伤的女人》《人间》《若你真爱我》，郑秀文的《一错再错》，任贤齐的《天涯》《伤心太平洋》，叶倩文的《忘了说再见》，刘若英的《原来你也在这里》，张国荣的《第一次》，范玮琪的《最初的梦想》……毫不夸张地说，这些曾经在华语乐坛风靡一时的歌曲，均出自中岛美雪之手。

中岛美雪这位日本“国宝级天后”来自日本传统音乐厂牌“雅马哈音乐”（Yamaha），作为世界上最大乐器生产商，雅马哈公司早在1960年的时候就成立了专门的音乐事业部门。当然，除了经营钢琴、电子琴、管乐器、弦乐器、打击乐器、静音乐器、电子乐器等全部乐器外，雅马哈公司最出名的还有发动机和摩托车。

事实上，雅马哈公司和三井财团旗下的丰田汽车关系非常紧密。20世纪60年代，日本经济开始快速发展，丰田汽车准备打造一款高性能跑车，以满足当时的市场需求。丰田当时对高性能发动机的研发经验还比较浅，于是就找到了在发动机研发方面有较强技术的雅马哈公司。1965年，雅马哈公司携手丰田汽车正式推出丰田乃至日本历史上第一款高性能跑车——2000GT。

这款丰田2000GT跑车所采用的发动机就是由雅马哈公司操刀制造的，可以说在那个年代，雅马哈公司就已经有极强的研发能力了。2000GT身上的发动机能够在1秒内将转速从0提高至8000转。后来，雅马哈公司还曾经多次帮助丰田汽车开发新车和引擎，其中包括了能够代表丰田形象的“皇冠”系列，在其最早期的几代车型上采用了雅马哈公司提供的发动机。

长期以来，丰田公司所推出的种种经典车款背后都可以有意无意寻觅得到雅马哈公司的痕迹。后来，雅马哈公司和丰田汽车还通过交叉持股的方式来建立更为紧密的合作关系。根据股权置换协议，丰田汽车购入雅马哈公司属下雅玛哈汽车公司1250万股股份，作价105亿日元；同时，雅马哈公司购入丰田50万股，作价50亿日元。

进入21世纪，中国流行歌曲有了一定的发展，原创作品从数量到质量上都有了长足的进步，填词翻唱日语歌曲的数量较以前有所减少。伴随着网络媒体迅速兴起，MP3、MP4等产品的出现，日本原唱音乐逐渐进入中国市场。1999年，由财团法人音乐产业·文化振兴财团（PROMIC）与中国音像协会合作，在北京设立了第一个音乐信息中心，在那里可以听到日本的最新CD，欣赏到日本权威歌曲排行榜的歌曲。

实际上，无论是20世纪七八十年代的日本电影、电视剧，还是八九十年代的动画片、流行音乐，都是日本文化向中国传播的主要载体。其目的是使中国民众在思想和情感上更容易接纳日本，从而让日本先进的技术和工业产品进入中国市场。从一开始的东芝、日立、夏普、松下等家用电器产品，到后来的丰田、本田的汽车，以及日本商店、日本餐饮行业，都是由文化产业逐步推动的结果。

在中国可谓“名利双收”

伴随着日本优秀文化作品一同出现的就是盗版产品，早在 1981 年 5 月《铁臂阿童木》动画片全国热映的时候，一套没有获得授权的《铁臂阿童木》漫画就出现在了市场上。此后很长一段时间里，盗版都是个大问题。特别是，在宽带普及之后，中国政府在 2006 年开始要求各电视台禁播日本动画，就出现了电视上全是国产动画、网络上全是日本动漫的奇怪景象。

这一时期，网络上的日本动漫视频均为盗版。这些视频来自多个渠道，有盗播其他视频播放平台的、有用户自行上传的，也有字幕组发布的，盗版猖獗是当时视频播放平台的普遍现象。2010 年前后，中国国内开始严肃整治网络侵权盗版案件，当年持续了 3 个月的“剑网行动”是贯彻实施《国家知识产权战略》、净化网络版权保护环境的重要行动。

于是，中国国内就出现了一批日本作品的版权代理公司，2010 年 11 月成立的北京杰外动漫文化股份有限公司（以下简称“杰外动漫”）就是其中非常有代表性的一个。作为中国最早专业从事国内和国外正版动画片新媒体发行的机构，杰外动漫通过代理采购和制片投资的方式获取 IP，明确识别 IP 的价值及其市场定位，对 IP 进行有针对性的策划包装和营销，之后通过对下游渠道客户进行 IP 的授权分发变现，与上游进行价值分享，实现 IP 的品牌最大化与效益最大化。

其官网显示，杰外动漫至少拥有 618 部动画版权，涵盖了日本、美国、阿根廷、荷兰、捷克等多个国家的知名动画，其中日本动画占 80% 以上。运营的品牌包括：哆啦 A 梦、蜡笔小新、精灵宝可梦、网球王子、巧虎、加菲猫、丁丁历险记等世界知名品牌。其客户包括了几乎所有国内一线视频网站，如腾讯、PPTV、爱奇艺、优酷土豆、bilibili（B 站）等。

面对中国巨大的市场潜力，日本电视台显然不满足于仅仅通过“代理”模式进行获利，纷纷开始与中国网络视频网站进行直接合作。2011 年 11 月，土豆网（现为阿里巴巴文化娱乐集团旗下视频平台）与东京电视台签署独家代理协议，以此同步播放东京电视台的日本动画片节目。东京电视台授权土豆网独家播出包括《火影忍者》《死神》《银魂》等近 70 部原版动画作品。

2016 年，日本东京电视台决定扩大与中国视频网站的合作，改独家授权策略为非独家授权策略，进一步扩大其内容的覆盖面，组建“东电朋友圈”。将之前与土豆网的独家动画网络版权合作，扩大为与优酷土豆、爱奇艺、乐视和 B 站 4 家合作。东京电视台表示，随着授权平台的扩大，中国用户可以通过更多渠道了解作品，通过东京电视台播出的动画在中国的爱好者数量也将显著增加。

2018 年 6 月，爱奇艺（百度旗下视频网站）宣布与日本老牌动画制作公司东映动画（属三井 - 住友财团）达成合作，包括《航海王》《龙珠》《圣斗士星矢》等大量东映动画旗下经典作品，将继续于爱奇艺 App、PC 全端独家播出。事实上，在此之前爱奇艺与东映动画就已经有近 4 年的稳定合作。财报显示，爱奇艺每年付给东映动画的版权费就超过 30 亿日元。

通过与中国国内视频网站合作，日本企业可谓是名利双收。以东映动画的《航海王》为例，在动画播放期间，爱奇艺推出了《航海王之黄金城》系列正版衍生品，在《航海王之黄金城》剧场版上线期间首次尝试“边看边买”的衍生品销售模式，正版周边服饰在爱奇艺商城上线期间销售已破百万元。同时，《航海王》在爱奇艺播放量突破百亿次，也刷新了日本动画在中国国内的播放纪录。

2020 年 2 月，根据日本经济新闻报道，三井财团的索尼公司宣布了将要进军中国动画市场的消息。公司将在上海成立当地法人，与中国企业共同制作动画、贩卖角色周边。对于这次进入中国动画市场，索尼表示是看中了中国动画产业在 2019 年的市场规模超过 3 兆日元。索尼希望在进入中国市场后，在进一步扩大中国市场的同时，采用与日本同样的商业模式强化相关事业支撑。

参考文献及来源：

1. 索尼公司官方网站，www. sony. com.
2. 阿迪. 东映与周日早间 六十六年的系谱[EB/OL]. (2015 - 09 - 24)[2021 - 10 - 07]. https://zhuanlan. zhihu. com/p/20340005.
3. 杨松. 日本动漫在中国的传播[D]. 北京：中国艺术研究院，2018.
4. 日本动漫使日本文化进入美国[EB/OL]. (2008 - 07 - 25)[2021 - 10 - 07]. http://news. cri. cn/gb/19994/2008/07/14/111s2145161. htm.
5. 钟情中国本土的日本电通[J]. 广告大观（综合版），2007(10)：36 - 37.
6. 任天堂：IP 帝国的兴衰史[EB/OL]. (2019 - 10 - 07)[2021 - 10 - 07]. https://baijiahao. baidu. com/s? id = 1646076764141722757&wfr = spider&for = pc.
7. 黄露明，郑嘉. 125 岁的任天堂：固执与创新同行[J]. 新经济，2014(33)：70 - 75.
8. 于振冲. 浅析日本文化软实力开发——以“酷日本”战略为例[D]. 沈阳：辽宁大学，2013.
9. 瞿亮. 试论战后日本文化大国发展战略[J]. 中国城市经济，2011(20)：301 + 303.
10. 姜坪. 索尼入侵好莱坞内幕[J]. 企业研究，1996(4)：15 - 16.
11. 黄晨阳. 任天堂进入移动游戏行业的战略研究[D]. 延边：延边大学，2017.
12. 徐元勇，韩小龙. 我国当代流行歌曲中的日本歌曲旋律[J]. 日语知识，2007(1)：47.
13. 卢泰宏，李世丁. 开创新媒体时代——“电通之路”[J]. 广告人，1997(2)：23 - 24.

14. 曹充，成裕欣，谢谦. 创新企业的发展之路——任天堂的前世今生[J]. 科技经济导刊，2017(34):1.
15. 吴婕. 日本动漫海外传播影响力研究[D]. 武汉:华中师范大学,2011.
16. 米洁. 占领时期美国软实力对日本的影响研究[D]. 兰州:西北师范大学,2018.
17. 雪花. 2018 年全球最畅销游戏机出炉:索尼依然笑到最后[EB/OL]. (2019-02-03)[2021-10-07]. https://baijiahao.baidu.com/s?id=1624420539002585163&wfr=spider&for=pc.
18. 非言. 从电通在中国六所院校开设"广告讲座"想到的[J]. 中国广告,1997(1):31.
19. 林静. 日本游戏产业要翻身[J]. 中国新时代,2013(1):37-39.
20. 日本动漫市场规模超 2 万亿日元[J]. 中外玩具制造,2017(11):84.
21. 陈蜜. 日本文化产业大国战略研究[D]. 武汉:华中师范大学,2013.

第八章

不做美国的金融奴隶

三井银行是三井财团的核心企业，其前身是1683年创立于江户（现东京）的一家名为“三井兑换店”的“两替屋”（从事货币兑换业务）。1691年，“三井兑换店”成为德川幕府的御用钱庄，它的一项主要业务就是经营日本政府的年贡汇兑，通过经营这项业务，三井可以支配巨额的无息贷款。

2001年4月1日，三井财团的樱花银行与住友财团的住友银行合并成立了三井住友银行。合并后的三井住友银行最大的特点是该行拥有日本商业银行中最大的零售业务网，其股本收益率为8.8%，这是日本所有金融集团中最高的。与此同时，银行以日本三井、住友财团为支撑，拥有一批大型企业客户。

2017年4月，三井住友银行行长高岛诚在接受采访时表示，有意收购美国的地方银行，作为其企业并购战略的一部分。他指出，通过美国地方银行筹措外汇是加速海外发展必不可少的一环。加强海外业务在贷款的时候需要用到美元，因此如何以低成本稳定地获得美元成为一大课题。

——作者题注

【阅读提示】

“三井”告诉了我们什么(8)

21世纪初,以美国为首的各国金融机构大举进军日本市场,为了应对国际金融机构对日本国内金融机构造成的竞争威胁,日本财团体系的银行金融机构纷纷选择通过兼并重组,形成大型综合金融集团。事实上,日本的财团体制非常有利于大型综合金融集团的形成,因为日本各大财团的成员企业之间一直呈现环状持股,都是“以资本为纽带”,其核心正是以大银行和金融机构为主体。

值得注意的是,此次在金融危机和金融大改革双重背景下出现的日本金融业的合并与重组具有几大特点。

首先,打破了长期以来日本企业的重组与合并基本是在各自财团内部间进行的传统。不再局限于固有的财团体系,不同财团的核心主办银行相互结合,优势互补,按市场经济的原则进行合并和重组。合并后的金融集团依然可以以财团背景为依托,形成强大的金融业务网络体系。

其次,三大金融集团的合并与重组基本上是在日资金融机构之间进行的,外资金融机构几乎没有参与。尽管在此前的金融危机中,美国的金融机构也积极参与了日本破产金融机构的收购和兼并,如美国美林证券收购了山一证券的主要分支机构和营业网点,美国利普路维特投资基金收购了日本长期信用银行的分支机构等。但是这一次,在日本三大金融集团中没有出现任何外资金融机构。

日本产业界把金融界的合并与重组比作日本经济再生的“起爆剂”,认为随着三井住友、三菱日联以及瑞穗这三大金融集团竞争力的不断增强,日本的金融体系和金融市场也会逐渐趋于平稳,不但可以为产业界提供充足的资金,还可以促进企业的联合与重组,为恢复日本经济发挥重大作用。当然,三大金融集团的存在一定程度上也可以保障日本金融体系的安全与稳定。

对此,厦门大学金融系客座教授余云辉就认为:“在对外开放的战略上,中国必须明确自己的目标和追求。开放的市场必然存在交易,但是,未必都是平等和公平的交易。平等和公平的交易前提是,必须保持自我的独立性和自主性,必须保卫好自己的经济版图,不能拿原则做交易、不能拿金融版图做交易、不能拿经济版图做交易。”

长期以来,中国国内流行的一种观点是“花钱可以买制度”,认为股权可以换来管理、股权可以换来技术、股权可以换来信用文化。姑且不谈“以股权换制度”的巨大成本,“花钱买制度”的最终结果可能是,股权已经贱卖,代价已经付出,钱已经花了,所买的制度其实不是中国企业的制度,而是境外资本所控股的在华投资企业的制度。

本章导言

2020年6月18日，中国证监会发布公告，核准摩根大通期货有限公司股权变更。美国摩根大通期货获批成为中国首家外资全资控股期货公司，这也是中国金融业扩大对外开放政策推出后，诞生的首家由外资独资的金融持牌机构。期货公司率先放行外商独资，起到了先试先行的作用，外商全资中国金融持牌机构自此以后成为可能。

2020年6月24日，国家发展改革委、商务部发布的2020年版外商投资准入负面清单提出，"取消证券公司、证券投资基金管理公司、期货公司、寿险公司外资股比限制"。这说明中国金融业对外资的所有"股比限制"按照既定的开放时间表已全部取消，该类条目不再出现。可以看到，进入2020年，自新冠肺炎疫情暴发以来，中国金融业对外开放的步伐不仅没有因此放缓，反而进一步加快了。

事实上，早在1978年，中国的改革开放在促进国内政治经济体制改革、开始对外开放的同时也拉开了中国金融业开放发展的序幕。1979年，日本输出入银行在中国设立代表处，日本金融机构代表处的设立具有试点性质，这是中国金融业对外开放的重要事件。1993年，中国从顶层设计上完成了对中国金融业开放政策的初探，此后中国金融业开放进入提速期。

2008年，国际金融危机的爆发最终刺破了资本的泡沫，这使一直以美国为师的中国资本市场改革陷入了迷茫和反思。在中国国内，一派主张继续完成美国这个老师的"遗愿"，加速资本开放和资本市场化改革；另一派则主张反思，他们认为中国的资本市场正在重蹈美国"脱实向虚"的覆辙，中国资本市场的改革究竟该何去何从，一时间举棋不定。

2013年，"以开放倒逼改革"的口号再次被提出。然而，在核心资产没有实际入市、改革依然停滞的情况下，单靠海外游资、场外配资、信托融资等金融开放和金融"创新"催生出来的资金，是绝难维持股市的长期上涨的。最终迎来的只能是股市暴涨暴跌，从某种意义上来说，2015年股灾爆发的根本原因似乎并非"熔断机制"的错误，而是来自"开放倒逼改革"的失败。

2018年3月,中美经贸出现摩擦,此时美国精英的要求之一,就是中国开放金融市场。美国为什么急切想打开中国的金融大门?因为金融是一个国家经济的命脉。美国凭借着雄厚的资金,丰富的经验,资本市场变幻莫测的创新能力,千奇百怪的、难以识破的阴谋手段,完全有可能控制甚至操纵中国的金融业。只要控制了中国的金融业,就能控制整个中国的经济命脉和国民经济发展前景。

实际上,全面开放金融业就是"与狼共舞"。中国资本市场的投资者和金融业的管理者,缺乏必需的资本市场知识和经验,这犹如驱羊群与狼共舞,不需复杂思维,其结果即可想而知。如果在金融问题上失误,那么将是一个无可挽回的并且没有纠正机会的失误。尤其是事关全局的国家金融战略的失误,往往会成为一个国家或一个民族长期溃败的基础,严重影响国家和民族的前途。

回顾历史,20世纪80年代中期,正是在日本国内金融体制尚未实现有效改革的背景下,以美国为首的西方国家开始施压,日本相继签署《日元美元委员会协议》《广场协议》,日元快速升值,金融开放被迫加速。外部压力打乱了日本的开放节奏,利率市场化及国内金融改革滞后于资本账户开放、政府货币政策失效,大量资金涌入股市、房市,最终形成了"泡沫经济"。

日本的经验教训告诉我们,极端的、不受限的金融自由化会直接导致社会经济的长期紧缩,"脱实向虚"的投机金融模式在很大程度上阻碍了经济的正常发展。金融虽然在经济发展中扮演着极为重要的角色,但金融和发展之间的关系不是线性和无止境的,金融发展的前提一定是要服务于实体经济。合理的金融投资并不是对实体产业的"巧取豪夺",而应该是产业发展闭环的重要组成部分。

前车之鉴,后事之师。中国必须坚持对外开放、反对闭关锁国。但是,任何领域的开放战略都需要进行成本与收益的分析,从而制定出对外开放的科学策略与合理步骤。对于中国而言,在当前的情况下,求"进"不如求"稳",事实上"稳"即是"进"。因此,中国金融界应首先清理渠道,完善体系,跳出金融本身,为实体经济服务,积极做好开门迎客的准备。

第一节 金融自由化的巨大风险

避免成为美国解散的对象

1945年8月15日，日本在第二次世界大战中战败并宣布投降。9月22日，驻日盟军总司令(GHQ)颁布实施了《投降后美国初期对日方针》(以下简称《方针》)，把解散财阀(财团)作为日本非军事化的重要一环。《方针》中明确规定，“对在产业以及金融上支配日本大部分工商界的大企业组织(以三井、三菱、安田为代表的财团)进行解体的计划是占领政策的重点之一”。

1945年11月6日，美国政府向日本政府发出促使三井和三菱等四大财团立即解散的备忘录。然而，财团的解散工作于1946年8月才正式进入具体实施阶段，这是因为解散工作起初曾遭到日本方面的抵制，日本约80%的工业和金融财富控制在像三井、三菱、住友、安田这样的大财团手中。那么，在这一年多的缓冲时间里，日本政府和财团又都做了些什么呢？

事实上，早在二战以前，日本几大传统财阀(财团)就已经确立起了金融资本的支配地位。譬如，三井银行在三井财团的几乎所有企业中都成为最大的股东，其他财团银行也大都如此。为了避免其成为美国解散的对象，日本政府于1946年2月通过颁布金融紧急措置令，使银行得以从破产的危机中摆脱出来。随后，日本政府又将财团银行定为新日元借贷资金的提供者，从而让其取得了对工业部门的统治权。

1947年7月3日，驻日盟军总司令再次发布了名为《关于解散商社会社事项》的备忘录。根据占领军当局的解散令，三井物产和三菱商事这两家综合商社作为财阀的象征被强制解散。随后，三井物产被拆分成了包括日东仓库建筑物公司在内的223家小公司，三菱商事也被分解成了139家小公司。综合商社的拆分，标志着日本战前形成的财团体系在战后被强制解散。

1951年7月，日本政府宣布解散财团的工作正式结束。在短短不到5年的时间里，财团的解体显然不够彻底。虽然以三井物产为代表的综合商社不复存在了，但财团体系下的帝国银行(Teikoku Bank，三井银行和第一银行1943年4月合并成立帝国银行)、三菱银行、安田银行、住友银行等4家核心金融机构，因为日本政府的保护措施并未受到解散或是改革的影响。

1951年9月8日，日、美两国在旧金山美军陆军第六军司令部签订了《日美安全保障条约》(以下简称《条约》)，出于推行“冷战政策”的需要，《条约》规定了日本承认美国有权在日本驻扎陆、海、空军，日本不得将任何基地给予第三国等条件。作为对日本的补偿，美国决定“还政”于日本政府。1952 年，此前三井、三菱、住友等财团商号的使用禁令被正式解除，恢复财团的时机也逐渐成熟。

1954 年 1 月，帝国银行的名字重新恢复为“三井银行”。同年，三井银行开始联结过去三井财团的直系核心公司，发起成立了“月曜会”，接着又以促进三井物产公司的合并为目的而成立了总经理一级的“五日会”（后来更名为“二木会”）。在很大程度上，三井银行逐渐成为“新”三井财团的核心统筹领导机构。

三井银行是三井财团的核心企业，其前身是 1683 年创立于江户（现东京）的一家名为“三井兑换店”的“两替屋”（从事货币兑换业务）。1691 年，“三井兑换店”成为德川幕府的御用钱庄，它的一项主要业务就是经营日本政府的年贡汇兑，通过经营这项业务，不仅可以赚取手续费，而且可以支配巨额的无息贷款。到了 1842 年，三井号称已拥有 78 万两黄金的总资产，是当时屈指可数的“政商”富豪。

三井银行是三井财团的核心企业，其前身是1683年创立于江户（现东京）的一家名为“三井兑换店”的“两替屋”（从事货币兑换业务）

经过三井银行的不断努力，最终到 1961 年，原三井财阀的直系、旁系公司又以企业集团的新形式集结恢复成为现在的三井财团，综合商社、大型制造业企业和主办银行再一次构成了日本财团的核心。显然，在日本战后垄断财团的重新集结过程中，以三井银行为代表的商业银行起到了重要作用，而这一切都要得益于其强大的实力。

逐渐打开的资本市场

1964 年，日本先后加入了 OECD（经济合作和发展组织）和 IMF（国际货币基金组织），由于国际组织对每个缔约国均要求取消对经常项目和资本项目的限制，所以日本被要求实行资本自由化。同时，随着日本经济实力的增强和对外开放条件的成熟，迫于国际社会的强烈要求，以及日本应当承担的国际义务，日本政府和产业界开始将实行资本自由化提到议事日程上。

1966 年，日本产业界对 30 个工业部门进行了综合调查，调查内容包括该部门的生产情况、市场占有率、技术水平、原材料进口依存度、国内销售情况、产品出口能力、财务状况、国际竞争力等，调查的结果是，各部门发展水平参差不齐，具备自由化条件的部门很少，所有产业立即实行自由化是困难的。因此，日本政府采取了有限制的、有选择的、逐步推进资本自由化的方针。

从 1967 年开始，日本的资本自由化先后分 6 次进行，每次都把要实行自由化的行业细分为外资比例为 50% 和外资比例为 100% 两类。对于被认为会给日本经济带来混乱和有被外资企业占为己有风险的行业,规定外资比例最高为 50%,并根据《外资管理法》对外资进行筛选。通过这种保护性规定,日本上述企业避免了被外资吃掉的风险。

除了政府强有力的立法手段外,日本各大财团内部也掀起了以大型化、集中化为特征的企业合并风潮。1968 年,三井银行与东都银行合并,扩大了分支机构规模,对其存款增加起到一定的作用。三井银行当时发行的公司债券达四兆五百九十一亿日元,占日本全国公司债券发行余额的 36.7%。1970 年,当时名列日本钢铁业第一和第二的八幡和富士两大钢铁企业合并。1971 年,日本第一银行与日本劝业银行合并……

事实上,三井银行合并东都银行是日本银行资本市场开放的一个标志性事件,在此之前的很长一段时间,日本当局对于驻日外国银行的态度始终是消极的,十几年间,日本仅新增了一家外资银行。这是因为,如果外国银行在日本国内能够比较容易地筹集到日元资金的话,它们就不会继续将外汇资金带入日本,这样就不能达到为弥补外汇资金的不足,而允许外国银行进入日本的本来目的。

但是,进入 20 世纪 60 年代末期以后,由于国内财团金融机构已经初步具备了应对国际风险的能力,日本就不再将获得外汇作为考虑的重点。与之不同的是,日本开始关心由外汇流入所可能造成的威胁,比如,外汇流入过多带来的日元升值,基础货币不能稳定供应而造成的物价波动等。因此,日本政府于 1970 年开始实施第三阶段的资本自由化政策,银行业第一次被包括在内。

1971 年以后,驻日外资银行及分行的数量有了大幅的增长。由于之前禁止同业拆借等措施的取消,驻日外国银行可以在日本市场筹集日元资金,外资银行进入日本变得轻松了许多。1977 年,随着外资银行在日本面向非居民的长期贷款业务得到了许可,外资银行在日本的数量短期内增加了很多。可以说,这些开放措施在一定层面上改善了外资银行在日本长期受到抑制的情况。

1981 年,日本政府对实施近半个世纪的《日本银行法》进行了修订,其中关于外资银行方面的内容是,放松外汇市场管制,逐步开放日元债券市场,放宽对欧洲日元交易的限制,允许更多的国外金融机构进入日本市场。然而不难发现,这一时期日本虽然在不断打开自己的资本市场,但实际上一直执行有限制的、有选择的、渐进的推进资本自由化政策。

例如,虽然日本早在 1971 年就通过修改《证券与交易法》允许外资证券公司成为东京股票交易所的会员,但实际上直到 1982 年东京股票交易所修改条款后,外资证券公司才真正被允许成为会员。同时,日本对通过证券交易所进行的股票投资也规定了投资比例,以防止外国投资者通过购买零散股票进而控制日本企业。显然,这些措施非常有利于保护日本国内金融机构和维护国内资本市场的稳定。

刺破虚拟经济的泡沫

1983年,应日本三井银行的邀请,中国人民银行研修考察团访问日本。考察团发现,当时三井银行在日本各地设有182个分行,分别担负着6万个客户的贷款业务。贷款对象以中小企业为主,约占其全部客户的95.9%,对中小企业发放的贷款额占其贷款总额的48.5%。它们以"大众化"的经营方针为指导,积极支持日本中小企业改进技术设备,提高劳动生产率。

1984年,日本成为世界上最大的债权国。同年5月,日本财务部发表了《金融自由化与日元国际化的现状与展望》的报告,为了缓和日美两国日益激烈的经济贸易摩擦,日本被迫开始采取一些措施,其中就包括进一步开放国内的金融市场,批准更多的商业银行兼营外汇业务,允许金融机构经营短期欧洲日元业务等。因此,这一年也被称为日本的"金融自由化元年"。

与此同时,西方各国正进行着自由地运用本国市场的金融自由化。相对于西方国家的金融自由化,日本相对封闭的金融市场成为西方国家金融机构进入日本市场的障碍,所以西方国家也开始迫切要求日本进行更开放的金融自由化改革。日本虽然已经再次放宽对贸易和资本进口的限制,但仍然是当时工业发达国家中吸引外资最少的国家。

于是在1985年9月,美国联合联邦德国、法国、英国等西方国家同日本在纽约的广场酒店签订了《广场协议》,其目的是联合干预外汇市场,使美元对日元及马克等主要货币汇率有秩序性地下调,以解决美国巨额贸易赤字。事实上,从20世纪70年代初布雷顿森林体系的瓦解开始,美国就逐渐放弃了实体经济的发展而转向虚拟经济。因此,在工业生产上处于相对劣势的美国就希望把日本也拉进由它创建的"新战场"。

一直以来,日本的银行业都以"安全"著称,这是因为日本财政部和日本各大财团的核心银行对银行业实行严格的监管,并逐渐形成了100%的"安全网"。但是这种情况在《广场协议》和激进的自由化影响下发生了改变,《广场协议》签订之后,日元大幅度升值,在其后不到3年的时间里,美元对日元贬值了50%,也就是说,日元升值了1倍。

日元的大幅升值使得日本基准利率大幅度下降,这虽然打击了日本以对外出口为主的贸易方式,但也让日本企业和金融机构变得非常"有钱"。许多日本企业和银行金融机构将手中多出来的资金(日元升值)用于投资房地产等固定资产行业,由此形成了虚拟资金。实际上,日本已经无形中进入了美国早就设计好的虚拟经济"战场"。

同时,日本的企业界也发现发行企业债券的融资成本要比银行借款的利息低,投资金融资产的利润率高于投资生产领域的利润率。这一时期日本生产性行业的贷款比重下降到25%，而非生产性行业的贷款比重却上升为37%，日本银行和证券公司成为最赚钱的企业。1986年，日本最大的证券公司——野村证券的利润达27亿美元，野村证券成为世界上利润最高的金融机构。

从1983年到1989年的几年时间里，日本金融投机达到高潮，日本公司发行股票和债券总额大约7.2亿美元，其中80%多是股票。这一时期，日本新发行股票融资总额是美国的3倍，而美国当时的GDP是日本的2倍，并且正处于经济繁荣时期。然而即便如此，时任美联储主席的格林斯潘仍在鼓吹日本金融领域的潜力巨大。

1989年12月29日，日经指数一度达到了历史最高的38957点，比1976年几乎高了6倍。此时，美国金融资本出手了，开始通过各种复杂的金融工具全面沽空日本股市。面对突如其来的金融打击，日本政府迅速做出应对，日本央行于1990年1月开始紧缩银根，大幅度提高利率，治理过热的金融业，从而亲手刺破虚拟经济的泡沫。

股市下跌，作为投机目标的房地产市场价格也随后暴跌，许多金融投机的玩家遭受巨大损失，他们亏损的钱大部分都是从银行借来的。虚拟经济模式下，日本看似繁荣的景象就成了名副其实的空中楼阁。随着经济泡沫的破灭，日本中小企业和个人客户不良贷款的数量急剧增加，日本财政部要求财务实力雄厚的财团银行兼并坏账严重的银行。

1990年，三井财团积极响应日本政府号召，旗下的三井银行和太阳神户银行合并成为樱花银行，成为当时日本最大的银行之一。在1991年公布的年报中，樱花银行就表示，很难再依靠发行股票的方式提高资本充足率，而是打算利用其他方法增加资本，并且限制资产的增长，重新回归稳健安全的日本产业金融形态，不断改善资产充足率和盈利能力，提高效率和风险管理技术。

过度金融自由化埋下恶果

日本经济学家吉川元忠在《金融战败》一书中写道：日本20世纪90年代泡沫经济的后果几乎和第二次世界大战中战败的后果相当，但并没有使日本经济真正垮掉。日本经济的根基其实是以主办银行和综合商社为核心的财团体制，财团中的大企业、大银行并没有倒闭，依附于大企业的中小企业所受的影响也不大，日本民众普遍是“以公司为家”，只要公司没有垮，社会就相对稳定。

事实也的确如此，在三井、三菱财团的带领下，日本在1990年金融战失败后似乎并未衰落，反而呈现出很好的上升势头，1995年可以说是日本经济发展的一个巅峰时期。世界银行公布的数据显示，当年日本的GDP为5.3万亿美元，达到了美国GDP的70%，日本成为美国最大的威胁。面对威胁，以美国为代表的西方国家再次祭出了“金融核武器”。

1997年，美国量子基金联合几大欧美基金机构做空泰铢，亚洲金融危机爆发，波及整个东南亚，在东南亚深耕细作多年的日本损失惨重，日本经济彻底陷入低谷，就此陷入了所谓“失去的十年”。日本汉字能力鉴定协会为1997年发布的“年度汉字”就是“倒”，这一年日本许多企业几乎是在一夜之间倒了下来，这其中以金融企业最甚。

1997年4月，日产互助人寿保险公司被勒令停业；10月，京都共荣银行倒闭；11月3日，日本第七大券商三洋证券破产；11月24日，日本第四大券商山一证券倒闭……1998年，日本政府还专门成立了一个3000亿美元的安全基金用来支持各家银行，其中180亿美元用来买各家银行的优先股，但依然无法阻止银行倒闭的宿命。

受亚洲金融危机的冲击，日本银行金融机构相继出现倒闭，并且发生了全国性挤兑事件。事实上，这次危机的外在因素是受到东南亚金融市场混乱无序的影响，内在因素则是日本过度的金融自由化大量导致外资银行进入，而国内却准备不足，民营金融机构由于在与外资金融机构的竞争中处于明显的劣势地位，因此民营金融机构倾向于高风险贷款，这也是日本泡沫经济发生的重要原因。

极端的、不受限的金融自由化直接导致了日本在泡沫经济及后危机时期的长期通货紧缩，“脱实向虚”的投机金融模式在很大程度上阻碍了日本经济的正常发展。金融虽然在经济发展中扮演着极为重要的角色，但金融和经济发展之间的关系不是线性的和无止境的，金融发展前提一定是要服务于实体经济的。合理的金融投资并不是对实体产业的“巧取豪夺”，而应该是产业发展闭环的重要组成部分。

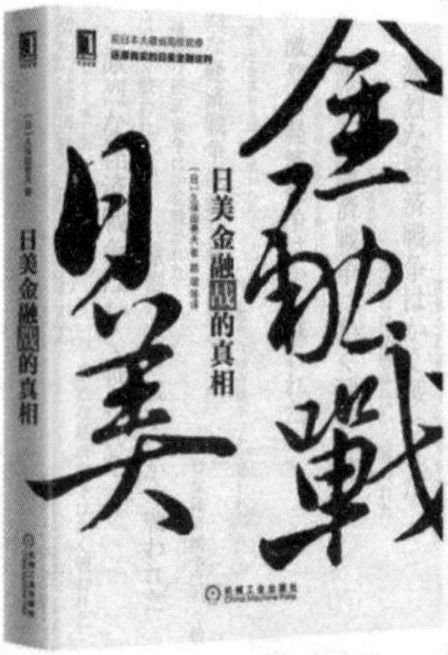

《日美金融战的真相》，〔日〕久保田勇夫著，机械工业出版社，2015年

实际上，早在1982年墨西哥爆发债务危机时，日本财政部门就意识到了过度金融自由化的危险，并开始鼓励日本的银行冲销不良贷款，让银行从错误中吸取教训，实行更严格稳健的贷款审查制度。然而受限于特殊的国际地位，日本政府的努力很快就失去了作用。一方面，美国从1983年起就开始不断对日本政府施加压力，要求日本开放国内金融市场。另一方面，普通民众非常容易受到非理性繁荣的影响，日本GDP相当于美国的七成，而考虑到当时两国的增长速率，日本跨越美国成为世界第一经济大国似乎近在眼前。在当年的日本东京，没有1万日元（相当于20世纪80年代的120多元人民币）是很难叫到出租车的，一顿麦当劳也要吃掉4万日元。同样地，非理性化的情绪也开始逐渐支配整个金融市场。

政策限制的缺失、民众的非理性情绪以及亚洲金融危机的冲击，最终引爆了日本过度金融自由化的定时炸弹。为了摆脱困境，日本政府于1999年10月撤销了对银行的证券子公司业务范围的限制，银行与证券之间的壁垒不复存在。随后，日本各大财团旗下的银行为了提高市场竞争力和适应新制度框架，纷纷采用合并形成金融控股公司的方式，以便充分利用混业经营的优势积极摆脱困境。

第二节 金融联盟势不可当

金融改革和市场开放“大爆炸”（Big Bang）

1998年4月，日本金融当局为了应对金融危机、与国际潮流接轨，开始正式实施“大爆炸”式的金融改革和市场开放。《外汇管理法》《银行法》《证券交易法》《保险法》先后得到修订，这些共同组成了日本《金融体制改革法案》。这次改革的核心宗旨在于重构日本金融市场，以期在2001年以前将其建成一个可以与纽约和伦敦相匹敌的国际性金融市场。

日本政府实施的“大爆炸”式金融改革除了对《银行法》和《外汇法》等相关行业法规的修改调整外，最重要的就是修改了《禁止垄断法》，允许机构组建金融控股公司。一家控股公司可以同时拥有银行、证券公司、保险公司以及投资基金等，这打破了金融业务的严格分界，使其由分业经营变为混业经营，允许金融机构之间的业务相互渗透。

在竞争性原则下，日本国内原来受到限制的各行业之间的交叉金融产品和服务可以由一家金融机构全部办理，还可以基本不受限制地开展创新业务。同时，日本金融当局允许开办国内非金融机构并和欧美金融机构入市竞争。为了适应政策性调整，同时也为了应对国际金融机构对日本国内金融机构造成的竞争威胁，日本财团体系的金融机构纷纷选择通过兼并重组的方式，以形成大型综合金融集团。

事实上，日本的财团体制非常有利于大型综合金融集团的形成，因为日本各大财团的成员企业之间一直是环状持股，即“以资本为纽带”，其核心正是以大银行和金融机构为主体。特别是，二战以后，日本企业最开始的复兴都非常依赖财团银行的融资服务，也正是在主办银行的努力下日本财团体系才得以重新集结起来。

1999年8月20日，第一劝业银行、富士银行和兴业银行宣布合并组建日本第一家金融控股公司——瑞穗金融集团。合并分为两个步骤：第一步，按相同比例共同出资在2000年设立金融控股公司，3家银行分别成为其完全子公司；第二步，在2002年对3家银行进行整合，按零售业务、公司业务、投资银行业务、国际业务等分类进行重组合并。

第一劝业银行是第一劝银财团的主办银行，1943年曾与三井银行短暂合并，改称“帝国银行”，1948年分开。富士银行是富士集团的骨干企业之一，前身是1863年由安田善次郎开设的安田屋兑换店（安田银行），是20世纪30年代日本规模最大、实力最雄厚的银行。兴业银行则专门从事对企业的长期放贷业务，与许多日本大企业都保持着非常密切的关系。

2001年3月，朝日银行与大和银行重组成为总资金高达96亿美元的理索纳金融控股集团。实际上，早在1998年朝日银行就曾提出与东海银行进行合并的请求，后来又在2000年再次提出与东海银行、三和银行的合并计划，最终都因自身内部派系纠纷而未能成行。大和银行则是日本国内公认的唯一除提供银行服务外，亦设有信托银行业务的城市银行。

由朝日银行与大和银行重组而成的理索纳金融控股集团虽然一跃成为日本第五大银行集团，但是由于其背后没有强大的财团体系为其持续提供支持，其很快便再次陷入了困境。2003年5月17日，日本政府宣布接管理索纳金融控股集团，并决定注入1.96万亿日元资金。由此，日本政府成为理索纳控股集团的大股东，持有其68.25%的股份。

随着日本“大爆炸”式金融改革的进一步推进，各种限制金融业竞争和混业经营政策的放宽，使东京国际金融市场变得更为开放和自由，外资金融机构在日本的经营活动环境更为宽松。为争夺日本巨额的个人金融资产，以美国金融机构为首的各国金融机构大举进军日本金融市场，对日本金融机构的生存和发展造成极大威胁。显然，仅仅依靠一家瑞穗金融集团的力量是远远不够的。

三井·住友引领合并浪潮

2001年4月1日，三井财团的樱花银行与住友财团的住友银行合并成立了三井住友银行。2002年12月，三井住友银行通过股份转让方式设立三井住友金融控股公司，正式成为日本三井财团和住友财团的核心金融企业。2003年2月，三井住友信用卡有限公司、三井住友银行信贷有限公司与日本综合研究所有限公司也成为三井住友金融集团的全资子公司。

樱花银行的前身是1683年创立于江户的三井兑换店，早在日本明治维新时期，三井兑换店就开始为政府办理公款、出纳等业务。20世纪70年代，随着日本经济的迅速发展，三井银行的业务范围也不断扩大。1990年，三井银行和太阳神户银行合并成立了樱花银行，太阳神户银行是一家大型的地方性零售银行，业务覆盖关西地区，包括大阪、神户和京都。

住友银行的起步则要晚一些，1875年住友财团以矿山产业资本为基础，建立了从事抵押贷款业务的“并合会”，这便是住友银行的前身。1895 年 11 月，并合会以住友吉左卫门为行长建立了住友银行。二战后，在解散财阀的过程中，住友银行被解散，1948 年改名“大阪银行”后重新开业。1952 年，大阪银行恢复了住友银行的名称。在日本金融界，住友银行被称为“关西巨子”，其实力可见一斑。

2001年4月1日，三井财团的樱花银行与住友财团的住友银行合并成立了三井住友银行，合并后的三井住友拥有日本商业银行中最大的零售业务网

合并后的三井住友银行的最大特点是该行拥有日本商业银行中最大的零售业务网，其股本收益率为 8.8%，这在日本所有金融集团中是最高的。樱花银行的零售业务与住友银行的国际业务和投资银行业务在日本同业中均具有较强的实力，两者相互结合，能形成较强的规模经济优势。与此同时，三井住友银行还以日本三井、住友财团为支撑，在商社、流通、石油和化学等领域拥有一批大型企业客户。

同样是在 2001 年 4 月 1 日，三和银行、东海银行和东洋信托银行等 3 家银行合并成立了日本联合金融集团（UFJ）。三和银行、东海银行在日本关西、东京地区拥有大规模的个人零售业务网。在消费者金融零售业务的产品开发方面，三和银行具有较大的优势。日本联合金融集团最大的不足是在公司业务方面缺乏财团的支持，其背后的三和财团核心成员结合程度较弱，同时重工业企业和商社的力量相对薄弱。

就在三井住友金融集团和日本联合金融集团宣布成立的第二天——2001 年 4 月 2 日，东京三菱银行、三菱信托银行株式会社以及日本信托银行株式会社通过股票转让组成三菱东京金融集团。2001 年 10 月，三菱信托银行吸收合并了日本信托银行和东京信托银行，成为日本最大的信托银行。2002 年 9 月，金融集团内部 4 家证券公司合并组成了三菱证券。

和三井财团的樱花银行相似，三菱财团的三菱银行前身是 1880 年成立的“三菱兑换店”。1995 年，三菱银行同日本的外汇专业银行东京银行合并成立东京三菱银行。东京三菱银行自成立以来，一直以经营稳健、资产健全而著称。在金融危机中，东京三菱银行是日本唯一一家没有申请政府财政资金援助，靠自身的经营和管理改革来解决不良债权及充实自有资本的银行。

从 1999 年 8 月瑞穗金融集团成立到 2001 年 4 月三菱东京金融集团组建，经过一年半的合并与重组，日本基本形成了以瑞穗（富士财团 + 第一劝银财团）、三井住友（三井财团 + 住友财团）、日本联合金融（三和财团）、三菱东京（三菱财团）四大金融集团为主的金融业格局。四大金融集团虽然形态各异、各具特色，但都有着一个共同特点，那就是都与同属一个财团体系下的其他大企业之间有着密切的业务往来关系,它们以财团背景为依托,形成了强大的金融业务网络体系。

最大金融并购案的背后

2003 年,在日本其他银行金融集团经过脱胎换骨的改革走出低谷之时,第四大金融集团日本联合金融却仍然深陷亏损泥沼。原来,3 家银行在合并前各自的不良债权问题就已经非常严峻了,联合的目的就是要通过重组来摆脱严重的经营危机,“相互取暖”以求共同度过“寒冬”,但由于缺乏财团体系的有力支撑,日本联合金融集团的经营每况愈下。

进入 2004 年,日本联合金融集团的经营危机继续恶化,第一季度亏损 12 亿日元,到当年年末亏损更是高达 5545 亿日元。如此严重的经营危机如果继续下去,后果可能如同曾经的理索纳金融控股集团一样被强行注入公共资金,暂时收归国有,最终面临公开出售的局面。为了避免悲剧的发生,日本联合金融集团开始积极寻求日本国内其他金融集团的帮助。

一开始,日本联合金融集团选择的合作伙伴是三井住友金融集团,早在 2004 年 5 月,住友信托银行就与日本联合金融集团达成了协议,准备收购其旗下的信托银行部门。住友信托银行是日本第二大信托银行,它虽然并非三井住友金融集团的子公司,但两者是同根生,所以它们站在了同一阵线上,三井住友金融集团也希望通过收购信托银行为其后的整体并购做准备。

然而,三井住友金融集团对日本联合金融集团的收购却遇到了强大的竞争对手——三菱东京金融集团。事实上,相比于三井住友,三菱东京对日本联合金融的渴求更为明显。因为不同于三井住友拥有着全日本最大的零售业务网,三菱东京的客户是以原三菱财团的大企业为主,中小企业和个人客户比较少,营业网点也比较少,日本联合金融集团的大规模个人零售业务网正是三菱东京所急需的。

2004 年 8 月 20 日,三井住友和三菱东京之间的竞争激化,三井住友宣布出价 292 亿美元,收购日本联合金融集团。24 日,三井住友向日本联合金融集团发出“合并比率建议书”,提出 1∶1 换股要约,溢价 23%。同日,三井住友补充建议,还将注入 63.7 亿美元的现金,以充实日联银行的资本。30 日,三井住友再次向日联银行发出有关注资的建议书,注资额最高可达 7000 亿日元。

面对三井住友金融集团不断抬高的价格,9 月 10 日,日本联合金融集团最终还是选择接受三菱东京为旗下的日联银行的第三注资方。实际上,日本联合金融集团拒绝三井住友选择三菱东京的原因非常简单:三菱东京能够在 2004 年 9 月底之前向集团提供财务支持,而三井住友却做不到。所以,尽管三井住友的合并方案更为诱人,但日本联合金融集团还是选择了更现实的一方。

2005 年 2 月 18 日,总资产额达到 1.8 万亿美元的“三菱 - 日联金融集团”正式成立,合并后的金融集团一举超过了 2005 年全球资产规模最大的瑞士联合银行集团，成为名副其实的全球资产规模最大的银行。随着三菱－日联金融集团的成立，日本也由此前的四大金融集团的金融业格局转变成为如今六大财团体系下的三大金融集团形态。

回顾日本银行金融集团的组建合并史就不难发现，与欧美银行不同，日本在大型银行购并问题上基本都是以政府干预、财团执行的方式进行的，绝大部分交易都是在“幕后操作”，鲜有竞购现象出现。许多西方分析师和银行家认为，此次三井住友和三菱东京的金融并购争夺战一改往日温文尔雅的行事风格，似乎表示着日本企业已经完全放弃了自己的经营哲学，但事实真的如此吗？

这场世界金融史上最大的并购战给大家留下了太多的疑问，与三井住友的屡遭失败、不肯放弃相对应的是，日本联合金融集团对三菱东京的执着始终如一。为了阻止三菱东京与日本联合金融集团签订合并协议，三井住友似乎也采取了一系列前所未有的措施，但都没有实际执行。如果说这是一场早已排练好的戏，那么又是演给谁来看呢？

事实上，日联银行同三井住友、三菱东京和瑞穗金融集团有着本质不同。据英国《金融时报》报道，日联银行当时最大的股东并不是日本企业，而是“美国机构投资者”，这些机构投资者就包括了富达投资、资本研究与管理公司以及 JP 摩根投资公司等，外国股东持有日本联合金融集团超 30% 的股权。这些外资股东显然无法接受日本传统的“幕后操作”，他们甚至有权通过法律诉讼来获取交易禁令。

外资银行被排挤出日本

除了通过强强合并、“超大型化”重组等手段重新掌握日本金融的主动权和话语权外，这一时期日本政府还对参与资本市场的外资金融机构实施窗口指导、检查等多种监管措施。1999 年，瑞士信贷第一波士顿集团的银行执照被撤销，原因是该公司出售的金融产品涉及泄漏客户的真实财务状况。2002 年，先后又有 10 家外资证券公司因违反卖空规定被勒令暂停营业。

2003年，美国花旗银行开始收缩在日本的业务，关闭了500家机构，裁员高达2000人次

2003 年，美国花旗银行（Citcbank）开始收缩在日本的业务，关闭了 500 家机构，裁员高达 2000 人次，占日本部门员工总数的 1/3。花旗银行早在 1902 年就进入了日本市场，至今已经有 100 多年的历史，也是日本最大的外资金融机构。据统计，在 2008 年国际金融危机以前，外资银行从日本市场至少获得了 1500 万亿日元（179400 亿美元）的收入。

2004 年 9 月 17 日，日本金融厅下令美国花旗银行关闭其在日本的私人银行业务，从 9 月 29 日起，花旗银行的东京丸山、名古屋、大阪和福冈支行停业一年。同时，这4家支行的营业许可证也会在2005年9月30日被吊销。日本金融厅表示，花旗银行允许开户人不按照正当程序开立账户，涉嫌洗钱。花旗银行还被发现向客户发放的一笔贷款后来被客户用来操纵股市。

事实上，花旗银行东京丸山、名古屋、大阪和福冈支行是专门以日本富裕家庭为对象开展金融业务的分支机构，是花旗银行在日本的主要盈利据点。这些分支机构被吊销营业执照，对花旗银行在日本的经营造成严重打击。日本多达12.8万亿美元的个人持有金融资产正是吸引花旗银行开办瞄准富裕消费者的私人商业银行业务的重要原因。

虽然此前早有消息传出，日本金融服务局会考虑对美国花旗银行实施制裁，但最终制裁的严厉程度还是令分析人士吃了一惊。毫无疑问，这次制裁会给花旗银行在日本的业务发展带来致命一击。花旗银行进军日本本来就是瞄准了私人银行业务，而一旦花旗银行被制裁，它就会失去日本富有客户的信任，而这些客户此前他们一直对美国花旗银行的信誉度深信不疑。

不仅如此，日本财务省还决定从2004年9月29日起禁止花旗银行东京分支机构参与日本国债拍卖，此项禁令的有效期会持续到花旗银行根据监管规则改善了管理模式为止。同时，日本银行家协会会长也对花旗银行一系列的私人商业银行业务违规操作深表失望。随着美国花旗银行失去富有客户的私人商业银行业务，日本国内的金融集团就成了最大的受益者。

此后，受日本国内层层法规和制度变相限制以及美国次贷危机爆发的影响，外资银行在日本的发展进入了衰退期。2011年，美国高盛集团在日本裁员14%，人数下降后员工数为847人。在同一时期，瑞银集团也削减了12%的驻日员工人数，降为768人。2012年6月，由英国政府控股的劳埃德银行集团出售其在日本的汇款业务。英国汇丰集团放弃了在日本的私人银行业务，渣打银行也在2013年退出在日本的优先银行业务。

2013年，花旗银行日本分行损失了15.41亿日元。2014年10月14日，美国花旗银行宣布将退出在日本国内开展的个人业务。由于日本国内一直推行超低利息政策，花旗银行认为难以确保收益，因此决定转变战略。花旗银行表示，今后将简化在日本的业务，但在日本的企业结算、外汇交易及支援企业海外拓展的法人业务仍将继续维持下去。

经过10多年的发展，日本战后的12家都市银行如今已经形成了三井住友金融集团、三菱日联金融集团 、瑞穗金融控股集团三大金融集团割据的局面，它们的融资额占了日本总融资额的一半还多。同时，这三大金融集团全部由日本的六大财团（三井、住友、三菱、三和、富士、第一劝银）所控制，是各财团组织的核心金融机构，也是联结各财团的基石。

与此同时，由于财团内部的产业和商业企业都与银行保持着紧密的金融关系和持股关系,因此银行的重组也导致了这些金融机构和工商业企业的合并与重组。例如,原分别属于住友和三井财团的住友海上火灾保险公司及三井海上火灾保险公司合并成立三井住友海上火灾保险公司;三井建设公司和住友建设公司合并设立三井住友建设公司;日本钢管公司和川崎制铁公司合并组建 JFE 控股公司……

第三节　收购美国华尔街

次贷危机撂倒美国银行

2007 年 8 月,美国爆发次贷危机。由于美国次级抵押贷款机构破产,投资基金被迫关闭,股市剧烈震荡从而引发了金融危机。随后这场金融风暴开始席卷美国乃至全世界,美国财政部和央行虽然多次向金融市场注入巨额资金,但仍无法阻止这场金融危机的持续肆虐。2008 年 9 月 9 日,这场金融危机开始失控,并导致多个大型金融机构倒闭或被政府接管。

华尔街成为这次金融危机的重灾区,银行产业是美国最具国际竞争力的产业之一,也是美国经济对外扩张的重要工具,为美元国际霸权地位的确立和维持以及美国对国际经济金融的控制起到了重要作用。在突如其来的金融危机冲击下,美国银行体系中的问题银行和倒闭银行数量迅速增加,银行资产规模收缩、盈利水平下降、资产状况不断恶化,打击几乎是毁灭性的。

2008 年 9 月 15 日,有着 158 年悠久历史、在美国抵押贷款债券业连续 40 年独占鳌头的第四大投资银行——雷曼兄弟正式宣布申请破产保护。面对 6130 亿美元的负债,在严重的次贷危机面前,在苦苦寻找买家却始终没有结果的情况下,公司董事会不得不做出申请破产保护的决定。随即,两万多名职员开始“撤退”,很多人面临失业、再择业。

2008年9月15日,有着158年悠久历史、在美国抵押贷款债券业连续40年独占鳌头的第四大投资银行——雷曼兄弟正式宣布申请破产保护

就在雷曼兄弟宣布破产的同一天,美国银行发表声明,宣布以近 500 亿美元的总价收购美国第三大投资银行美林公司。美林——“美国第三大投资银行”“世界最大的证券经纪商”,也成为国际金融危机下的又一受害者。国际金融危机爆发后,美林也曾积极采取各种措施以图自保,包括筹集巨额资本、清除问题资产、出售所持大笔股权资产等,但均收效甚微,最终只能接受被收购的命运。

覆巢之下,焉有完卵。随着国际金融危机的日益严重,美国五大投行中硕果仅存的最后两家银行——高盛集团和摩根士丹利于2008年9月向美国联邦储备委员会提出了转为银行控股公司的请求。这样一来,高盛集团和摩根士丹利既可以设立商业银行分支机构吸收存款,也可以与其他商业银行一起永久享受从美联储获得紧急贷款的权利,希望借此渡过难关。

由于金融危机的影响,“体力”不支倒地的美国银行金融机构越来越多,2008年美国银行产业亏损60.77亿美元充分反映了国际金融危机对美国银行业冲击的严重程度。一直处于世界金融核心地位的美国华尔街,面临着空前的严峻考验。而此时的日本则早已经从之前的泡沫经济中走了出来,开始将目光转向深陷困境中的美国华尔街金融机构。

2008年9月22日,日本最大的金融集团——三菱日联金融集团宣布出资90亿美元收购美国第二大券商摩根士丹利公司21%的普通股,从而成为后者的最大股东。双方还同意以投行业务为侧重点,拓展多领域合作,如企业与投资银行、零售银行和资产管理等组建全球战略联盟。此外,三菱日联金融集团还会派出一名以上的董事参与摩根士丹利的经营管理。

同一天,日本证券巨头野村证券也宣布收购雷曼兄弟在欧洲、中东、亚洲地区的业务,包括日本、澳大利亚和中国香港,收购价超过2.25亿美元,购买的目的是强化投资银行事业。根据双方达成的协议,野村将不会继承该部门的资产,而是以继续雇用其员工为主,因此收购价格极其低廉。日本媒体认为,日本企业的海外收购是强化海外事业的好机会,日本金融机构正在重新回归国际金融舞台。

实际上,日本如此迅速地出手收购华尔街,很大程度上也是担忧美国的金融危机进一步深化会影响到正在逐步恢复的日本经济,毕竟稳定美国金融市场也是在稳定国际金融市场。当然,这些都要得益于此前通过强强合并、“超大型化”重组形成的日本财团金融集团联盟体制,良好的产业金融基础决定了它们的抗风险能力和承受损失能力都比较强。

日本三井住友心系美国高盛

2008年9月24日,据日本共同社报道,日本三井住友金融集团准备应美国最大的投行高盛的请求,计划最多出资3000亿日元(约合28.3亿美元)投资美国高盛。美国金融动荡使得高盛的经营环境趋于恶化,三井住友希望通过此次出资加强其国内外的投行业务。资料显示,高盛此前可能已向三井住友发出了非正式要约,三井住友方面则计划一旦得到正式要约就立即表示同意。

事实上,美国联邦储备委员会刚刚在2008年9月21日同意了高盛和摩根士丹利转银行控股公司的请求,22日和24日三菱日联和三井住友就先后提出入股请求,可见日美企业之间的关联十分密切。早在2004年12月,身陷财务困境的日本三菱汽车公司和三菱商事公司就曾将共同拥有的三菱总部大楼以1000多亿日元的价格卖给摩根士丹利，以确保公司运营资金充足。

日本三井住友金融集团和美国高盛的缘分则要更早一些。1986年，时任日本住友银行（现三井住友银行）的董事长矶田一郎专程从东京赶往纽约，他此行唯一的目的就是投资高盛。最终，住友银行花费5亿美元获得了高盛12.5%的股份，成为高盛的两家外部机构投资者之一，其投资价格高出了高盛当时账面价值的4倍。

虽然当时的高盛只能算是华尔街上的二流投行，但是它有着其他投行所没有的特质——与时俱进的自我调整和适应外部环境的能力。高盛是20世纪80年代唯一反对敌意收购的投资银行，这使高盛在业界声誉大增。到了90年代，高盛意识到只靠做代理人和咨询顾问，公司不会持久繁荣。于是，它们又开设了资本投资业务，进行长期投资，然后出售获利。

对于高盛而言，日本最大金融集团的现金投资能为其带来一个快速发展壮大的机会，特别是当时投资银行业的业务普遍不景气，而其重要的竞争对手J. P. 摩根又在1986年通过IPO公开发行股票融到了一大笔资金。事实证明，住友银行和高盛的选择没有错，仅仅10年之后，1997年高盛并购部门的收入就上升到了10亿美元，高盛也真正成为投资银行界的“世界级选手”。

2002年9月底，相比日本其他银行，三井住友银行在中小企业贷款市场上份额较大，由于日本破产企业数量增多，三井住友的坏账也急剧增加，已经达到了惊人的480亿美元。为解冲销坏账之急，三井住友银行选择出售了所持有12.5%的高盛股份。一年以后，高盛又反过来开始向三井住友银行注资。

2003年1月15日，三井住友金融集团宣布将向美国高盛发行可兑换优先股。消息公布当日，三井住友银行的股价就暴涨8.46%，报价35.8万日元。2月8日，三井住友金融集团向高盛正式发行可兑换优先股，以获得1500亿日元（约合12.5亿美元）的投资，高盛因此获得三井住友银行7%的股权。当然，这也是三井住友和美国高盛成功保持长久合作关系的又一举措。

2006年3月，为缓解财务紧张状况，日本三洋电机（属住友财团）向三井住友金融集团、大和证券SMBC株式会社（三井住友金融集团和大和证券的合资公司）和高盛定向增发优先股。事实上，三洋电机最初只是希望三井住友银行投资，不料后者拉来了美国高盛。最后，3家金融机构共购买了三洋电机总额约3000亿日元的优先股，其中高盛购买了价值1250亿日元的优先股。

因此，考虑到高盛与三井住友银行此前的种种关系，三井住友金融集团此时向美国高盛集团迅速伸出援手就丝毫不显得突兀了。根据报道，双方很快会就出资额等具体问题进行磋商，预计出资规模在数个百分点。三井住友金融集团计划让企业并购、企业股票公开发行、融资等投行部门同高盛加深合作，以便采取更加积极主动的海外战略。

“股神”巴菲特的卖力搅局

实际上，就在三井住友金融集团计划投资高盛的前一天——2008 年 9 月 23 日，巴菲特旗下的伯克希尔・哈撒韦公司宣布，将出资 50 亿美元收购高盛的永久优先股，另外该公司还将获得在未来 5 年内任意时间买入 50 亿美元高盛普通股的认股权。这是“股神”巴菲特自 1987 年入股所罗门兄弟公司以来，时隔 21 年再度投资华尔街大型金融机构。

总的来说，巴菲特投资高盛的计划分两步：第一步是马上购入 50 亿美元的永久性优先股，第二步是在未来 5 年内随时买入 50 亿美元的高盛普通股。无论是第一步还是第二步，巴菲特的入股条件都要远远优于三井住友金融集团开出的条件，对于急需资金渡过难关的高盛来说，巴菲特的入股条件当然求之不得，这能够迅速满足高盛在金融危机初期筹集资金的需求。

时任高盛 CEO 的布兰克费恩在评价这宗交易时也毫不吝惜溢美之词，他表示：“我们很高兴地看到，鉴于与我们的长期关系，世界上最受尊敬和最成功的投资者巴菲特决定对高盛进行如此重大的投资。我们认为，这是对高盛的客户渠道与未来前景的强烈肯定，必将进一步巩固我们强劲的资本和流动性状况。可以说，这是自金融危机加剧以来，美国金融体系获得的最有力的信任票之一。”

而对于为什么选择 50 亿美元投资高盛，巴菲特在接受美国 CNBC 专访时给出了答案。一方面，巴菲特称赞高盛是一家“非凡”的机构，拥有“无与伦比的全球业务、久经考验和深谋远虑的管理团队”；另一方面，巴菲特也承认美国联邦政府对华尔街的大规模拯救计划对他的决策影响很大，他说，“如果不确定政府将有所行动，我也不会做任何事”。

在专访中，巴菲特还提到，“保尔森的拯救计划不一定解决所有的问题，但依我的观点，这个计划绝对、绝对是必要的，能切实避免坠崖事件发生”。时任美国财政部部长的保尔森希望通过推行一系列救市措施以拯救美国金融系统，此前他曾担任过高盛集团的主席和首席执行官。显然，保尔森和美国财政部都不希望高盛步摩根士丹利的后尘，成为日本金融集团的附庸。

促成巴菲特（左）和高盛直接交易的始作俑者，其实是当时美国第七十四任财长保尔森（右）。此前保尔森曾担任过高盛集团的主席和首席执行官

众所周知，巴菲特是全球金融市场上公认的“股神”，他的投资行为通常会引起许多投资人争相效仿。正因如此，在巴菲特宣布投资高盛的交易后，不管是高盛还是全球其他市场的金融股都大幅上扬。2008 年 9 月 23 日收盘，高盛

股价上涨 4.27 美元,涨幅为 3.5%,至 125.05 美元,随后交易进一步飙升至 131.98 美元。在获得大量资金和市场信心加持后,高盛集团便不再迫切需求进一步的融资了。

与此同时,对于财团银行集体抄底华尔街,日本国内舆论也开始出现了一些反对和担忧的声音,担心以后美国只要以一半的价格就能再买回雷曼兄弟等美国金融机构,认为美国这是在给日本下圈套。毕竟以往日本不是没有过那样的教训,20 世纪 80 年代中后期,日本经过多年经济高速成长的积累,企业财富大量囤积,曾在美国掀起了狂热的房地产收购浪潮,而这些房地产很多在后来成为经济包袱。

2008 年 10 月 13 日,据日本《读卖新闻》报道,因为摩根士丹利公司股价大幅下跌,如果按照当初的出资条件买收的话,三菱日联要承担近 1500 亿日元的损失。如果按照原先商定的 9000 亿日元的出资价格,那么摩根士丹利的股价应是 25.25 美元/股,而 2008 年 10 月 10 日该公司的股价只有 9.68 日元/股。面对已经显露的抄底风险,一向经营稳健的三井住友不得不重新考虑自己的海外战略。

事实上,高盛集团并不是三井住友金融集团的唯一选择,早在 2008 年夏天,三井住友金融集团就收购了英国巴克莱银行 2% 的股份。总部设于英国伦敦的巴克莱银行具有逾 300 年的历史,是全球规模最大的银行及金融机构之一。日本金融巨头竞相参与海外并购,并不是单纯地买买买,而是希望通过这些机会打入欧美市场,加强海外投行业务。

从未停止的拓展脚步

2010 年 1 月 28 日,美国高盛将其所持有的日本三井住友银行的 1000 亿日元(约合 11.1 亿美元)优先股转换为普通股,结束了长期的资本冻结。此举也帮助高盛集团间接持股了巴西淡水河谷公司。这是一家世界最大的铁矿石生产和出口商,被誉为巴西“皇冠上的宝石”和“亚马孙地区的引擎”。而此时,巴西淡水河谷公司最主要非国有股东正是三井财团旗下的三井物产。

继间接持有巴西淡水河谷公司之后,高盛于 2010 年 10 月 21 日将巴西淡水河谷公司未来 12 个月的股价目标从 36 美元/股上调至 40 美元/股,给出的原因是目前铁矿石市场需求旺盛,市场供求不平衡。通过股票来操纵大宗商品的价格走向是高盛惯用的手法。而高盛的重要盟友三井财团的企业群基本掌控着铁矿石产业链的上下游企业,因此也成为此轮涨价主要的获益者之一。

2012 年 3 月,日本三菱日联金融集团表示会继续斥资 5000 亿日元(约合 57 亿美元)以在美国市场上收购更多的银行,原因是日本本土市场上的贷款需求正在下滑。三菱日联金融集团旗下全球银行部门负责人田中达郎称,该集团正考虑收购 7 家规模与 UnionBanCal 公司相似的贷款商,此前不久三菱日联金融集团刚刚耗资15亿美元收购了美国加利福尼亚州第二大贷款银行UnionBanCal。

数据显示,美国UnionBanCal公司的资产规模为900亿美元,存款规模在加利福尼亚州地区排名第四。田中达郎在接受美国媒体采访时表示:"我们一直在考虑收购美国资产的可能性,从而提升我们业务的竞争力。"田中达郎还进一步指出,三菱日联金融集团尤其关注美国西海岸及得克萨斯州地区的收购机会,原因是这些地区的银行有着广泛的网点及巨大的增长潜力。

2017年2月,日本三菱日联金融集团开始在全美各地开展个人金融服务,新服务将通过网络银行进行。三菱日联金融集团计划将在尚未进驻的美国中部和东海岸地区新成立20家以上网点,并计划利用网络银行正式涉足美国存款业务,建立能与欧美金融机构竞争的体制。在日本国内,因日本央行的负利率政策,各家银行难以提高利润,美国业务的重要性因而进一步增强。

日本银行在美国开展个人金融服务尚属首次。在20世纪80年代日本泡沫经济时期,第一劝业银行(现瑞穗银行)曾收购了美国金融企业CIT等,扩大了在美国的业务,不过当时第一劝业银行以服务企业金融为主。三菱日联金融集团的网络银行的新品牌被命名为Pure Point,同时还将以相同的品牌在芝加哥和纽约开设事务所,主要为网络存款服务等提供支援。

2014年12月,三井住友信托银行收购印度信实资金公司(Reliance Capital)的少数股份。三井住友通过一项第三方分配方案向信实资金公司支付约70亿日元(约合5750万美元),换取700万股信实资金公司发行的股份。通过资本联盟关系,三井住友信托银行帮助信实资金公司在印度建立一家新的银行,两家公司未来还会为日本和印度企业创立并购交易服务业务。

2017年4月,日本三井住友银行行长高岛诚在接受日本共同社采访时表示,有意收购美国的地方银行,作为其企业并购战略的一部分。他指出,通过美国地方银行筹措外汇是加速海外发展必不可缺的一环。大型银行因加强海外业务在贷款的时候需要用到美元,因此对美元的需求不断扩大,如何低成本稳定地获得美元成为一大课题。

此外,三井住友银行的欧洲总部目前放在伦敦,但鉴于英国已脱离欧盟,因此还在商讨未来扩充欧盟区域内网点的可能。高岛诚表示,德国的法兰克福及都柏林为有力候选,三井住友银行将在数月内做出决定。高岛诚计划将三井住友打造成日本国内盈利能力最强的金融机构。他认为,"最优先还是凭自己的力量展开战略,收购也只是成为全球性金融机构的辅助手段"。

第四节　中日金融合作的蹉跎岁月

东亚金融合作的开端

2002 年 3 月 28 日，时任中国人民银行行长戴相龙与日本银行行长速水优在东京签署了人民币与日元之间的双边货币互换协议。根据协议，中国人民银行和日本银行在必要时可向对方提供总额相当于 30 亿美元的货币互换安排，以帮助其维护金融市场的稳定。这是当时亚洲金融危机后东亚地区开启的货币互换网络的一部分，即在出现地区金融危机时可以向危机国家提供流动性。

签署中日货币互换协议，对中日两国经济发展来说，无论是短期还是长期，都有着相当大的好处，也表示着中日两国政府及中央银行的合作进一步加强。中日双方签署的这项协议，是继 2001 年 12 月中国人民银行与泰国银行签署的总额为 20 亿美元协议之后的第二份双边货币互换协议。随后，中国还同韩国等一些国家签署了货币互换协议。

2003 年 8 月，中国银行、日本三井住友银行以及韩国外换银行在汉城（现称“首尔”）签署了一项谅解备忘录，决定建立全面合作关系。3 家银行将在国际贸易融资业务、国际结算业务、项目融资业务、外汇业务等领域加强合作。这是中日韩三国之间金融机构的第一次多边合作，也标志着中日韩三国从过去政府间的财政合作走向了具体银行的深层合作，是中日韩三国金融领域的一次深入合作。

中国银行、日本三井住友银行和韩国外换银行分别是中日韩三国最大的外汇银行。中日韩三国银行首次签署合作协议是亚洲国家在金融领域合作的突破性进展，也是全球区域经济竞争加剧的结果。中日韩三国开始积极谋求建立更加紧密的货币合作关系。但在此后，由于地缘政治及经济权力转移等因素，中日韩三国之间的亚洲货币金融合作被延宕下来。

时间很快就来到了 2012 年 6 月 1 日，中日两国币种在当天第一次实现了直接兑换，上海和东京两地市场正式启动人民币与日元的直接交易。这意味着日元成为除美元外首个与人民币开展直接交易的主要货币，人民币对日元汇率中间价由此前根据当日人民币对美元汇率中间价以及美元对日元汇率套算形成，改为根据直接交易做市商报价形成。

中国外汇交易中心于每日银行间外汇市场开盘前向银行间外汇市场人民币对日元直接交易做市商询价，将直接交易做市商报价平均，得到当日人民币对日元汇率中间价。这样一来，不仅有助于扩大和深化中日间贸易和投资活动，也是人民币国际化迈出的重要一步。对外贸企业而言,则意味着交易成本降低,结算变得更加便捷。

此前,这项"直接兑换"特权一直是美元独享,中国给日元如此"殊荣",就是为了把美元排除在外,避免美元汇率对中日贸易的影响。日本贸易振兴机构(JETRO)发表的统计数据表明,2011 年中日贸易额达到 3449 亿美元,同比增长 14.3%,创历史新高。如果中日货币直接兑换进展顺利,两国对美元的需求将减少几千亿美元。作为美国的两大"债权国",中国和日本也就不需要那么多的美元储备了。

中日两国货币兑换"无障碍化"的最终目标,是建成中国本土之外人民币关联金融产品自由交易的离岸市场。中国已跃升为世界第二大经济体,伦敦和新加坡等多个城市争相建设人民币离岸市场。东京市场抢先开展日元与人民币直接交易业务,有助于在这一竞争中抢占先机。此外,庞大的中国金融市场对于日本金融交易商而言无疑也是"一针强心剂"。

中日货币直接兑换,很快就引起美国方面的不安。美国《华尔街日报》认为,日元和人民币直接兑换渠道的建立,意味着新兴市场的交易将大量"绕过美国",预示着美元影响力的下降,直接动摇美国的金融霸主地位。显然,美国不能听之任之。此前,伊朗的内贾德宣布以欧元做储备,随后欧元区就陷入风雨飘摇之中,欧洲人认为这是美国人在作乱,希腊就是当年美国给欧元区种下的"木马"。

亲华日本高官的"离奇"死亡

2012 年,为更加方便两国贸易往来,中日两国决定于 2013 年春天签署新的货币互换协议。推动谈判进程以及负责协议签署的日方代表,正是时任日本金融大臣的松下忠洋。73 岁的松下忠洋是日本野田佳彦内阁的重要成员之一,也是日本内阁府特命担当大臣(金融)。松下忠洋还曾在鸠山由纪夫担任日本首相期间,出任过经济产业省副大臣。

2012 年 9 月 10 日夜,刚刚担任日本内阁金融大臣不久的松下忠洋被发现在江东区一栋高级住宅区内自缢身亡。对于松下忠洋的突然死亡,日本金融厅和国民新党的干部反应:"不可能,为什么?""上周还很精神地进行记者见面会。"国民新党的代表自见庄三郎在记者会上说:"并没有听说他身体不好。此前曾进行了前列腺的治疗,但是已经痊愈了。"

2012年9月10日，日本内阁金融大臣松下忠洋被发现在家中自缢身亡。6天后，另一位倡导中日韩自贸区，支持中日经贸发展的日本高官西宫伸一也"离奇"死亡了

9 月 10 日下午,也就是松下忠洋自杀的当天,日本金融厅有个会议,主要就是讨论中日货币互换的金融问题,而松下忠洋上午对手下说:"去不了了。"一语双关,既是会议去不了了,

也是货币互换协议去不了。松下忠洋自杀后，曾留下三封遗书，分别给妻子、首相野田佳彦和内阁全体成员，至今仍未公开。由于事发突然，日本各路报道甚嚣尘上。

事实上，就在9月8日和9日这两天，松下忠洋还携妻子一起回到鹿儿岛老家，参加了由当地邮政部门举办的活动。松下忠洋致祝酒词时热情充沛、意气风发，他呼吁大家："要和我一起坚定地干下去啊！"这怎么看都不像是一个要自杀的人说的话，那么究竟是什么原因，导致一个政界老臣在一个晚上突然间想不开呢？

关于松下忠洋自杀最具有"爆炸性"的解释是：松下忠洋有可能是因为八卦杂志追击其婚外恋丑闻而不堪舆论压力，选择自杀。据《产经新闻》报道，9月12日出版的日本《周刊新潮》杂志刊载一篇文章，披露松下忠洋与一位女性长达20年的婚外恋事实。一个在任内阁大臣离奇自杀，东京警视厅却没有进行深入调查，只是以"婚外情泄露"草草收场。再联系到即将到来的中日货币互换协议，松下忠洋的死因就更显得扑朔迷离了。

不仅是松下忠洋，另一位倡导中日韩自贸区，支持中日经贸发展的日本高官西宫伸一也紧接着"离奇"死亡了。2012年9月13日上午，刚刚接替丹羽宇一郎出任驻华大使的西宫伸一在东京都涩谷区的住宅附近倒地昏迷，3日后抢救无效死亡，享年60岁。到底西宫伸一患的是什么病？日本政府并没有公布病因，而各种消息错综复杂，有说是突发性脑梗死，也有说是心脏病发作倒地。

西宫伸一是日本政界出名的"温和派"，此前曾担任过日本驻华大使馆特命全权公使，擅长经济外交、在中国拥有广泛人脉，对中国事务也颇为娴熟。西宫伸一还曾多次率领日本企业代表团访问中国，对日中经贸关系的前景发表过"积极乐观的看法"。因此，由他接替因"钓鱼岛问题失言风波"而受到日本政界指责的日本驻华大使丹羽宇一郎是再合适不过的了。

两位"亲华"高官的相继死亡，对当时的日本政坛的影响是非常震撼的。从那以后，日本就鲜有政要积极支持中日韩自贸区和货币互换了，中日的货币互换协议也就名存实亡了。对于西宫伸一的去世，日本首相野田佳彦表示："非常的可惜。"事实上，连失两员大将的野田政府也是麻烦不断，"被架空"——这是日本媒体对于当时野田政府处境的描绘。

这除了暴露出野田政权在日本政坛上逐渐被孤立外，也暴露出日本右翼势力从幕后日趋走到台前的意图。事实上，为日本右翼势力撑腰的正是美国政府。2012年6月，美国国防部长帕内塔表示，根据"战略重心转移"政策，美国将在2020年前向亚太地区转移一批海军战舰，届时将有60%的美国战舰部署在太平洋，未来数年派遣到该地区的美军会持续增加，同时也将部署高科技武器。

外交关系中的不和谐音

2012年4月，就在中日两国金融合作逐步走向正轨的时候，不和谐的声音出现了。4月16日,日本东京都知事石原慎太郎在美国华盛顿的传统基金会讲演临近结束时,突然宣布"购买"钓鱼岛:"东京都将购买钓鱼岛,已经决定了购买。"随后,东京都政府正式开设了一个募捐银行账号,呼吁日本民众捐款支持东京都购岛计划。

石原慎太郎一直以强硬作风闻名于世,不仅是对中国,他对包括美国在内的一切敢于反对日本方针的国家都有着强硬的态度。"反美"与"反华"是他的两面旗帜,并无矛盾,"大和民族至上"的民族主义是共同的基本点。不久之后,石原慎太郎再次口出狂言,称竞选首相和"购买"钓鱼岛相比,钓鱼岛是首要的。

从20世纪70年代组织登钓鱼岛,到后来主张"购买"钓鱼岛,石原慎太郎一直都深入其中。石原慎太郎的父亲石原洁曾担任过三井财团旗下的商船三井公司东京支社的副社长。石原慎太郎毕业于一桥大学,长久以来,三井物产都在积极支持一桥大学,还为其捐赠了图书馆等许多办公设施。另外,一桥大学的前身商法讲习所的第一任所长矢野二郎,正是由三井物产第一任社长益田孝推荐的。

2012年6月,时任日本驻华大使的丹羽宇一郎在接受英国《金融时报》采访时表示,东京都知事石原慎太郎在4月发出的有关"购买钓鱼岛"的提议,将危及日中两国自1972年关系正常化以来取得的进展。丹羽宇一郎认为:"如果石原君的计划得到执行,将给日中关系带来一场极其严重的危机,我们不能让以往数十年的努力化为泡影。"

丹羽宇一郎是第一位担任日本驻华大使的民间人士,此前曾长期担任日本伊藤忠商事(第一劝银财团的综合商社)社长、董事顾问,特别擅长对华业务,以粮食、纤维产业为主与中国企业开展过合作。日本国家战略担当相仙谷由人称赞他"在对华、对美关系方面拥有庞大的信息量和人脉"。

日本伊藤忠商事向来重视中国市场,和中国的关系也十分长久。在中日邦交正常化半年前的1972年3月,以当时的越后社长为团长的经济代表团访问中国,伊藤忠商事就被中国政府认定为第一家友好商社,并获得了中国国务院的正式批准,开始恢复中日贸易。此后,伊藤忠商事在推动日中友好、日中贸易方面一直发挥着重要作用。

然而,丹羽宇一郎的言论非但没有缓解日趋紧张的中日关系,还在日本国内引起了强烈反响。日本在野党和右翼积极分子纷纷要求解除丹羽宇一郎的大使职务,并立即召他回国。2012年11月,丹羽宇一郎被召回并解除了驻华大使职务,而准备接替丹羽宇一郎出任驻华大使的"温和派"高官西宫伸一也在不久后突发疾病死去。

丹羽宇一郎事件折射出了日本政坛的混乱无序、民主党政权的如履薄冰。可以说,2009年成为日本执政党的民主党是中日金融合作的主要推动力量。日本民主党属温和保守型政党,主张加强与亚洲各国开展外交活动,深化经济关系,强调对华发展友好合作关系。日本右翼势力不断通过钓鱼岛事件挑起外交争端，让民主党深陷泥潭，步履维艰，这背后显然不仅仅是政党之间的简单争斗。

2012 年 12 月 5 日，美国参议院在全体会议上表决通过了 2013 财年国防授权法修正案。该法案明确写道，将钓鱼岛作为“日美安保条约”第五条的适用对象。该法案将在经过与众院协商，由美国总统奥巴马签署后正式成为法律。法案强调，反对试图通过“武力威慑和动武”来解决领土主权问题的举动。据悉，法案强调美国认为钓鱼岛“处于日本的实际控制之下”。

12 月 17 日，日本民主党在日本新一轮的众议院选举中失利，成为在野党。事实上，日本民主党一直追求“对等”的日美关系，希望重新评估驻冲绳美军基地等问题，以及积极联合中韩两国建立中日韩三国自由贸易区，进行金融贸易合作等动作，都引起对方警觉甚至遭到其坚决反对。伴随着“钓鱼岛问题”逐渐升级和自民党的下野，也就没有人再提及中日货币互换和金融合作的问题了。

中日关系进入协调的时代

2018 年 10 月 26 日，国务院总理李克强在人民大会堂东门外广场举行仪式，欢迎日本首相安倍晋三对华进行正式访问。同一天，中国央行发布公告称，中国人民银行与日本银行签署了中日双边本币互换协议，协议规模为 2000 亿元人民币/34000 亿日元，协议有效期 3 年，经双方同意可以展期。这是中日时隔 5 年后再次重启双边货币互换协议，且规模是之前的 10 倍。

中日重启货币互换协议，不仅意味着中断 5 年的货币互换合作正在恢复，更重要的是中日经济合作的领域和议题在升级，从贸易合作向产业投资、货币结算以及第三方市场开拓，进一步促进双边贸易和投资便利化。中日货币互换，也是彼此信任关系的体现，货币其实是经济活动最敏感、最高级的部分，货币合作需要建立在较高的政治互信水平上。

安倍晋三访华是日本首相自 2011 年以来时隔 7 年后首次正式访问中国，安倍晋三表示，“希望围绕符合新时代的新层次的日中合作方式，通观全局，敞开胸襟展开讨论”，“日中关系从竞争进入协调的时代”。毋庸置疑，当美国退出全球性贸易协定、与传统盟友在关税问题或利益问题上纠缠不清时，中国和日本决定搁置争议，互相合作是非常明智和正确的选择。

安倍晋三在受中国国家主席习近平会见时还表示：“一带一路”是有潜力的构想，日方愿同中方在广泛领域加强合作，包括共同开拓第三方市场。我们也希望可以以中日在第三方国家的全面合作为范本，期待中国和世界更多国家在第三方国家开拓出更大、更广的合作共赢空间，共同打造“一带一路”上的政治互信、经济融合、文化包容的利益共同体、命运共同体和责任共同体。

在 2018 年 10 月 26 日举行的第一届中日第三方市场合作论坛上，中国中投公司与三井住友金融集团、野村控股集团、大和金融控股集团、三菱日联金融集团、瑞穗金融集团等5家日本金融机构签署了《中日产业合作基金谅解备忘录》,成立了中日产业合作基金。该基金主要聚焦两国的制造、医疗、消费和数字新媒体产业(TMT)等领域,并积极关注第三方市场合作机会,进一步深化中日投资与经贸合作。

此前,三井住友银行、三菱东京日联银行、东方汇理银行和德意志银行等4家外资银行就在中国出口信用保险公司的协调下组成银团,通过向哈萨克斯坦开发银行提供信用保险承保下的出口买方信贷资金,再由哈萨克斯坦开发银行向项目业主转贷的方式,为项目提供了为期13年、贷款规模为2.25亿美元的信贷支持。这是中日两国金融机构在第三国开展的第一个转贷项目,不仅为中日两国金融就开拓中亚市场提供了成功经验,也为后续合作打下了坚实的基础。

事实上,翻开中日第三方市场合作协议的清单不难发现,在金融领域,三井住友银行是一个重要角色,多项协议中都有它的身影,其中就包括了中国国家开发银行和三井住友银行、三井住友银行(中国)签署的《有关业务合作协议——强化第三方合作》,中国进出口银行和三井住友银行签署的《有关在中日及第三方市场合作的协议》,中国太平洋保险和三井住友海上火灾保险签署的《关于为"走出去"中国项目提供风险预防、风险管理的全面合作协议》……

2019年7月1日,由中国中投公司和三井住友金融集团、野村控股集团、瑞穗金融集团等日本金融机构联合举办的"中日产业合作论坛"在日本东京召开。来自中日两国政商界的近800家机构、超过1300位人士参加了论坛,并就如何促进双方地方政府合作、推进双边产业互利发展、加强金融投资合作等议题展开了研讨。

中国北京、重庆、西安、成都、青岛以及日本大阪、冈山、松山等地方政府官员、主要金融机构人士、相关行业的企业家,还在中日地区经济发展及国际合作、中日经贸关系前瞻和中日跨境投资及产业合作3个圆桌论坛,以及制造、医疗、消费和TMT 4个分论坛上进行了深入交流。本次论坛当天还促成了近100场中日企业"一对一"合作洽谈会。

中国驻日大使孔铉佑在发言中表示:"此次论坛的召开正值两国自身经济社会建设和双边关系面临新发展机遇之际,意义重大。希望大家继续秉承'以民促官、以经促政'的优良传统,以本次论坛的召开为契机,进一步密切地方经贸往来和人文交流,加强各产业和金融领域合作,积极携手开拓第三方市场,将两国产业合作提升至全新高度,共同打造契合新时代的中日关系。"

第五节 走进中国的三井樱花

从竞争对手中脱颖而出

1963年，日本三井财团旗下的金融机构三井银行就同中国银行缔结了代理行合同，随后又与中国国际信托投资公司以及广东、上海、天津、辽宁、江苏、浙江、山西等地区的国际信托投资公司，相继建立了协作关系。可以说，作为在日本经济界非常有影响力、非常有力量的三井财团的核心银行，日本三井银行和中国金融界的交往起步很早。

改革开放之初，大量外资银行开始进入中国，日本三井银行就是其中之一。1982年12月，经中国人民银行批准，三井银行正式在北京设立了代表处。一直以来，三井银行在经营外汇方面都有较坚实的基础，除了日本外汇专业银行东京银行外，三井银行是在海外拥有最多分支机构的日本商业银行，因此也赢得了“外汇的三井”的不朽信誉。

截至1983年2月，已经有超过14个国家和地区的55个金融机构在我国开设了58个代表处和6个办事处。这其中除了三井银行外，日本的金融机构就有十几家，包括日本兴业银行、三菱银行、住友银行、富士银行、东海银行以及野村证券等，此外还有法国巴黎银行、英国汇丰银行等欧美大型金融机构。如何在这么多的竞争对手中脱颖而出，三井银行可谓煞费苦心。

1989年3月，应日本三井银行邀请，经中国人民银行总行批准，中国金融学院代表团访问了日本的东京及大阪。其间访问了三井银行的总部、亚洲部、人事部、金融研究所、环太平洋研究所、中国室以及东京大学、关西流通大学、东京国际大学、日本全国银行协会联合会、日本输出入银行、日本银行金融研究所、东京证券交易所、山种证券株式会社、新日本制铁株式会社等。

中国金融学院并不是普通的机构，它是由中国人民银行、中国工商银行、中国农业银行、中国银行、中国建设银行、中国人民保险公司、中国国际信托投资公司、交通银行、光大金融公司等9家金融机构于1987年9月共同集资创办的，隶属于中国人民银行。邓小平同志亲自题写校名，陈云同志题词：“办好中国金融学院，培养新一代银行家。”中国金融学院所属的中国金融培训中心，更是担负着培训中国银行系统中高级干部的任务。

日本三井银行非常重视与中国金融学院的合作关系，访问期间双方商定了《中国金融学院与日本三井银行合作协议书》，合作的内容包括：互派专家学者访问，共同研究双方感兴趣的课题；互派留学生；互相交换情报资料；等等。三井银行还表示，为了巩固同中国金融界的联络，将派员常驻中国，以保持工作的连续性与稳定性。

事实上，作为日本经济界的中坚力量，三井银行邀请中国金融学院访问日本不仅仅是为了拓展自身的业务，更重要的还是帮助和促进其他日本企业与中国的合作。在中国代表团访问期间，三井银行先后促成了中方与日本出版业进行出版及学术交流的合作意向，与日本产业经济界进行合作的意向，与日本证券交易业进行合作的意向，等等。

1990 年 4 月，三井财团响应日本政府维持金融市场稳定的号召，旗下的三井银行和太阳神户银行合并成为樱花银行，这也是当时日本最大的银行之一。太阳银行原来专以中小企业为客户，神户银行贷款则以大企业为对象，1973 年 3 月两行合并为太阳神户银行。三井银行与太阳神户银行合并后，拥有分行 621 家，占日本全国第一位，资本总量则仅次于第一劝业银行。

三井银行与太阳神户银行合并后的樱花银行仍然特别重视加强和发展与中国的业务联系，对中国这个巨大的投资市场十分关注。1990 年秋天，由社长熊谷直彦亲自率领的三井物产首脑访华团访问北京。进入 20 世纪 90 年代之后，中国逐渐成为全球公认的、具有快速增长潜力的巨大市场。

脱离中国市场是不可能的

1983 年，三井银行广州办事处成立，这是第一家日资银行广州办事处。1993 年 10 月，经中国人民银行批准，樱花银行（三井银行）正式升格为分行。当时的广东省省长朱森林、广州市市长黎子流、中国人民银行广东省分行行长朱万里等许多领导出席了分行的开幕典礼，这表明当地政府对樱花银行（三井银行）的重视，樱花银行（三井银行）对此也感到无上光荣。

1995 年 5 月，日本首相村山富市访华，他作为战后日本现职首相首次参观了卢沟桥和中国人民抗战纪念馆，明确表示愿正视历史，承认侵略，对此表示深刻反省和道歉。村山富市的访华和正视历史的态度迅速开启了中日经贸交流的热潮，作为与中国交往很久的三井财团显然不会放过这么好的机会。在村山富市访华的同一天，日本樱花银行（三井银行）广州分行行长田中庸三就接受了中国记者的采访。

田中庸三从 1979 年开始就到三井银行天津办事处工作，后来又去上海工作了几年时间，1993 年 10 月广州分行成立时就来到了广州工作。在采访中，田中庸三认为："从这种意义上来讲，中国未来的潜力是非常大的，21 世纪很有可能是中国的世纪。广东则将继续走在中国经济发展的前头，特别是随着 1997 年的迫近，香港对广东地区发挥的作用将更大，广东的经济将有更大的发展。"

对于将广州建设成为金融中心,田中庸三则认为其已经具备了很好的条件。广州的周边有香港这个国际金融中心和深圳经济特区,三点可以连成一线,从整个亚洲全域来看,广东的位置无论往北上到北京,乃至韩国、日本,向西到新加坡、泰国、印度尼西亚等地,坐飞机都不会超过5小时,这些都为把实力雄厚的广东省省会广州市建成金融中心提供了十分有利的条件。

其实,在广州分行建立以前,樱花银行(三井银行)广州办事处就通过香港分行华南支援组,负责广东的融资业务。广州分行成立后仍继续与香港分行合作,投入更大的力量以推进华南地区的业务发展。樱花银行(三井银行)对广东省的一些重点建设项目,如广深高速公路、广州珠江钢铁厂等都提供了相当数目的贷款。此外,还与广州市国际信托投资公司合作进行对新建企业的融资服务。

2001年4月,三井财团的樱花银行与住友财团的住友银行合并成立了三井住友银行。三井住友银行通过股份转让方式设立三井住友金融控股公司,正式成为日本三井、住友财团的核心金融企业。2009年4月27日,原三井住友银行株式会社中国地区分支行改制成为三井住友银行(中国)有限公司,正式获得中国法人资格。樱花银行虽然变成了三井住友银行,但与广东开展合作的宗旨一直没有改变。

2011年7月,三井住友银行(中国)有限公司董事长、三井住友银行常务执行董事大久保克则亲自率三井住友银行的高层参加了广东省政府在日本东京召开的大型招商大会,这个招商团由广东11个市的市长和副市长负责带队。曾担任三井住友银行香港分行管理层近10年的大久保克则,已经能够进行简单的汉语交流。三井住友对广东的重视,由此可窥见一斑。

大久保克则表示:“对于全球企业来说,在考虑自己业务发展战略时,脱离中国市场几乎是不可能的。而华南市场,特别是广东地区,包括香港都是三井住友发展业务非常重要的区域。”三井住友银行在中国最早的7家分行中,就有两家分布在广东省。由于广州、深圳等地高科技产业的蓬勃发展,未来来自日本以及全球各地的投资会越来越多,三井住友银行显然已经抢占了先机。

向市场的广度和深度布局

在华南地区站稳脚跟后,三井住友金融集团的视野开始不断扩大,积极推动其下属子公司在中国的发展。2009年7月,日本最大的开发商三井不动产和中新天津生态城投资开发有限公司签署备忘录,在天津生态城内建立40公顷综合性河滨生态社区。其中,三井住友金融集团下属的日本综合研究所就参与了天津滨海新区“中新天津生态城项目”的建设,为滨海新城制定可再生能源利用规划。

除了三井住友银行和日本综合研究所外,三井住友金融集团旗下还包括了三井住友信用卡、三井住友融资租赁、三井住友银行信贷、大和住银投信投资顾问、大和证券 SMBC 株式会社以及日兴证券等金融机构。早在 2005 年,三井住友信用卡就与中国银联开展过相关合作,在日本推介银联结算业务。

2011 年 11 月 24 日,日本三井住友银行与中国银行在东京签署《人民币业务合作备忘录》。这是中资银行首次与日本银行签署人民币业务领域的全面合作备忘录。中国银行行长李礼辉、三井住友银行董事长奥正之出席签字仪式。根据协议,中国银行与三井住友银行在海内外人民币资金业务、跨境人民币清算业务、境内外企业人民币融资、人民币业务研究与信息交流等领域开展全面合作。

2011年11月24日，日本三井住友银行与中国银行在东京签署《人民币业务合作备忘录》

2012 年 5 月,经营日本公共养老金公积金的日本年金积立金管理运用独立行政法人(GPIF)宣布,向中国等新兴经济体的股市进行投资,初始投资额约为 1000 亿日元(约合 78 亿元人民币)。在积累投资经验后将增加投资额,业内人士称,该投资将通过三井住友信托银行进行。GPIF 也表示,正在研究向代理机构三井住友信托银行增资。

三井住友信托银行前身是住友信托银行,虽然并非三井住友金融集团的子公司,但都是三井财团和住友财团体系下重要的金融机构。2010 年,住友信托银行成为首个进入中国信托业的日本金融机构,当年 3 月,以 16 亿日元的价格收购了南京信托投资有限责任公司约 20% 的股权。2012 年 4 月 1 日,住友信托银行与中央三井信托银行、中央三井资产信托银行合并成立了三井住友信托银行,成为日本最大的信托银行。

2015 年 12 月 11 日,日本三井住友银行、三井住友银行(中国)有限公司与清华大学五道口金融学院签署《关于在教育、人才等领域交流合作的备忘录》。三井住友银行常务执行董事兼三井住友银行(中国)有限公司董事长国贺久德、三井住友银行执行董事兼三井住友银行(中国)有限公司行长龙田俊之及清华大学五道口金融学院副院长康以同分别代表三方在备忘录上签字。

三井住友银行不仅积极参与中国金融市场的发展,更注重相关金融人才的建设培养。从 2001 年开始,三井住友就以专家讲座的形式向清华师生介绍日本经济金融发展的状况,迄今已经举办了 10 多次的讲座。三井住友银行长期以来以派遣讲师开办讲座、选派职员研修、接受研究生实习等多种形式与清华大学五道口金融学院积极合作,还设立了三井住友银行(中国)奖学金。

2019 年 11 月 14 日,三井住友银行(中国)奖学金颁奖仪式及主题讲座在清华大学五道口金融学院举行。在颁奖典礼之后,三井住友银行金融调查室室长森口善正以“日本在改善中小企业融资难方面所做的努力和经验”为题做专题讲座。森口善正介绍了日本支持中小企业发展所采取的措施，并结合中国中小企业的实际情况提出了建议。

森口善正表示，“中小企业虽然规模较小，但对日本经济和社会的稳定发展起到了至关重要的作用。然而，日本的中小企业也逐渐面临数量减少和人口老龄化等困境”。森口善正通过分析日本中小企业政策的变迁，详细介绍了日本在亚洲金融危机期间和国际金融危机期间主要的中小企业金融对策，希望日本经验能对中国中小企业支持政策的强化有借鉴作用。

为中国企业架起合作桥梁

2019 年 10 月 19 日，第三十一届上海市市长国际企业家咨询会议会外活动在上海举行，多位国际企业家、会议代表参加了活动。三井住友金融集团顾问宫田孝一在采访时表示：“中国市场实际上是一个正在发展的非常巨大的市场，每年都保持着 6% 的经济增长，这意味着企业家可以在中国发现很多商业机会，或者在中国之外发现与中国公司的合作机会。”

宫田孝一还补充称：“我们（三井住友金融集团）可以扮演好我们的角色，让中国公司和日本公司可以一起合作。”他希望三井住友金融集团可以发挥好中间纽带作用，为中日企业架起合作桥梁，实现共赢。宫田孝一此前曾担任过三井住友金融集团董事长兼三井住友银行董事长，任职期间宫田孝一多次到访中国，并且将其在中国的经验与其他日本企业负责人积极进行分享。

2020 年 1 月 18 日，由沈阳市人民政府主办，沈阳市金融发展局、沈阳市人民政府外事办公室、沈阳金融商贸开发区承办的“沈阳 – 关西金融机构对话会”活动召开。中国驻沈阳金融机构和日本关西地区金融机构的 30 余位金融家与会，就如何吸引更多日资支持沈阳发展，金融机构如何深度参与中日间合作项目建设等问题进行了讨论，积极推动中日间金融合作做实、走深。

在金融机构对话会上，沈阳市第一家日资银行——三井住友银行（中国）有限公司沈阳分行副行长刘逸介绍，目前该行在沈阳地区提供两款金融产品，以增强客户的资金流动性及企业的融资能力。其中一款产品为外币贷款结汇，沈阳企业可以通过该产品享受外币贷款的低利率优惠。以该行向东软集团提供的 10 亿日元贷款为例，贷款利率仅为 1% 。

刘逸副行长表示，因一开始对沈阳地区业务了解不深，所以三井住友银行的金融业务仅针对一些大型出口企业。不过，他随即向参会的中资银行机构抛出了绣球：中小企业可以通过由中资银行出具备用信用证的方式，获得该行的日元贷款。通过这种合作方式，企业的贷款利率可以控制在 3% 以内。同时，三井住友积极寻求与中资银行在二级市场进行合作，共同服务当地企业。

在对话会现场,中国银行、中国建设银行、中国工商银行及交通银行等机构纷纷接下了三井住友抛出的绣球。中国银行辽宁省分行交易银行部总经理李峥表示,将与三井住友探讨下一步合作的可能性,努力帮助中国本土企业降低融资成本。三井住友银行的沈阳合作模式是一次合作落地的积极尝试,努力探索打造出一种金融机构与企业的新型战略合作伙伴关系。

当然,三井住友金融集团与中国的合作并不仅仅局限于冷冰冰的金融投资领域。特别是,自 2020 年 1 月新冠肺炎疫情暴发以来,三井住友银行(中国)有限公司积极应对疫情,尽全力调拨防护物资无偿捐赠给湖北省武汉市、总行及各分行所在省市。同时,积极落实和推进公益捐款,主动向受疫情影响的企业提供资金支持,着手探讨延长受疫情影响企业的贷款还款期,以支持企业渡过难关。

2020 年 2 月 19 日,三井住友银行(中国)有限公司重庆分行将 1 万只防护口罩顺利交付给重庆市疫情防控工作领导小组医疗物资保障组,以全力支持重庆市的疫情防控工作。这批医疗物资是由日本三井住友银行多方筹集,从日本东京运来捐赠重庆的。三井住友银行于 1996 年设立重庆代表处,是首批进入重庆的外资金融机构。

资料显示,三井住友银行重庆分行于 2012 年 8 月正式开业,是重庆唯一一家中国本地日资法人银行分行。2013 年 9 月,重庆普罗米斯小额贷款有限公司成立,为更多有资金需求的小微企业、个体工商户提供信贷服务。随着 2017 年重庆自贸试验区的设立,三井住友银行十分看好重庆的物流优势,并逐步扩大了在重庆的合作领域,积极提供金融环节的各项服务支持。

参考文献及来源:

1. 岛井清香. 在华三大日资银行经营研究分析[D]. 上海:复旦大学,2013.
2. 雷雨林. 日本商业银行人事制度及其革新——以株式会社三井住友银行为案例的分析[J]. 中国城市金融,2003(3):24 - 26.
3. 一戈. 21 世纪是中国的世纪——日本的银行为何进驻广州(外资银行在广州之二)[J]. 广东大经贸,1995(6):12 - 13.
4. 木下信行. 日本金融自由化历程对中国金融开放的启示[J]. 中国经济报告,2018(11):83 - 84.
5. 日本三井住友金融集团计划向高盛出资数千亿日元[EB/OL]. (2008 - 09 - 24)[2021 - 10 - 07]. https://www.chinanews.com.cn/cj/gjcj/news/2008/09 - 24/1392575.shtml.
6. 文炜. 日本要买下华尔街? [J]. 环球财经, 2008(11):2.
7. 王衍行. 中日金融合作是吴越同舟,还是长计远虑? [EB/OL]. (2018 - 11 - 12)[2021 - 10 - 07]. http://stock.hexun.com/2018 - 11 - 12/195179989.html.

8. 中国银行与三井住友银行签署人民币业务合作协议[EB/OL]. (2011 - 11 - 24) [2021 - 10 - 07]. https://www. bankofchina. com/aboutboc/bi1/201111/t20111124_1615198. html.
9. 张丹枫. 三井住友银行在华经营现状与发展对策研究[D]. 苏州:苏州大学,2016.
10. 段从睿."世界第一金融集团并购案"风诡云谲[J]. 中国金融家,2004(10):80 - 82.
11. 李石凯. 金融危机对美国银行产业的冲击:回顾与前瞻[J]. 国际金融研究,2010(12):82 - 87.
12. 钱风. 日本大型银行合并行为的微观分析——以三井住友银行为例[J]. 网络财富,2008(7):83 - 85.
13. 中日韩 3 国银行业务展开合作 共享分行资源[EB/OL]. (2003 - 08 - 20)[2021 - 10 - 07]. https://business. sohu. com/98/76/article212307698. shtml.
14. 三井住友银行官网,www. smbc. co. jp.
15. 曾丹,刘宝塔. 日本四大金融集团经营实力比较[J]. 湖北行政学院学报,2002(5):81 - 85.
16. 刘静. 战后日本金融自由化改革问题研究[J]. 长春金融高等专科学校学报,2017(2):43 - 47.
17. 胡敬新. 以银行为核心的日本财团变革研究及其启示[J]. 河南金融管理干部学院学报,2006(4):23 - 27.
18. 程岗. 战后日本对外资银行政策的演变及其原因[J]. 现代日本经济,1994(2):21 - 24.
19. 吴昊. 试论日本金融业的大重组[J]. 东北亚论坛,2000(3):46 - 50.
20. 朱元梁. 日本私人金融组织在国民经济发展中的作用[J]. 天津金融研究,1983(Z1):59 - 63.
21. 高佳圆. 外资银行进入对日本银行业的影响[D]. 长春:吉林大学,2014.

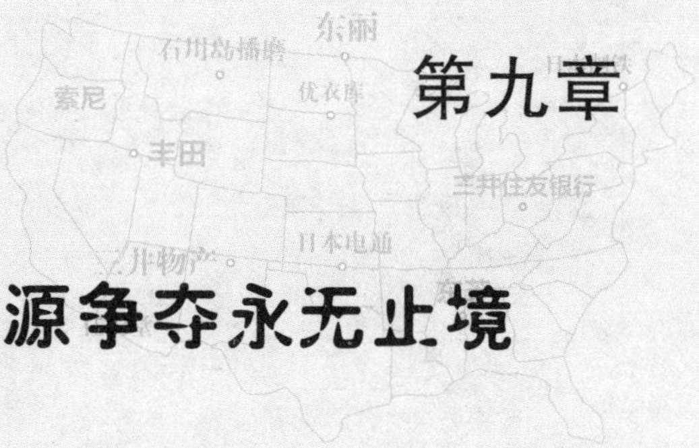

第九章

能源争夺永无止境

1941 年底，太平洋战争爆发前，三井物产董事长向井忠晴受官方委托，以民间经济界代表身份与荷属东印度总督进行购油谈判。由于“以全国的力量积极进行着石油储备”，日本储油量激增。日本官民一体开启其“南进”的能源政策，这显然触犯了美国能够忍受的底线。

1968 年 11 月，三井物产副社长若杉松雪跟随日本经团联出访伊朗，其间参观了伊朗南部的油井，感到当地石化产业大有希望，他认为伊朗很可能成为日本化工产业发展的资源基地。几周之后，伊朗经济部部级官员出访日本，专门造访了三井物产，并要求日方认真考虑伊朗的石化项目。

20 世纪 90 年代，为响应日本“阳光计划”政策的号召，三井物产开始正式从事太阳能发电的相关事业。其中包括聚硅原料相关事业、太阳能电池模组用资材和器材的销售、在国外开展独立发电事业(IPP)、为发电项目提供专用系统以及有关新能源开发的解决方案等。

——作者题注

【阅读提示】

“三井”告诉了我们什么(9)

美国前国务卿基辛格曾经说过:“谁掌握了石油,谁就控制了所有的国家;谁掌握了货币发行权,谁就控制了世界;谁掌握了粮食,谁就控制了人类!”在国际石油市场上,显然是美国在称霸,此前美国在阿富汗、伊拉克挑起纷争,对俄罗斯不依不饶,现在对委内瑞拉、伊朗实施极限压制,说白了都是为了制霸原油。那么,中国作为一个石油消费大国,该如何制定属于自己的能源战略呢?

当中国企业急切地向欧美寻求经营良方的时候,更要发现我们的近邻日本就是“一本很好的教材”。作为一个自身资源极度匮乏的国家,日本不仅拥有着位居世界第一的国家石油储备,甚至还垄断着全球液化天然气贸易的市场。不仅如此,在页岩气、光伏等新兴能源产业中,以三井物产为先导的日本综合商社凭借多年在传统油气产业培养的信息搜集能力和网络布局,已经实现了提前布局。

事实上,三井物产、三菱商事等综合商社并不是这些能源的直接使用者。作为日本特殊形态的贸易公司,综合商社集贸易、情报、投资、物流、金融等功能于一身,很好地扮演了日本资源战略优秀执行者的角色。日本三井物产这样的综合商社,不仅将目标停留到能源本身,而且重视商权的把握,将能源发展作为一项系统工程,不遗漏产业链的每一个关键环节。

越南、菲律宾、印度尼西亚等东南亚各国觊觎中国南海丰富的油气资源,近年来更是对中国南海进行肆无忌惮的盗采,不断试探中国的底线。然而,当所有视线都在关注南海领土争端的时候,却忽视了一个默默获取能源权益的“影子帝国”。日本的海外战略选择是潜藏在暗处,通过产业细节控制世界。日本之所以能够成为全球能源领域的“影子帝国”,很大程度上是因为有三井物产这样的综合商社。

近年来,随着世界经济的持续低迷,国际能源行业逐步从卖方市场转变为买方市场。在中国经济体制和国有企业改革这个大背景下,中国的许多能源企业开始走出国门,这使中国企业与国际能源巨头的合作呈现出新的特点,世界能源格局也从过去的博弈关系向更为复杂多变的方向转变。变革同样意味着风险,这也给中国的能源产业带来了新的挑战。

中国经济已经从万马奔腾的时代来到新的历史关口,需要学习日本的综合商社,培育出属于自己的能源产业组织者,配合国家“一带一路”倡议,积极参与到全球化的进程中去,着力开发能源资源,进而控制商机和国内外制造业生产的命脉。借鉴日本的财团模式,通过更深层次的交易和股权方面的合作,形成你中有我、我中有你的关系,在纷繁复杂的国际能源争夺战中保持强大的竞争力。

【第九章　能源争夺永无止境】

本章导言

2017 年 9 月，中国华信能源有限公司（以下简称“中国华信”）宣布斥资 91 亿美元，收购俄罗斯国家石油公司（Rosneft，以下简称“俄油”）14.16% 的股权。此时的俄油是全球最大上市石油生产商。除收购公司股份外，中国华信还与俄油签署了一份石油供应协议，并将能够取得高达 26 万桶/日的俄罗斯石油。中国华信由此获得的市场影响力，将足以挑战维多（Vitol）等欧美大型石油贸易商。

此外，根据与俄油的协议，俄油承诺中国华信可以参与该公司在东西伯利亚的油田和石化项目。也就是说，同卡塔尔主权基金（QIA）和瑞士嘉能可（GLENCORE）等原有股东仅持有俄油股份不同，中国华信还将参与俄油的具体业务。两家公司还商定将在炼油、化工、石油和成品油贸易等领域合作。俄油总裁谢钦也明确表示，中国华信将作为股东之一参与俄油的一系列开采项目。

从交易价格上看，中国华信并没有给出过高的溢价，同 2016 年底俄油私有化时出售给卡塔尔主权基金和嘉能可的价格相差不多，远低于 2013 年 2 月英国 BP 公司收购俄油时的价格。虽然此项交易还需要中俄双方监管机构的批准，但在中俄新时代全面战略协作伙伴关系发展顺利的背景下，政府监管机构应该是没有理由否决的。

事实上，如果中国华信能够顺利完成收购俄油股份的交易，在一定程度上可以算是中国对外油气合作的一种新形式。过去 20 多年，从收购中小项目自行开发，到海外投资建设跨境油气管道，再到和国际公司组团参与超大型项目开发，中国企业一直从事的是项目开发与建设工作。中国华信对俄油的收购借助了资本市场和金融工具的巨大力量，可以说是弥补了国有油气企业的空缺。

然而，中国华信收购俄油并非一帆风顺，甚至引来了“杀身之祸”，成为美俄角力的牺牲品。自 2014 年克里米亚事件以后，美国和一些欧洲国家就不断对俄罗斯进行一轮又一轮的经济制裁，其中美国更是多次将俄罗斯的个人和重要企业列入制裁清单。实际上，卡塔尔主权基金和嘉能可等俄油的原本股东之所以选择出售股份，就是因为担心美国对俄罗斯的新制裁可能会产生不良的后果。

2017 年美国对俄罗斯新制裁政策的出台，特别是针对俄油的制裁，使中国华信的融资变得困难。如果中国华信的海外融资平台受限，那么极可能需要借助中国国内的融资平台。中国华信在中国国内搭建了许多高品质的融资平台，同国内诸多银行都有密切合作。中国华信最终准备依靠自己的融资平台来获得此次收购所需要的资金，同时绕过美国的制裁措施。

2017 年 11 月，就在俄油与自己未来股东——中国华信就出售 Rospan International 气田股份事宜进行谈判时，美国司法部通过其官方网站发布消息称，逮捕了香港中华能源基金会秘书长何志平。资料显示，香港中华能源基金会是一家由中国华信全资设立的非公募基金，在中国香港注册，是非营利、非政府组织的国际智库。

香港中华能源基金会秘书长何志平出生于香港，曾担任过香港特别行政区政府民政事务局局长。实际上，从香港政府官位上退下后，除担任香港中华能源基金会秘书长一职外，何志平还有多个联合国的头衔，因此他也多次在联合国举办的高端论坛和重要会议上公开发表讲话，而每次讲话的核心都是在强调中国"一带一路"倡议的重要意义。

值得注意的是，何志平曾在 2016 年 9 月 26 日与特朗普的国防及能源高级顾问伍尔西进行过一次谈话。这位伍尔西并不是一般的智库学者，他曾任克林顿时期的第十四任美国中央情报局局长，离任后，伍尔西也没有远离政府的核心权力圈。作为坚定的"反俄派"，在与何志平的谈话中伍尔西就曾直接表示，中美应加强能源合作，"不希望（中国）过度依赖他（普京）"。

2018 年 5 月，美国纽约南区联邦法院驳回了何志平的保释申请，其将被判处 3 年监禁以及 40 万美元的罚款。同样也是在这一年的 5 月，瑞士资源贸易巨头嘉能可发布公告称，终止向中国华信出售俄油 14.16% 的股权。一场备受关注的中俄能源合作大戏就此戛然而止。未来，如何确保"一带一路"建设和国家能源的安全平稳，依旧任重而道远！

第一节 觊觎石油资源的特殊使命

在中国东北寻找油矿

1913 年,刚刚成立的北洋政府与美国美孚石油公司签订了《中美办油矿合同》。当年冬天,美孚石油公司委派石油地质专家负责领导的 6 个小分队来到了中国,其中一个队在内蒙古和东北进行了为期两年的石油地质调查。调查结果并不理想,《美国地质学家协会学报》1926 年刊发的美孚石油公司《中国东北含油远景》一文显示,“中国东北部的绝大部分地区是不可能有石油的”。

原来,按照当时传统的石油地质理论,石油仅能由海洋生物生成,这就是“海相生油”理论。美国地质学家斯坦福大学教授勃拉克韦尔德就认为,中国没有中、新生代海相沉积,中国东北地区也和华北一样,不会含有大量石油。也就是说,由于中国的地质地貌构成多为“陆相”,所以贫油。这种理论直到几十年后中国地质学家潘钟祥提出“陆相生油”观点后才被打破。

1928 年,奉系军阀首领张作霖再次邀请美国美孚石油公司来东北进行石油调查。这一次调查后,美孚公司表示发现东北多处存在油苗。上述消息一出便很快引起了日本方面的注意,因为当时的日本特别需要石油。受限于本土的地质条件,日本的国土上几乎滴油不产。虽然石油在当时日本的能源总耗量中占比不高,但几乎全部集中于军事战略用途,因此石油的重要性不言而喻。

同年,在日本“满铁”的支持下,地质学家新带国太郎组建了一支石油考察队,计划从哈尔滨出发沿着中东铁路线向东徒步行进到牡丹江上游的森林地带进行沿途踏查。新带国太郎的公开身份是日本满铁地质调查所的参事,暗中则执行着觊觎东北矿产资源的特殊使命,专门负责搜集东北地区有关石油方面的情报。

日本“满铁”与三井物产之间明显有着密不可分的关系。当时三井物产不断向满铁输送人力,大量生产、出口大豆

“满铁”是 1906 年在中国东北地区设立的一家特殊的日本公司,实际上是日本经营东北的核心。日本学者前岛省三的研究显示,从“‘满铁’引进外资,对于资产阶级的哪些人特别受益,并曾发挥作用”的观点出发,“满铁”与三井物产之间明显有着密不可分的关系。当时三井物产不断向“满铁”输送人力,大量生产、出口大豆。

然而,令日方非常失望的是,地质学家新带国太郎的考察队没有得到任何与石油有关的消息。不过,新带国太郎很快又得到了新的消息,据说在大兴安岭隆起的山前地带有一处叫扎赉诺尔(现属内蒙古自治区呼伦贝尔市)的煤矿,那里出现过含油质的石头。没过多久,日本人就在扎赉诺尔采集到了许多岩石样品,装了几包匆匆乘火车赶往大连,送到"满铁"中心试验所进行化验分析。

随后,新带国太郎又将岩石样品送回日本,在德山海军燃料研究所再次进行成分鉴定,结论很明确:岩石样品中残留的烃类物质正是石油氧化后形成的沥青。这一发现让日本方面欣喜万分,如果能够在中国东北地区发现足够的石油储备就可以有效摆脱日本能源受制于人的局面。当时,日本石油进口渠道的80%由美国掌控,同时还有10%是通过荷属东印度进口的。

1930年,日本人的浅井钻机矗立在扎赉诺尔露天矿坑西侧的边缘,以寻找石油为目的钻探开始就绪。新带国太郎就此撰写了地质调查报告,他认为海拉尔盆地是最有希望发现石油的地区。1935年,伪满洲国政府出资65万日元,"满铁"出资85万日元,计划打14口上千米深的探井放手一搏。可是结果发现,探井中出来的还是沥青,并不是想要找的石油。

事实上,当时日本的工业化程度在亚洲处于绝对领先地位,更有先进的技术装备,遗存的日伪档案记载:1939年日本在东北地区在用的钻机有19部,其中具备2000米深钻井能力的钻机就有7部,到日本投降时统计在东北已累计钻成可以称为"探井"的就有81口,总进尺达35200米。可是即便如此,日本仍然没有发现藏在眼皮子底下的油气资源。

1942年,当在海拉尔盆地断断续续钻探了12年,累计钻探井60多口,只见沥青不见油流之后,"满铁"最终选择了放弃。其实,日本在中国找油失败有很多原因。首先,日本地质学者秉承了西方地质"海相生油"的理论,一门心思扑在了发现油苗的扎赉诺尔。其次,日本方面已经负担不起继续在东北找油的时间成本,太平洋战争的爆发让日本对石油的需求更加迫切。

触犯了美国能够忍受的底线

1940年4月15日,日本外务大臣有田发表声明,宣称日本与东南亚诸国及南洋地区有着不可分割的联系,日本政府对这一地区的任何变化"不能置之不理"。随后日本提出"大东亚共荣圈"口号,即在军事上要把东南亚和西太平洋地区变成日本的殖民地,进而建立一个"自给自足"的经济体系。而1940年夏,德国闪击西欧成功,荷法相继败降,英国也危在旦夕。

面对日本的咄咄逼人和英国政府的强烈要求,1940年7月20日,美国财政部部长亨利·摩根索和陆军部部长史汀生试图说服政府对日进行"全面禁运",但是美国国务院却发表了一份"道义禁运"的声明,声明将禁运物品仅限于辛烷值87以上的航空汽油和某些铁矿、废铁。事实上,这种禁运实在是徒有虚名,却提醒了日本人,他们将遇到美国对日本实行禁运的可能。

尽管早有思想准备,但美国的有限禁运仍然使日本感到震惊。除了主动在国内推行全民节能之外,日本还在美国收紧对日出口但尚未全面禁运的情况下,“军民共同全力进行石油进口”。1938 年,协同企业株式会社从美国进口约 71 万吨原油、重油。三井物产、浅野物产和三菱石油等日企也如法炮制,分别派人秘密在荷属东印度、中东和南美地区进行能源调查。

三井物产董事长向井忠晴还受官方委托,以民间经济界代表身份与荷属东印度总督进行购油谈判。由于“以全国的力量积极进行着石油储备”,日本储油量激增。截至 1941 年底太平洋战争爆发,海军石油存量为原油 1435000 吨,重油 3624000 吨,航空挥发油 477500 吨,占全国存量的 80% 左右。这表明,日本已经为未来的太平洋海战做好了准备。

1941 年 6 月,日本决定集中精力向南进攻,开启其“南进”的政策,特别是争取控制整个印度支那(中南半岛),夺取荷属东印度群岛。当然日本选择这里的原因很简单,荷属东印度群岛是东亚的石油宝库,年生产量约 800 万吨,是日本的 20 倍,但这也恰恰触犯了美国能够忍受的底线。此前美国对日本进行“道义禁运”,就是担心一旦全面向日本禁运石油,就会促使日本入侵荷属东印度群岛。

1941 年 7 月 28 日,当日本占领法属印度支那时,美国宣布对日本进行经济制裁,冻结日本在美国国内的所有财产,包括实行严格的石油禁运。12 月 7 日,为了入侵荷属东印度群岛和东南亚,掠取那里的石油,也为了保护海上通路,特别是为了保证从苏门答腊及婆罗洲返回日本的油轮畅通无阻,日本袭击了美国在太平洋珍珠港的海上舰队,太平洋战争全面爆发。

1942 年 3 月,日本联合舰队配合陆军占领荷属东印度群岛的全部岛屿,相比于中国东北地区那里有着现成的大油田。日本政府集中了日本本土 4000 名石油工人和技术人员——约占当时日本石油工业员工的 70%,南下来到婆罗洲和苏门答腊,清理西方各石油公司破坏的油田和炼油厂,重建炼油厂,恢复输油管道、油罐和码头,所有设备都由海路从日本本土运来。

实际上,由于西方石油公司撤退得匆忙,东印度群岛上石油设施被破坏的范围和程度远远没有日本人想象的那么严重。到 1942 年,被日本人修复的油田年产量已经达到 2590 万桶,次年又提高到 4960 万桶,相当于 1940 年石油产量的 75%。而到了 1943 年,日本的石油进口量已经达到 1941 年的产量,即美、英、荷三国对日本石油禁运之前进口量的 80%。

然而,虽然有了足够的石油产量,但由于日本的海运能力比较弱,这个缺陷给日本带来了毁灭性的打击。日本的油轮是美国潜艇最喜欢袭击的目标,到 1944 年,被美国潜艇击沉的日本油轮数目已远远超出了日本新建油轮的数量。1945 年战争后期日本已经进口不到一滴油了,日益严重的石油短缺直接限制了日本的军事能力。

在 1944 年 6 月的马里亚纳群岛战役中，日本战舰就因为缺少石油而未能参加战斗。石油的短缺还限制了日本空军的能力，劣质的燃料，缺乏训练的飞行员，使日军飞机仅从一个基地转向另一个基地就损失其中的 40%。与日本相反，美国不但利用经济和外交手段掌握了丰富的能源储备，其核能开发也取得了突破性进展。可以说，能源在一定程度上决定了太平洋战争的胜负。

二战结束初期，亚洲首先兴起的民族解放运动开始冲击帝国主义的殖民体系。在新任世界霸主美国的支持下，一系列东南亚国家摆脱了欧洲殖民国家的统治枷锁，赢得了民族独立，使亚洲的政治面貌发生了深刻变化。同时，由于东南亚是中东地区石油向东运输的必经之地，美国对东南亚政策的重视程度也与日俱增，很快便将东南亚地区纳入了其控制范围。

政治友好是能源合作的基础

1966 年 2 月 21 日，日本石油资源开发株式会社在东南亚国家印度尼西亚注册成立了北苏门答腊海上石油开发公司，正式拉开二战后日本布局印度尼西亚油气资源的大幕。实际上，印度尼西亚就是曾经的荷属东印度群岛，是亚太地区第二大石油生产国，其分布于苏门答腊、爪哇岛、东加里曼丹等地区的巨量油气资源，一直是世界能源巨头竞相追逐的猎物。

到了苏哈托时代，日本与印度尼西亚关系更为密切。日本的对外贷款近 40% 投到了印度尼西亚的基础建设，以及与能源相关行业。政治上的友好为日本与印度尼西亚的能源合作奠定了基础。1966 年 10 月，日本的北苏门答腊海上石油开发公司与印度尼西亚政府控制的印度尼西亚国家石油公司（PERMINA）就北苏门答腊海上区块签订产品分成合同，并获得了东加里曼丹省马哈坎海上区块 100% 的股权。

由于深海石油天然气勘探技术几乎全掌握在欧美几家大石油公司的手里，加上对行业本身巨大风险的考虑，日本在掌握了商权之后便开始与欧美石油公司进行合作，这样不仅能够与欧美石油公司建立良好的伙伴关系，还能通过合作学习欧美先进的油气勘探技术。与欧美石油公司的合作不仅让日本尝到了甜头，还收获了意外惊喜，在印度尼西亚发现了储量巨大的天然气。

1973 年，以关西电力为首的日本电力公司、以三井物产为首的日本综合商社以及日本银行组成的集团共十几家公司合资成立了日本印尼液化天然气公司（Japan Indonesia LNG）。1974 年 11 月 26 日，印度尼西亚国家石油公司联合日本印尼液化天然气公司、印度尼西亚 Vico 以及法国道达尔，共同组建了巴达克天然气液化公司来运营邦坦液化天然气厂。

在此期间，位于印度尼西亚苏门答腊岛西北部亚齐特别行政区的阿隆液化天然气厂也在美孚石油公司和印度尼西亚国家石油公司的支持下开始建造。到

1979年2月,计划中的3条液化天然气生产线全部竣工。该液化天然气厂由阿隆天然气公司负责运营。在阿隆液化天然气厂的建设中,日本公司再次发挥了巨大的作用,因此这里生产出的液化天然气几乎全部运往了日本。

实际上,在日本战后数十年对印度尼西亚能源领域的布局过程中,北苏门答腊海上石油开发公司和日本印尼液化天然气公司发挥了巨大作用,它们几乎参与了印度尼西亚所有的石油及液化天然气项目。前者隶属于日本当时的国有企业石油公团,它代表日本政府的意志进行战略布局,后者是日本综合商社、金融机构和制造业企业的融合体,它代表了日本财界的实力,真正发挥着保障日本能源安全的作用。

此后,在日本国内企业重组的大潮中,这两家公司进行了整合。日本印尼液化天然气公司,被日商岩井(现双日商事,三和财团的综合商社)和住友商事(住友财团的综合商社)合资成立的日本液化天然气公司在2001年纳入麾下。而日本石油公团的北苏门答腊海上石油开发公司则逐渐发展壮大,在1975年更名为"印尼石油有限公司",之后的许多年里依次获得印度尼西亚、澳大利亚以及哈萨克斯坦里海地区的油气权益。

2001年,北苏门答腊海上石油开发公司更名为"国际石油开发株式会社",2006年与日本排名第三的帝国石油株式会社合并为国家石油开发帝石株式会社(Inpex),成为日本最大的石油公司。2019年7月,Inpex就Abani气田的液化天然气(LNG)项目与印度尼西亚达成新协议,日本对该项目的运营年限延长至2055年。目前,日本Inpex公司拥有该项目65%的股份,其余部分为英荷壳牌所持有。

三菱财团同样是日本六大财团之一,旗下三菱商事(综合商社)早在1969年便涉足南海天然气资源的勘探与开发。2013年6月,文莱政府表示会在两三个月内和日本再次续约为期20年的LNG贸易合同,这已经是自1969年三菱商事参与文莱LNG项目后的第三次续约,总期限将长达60年。

参与该项目的文莱最大的LNG公司"文莱LNG"(Brunei LNG Sdn Bhd)公司,正是由三菱商事持股的合资企业,其中持股比例为:三菱商事25%,文莱政府50%,皇家壳牌25%。基于三菱商事作为股东握有文莱LNG上游生产业务的话语权并在此项目中斡旋,日本得以享有文莱源源不断的LNG供应。

不仅仅是文莱,三菱财团的触角还伸到了同样位于南海的马来西亚。早在1975年马来西亚国家石油公司(以下简称"马国油")计划开展液化天然气项目之时,深谙液化天然气厂建设和液化天然气运输之道的日本三菱财团的三菱商事便与荷兰壳牌及马国油进行谈判,考虑以何种方式落实该项目。1978年,马国油与日本三菱商事和荷兰壳牌签署了合资协议,负责运营液化天然气生产线的项目。

1992年6月1日,马国油再次携手日本三菱商事与荷兰壳牌,成立了马来西亚液化天然气Dua公司来扩建3条新的处理能力为780万吨/年的液化天然气生产线，其中马国油持股60%，日本三菱商事和荷兰壳牌分别持股15%，马来西亚沙捞越州政府持股10%，工程建设的合同则再次落在了日本日挥株式会社的手中。在此期间，日本还与马来西亚液化天然气公司签署了大量的买卖协议。

东南亚：日美博弈的新战场

日本三菱石油公司于1992年8月21日独资成立日越石油公司。10月，日本三菱石油公司联合由三井住友金融财团、三菱商事等日本财团企业共同持股的日本石油公司，与越南最大的油气公司"越南石油天然气集团公司"签订了在15－2号标区"黎明"构造勘探、开发石油的分成合同。

在三菱石油打开与越南合作开发南海的大门之后，1993年4月15日，日本大熊石油开发公司便乘势联合澳大利亚BHP油气公司、马来西亚Petronas Carigali国家油气公司、法国Total油气公司，同越南石油天然气集团公司签署了开发大熊油田的产品分成合同，这5家公司持有的股份分别为10.625%、43.750%、20.000%、10.625%和15.000%。

大熊油田位于头顿东南250千米处，属昆仑岛盆地海域05－1标区。由于该区域水深100米以上，气候比较恶劣，加之当时越南的海上石油钻探开发技术非常落后，所以大熊油田的钻探设备均由日本及其他外国石油公司提供，这使得大熊油田的开发从一起步就实现了高效和高速。越南《人民军队报》还曾发文表示，大熊油田属于东南亚最好的一类油田。

进入21世纪以来，美国也开始将目光转向东南亚地区。东南亚地区的油气潜在资源非常丰富，在多个主要产油气国中，除印度尼西亚和文莱探明程度较高外，其他地区虽然探矿程度较低，但均具有较好的开发潜力。而东南亚地区此前一直是日本能源"南进"战略的核心地带，日本在此深耕已久。因此，美国对于东南亚国家能源资源的争夺，势必造成日本和美国在该地区的又一次角力。

2002年底在APEC会议期间，美国总统布什提出了"东盟行动计划"，该计划的核心是缔结自由贸易协定（FTA），以东盟的经济改革为前提条件，先与东盟各国分别缔结双边FTA，然后建立"美国－东盟自由贸易区"。2003年，美国在东南亚地区的投资总额为880亿美元，超过了美国在中国和印度投资额的总和。可以说，美国比以往任何时候都更加关注与东盟各国的关系。

美国总统奥巴马上任后，继续采取积极行动，扩大与东盟的接触。2009年11月，美国－东盟峰会在新加坡召开，奥巴马准时出席，成为第一位出席该峰会并与东盟十国领导人展开直接对话的美国总统。近年来，美国政府又提出了"美国－东盟能源合作计划"，努力推进东盟地区的电力和天然气市场，采用先进和清洁的能源技术，并促进能源效益。

不同于美国政府以军事反恐和政府推动为核心进行东南亚能源争夺，日本是以财团商社为主导布局东南亚市场。事实上,包括印度尼西亚、马来西亚、文莱、泰国、缅甸在内的东南亚国家都有大量人群,因民族宗教等原因对美国没有多少好感。同时,东盟国家也担心美国反恐行动的军事介入和能源矿权的丢失会损害本国的国家主权,通过加强和日本企业的能源合作,可以在一定程度上抑制美国的过分干预。

2009 年 7 月,日本三井石油勘探公司与越南油气总公司共同为越南的一个天然气项目投资 40 亿美元。同年 11 月,日本石油公司和日本国有石油、天然气和金属开采公司在东京与越南石油和天然气集团公司签署协议,在开发南亚特别是南海油气资源方面展开全面合作。越南近海的海上油田每年可开采 1500 万吨原油,日本已经成为越南最大的石油出口国。

2012 年 1 月 12 日,在日本经济产业大臣枝野幸男率领下,以日本三井物产和日本最大的炼油公司吉坤控股(JX)以及伊藤忠商事为首的日本企业代表团对缅甸进行了访问,目的便是促进日缅在能源和采矿领域的合作,推动日本企业在缅甸投资石油、天然气的开发。此后,以三井物产、三菱商事为首的日本综合商社加快了对缅甸的能源领域投资。

2013 年 6 月,三井物产和住友商事与印度尼西亚油气监管机构 BPMigas 签署了一项从边际油田开发天然气项目的协议。协议显示,日本两家公司将对该天然气项目从设备制造安装到 LNG 开采液化全程参与。财团的关联企业自然在这个项目中分得一杯羹,三井住友建设、三井造船、石川岛播磨重工等上述两大财团的关联企业均参与到这个项目中。

事实上,以综合商社为代表的日本企业不仅渗透到了东南亚地区油气勘探、开采的上游环节和油气生产的中游环节,也在下游运输与接收环节上紧密布局。三井物产、三菱商事等财团下属综合商社利用其拥有的关联企业优势、技术优势和情报优势构建起了高效稳定的物流网络。只有制定了整体战略规划,才能源源不断地从当地获取石油、天然气等重要能源物资。

第二节　东海的纷争与迷局

美国“拉拢”日本共同开发

1961 年,美国伍兹霍尔海洋学院的地质学教授埃默里和日本东海大学教授新野弘,通过对二战期间日美潜艇在钓鱼岛海域收集到的海底资料进行研究,在《美国地质学会会刊》上发表了题为《东海和南海浅水区的沉积物》的研究报告,首次暗示这些地区(包括钓鱼岛附近)可能储藏着丰富的石油资源。显然,这一发现在石油资源严重短缺的东北亚沿海国家和地区间引起了极大轰动。

1968年10月,在联合国亚洲及远东经济委员会(ECAFE)的主持下,埃默里和新野弘组织日、韩等国专家对东海、黄海海域进行了实地勘测,并于1969年4月发表调查报告(著名的《埃默里报告》)。该报告明确提出,"在中国台湾与日本之间的这片浅海海域将来也许会成为一个世界规模的产油区"。此后,美国公司就开始与中国台湾积极接触,并且试图拉拢日本共同开发东海大陆架。

1971年10月到11月期间,美国人罗伯特·安德森不断地在日本政商界进行活动,希望通过他在东京的熟人使日本同意给克林顿石油公司一个租让区块,与中国台湾已经给他的租让区恰好吻合。罗伯特· 安德森并不是一个普通的商人,在担任美国克林顿石油公司海外分支机构克林顿国际公司董事长之前,曾历任美国海军部部长、美国国防部副部长、美国财政部部长等职。

由于获得了美国政府的财政支持,罗伯特·安德森此前曾多次前往中国台湾,并亲自向台湾当局领导人提出恳求,并借此在中国台湾获得石油租让区。考虑到在担任美国财长期间曾与日本首相佐藤荣作打过交道,罗伯特·安德森希望也可以得到日本政府的支持。但是1971年12月,日本驻美大使牛场信彦在致罗伯特·安德森的信中,坚决拒绝了这个建议。

1972年2月,没有轻易放弃东海石油资源的罗伯特·安德森再次到访东京,同帝国石油株式会社进行了谈判。他建议以克林顿石油公司租让区的一半股权换取帝国石油租让区的一半股权,但遭到拒绝。此后整整一年时间里,罗伯特·安德森都在积极寻找日本人合伙,但收效甚微。这是因为出于日本本身的利益诉求,及其国内财界、政界对中国大陆持友好态度,日美在东海的合作显然不是主旋律。

1972年9月25日,日本内阁总理大臣田中角荣访问中国,双方发表《中日联合声明》(以下简称《声明》),标志着中日邦交正常化。在《声明》中,日本政府承认中华人民共和国政府是中国的唯一合法政府,中国政府重申:"台湾是中华人民共和国领土不可分割的一部分。"由此,日本开始加紧公开反对中国台湾对大陆架的要求,美国人罗伯特·安德森的合作请求就更难实现了。

然而,直到1973年,罗伯特·安德森为了在美国克林顿石油公司的租让区钻探,仍在日本设法借钱,答应用将来在该租让区生产的原油偿还。美国一些石油勘探公司直到1974年也还在同出光兴产、九州石油和其他公司商洽,积极谋求日本方面的合作。但是,就像某日本公司的一位职员所指出的,"考虑到可能卷入的政治风险,这个代价太高了"。

1975年2月,美国苏必利尔石油公司(现贝克休斯公司)即将在中国台湾第四矿区进行钻探时,日本帝国石油公司送去了一封暗含威胁的信件,申明它对这个区域的权利要求。随后,在中国台湾同日本临时租让区相重叠的区域该公司再也没有进行过勘探。可以说，由于当时的中日友好关系，客观上阻止了美国和中国台湾在东海大陆架联手勘探石油的行为。

中日积极开启合作之门

从1972年中日邦交正常化后，日本政府实际上并没有批准企业在中国钓鱼岛列岛附近等争议区域进行地震调查或打钻井，就连日本政府经营的船只在这些区域的行动也是小心翼翼的。但是，1973年席卷全球的石油危机给日本工业造成了巨大的打击，日本迫切需要分享东海大陆架蕴藏的巨量石油资源，日本的财界也一直醉心于东海潜在的石油，并积极推动中日两国的联合开采计划。

1973年，日本三井财团旗下的新日铁公司董事长稻山嘉宽就任新成立的日中经济协会会长，稻山嘉宽对今后的中日贸易，主要是石油贸易做了这样的构想：①中国向日本出口石油、煤炭等天然资源，与此相对应，日本向中国出口机械和技术；②因向中国出口的机械和技术，一般多用于资源开发，所以分期付款的利息应特予优惠；③资源贸易对中日两国都有益，政界与财界应给予积极的支持。这一构想，也成为日后30年里中日经贸关系的真实写照。

1973年4月，由中国购买的日本产自升式钻井平台“富士丸”正式交付中国，随后改名为“渤海2号”。“富士丸”钻井平台由日本三菱重工负责建造，并由日本海洋掘削株式会社将其投放东南亚较浅的大陆架海区从事石油勘探，船形完全针对那里平缓的海底地势地貌而设计。日本为中国提供先进的钻井设备，正是看中中国近海可能蕴藏的丰富石油。

中国“渤海2号”钻井平台由日本三菱重工（属三菱财团）负责建造

随着时间的推移，中国的近海石油开发逐渐提上日程。1978年1月，中国国务院批准组成中国石油代表团去美国和日本这两个国家进行石油考察，以石油化学工业部常务副部长孙敬文为团长、国家计委副主任李人俊为顾问率队出征。在日本考察期间，中国代表团停留了12天，看了造船厂、施工机械制造厂和炼油化工厂。

1978年6月，在中国地质学会的邀请下，以日本石油公团副总裁宫崎仁为团长、理事松泽明为副团长的日本海洋石油地质访华团前来中国访问。当月，日本石油公团刚刚完成了“日本石油开发公团”的更名工作。7月23日，中国国务院副总理康世恩会见了该访华团，并与他们探讨了在石油资源地质普查、勘探和开发方面进行技术合作和交流的问题。

在经过多次勘探之后，日本企业萌生了与中国合作开发的念头。1985年，在渤海及南海均与中国有着石油开发合作的日本石油资源开发株式会社，率先与中国讨论了在东海进行合作开发的问题，随后日本帝国石油株式会社也单独向中国海洋石油总公司(以下简称“中海油”)提出在东海进行联合地震测试,来确定其地质前景。此时,中国也在考虑与日本联合开发东海油气资源的可能性。

随后,中国政府决定任命中海油以“民间公司”的名义与日本的石油公司接触,对在东海进行联合开发的可能性进行谈判。由于此事关系到中国的领海主权问题,在中海油内部的再三权衡下,决定由公司副总经理陈炳骞在第一线主持这项棘手的工作。1985 年 6 月,时任中海油总经理的秦文彩访问日本,与日本石油公团总裁德永久次等探讨了东海石油资源民间共同开发的问题。

1986 年年中,中国提出中日联合开发的区域必须位于东海的南部,该地区是中国以前提出可以联合开发的区域。1986 年末,中海油提出如果日本同意钓鱼岛附近区域也进行联合开发,并且搁置钓鱼岛的领土主张,中国将开始讨论联合开发。但是,当时中海油称“不打算开发钓鱼岛的北部地区”,而日本坚持应该包括这些地区。

1988 年,日本半官半民的石油公团及其旗下的石油资源开发株式会社组成代表团,拜访了中国政府和中海油的官员。该代表团提出一个囊括“中间线”两侧的 10 万平方千米的联合区域。该区域将分成多个区块,等联合开发工作开始以后,双方各持有 50% 的权益。中国则提出双方应该制定一些措施来避免在钓鱼岛主权和专属经济区上可能的争论。

然而,中海油和日本石油公团制定的联合开发东海的方案遭到了外交部和地质矿产部的反对。1989 年初,中海油代表团访问日本时做出了解释,称中国官员和中海油认为“日本其他合作伙伴在联合开发的谈判上应该和 1988 年石油公团在谈判中的约定保持一致”。关于联合区域的范围,中国坚持先从东海南部开始,甚至关于南部的开发,中国愿意搁置 10 年。

中美达成开发东海协议

由于在耗费大量时间之后中日之间联合开发东海的谈判没有任何进展,中国政府最终决定单方面行动。1992 年 6 月 30 日,经国务院批准,中海油在北京长城饭店向驻中国的各国石油公司代表机构发布第四轮(东海)海上石油勘探国际招标通告,决定把东海招标对外公开。此前拉拢中国台湾、日本共同开发东海大陆架遭日本反对而失败的美国决定抓住这一机会。

于是,在 1992 年中海油举行的第四轮石油招标——东海招标中,美国雪佛龙、康菲等公司成功竞得东海部分区块。当然,这一次欧美企业的目标不再是简单地获得石油租让区。1997 年秋,中海油看到美国资本的强大力量,先后接触了 40 多家境外投资银行,准备海外融资,而这正是欧美企业的强项。虽然中海油的第一次路演因为没有获得外国资本的青睐而以失败告终,但很快就又重振旗鼓。

1999 年底,中海油计划二次上市。时任中海油总经理卫留成决定选择美国美林证券公司和第一波士顿公司作为主承销商，并邀请刚刚加入美林证券(中国)公司的刘二飞亲自操盘。此前，身在东方汇理财务公司的刘二飞作为中海油总裁卫留成的财务顾问，目睹了中海油首次上市的失败。接下来，美林证券的刘二飞为中海油二次上市做了大量细致的准备工作。

2000 年，在美林证券的帮助下，中海油通过私下配售，引入美国国际集团、美邦保险百慕大、美邦保险香港、新加坡国家投资公司、亚洲基建基金等八大策略投资者，合计持有 5.57 亿股中海油股份，筹集资金共计 4.6 亿美元。2001 年 2 月 27 日，中海油在纽约证券交易所上市，发行股票 8212.13 万股，每股发行价为 15.40 美元，共募集资金达 12.65 亿美元。

成功上市让中海油完成了与国际资本以及国际石油巨头的对接。但与此同时，美国资本也借此启动了与中国合作共同开发东海油气的计划。就在 2000 年 11 月 13 日中海油向美国证券交易委员会递交上市计划书当天，英荷壳牌集团旗下的壳牌海外投资有限公司就与中海油签署了战略联盟协议，以共同挖掘在油气勘探与生产以及天然气市场销售领域的广泛合作机会。

事实上，国务院为了使中海油开采海上石油的独家地位得以维持，在中海油上市前，决定将东海钓鱼岛附近西湖凹陷项目五成股权授予中海油。西湖凹陷天然气田，可采储量约 3000 亿立方米，主要开采地区集中在春晓、平湖及黄岩地区，其中春晓是内地发现的 3 个近海气田之一，也是西湖凹陷区在上海以东发现的最大天然气田。

2002 年 3 月 20 日，国家计委在上海召开东海天然气工作会议，宣布由中国石油化工集团公司(以下简称“中石化”)和中海油合作成立东海天然气开发联合管理委员会和东海西湖石油天然气作业公司，正式启动东海天然气联合开发工作，中国海洋石油有限公司任该项目作业者。当时，位于西湖凹陷区的东海春晓气田群总体开发方案已初步形成，勘探以此为重点和起点。

2002 年 6 月 27 日，中海油、中石化透露，将携手美国优尼科石油公司、英荷壳牌石油公司共同开发东海西湖油气田。其实，美国优尼科石油公司与英荷壳牌石油公司对开发东海油气田一直垂涎三尺。原中石化新星石油公司规划研究院总工程师张抗透露：“优尼科、壳牌等对东海项目一直有持久兴趣。20 世纪八九十年代，我们进行东海项目勘探时，它们就一直缠着要一起做。”

2003 年 8 月 19 日，中石化、中海油、美国优尼科和英荷壳牌(美国)的子公司帕克顿东方公司，在人民大会堂签署了东海油气田开发合同，春晓油气田是其中第一个投入开发的项目。中美企业在东海的能源合作显然没有理会日本方面的感受，同时当年频繁发生的外交冲突也给中日企业合作的前景投上了一层阴影。

2003 年，因中国国内石油需求激增，中日双方就削减石油出口数量和提高石油价格未能达成一致。2004 年 1 月开始,中国停止对日出口中日长期贸易协定下的大庆原油。1972 年中日邦交正常化之后执行了 30 年的对日原油出口正式告终。通过一纸中美共同开发东海的协议,美国不但如愿获得了丰富的东海石油资源,同时也成功瓦解了中日合作联盟。

一场旷日持久的谈判

2004 年,原本签约共同开发春晓油气田群的美国优尼科石油公司和英荷壳牌石油公司的态度突然发生转变。9 月 29 日,壳牌中国勘探与生产公司总裁麦一伟说:“我们遗憾地宣布:出于商业原因,壳牌不可能再继续参与东海天然气项目。”当天,美国优尼科也表示退出该项目。但据日本《每日新闻》事后披露,其实欧美企业的撤退是政治因素,而非商业因素。

英荷壳牌对投资的稳定性要求是相当高的,在每年公司开董事会时,都要对全球的投资项目进行排队打分。这套打分标准可不仅仅是赚钱,同时也包含了政治、经济方面一系列多达几十项的细化指标。日本政府曾多次对美国政府进行游说,从而影响英荷壳牌和美国优尼科与中国在东海进行的采气工程的决定,表示这项投资将会有风险,而且计划中的气田位于中日两国间的争执区域。

2004 年 10 月 25 日,美国宣布退出春晓油气田不到一个月,日本就在北京与中国展开共同开发东海的第一轮谈判。2005 年 10 月,日本首相小泉纯一郎还任命日本著名的亲华派二阶俊博为经济产业大臣,希望借二阶俊博与中国的关系打开中日经济政策协调之门,进一步提高“经热”程度,为日本的技术和金融资本继续进入中国市场营造良好环境。

新上任的经济产业大臣二阶俊博立即改变了此前中川昭一对中国强硬的态度。他在上任不久后便表示:“国内有人说,日本可以理直气壮地进行试开采,但我不主张走这条路。说些‘窝里横’的话没有任何意义。即使同中国发生冲突也解决不了问题,东海油气开发问题应该通过同中国进行旷日持久的谈判,解决双方分歧,这才有利于两国关系的发展。”

2006 年 1 月 9 日,中国外交部亚洲司司长崔天凯与日本亚洲大洋洲局局长佐佐江贤一郎以及资源能源厅长官小平信因等,就东海油气田开发问题举行了“中日东海问题非正式会晤”。双方达成了一些原则性共识,并商定尽快召开第四轮东海问题正式磋商。小平信因曾表示,“共同开发是一个好的解决方案”。9 月,安倍晋三成为新一届日本首相,“小泉时代”正式结束,中日关系逐渐回暖。

2006 年 10 月,日本首相安倍晋三对中国进行正式访问。中国是安倍晋三就任日本首相以后访问的第一个国家,这表明以安倍晋三为代表的日本领导人希望打破目前中日关系僵局,愿意改善两国关系,安倍晋三访华被视为一次“破冰之旅”。2007 年 4 月,中国国务院总理温家宝对日本进行了历史性的访问,这也是中日打破政治僵局之后的“融冰之旅”。

2007 年 12 月，日本首相福田康夫也开启了他对中国为期 4 天的访问。在继安倍晋三前一年的“破冰之旅”和温家宝总理的“融冰之旅”后，媒体普遍把福田康夫首相在冬天的这次访华称作“迎春之旅”。中日两国领导人表达了加强中日战略互惠关系的强烈政治意愿，双方都希望进一步丰富中日战略互惠关系的内涵，决心完善中日经济高层对话机制，并以此带动经贸合作。

2008 年 6 月 18 日，在最终经过 11 轮的谈判之后，中日双方同时宣布，中日双方经过认真磋商，同意在实现有关海域划界前的过渡期间，在不损害双方各自法律立场的情况下进行合作，在东海选定适当的区域迈出共同开发第一步。根据中日双方共同发表的《中日关于东海共同开发的谅解》，双方将在一个协商确定的区块内进行共同开发。

事实上，中国政府在与日方“共同开发”问题上做出了很大的努力，同时也做出了很大的让步：“允许日本法人按照中国对外合作开采石油资源的有关法律，参加对春晓现有油气的开发。”这和改革开放几十年来任何一个外国向中国投资都是一样的，可见“共同开发”对中国解决能源问题有着重大的现实意义，对中日两国共同应对能源危机也有重大意义。

目前，美国还一直在利用美日军事合作实现其亚洲战略，形成对中国的牵制，因此它将中国视为潜在对手。中美日构成了一个潜在的对抗体，这使得中日双边战略关系更为复杂。因此，改善中日战略关系至关重要。东海问题既是中日之间的冲突因素，同时也可能成为两国合作的一个契机，通过能源合作来促成两国更密切的相互依存关系，甚至在逐步引导整个地区进行更加深入的合作。

2019 年 8 月 10 日，中国外交部副部长乐玉成和日本外务事务次官秋叶刚男在日本长野县共同主持新一轮中日战略对话。中日时隔 7 年重启战略对话是两国政治互信不断增强的表现，有利于双方拓展合作。中日重启战略对话有助于推动双边合作，中日在经贸、能源、环保、养老等领域都有非常大的合作空间，在此基础上，中日东海能源问题就很有可能最终得到一个双赢的结果。

第三节　三井对伊朗情有独钟

这样的诱惑实在太大了

1967 年，石油在世界一次能源消费结构中首次超过煤炭，成为新的核心能源，人类正式由煤炭时代进入石油时代。随着日本战后经济的快速发展，其对石油的需求日渐增多,日本虽然是世界经济大国,但也是个资源小国,能源供给结构中自有能源仅占4%,几乎没有任何石油资源,所需能源大部分依赖进口,因此寻找稳定的海外石油能源供给就成为当务之急。

1968年11月,三井物产副社长若杉松雪跟随日本经团联出访伊朗,其间参观了伊朗南部的油井,感到当地石化产业大有希望,他认为伊朗很可能成为日本化工产业发展的资源基地。若杉松雪的提议很快便得到了伊朗方面的积极回应。几周之后,伊朗经济部的部级官员出访日本,专门造访了三井物产,并要求日方认真考虑伊朗的石化项目。

1969年2月,三井物产成立了工作组专门赴伊朗进行实地调查,这个工作组的人员主要由三井物产的化学产品部、化学工厂部构成。伊朗拥有全球10%的石油资源,同时拥有全球第二大天然气资源。20世纪60年代,伊朗巴列维政府开始大力发展石油工业,在美国等西方国家的帮助下,伊朗石油工业发展突飞猛进,国家经济增速平均超过7%。

就在三井物产派出工作组的两个月之后,伊朗外长便带着伊朗国家石油公司的总裁一起到了东京,这次他们直接找到了时任日本首相佐藤荣作,提出希望日本与伊朗合作开发其南部石油资源。合作得到了佐藤荣作的支持,因为日本确实需要在海外发展真正属于自己的石油资源,从而摆脱单纯依赖从其他国家进口石油的状况。

1969年11月,三井物产再次到伊朗进行了调研。此后一段时间里,三井物产和三井化学又多次向伊朗派员调研。事实上,几次调查的结果让三井物产非常纠结,因为通过调查发现,虽然伊朗当地的资源成本较低,但是实际上因为缺少相应的配套设施,建设成本极高。与此同时,作为一个资源稀缺国家,日本政府和企业也非常希望能够在海外拥有属于自己的能源项目。

就在日本还处于犹豫状态的时候,伊朗政府抛出了一个令日方震惊的方案:将另外两个项目捆绑到之前的南部石油项目中,一个是伊朗全国的石油开发项目,另一个则是建立双方合资的石油销售公司。显然,这样的诱惑对于日本政府和三井物产来说实在是太大了,能够共同开发伊朗丰富的石油资源,的确是当时日本企业的梦想之一。

当然,这样一来合作项目就要求日本方面在资金、技术、市场方面都有雄厚的实力。三井物产虽然在国际市场、销售渠道的拓展方面具有明显优势,但这远远不够。由于项目规模远超预期,三井物产又找来了几个伙伴加入,除了此前参与调研的三井化学外,还包括了三井石化和日本东曹株式会社。可以说为了这个项目,三井财团动员了主要财力和大量人力。

三井化学是日本最大的化工企业集团之一,其前身是成立于1912年的三井矿山株式会社。三井石化则成立于1955年,和三井化学一样同属于日本三井财团。

东曹株式会社是日本五大化工集团之一，前身是1935年成立的东洋纯碱制造有限公司，1987年更名为“东曹株式会社”，现已发展成为涉足石油化工、基础化学、精细化工、电子材料、生命科学等多项事业的全球性跨国企业。

1971年下半年，在日本政府的支持下，由三井物产牵头，三井财团旗下企业与伊朗国家石油签署了一份为期30年的合作协议，这也成为日本在同一时期最大的海外项目。由于日本在中东地区获得能源的手段主要是靠市场操作，在地区政治经济局势相对稳定的环境下，日本凭其经济实力很容易就买到石油，达到保障供给的目标，但中东地区复杂的政治环境却是个巨大的隐患。

不接受美国的经济制裁

1973年8月，伊朗日本石化公司成立，标志着伊朗日本石油化学项目（IJPC）的正式开启。也正是在这年10月，爆发了震惊世界的第一次石油危机，阿拉伯石油输出国组织发起了针对美国、加拿大、日本、荷兰和英国的石油禁运。这次石油禁运增加了日本的能源危机感，迫使日本不得不在中东寻找一个稳定的能源合作伙伴。

显然，伊朗就是日本最好的选择。虽然位于中东地区，但伊朗不是阿拉伯国家，不直接涉及以色列问题，与伊朗进行石油交易可以避免介入阿以冲突。此外，伊朗当时的国王礼萨·巴列维是在美国和英国的支持下夺得权力的，可以说是西方不可或缺的盟友，日本投资伊朗也有着充足的政治保障。在日本投资10亿美元帮助伊朗发展石油工业后，伊朗成为日本在中东的第二大石油进口国。

经过了1973年的石油危机，日本对伊朗的投资明显加快。1973—1975年至少有15家日本企业进入伊朗市场，1000多名日本专家在伊朗各地忙碌。到1976年的时候，日本已经成为伊朗的第三大贸易出口国，仅次于美国与英国。同时，三井财团IJPC项目的建设也进展神速，截至1979年，已完成85%的建设，预期两年后便能向日本供油。

由于伊朗政府大力发展石油工业，以及日本财团企业的技术和资金帮助，伊朗石油收入从1964年的5.5亿美元猛增到1974年的230亿美元，1973—1978年伊朗国民经济的年均增长率高达6.9%。在巨额石油收入的保障下，伊朗的国力和国际地位迅速提升，国家基础设施和工业得到了长足发展，伊朗迅速从农业经济国变成石油经济国。

然而，伊朗日本石油化学项目的进展并非一帆风顺。1979年，伊朗爆发了伊斯兰革命，礼萨·巴列维领导的伊朗君主立宪政体被推翻，革命领袖鲁霍拉·霍梅尼成立了政教合一的伊斯兰共和国。亲美政权的垮台让伊朗同西方世界的关系迅速紧张了起来，可是就在美国同其他西方国家纷纷撤离伊朗之时，唯有日本大使馆仍在继续工作。

不仅如此，在伊朗极度孤立的情况下，日伊关系非但没有恶化，反而合作更加广泛。1979 年，伊朗新政府的第一任首相巴扎尔甘还致函日本，保证将 IJPC 项目列在国有化名单之外，继续此项工程。日本十分明白伊朗的重要性，一旦与伊朗交恶，或使伊朗掐断波斯湾，就会严重影响到日本的石油供应。

1979 年 11 月 14 日，由于发生"伊朗人质危机"，美国宣布对伊朗实施经济制裁，同时知会日本外交部，要求日本通产省配合，共同实现对伊朗的经济制裁。可是日本一直没有反应，不接受、不承认美国对伊朗的经济制裁，三井财团的 IJPC 项目继续正常施工，石油照常进口，金融业务也照做不误。很快，日本的"不作为"就引发了美国方面的不满。

1979 年 12 月 10 日，美国国务卿万斯在巴黎会见日本外务大臣大来佐武郎，批评日本在"伊朗人质危机"中的迟钝与不作为。他指责日本购买伊朗石油的行为，并指控日本政府帮助伊朗处理冻结资金，将会承担与美国关系紧张的责任。就在日本骑虎难下之时，苏联人入侵阿富汗的行动彻底改变了中东的地缘政治格局。伊朗革命不再仅仅是一个地区问题，更是成为美苏全球战略中的一部分。

面对苏联的压力，美国对伊朗的态度开始转变：在苏联已经彻底掌握了阿富汗的背景下，如果连伊朗也倒向苏联，那么整个中东局势将会对美国非常不利。于是，日本政府提出希望能够继续进行 IJPC 项目，并将日本在伊朗的存在作为维护美伊关系的重要纽带。由此一来，三井财团在伊朗的 IJPC 项目就增添了一个新的使命——做美国与伊朗断交之后的外交联络官。

事实上，伊朗伊斯兰共和国建立后，新政府宣布取消巴列维国王时期与外国公司签订的所有油气合同，彻底收回了国家权益。以美国为首的西方国家开始对伊朗实行经济制裁，伊朗被迫采取限制生产、增加储备的政策，国家经济命脉石油工业遭受严重打击。在这种情况下，日本三井财团的 IJPC 项目就成为伊朗能源领域仅存的希望之一。

两伊战争，断送最后的希望

1980 年 9 月 22 日，伊拉克全面进攻伊朗，长达 8 年的两伊战争就此打响，日本的中东战略也被彻底打乱了。事实上，伊朗的体量比伊拉克要大得多，战争实力也远远超过了伊拉克，可是伊拉克在战争初期却获得了优势，特别是空中力量的碾压，为什么会出现这种情况？自然是来自美国的干涉。在两伊战争中，美国实际支持的是伊拉克。

说来也巧，开战仅仅两天，日本在伊朗的 IJPC 项目就遭到了伊拉克的猛烈轰炸。随后在 1980 年 10 月 14 日，迫于战争的压力，日本方面选择撤走了在 IJPC 工作的 750 位侨民，只留下 250 人驻伊朗，以保障项目能够在安全形势有所好转时立即重新投入施工。17 日，日本外务大臣伊东向伊拉克大使重申了日本的中立立场,并强烈希望两伊能够停火。

1982 年 11 月,中曾根康弘出任日本首相,由于当时日本 70% 的石油是从两伊进口的,日本政府担心战争的长期进行将影响它的能源安全。于是在 1983 年 7 月,日本新任外交大臣安倍晋太郎前往中东访问,两伊便是此行的重点目标,目的是开展“调停外交”。安倍晋太郎是日本首相安倍晋三的父亲,安倍家族是日本重要的政治家族,同时还与三菱财团保持着密切关系。

面对安倍晋太郎的来访,伊朗方面也表现出了足够的热情。伊朗外交部对安倍晋太郎表示:“亚洲经济强国日本与中东强国伊朗之间有必要深化合作,互补不足。”为回报伊朗的热情,安倍晋太郎提出要向伊朗派出一个经验丰富的技术调查团以协助伊朗的农业建设。同时,提出了具有战后重建性质的“伊朗综合城市计划”。不过,前提是希望伊朗与伊拉克能早日谈判。

另外,安倍晋太郎也前往伊拉克以维护自身的中立立场,并希望伊拉克尊重日本在伊朗的利益,不要攻击日本与伊朗的 IJPC 项目。同时,日本在 1983 年决定给伊拉克的贷款还款期限放宽 5 年,但条件是“在战争结束之前,不予实施”。即要等到停战之后,条款才能生效。可是在安倍晋太郎结束两伊访问之后,战争仍在继续。

1984 年,考虑到战争中伊拉克对 IJPC 项目所在地的石化设施进行了猛烈轰炸,设施受损严重,同时也为了保护工程师,三井物产最终选择了撤离,其在 IJPC 项目的损失相当于同年日本 GDP 的 0.4%。实际上,伊朗伊斯兰共和国对日本的态度也并不反感,认为日本的经济体系不同于西方与苏联,伊朗或许可以借鉴。正是由于这种态度,1988 年两伊战争结束后不久,IJPC 项目便重新启动了。

从 1969 年开始调研,到 1973 年签约,再到 1980 年几近完工,三井财团领衔的伊朗 IJPC 项目可谓屡遭挫折,经历了“石油危机”及“两伊战争”的冲击,都未阻挠日伊两国完成该项目的决心。一直到 1993 年,日本为服从时任美国总统克林顿提出的“双重遏制”战略,忍痛终止了长达 20 年的 IJPC 项目。不仅如此,日伊两国的能源经贸合作也屡次迫于美方压力而作罢。

2000 年,日伊两国开始讨论合作开发伊朗阿扎德甘油田项目的可行性,阿扎德甘油田被认为是伊朗最大的油田,石油贮藏量预计为 260 亿桶。2004 年 2 月,日本国际石油开发公司与伊朗政府签订价值 20 亿美元的协议,准备动工,可谓非常顺利。然而,此消息一出即遭到美国政府的强烈抗议。当时还只是美国驻联合国大使的博尔顿叱责日本支持“核国家”。

2006 年,美国副国务卿佐利克与负责军控的助理国务卿约瑟夫直接向日本驻美大使藤崎一郎施压,称担心伊朗会利用出售石油的收入发展其核计划,要求日本撤销对伊朗的投资,否则将对日本进行制裁,禁止日本与美国的金融合作。日本虽然一开始坚称绝不会放弃伊朗阿扎德甘油田开发项目,但最终还是迫于美国的压力，于2010年终止了同伊朗方面的合作。

日本油轮遭遇“可疑”袭击

受限于美国的压力，在很长一段时间里，日本政治家皆视伊朗问题为畏途，欲言而止，噤若寒蝉。2012年，日本前首相鸠山由纪夫以“个人意愿”访问伊朗，回国后招致日本政界骂声一片，斥其为不负责任的“卖国贼”。时任日本首相的野田佳彦还曾一度希望鸠山由纪夫取消访问，而多名高级官员撇清鸠山由纪夫出访与政府的关系，日本内阁官房长官藤村修更是否认政府委托鸠山由纪夫给伊朗“带话”。

2015年7月，伊朗与伊核问题六国（美国、英国、法国、俄罗斯、中国和德国）达成伊朗核问题全面协议。根据协议，伊朗承诺限制其核计划，国际社会将解除对伊制裁。在《伊朗核协议》签署之后，由于以美国为首的西方国家放宽了对伊朗的限制，日本政界才逐渐改变对伊朗的态度，蛰伏许久的日本商界也开始了再一次的行动。

2016年2月，日伊两国签订了《日伊投资协定》，旨在扩大两国经贸往来，充实两国合作。同年，日本对伊朗的出口较前一年增长超过1倍（103.4%），金额达5.8亿美元。日本从伊朗的石油进口增长34%，占日本进口总额的6.9%，伊朗成为日本第四大原油进口国。事实上，自1953年日本商社“出光兴产”不顾GHQ的反对，驾驶商船“日章丸”号从伊朗载回了石油以来，日本和伊朗的石油贸易虽然遭遇波折但从未中断。

2017年8月，伊朗国家石油公司总经理卡尔多在接受共同社专访时表示，日本国际石油开发帝石公司（INPEX）考虑以加盟海外石油巨头牵头的合包集团方式重新参与伊朗最大规模的阿扎德甘油田的开发，如果能够成行该项目就将成为因达成《伊朗核协议》而于2016年1月解除制裁后，日本对伊朗大型能源项目投资重启的标志性项目。

不过，于2017年上任的美国特朗普政府对伊朗却依旧采取敌视态度，并不认可此前的《伊朗核协议》，继续针对弹道导弹开发多次强化单边制裁。2018年5月8日，美国总统特朗普更是宣布，美国将退出《伊朗核协议》，并重启因《伊朗核协议》而豁免的对伊朗制裁。在特朗普退出由奥巴马政府斡旋达成的具有里程碑意义的《伊朗核协议》后，德黑兰和华盛顿之间的紧张关系再次加剧。

2019年6月12日至14日，为了缓解中东地区的紧张局势和斡旋美伊关系，日本首相安倍晋三“破天荒”对伊朗进行了国事访问，并且分别与伊朗最高领袖哈梅内伊和总统鲁哈尼进行了会晤。之所以说是“破天荒”，是因为这是自1978年福田赳夫以来，时隔41年第一次有现任日本首相访问伊朗，也是自1979年伊朗伊斯兰共和国推翻巴列维王朝以来的第一位。

然而，就在6月13日，安倍晋三和哈梅内伊会晤的当天，两艘油轮在霍尔木兹海峡附近的阿曼湾遭袭，其中一艘便为日本的“国华勇气”号。上述事件引起媒体大哗。随后美国国务卿蓬佩奥立刻召开发布会，点名伊朗要对此事负责，并直言“伊朗侮辱日本”。伊朗方面则予以否认，直言此事“可疑”，毕竟伊朗没有任何理由攻击自己的能源客户。

事实上，伊朗总统鲁哈尼在与安倍晋三交谈后就直接对外宣布，日本将继续购买伊朗石油，并促进金融、科学、文化等方面的合作。就在日本刚刚准备从伊朗继续购买石油，日伊两国关系再次出现缓和的大背景下，在安倍晋三的眼皮子底下日本油轮便遭遇了袭击，这不得不说是一个“巧合”，只是不知这个“巧合”是真的“巧合”，还是被刻意安排出来的“巧合”。

2019年6月13日，在日本首相安倍晋三和伊朗领导人哈梅内伊会晤的当天，日本“国华勇气”号油轮在霍尔木兹海峡附近的阿曼湾遭袭

回顾历史不难发现，无论是最开始的伊斯兰革命和两伊战争，还是后来的伊朗核问题和油轮遭袭，阻碍日本海外能源发展的其实一直都是美国的能源霸权主义，用特朗普本人的话，就是要实现美国在全世界的“能源主导”。特朗普政府对伊朗油气出口的制裁，对日伊能源合作的阻挠，背后都有美国国内亲以色列、亲沙特阿拉伯等利益集团的推动，同时也有欧美石油公司的推动。

第四节　“页岩气革命”的大赢家

美国“能源独立”催生新商机

从1970年至2009年的40年间，美国花费了大约4.9万亿美元用来进口石油。与此同时，在经历了由伊朗伊斯兰革命和两伊战争导致的石油供应短缺问题后，为了保证能源安全，美国不得不长期在世界主要产油区域保持军事力量存在，甚至不惜通过战争来实现能源安全，巨额的军费开支造成了美国财政赤字的高涨，于是追求“能源独立”成为美国历届政府的重要政策议程。

自1975年福特政府的《能源独立法案》开始，历届美国政府都将“能源独立”作为其孜孜以求的理想和目标。美国能源部（DOE）联合油公司、科研机构、高校等单位开展了非常规天然气（页岩气、致密气和煤层气）评价和开采方法研究。其中针对页岩气，1976年实施了东部页岩气工程：开展精确的页岩气资源评价，建立勘探选区原则,开发和完善成本有效的页岩气开采技术。

页岩气是从页岩层中开采出来的一种天然气,成分以甲烷为主。作为一种重要的非常规天然气资源,页岩气开发较常规天然气开发,具有开采寿命长和生产周期长的优点。页岩气赋存于富有机质泥页岩及其夹层中,与深盆气、煤层气一样都属于“持续式”聚集的非常规天然气,可以用于居民燃气、城市供热、发电、汽车燃料和化工生产等,用途广泛。

美国的“页岩气革命”正式开始于20世纪90年代末,这要得益于美国Mitchell能源公司坚持在得克萨斯州Fort Worth盆地进行探索试验,最终综合开发了“水力压裂和水平井技术”,实现了巴奈特(Barnett)页岩气的规模性商业开发。数据显示,美国的页岩气年产量由1999年的22亿立方米增加到了2009年的560亿立方米,2010年年产量则已经超过了1000亿立方米。

依靠着成熟的开发生产技术以及完善的管网设施,美国的页岩气成本仅仅略高于常规天然气,“页岩气革命”的成功使得美国成为世界上唯一实现页岩气大规模商业性开采的国家。页岩气开发所引领的能源革命在一定程度上使美国的能源独立性逐步增强,同时也带来了经济效益的提升,不仅吸引了大量的资金注入,同时也创造了超过170万个工作岗位。

事实上,美国“页岩气革命”的爆发并非偶然,除了技术领域的革新外,美国独特的政治经济环境也是重要的催化剂。2003年伊拉克战争以后,国际油价也一路攀升,华尔街金融机构更愿意为美国国内能源企业提供资金,由此诞生了一大批愿意承担巨大财务风险的小公司积极进行开采。同时,美国页岩气资源大多为私人所有,在大资金背景下,持有矿产权的所有者也更愿意出售页岩气。

2009年,受益于美国“页岩气革命”的热情,美国天然气生产量大幅增加,天然气市场由供不应求转变为供过于求,天然气价格从2008年中期的13美元/百万英热单位,降到不足5美元/百万英热单位。而在当时,日本的液化天然气交易价格仍为10~11美元/百万英热单位。作为全球最大的液化天然气进口国,日本一直都在以偏高的价格购买液化天然气。

此时,美国页岩气技术的及时突破成为日本的“救命稻草”。首先,美国天然气蕴藏量丰富,并且价格低廉——是欧洲的1/3、日本的1/4,日本选择从美国进口页岩气看似物美价廉。其次,大量进口美国的液化天然气等产品也是缓解日美贸易摩擦的重要手段。于是,以三井物产为先导的日本综合商社凭借多年在能源行业培养的信息搜集能力和进行的网络布局,杀入美国页岩气市场。

日本能源战略的优秀执行者

2009年12月15日,住友商事(住友财团的综合商社)出资1570万美元通过子公司收购美国卡里索(Carrizo)石油天然气公司在Barnett页岩气项目12.5%的股权，成为第一家作为美国当地天然气公司的合作伙伴参与开发此项目的亚洲企业。随后，住友商事再次通过子公司与美国雷克斯（Rex）能源公司签订协议，以1.4亿美元收购后者在宾夕法尼亚州马塞勒斯的页岩气资产。

2010年2月17日，三井物产成功通过子公司三井勘探开发美国有限责任公司，以14亿美元收购了美国第二大独立石油公司阿纳达科石油公司在马塞勒斯页岩区32.5%的股权，并获得10万英亩（1英亩=0.405公顷）资产。作为单独项目，其规模甚至超过了俄罗斯远东萨哈林2号天然气项目。日本三井物产是日本涉足欧美页岩油气资产最为积极的一家公司，斥巨资进行布局。

2010年2月，日本三井物产收购了位于美国东北部的马塞勒斯页岩区32.5%的股权，并获得10万英亩资产。马塞勒斯页岩区是北美页岩气资源量最大的地区，被誉为美国页岩气的骄傲

三井物产表示，计划将把产自马塞勒斯页岩区项目的天然气出售给美国阿纳达科石油公司，然后由其配送给纽约州及美国东北部地区的用户；鹰福特矿区产出的天然气和原油将销售给美国国内企业作为发电燃料。资料显示，被三井物产和住友商事看中的美国马塞勒斯页岩区，拥有84万亿立方英尺（1立方英尺≈0.03立方米）未被勘探而且技术上可以开采的天然气资源，同时还拥有34亿桶未被勘探而且技术上可以开采的天然气液体资源。

2010年9月，继住友商事和三井物产之后，三菱商事（三菱财团的综合商社）也斥资362亿日元购买了加拿大能源巨头畔西能源信托公司在不列颠哥伦比亚省东部科尔多瓦内湾地区的页岩气项目50%的权益，这是三菱商事首次购买页岩气的开发权。随后，三菱将其中15%的权益平均出售给日本中部电力公司、东京燃气公司、大阪燃气公司和独立行政法人石油天然气及金属矿物资源机构。

2011年3月11日，东日本大地震以及海啸使日本国内54座核电站只有11座处于运转状态，日本对核能的依赖度大大下降，逼迫日本寻找其他能源来源。2011年日本公司涉及的海外能源并购交易金额为95亿美元，而2010年仅为27亿美元。受日元强劲升值以及日本国内经济增长前景堪忧的双重影响，日本公司不断加大海外资产的收购力度，特别是对能源领域的收购更为积极。

6月9日，作为日企中最积极涉足页岩油气资产的公司，三井物产宣布从马拉松石油公司一家子公司手中收购波兰页岩气勘探许可区9%的股权，三井物产由此成为首家进入欧洲页岩气项目的日本公司。此次收购的股权涉及10个许可区，面积达210万英亩，位于波兰北部至东部一带。据美国能源部称，波兰可能拥有5.3万亿立方米的页岩气，可以满足该国300多年的天然气消费需求。

11月21日，日本伊藤忠商事与美国私募股权公司KKR一起以超70亿美元的价格收购了美国油气企业萨姆逊（Samson）投资公司，主要进行页岩气开发业务，该交易是当年全球最大的私募股权交易之一。在此项交易中，伊藤忠商事将投资10.4亿美元，拥有25%的股权，这是伊藤忠商事历史上最大的一笔海外收购交易。

可以说，日本综合商社开始逐渐加大在北美和欧洲页岩项目的投资力度是有目共睹的。当然，作为日本第三大石油消费商和世界上最大的液化天然气用户的丸红（富士财团的综合商社）也是不会错过这一机会的。2011年12月6日，日本丸红宣布斥资13亿美元从得克萨斯州的亨特（Hunt）石油公司手中购买位于得克萨斯州的页岩油和天然气项目35%的股份。

事实上，三井物产、住友商事等综合商社并不是页岩气的直接使用者。它们作为日本特殊形态的贸易公司，集贸易、情报、投资、物流、金融等功能于一身，不仅肩负着日本国内外贸易的重大使命，还是日本资源战略的优秀执行者。日本在海外寻求资源的过程往往是政商联手，综合商社先通过贸易活动占据一定的根据地之后，日本政府再开始推动，以政治手段保障日本海外的能源投资活动。

掌控整条页岩气产业链

2013年3月18日，三井物产与日本最大的石油综合集团出光兴产达成协议。双方准备投资1000亿日元（约合10.5亿美元）在美国墨西哥湾沿岸建设年产33万吨的大型α－烯烃工厂，α－烯烃是用于聚乙烯（PE）改质剂等方面的高功能化学品，这一产量相当于日本国内年需求量的约10倍。双方选择美国化工巨头陶氏化学作为合作伙伴，后者将供应由页岩气制造的乙烯用作该工厂使用的原料。

在美国建造的化学工厂也成为日本化工企业进入“页岩革命”核心部分的首个案例，显然三井物产瞄准的不仅是美国页岩气资源的勘探权，还将目标定位为页岩气产业链的整合，将日本在美国“页岩气革命”中的利益最大化。北美地区开始生产以页岩气为原料的化学品，因此从中长期来看，“页岩气革命”有可能给PE、PP、PS等树脂的供需及价格带来巨大影响。

5月15日，三井物产又宣布将与美国大型化工企业塞拉尼斯合作在美国投资建设甲醇生产工厂。双方计划各出资4亿美元成立合资公司，在塞拉尼斯的主要工厂内新设甲醇生产设备，预计2015年正式投产，年生产量为130万吨，相当于美国需求量的20%，甲醇可广泛应用到汽车零部件、医药品、燃料等生产领域。合资工厂的原材料主要由三井物产在美国的页岩气气田提供。

11月22日，住友商事与美国天然气技术研究机构天然气技术学会（GTI）签订了全面业务合作协议。其目的在于支援日资企业在页岩气相关产业领域开展业务。通过技术革新，页岩气可开采储量迅速增加，相关产业也在发展，在这种形势下，住友商事希望通过与研究机构合作，向日资企业介绍及提供美国积累的相关技术及技术评估方法。

GTI属于独立研究机构，主要接受政府和民营企业的委托进行研究，并开展咨询业务等。该机构设立于1941年,从页岩气的生产、液化、运输以及作为可减少环境负荷的能源推动其利用等多个角度,为政府和企业提供技术解决方案,实施旨在实现商业化的相关支援。住友商事表示,未来将运用公司的相关网络,为日资企业以北美为中心进军海外市场以及实现商业化提供帮助。

在北美页岩气产业的开发过程中,日本综合商社以产业组织者的角色居各大财团的核心地位。综合商社获得的项目进入开发阶段之后,财团内的相关制造业企业会为项目提供技术援助,最后金融机构会提供资金支持。在2013年美国能源部同意向日本出口液化页岩气之后,各大财团的金融机构纷纷开始响应日本政府的"对日资源稳定供应国"政策,把融资重心转向了北美页岩气市场。

2014年8月,三井住友银行、三菱日联银行等与日本国际协力银行宣布将向北美页岩气项目提供融资,规模达100亿美元以上。这些项目最早从2017年开始从北美向日本出口页岩气,每年将有1500万吨左右的液化天然气出口到日本。此外,日本银行界还将融资100亿美元以上,用于建造旨在向日本运输LNG的运输船。

日本企业在北美投资开展的页岩气项目共有3个,分别是三井物产与三菱商事出资的卡梅伦(Cameron)项目、大阪瓦斯和中部电力出资的Freeport项目,以及住友商事等出资的CovePoint项目。包括三井住友、瑞穗在内的日本银行团首先针对卡梅伦项目联合提供融资75亿美元,贷款年限为16年。同时,日本贸易保险将为融资中的20亿美元提供保险,用于建设页岩气的液化设施等。

凭借几年来的多次大手笔投资,以三井物产为首的日本综合商社已经深入渗透美国页岩气产业的每个领域,不仅为日本能源供给多元化战略找到了新的突破口,而且成功借机杀入页岩气深加工这个美国"页岩气革命"的核心领域,成为美国"页岩气革命"的巨大受益者之一。可以说,通过"产商融"结合的方式,日本财团在海外的能源矿产投资一直是顺风顺水。

至暗时刻前的全面撤退

2015年1月,传奇人物石油大亨罗斯·佩罗特之子小佩罗特在参加冬季达沃斯期间接受CNN采访时表示,美国1/3的页岩产业将被低油价击垮,"美国页岩气的繁荣不可持续,现在是泡沫破灭的时候"。一位中石油专家也指出,OPEC和俄罗斯等主要产油国原油大幅减产,使得国际油价长期徘徊在40~60美元/桶的低位区间,而这一价格远低于页岩气的开采成本。

尽管有分析人士认为,无论今后的页岩气市场如何,光看页岩气让美国快速成为全球第一大天然气生产国,放弃页岩气都是不明智的。但是很显然,随着国际油价的持续下滑,曾被视为"朝阳产业"的页岩气,正面临神话破灭的尴尬境地。事实上,2010年美国石油和天然气企业总债务为1280亿美元,截至2014年第三季度,这些企业的债务已经暴增至1990亿美元,增幅高达55%。

2015年6月,日本伊藤忠商事(综合商社)宣布将退出页岩气开发业务,对所持股份全额进行减损处理,以避免继续对业绩产生影响。伊藤忠商事以1美元的价格将出资25%的美国Samson投资公司的股份出售给该石油天然气开发公司。受国际原油价格下跌影响,美国Samson的业绩出现恶化,伊藤忠商事认为今后要获得稳定收益十分困难,这也是日本综合商社第一次退出北美页岩气业务。

不仅是伊藤忠商事,住友商事也计划从大型矿区撤退,其2014财年计提了1992亿日元的损失。此外,先行一步的三井物产和三菱商事这两家综合商社有的矿区则实现了盈利。因此,三井物产和三菱商事决定在继续开展业务的前提下仅对原油价格下跌的影响进行减损处理,减损额分别仅为300亿日元和390亿日元。

2016年12月,日本三井物产宣布其旗下的三井勘探已经与开采美国公司(MEPUSA)达成一项协议,计划以2.07亿美元的价格向Alta资源开发公司出售旗下位于宾夕法尼亚州的马塞勒斯页岩天然气项目的部分权益。MEPUSA是三井物产和三井石油勘探公司在美国成立的一家子公司,三井物产持有三井石油勘探公司74.26%的股权。

三井勘探及开采公司在美国马塞勒斯页岩天然气项目中的天然气产量约为3亿标准立方英尺/天,公司将出售其中大约7000万标准立方英尺/天的权益。三井物产表示,能源和矿产资源仍是公司的核心业务之一。三井物产的上游能源业务旨在获得高质量、低成本的储量,将继续增强公司的竞争力,出售能源权益则可以减少因油价波动而造成的损失。

事实上,美国页岩气产业的危机是与生俱来的。传统上的石油天然气开发是以华尔街这样的传统资本大鳄为支撑的,而"页岩气革命"在很大程度上依托硅谷这些创业投资、风险投资。这是因为美国页岩气通常是"放高产"的模式——第一年产量往往很高,资金可以快速回笼,后期可以通过继续打井的方式,增加产量,源源不断地挣钱。

因此,与其说美国页岩气是新的能源产业倒不如说是庞大的金融资金盘。数据显示,2008年美国推出量化宽松(QE)以后,发行了大量的垃圾债券,其中美国能源公司发行的债券占美国垃圾债券的15%,正是这些垃圾债券支撑着美国的页岩气不断走向繁荣。一旦国际油价持续下跌,债台高筑的美国页岩气开发商撤资的撤资,倒闭的倒闭,欧美页岩气市场势必会陷入僵局。

中信改革发展研究院资深研究员张捷在接受采访时表示,"我一直认为页岩气是一个空前的骗局"。他认为,首先,页岩气和油井产量曲线不一样,开采之后衰减速度非常快,维持其产量很不容易;其次,由于开采页岩气对地下水及岩层的结构要求特别高,其开采成本要远远高于常规石油。美国能源业繁荣,美国页岩气公司不断加大债务量,即使生产商的支出超过收入,其也能获得资金去钻井。

2020 年 3 月,受沙特阿拉伯和俄罗斯的石油价格战影响,美国“页岩气革命”的领导者——切萨皮克能源公司(Chesapeake Energy)正式向债务重组顾问寻求帮助,成为首家被油价暴跌压垮的美国大型能源公司。不仅如此,据相关机构预测,到 2023 年将有 2400 亿美元的能源相关债务到期,其中近 90% 和页岩气生产有关。毫不夸张地说,美国页岩气产业已经进入至暗时刻。

2020年6月,受沙特阿拉伯和俄罗斯的石油价格战影响,美国“页岩气革命”的领导者——切萨皮克能源公司正式向美国当地破产法院申请破产保护

事实上,无论这场“页岩气革命”是美国能源独立战略的功臣,还是“一场空前的骗局”,都不能忽视能源革命中的真正大赢家——以综合商社为核心的日本财团体系。它们不仅利用与美国企业合作开发页岩气获得了美国盟友的支持与信任,同时增加北美能源进口也相应降低了从中东等地进口能源的不稳定性,保障了能源安全。当然最重要的是,通过整条产业链的掌控,日本财团在这个庞大的页岩气金融资金盘中赚的是盆满钵满。

第五节　光伏产业引领世界

三井物产响应“阳光计划”

1974 年 7 月,为了应对石油危机和确保自身能源的稳定供给,日本政府公布了“阳光计划”,旨在不断扩大开发利用各种新能源,寻找可以替代石油的燃料,该计划的核心内容就是太阳能的开发利用。1993 年,日本又将“阳光计划”“月光计划”与“地球环境技术开发计划”合并推出了“新阳光计划”。此后,日本的光伏政策便由中央政府统一制定和管理,然后通过地方政府实施。

“光伏”是太阳能光伏发电系统的简称,就是利用太阳电池半导体材料的光伏效应,将太阳光辐射能直接转换为电能的一种新型发电系统。日本是最早制定光伏产业发展政策的国家,1990 年,日本修改了《电力公司法》以支持光伏并网发电。1994 年,日本政府开始提供接近成本 50% 的补贴以鼓励居民安装光伏发电系统,因此日本的光伏电站一开始大都以分布式居民用电站为主。

20 世纪 90 年代,为响应日本政策号召,三井物产也正式开始从事太阳能发电的相关事业。其中包括聚硅原料相关事业、太阳能电池模组用资材和器材的销售、在国外开展独立发电事业(IPP)、为发电项目提供专用系统以及开发有关新能源的解决方案等。凭借其在半导体方面的技术优势和强大的经济实力，辅以一系列法律法规、政策和措施，日本很快就成为国际光伏产业的领头羊。

进入21世纪以来，由于日本核工业的快速发展和欧美国家在太阳能领域政策的大力扶持，日本的光伏产业一度被德、美两国赶超。2011年，福岛核电站发生泄漏事故后，日本暂时关停了所有的核电站，可再生能源进一步得到重视，光伏产业与市场也迎来了新一轮的发展。于是，深耕光伏产业数十年的三井物产再一次成为焦点。

2012年8月，三井物产与东京海上资产管理投信株式会社（TMA）携手合作，开发了有关太阳能发电的新型商务构架，即"企业年金模型"，并成功推出了第一只基金。三井物产基于日本政府出台的"固定价格（电力）收购制度"，接受TMA募集的由企业年金等出资的投资基金，开发和经营太阳能发电站，负责从土地确保、电厂建设到经营和撤收等一系列的业务活动。

"企业年金模型"第一只基金的对象是从北海道到熊本县的10座太阳能发电站，面板装机容量约为28MW。在第一只基金后，三井物产将继续与TMA策划第二只基金（装机容量约43MW、基金总额达135亿日元），并就未来在日本国内新开发10座大型太阳能发电项目达成了协议。显然，三井物产的目标不仅仅是简单的太阳能发电项目。

大型太阳能发电站即使在建成投入运营之后也需要对发电状况进行监测、对设备仪器进行保养，需要进行运营维护。三井物产充分发挥集团公司的综合实力，与三井信息株式会社（IT公司）及三井物产物业管理株式会社（接受委托开展楼宇维护工作）一道，构建大型太阳能发电站的维护和运营体制。该体制是通过对复数的大型太阳能发电站进行统一管理的"企业年金模型"而构建的崭新体制。

事实上，除了"企业年金模型"之外，三井物产还在有关卖电手续及项目融资等领域，充分利用迄今为止积累的丰富经验和综合实力，积极开发可再生能源事业。目前由三井物产投资参与的项目还包括，位于爱知县田原市的太阳能和风力发电事业——田原太阳能风力共同事业；与软银集团旗下的SB能源株式会社共同在鸟取县米子市崎津地区开发的日本国内最大规模的太阳能和风力发电事业——软银鸟取米子太阳能园区……

此外，三井物产还在东日本大地震中遭受重创的宫城县东松岛市野蒜地区的奥松岛运动公园旧址建设大约3.6MW的大型太阳能发电站。该电站取名为"奥松岛纽带大型太阳能园区"，作为东松岛市复兴重建事业计划的一环，它是由三井物产与灾区企业携手合作、共同推动的旨在实现复兴重建的纽带项目，也是海啸灾区最早开始建设的事业项目。

日企结盟共建，抢食全球商机

2011年12月，三井物产、松下等约20家日本太阳能电池相关企业决定，在日本经济产业省支持下，联手推动太阳能产业，将针对东南亚、中南美等区域成立5个联盟，抢食全球商机。日本太阳能技术水平虽然一直处于世界前列，但因技术分散于各个企业，各自为政，难以接下海外大型项目。未来计划针对不同区域，由3~9家公司推出业务代表，并组成团队前往当地承接业务。

作为三井财团重要的关联企业，半导体与核电曾一直是东芝公司的两大主营业务。然而，受到福岛事件的影响，东芝决定打破原先战略格局，将新能源业务视为公司重要营收来源。2011年，东日本大地震后不久，东芝就宣布与三井物产、三井化学联手兴建大规模太阳能发电站，该发电站的最大输出功率可达5万千瓦，将成为日本国内最大的太阳能发电站。

发电站计划建在三井化学位于爱知县田原市拥有的约80万平方米土地上，所产电力全部销售给中部电力公司，三井物产是这一工程的牵头发起人。此外，三井财团的三井造船工程公司、东丽公司和东亚合成公司也将参与其中。三井财团的东芝公司则是工程的总承包方，负责设计、采购和施工等一系列工作。尽管本土光伏业务动作频频，但东芝海外市场的拓展步伐从未停止。

2013年12月4日，三井财团的东芝公司宣布正式进军德国光伏市场，与德国第二大不动产公司GagfahSA（GFJ）建立战略合作伙伴关系，向德国家庭直接销售太阳能电力。在2014第三届世界光伏产业投资峰会上，东芝（欧洲）总经理森田泰弘表示，作为欧洲最大的能源市场，德国家庭电价一直处于高位。东芝与GFJ开展的业务模式会绕过电网，降低成本，使东芝能够以低于配电企业的价格将能源出售给客户。

森田泰弘还表示："我们认为光伏发电应该是基础设施的一部分，就我们的业务模式而言，光伏业务模式将构成未来智能社区的一部分。我们清楚，这个模式无法凭一己之力完成，我们需要合作。我们需要与房地产公司合作，与供电公司合作，还需要多方协同。我们的模式不仅仅局限于德国，未来我们还希望将之延展至意大利以及部分亚洲国家。"

事实上，与三井物产合作的不只有东芝公司。同样是在2013年，京瓷、软银与三井物产在日本大阪也共同兴建了19.6MW太阳能发电站。京瓷太阳能将向该项目提供8万块光伏组件，装机容量达到19.6MW，年发电量约2068万kW·h，相当于5700户家庭一年使用的电量。电站建成后，将由三井物产、软银能源、京瓷太阳能共同投资设立的企业经营。

京瓷是日本最早进入光伏产业的公司之一，早在1975年就开始研发太阳能电池了。除了生产供应太阳能电池外，还与子公司京瓷太阳能共同推进太阳能发电系统的安装、太阳能发电站的建设以及太阳能发电等各种太阳能相关业务。京瓷虽然不是三井财团的企业，但是同样与三井财团关联密切，京瓷的创始人稻盛和夫曾在三井财团旗下的松风工业株式会社特磁课工作，深受三井文化影响。

2013年,为了促进农业、农村经济的发展以及可再生能源的普及,日本农协和三菱商事计划,针对全日本农户以及日本农协相关设施安装日本规模最大的200MW太阳能发电系统。2013年7月,京瓷为该项目提供太阳能发电系统,第一年将在日本约80处安装总计30MW太阳能发电系统,其设计、施工、维护将全部由京瓷子公司——京瓷太阳能株式会社负责。

日本做光伏的企业不少,但像京瓷这样从晶体的生产到太阳能电池的组装,再到光伏电站的设立,能够提供全套产品的企业不多。同东芝一样,京瓷也将其全球战略布局的重点放在了欧洲。2014年1月29日,京瓷集团决定向位于荷兰海牙的京瓷体育场提供725kW·h太阳能电池组件。这是京瓷集团继瑞士首都球场(2004年)之后,涉及欧洲专业体育的另一项重大太阳能项目。

到目前为止,京瓷已经为全球诸多体育场提供了太阳能电池组件,其中包括位于澳大利亚昆士兰州北部汤斯维尔市的RSL体育场和日本广岛的广岛市民球场。在中国,永旺北京国际商城购物中心也引进了京瓷制造的太阳能发电设备。此外,京瓷公司还为大金空调(苏州)有限公司的仓库屋顶安装了大型太阳能并网发电系统,并成为中国首个取得国家级绿色建筑认证的民间工厂。

日本要求的是全产业链竞争

相比于日本、欧美等发达国家,中国是光伏产业的后来者。但是,中国用十几年的时间实现了这一领域从培育期、成长期到成熟期的追赶和超越,堪称“弯道超车的典范”。自2013年以来,中国每年新增光伏装机容量连续6年稳居全球第一,并于2017年超过了全球新增装机量的50%。2017年,中国光伏产业产值就超过5000亿元,占据了全球70%以上的份额。

当然,参天大树不可能短时间内成长起来,中国光伏产业的发展离不开中国企业的奋斗发展。1993年,做了10多年化妆品生意的苗连生开始从日本进口散件组装太阳能霓虹灯,太阳能霓虹灯激发了他对太阳能产业的兴趣。当时苗连生和他的英利公司仍在苦苦挣扎,这名转业军人出身的商人,成为国内光伏行业第一个吃螃蟹的人。

1998年,苗连生正式成立保定英利新能源有限公司(以下简称“保定英利”)。一年后,在合作伙伴退出的情况下,保定英利依然承担了国家高新技术产业化示范工程——多晶硅太阳能电池及应用系统示范项目。这是中国首条具有国际先进水平的多晶硅太阳能产品示范生产线,保定英利也成为首家步入中国光伏产业的公司。如今,保定英利已经发展成为全球领先的太阳能光伏企业。

在太阳能光伏领域取得成功后,苗连生提出了“混业经营”的思路,未来保定英利集团将会向光伏产业链、飞轮储能、商贸物流、产业配套、金融服务、绿色农业6个方向发展。事实上,保定英利集团的“混业经营”思路源自日本三井财团。苗连生回忆说:“2010 年初,我们在公司内部组织了一次活动,学习《三井帝国在行动——揭示日本财团的中国布局》,认为应该抓住机会开展‘混业经营’。”

事实上,在保定英利、无锡尚德、天合光能、赛维 LDK 等第一代中国光伏企业初露峥嵘之时,日本光伏企业已经在全球市场呼风唤雨。在光伏产业的核心技术上,夏普、京瓷、三洋、三菱等日本企业也起着重要作用。2011 年 4 月,山西纳克太阳能科技有限公司与日本产机电业株式会社签署多晶硅生产线设备合作意向。通过与日本的合作,山西多晶硅光伏发电产业技术居中国首位。

2010年,保定英利集团内部组织学习《三井帝国在行动——揭示日本财团的中国布局》(白益民著),认为应该抓住机会开展“混业经营”

高纯多晶硅是电子工业和太阳能光伏产业的基础原料,多年来世界各地提炼多晶硅主要是运用德国西门子法,而日本产机电业株式会社是利用物理法提炼多晶硅。物理法虽然耗水,但是耗电量是德国西门子法的 1/3,成本是它的 1/3,同时通过物理方法分解的废弃物,可以掩埋甚至再利用做成建材,不会污染环境。因此日本物理法多晶硅提取技术更环保,更适合缺水、“低碳”发展的山西。

经过长期的技术学习和积累,以及国家 10 多年来的政策扶持。中国拥有全球最大光伏发电全产业链集群、最大应用市场、最大投资国和最大产品出口国等一系列桂冠,光伏发电也已经成为中国的“国家名片”之一。然而,曾经无比辉煌的日本光伏产业似乎开始日薄西山,仅 2017 年日本光伏企业中就发生了 88 件破产案,日本光伏产业真的开始走向衰退了吗?

事实上,自 2015 年起日本太阳能相关企业就开始加快淘汰速度,在快速淘汰的背后不是日本光伏产业的衰退,而是又一次的产业升级。从日本财团的角度来看,各个日本光伏企业实际上是日本整条太阳能产业链的一部分,因为日本的整个产业链是一套独立自主的产业体系,它不像中国企业基本上还是属于组装型,中国企业注重的是市场占有率,而日本则要求全产业链竞争。

还是以三井财团为例,早在 2008 年 6 月三井物产就把集团内各部门从事的太阳能发电相关事业集中在一起,成立了太阳能产业事业部,从而加强与其他相关部门之间的横向协作,以期开展能够发挥公司整体综合实力的事业。这样做的好处在于,为了解决太阳能发电的有关问题,积累了从产业链上游至下游广泛开展事业活动的经验,甚至囊括整个价值链的事业活动。

日本的战略选择是潜藏在暗处,并从“细节”上来控制世界。仅在太阳能光伏发电产业领域内,就有硅片、太阳能电池制造、光玻璃原材料、变流器以及架台等周边产业,此外还有住宅厂家、电器设施店等。每一个产业一方面从中受益,另一方面又都是整个日本新能源战略的细节支点。日本之所以能够有独立完整的产业体系,很大程度上是因为有三井物产这样的综合商社。

共同开拓第三方市场

2017 年 3 月,由中国晶科能源有限公司和日本丸红株式会社组成的财团宣布与阿布扎比水电公司(ADWEC)签订关于阿联酋阿布扎比酋长国 Sweiha1177MW 太阳能光伏独立发电项目的购电协议。一旦该项目的商业运营正式启动,就会届时成为世界上最大的单个公用事业规模的太阳能光伏电站。达成协议的净电能价格,也将是太阳能光伏行业迄今为止最具竞争力的价格之一。

2017 年 11 月,中国天合光能有限公司(以下简称"天合光能")与三井物产合作,成功中标墨西哥萨卡特卡斯 104MW 单体光伏电站项目。天合光能将与三井物产株式会社共同开发、施工和投资该项目,计划于 2020 年第二季度投入商业运营。天合光能副总裁尤泓明说,墨西哥项目为双方的合作奠定了良好的基础,未来双方计划进一步深化合作关系,联合开拓日本光伏市场,并加强在第三方市场的合作。

对于与中国企业的合作,三井物产株式会社社长兼首席执行官安永龙夫也表示:"墨西哥项目已经取得了阶段性成果,我们相信,通过双方的共同努力,该项目能够如期投入运营。"据悉,天合光能在日本也设有 3 家子公司:天合光能日本株式会社、天合光能能源(日本)株式会社和天合储能日本株式会社。业务涵盖光伏组件与储能等产品的销售和服务、光伏电站的开发投资等,同时还计划在日本推介能源物联网解决方案。

2018 年 10 月 26 日,日本首相安倍晋三携 500 名商界领袖展开 7 年来的首次正式访华,开启"破冰之旅"。作为访华成果的重头戏,中日双方在人民大会堂举办了第一届中日第三方市场合作论坛。超过 50 家日本企业巨头、1200 多位中日企业家参加。在当天签署的金额超过 180 亿美元的 50 项合作协议中,能源领域的合作协议格外引人注目。

李克强总理在合作论坛的致辞中表示:"会场中有 14 块展板展示中日两国在第三方市场的合作,每一块展板都是鲜活的合作范例。""看到了中日双方在新兴能源领域开展共同融资等良好合作。"中国光伏再次被提名表扬,14 块展板中就有 2 块是关于中日双方在第三方合作开发的光伏项目。中国光伏人早已作为开路先锋,蹚出了一条中日在第三方市场合作的光明大路。

正是看到了中日光伏产业在第三方合作的巨大潜力,日本丸红株式会社代表董事、副社长、电力与成套设备集团 CEO 柿木真澄专程与中国光伏行业协会副理事长兼秘书长王勃华举行会面,双方就如何开展第三方市场光伏发电领域合作签署了《关于在第三方市场光伏发电领域合作的谅解备忘录》，双方将在光伏发电项目、相关政策与动向、光伏设备相关最新技术等方面开展合作。

2019 年 1 月，中国领先的多晶硅和太阳能硅片生产商保利协鑫能源控股公司（以下简称“保利协鑫”）和三井物产株式会社以及 Evolution Innovation 集团宣布成立合营公司 Evolution Energy Limited，旨在为电网基础设施提供人工智能解决方案。此前，保利协鑫还计划与日本三井物产组建合资企业，以投资于中国以及其他“选定”海外国家的新一代能源和基础设施相关业务。

中日第三方市场的合作将采取怎样的方式和措施，未来前景又将如何？正如李克强总理所说，中日两国在第三方不搞恶性竞争，发挥互补优势拓展合作空间，双方应共同努力在第三方市场取得三方共赢，中日双方有非常广阔的合作空间。事实上，先于其他行业的光伏领域已经交出了一份很好的合作答卷。未来以此为范本，期待中国和日本在第三方国家开拓出更大的合作共赢空间。

参考文献及来源：

1. 泠风. 伊朗石油工业历史（一）[J]. 中外能源，2010，15（1）：45.
2. 徐奇渊. 日本 IJPC 海外投资项目的教训[EB/OL].（2015 – 07 – 17）[2021 – 10 – 07]. http://iwep.cssn.cn/xscg/xscg_sp/201507/t20150717_2084562.shtml.
3. 日本光伏企业结盟“出海”[J]. 能源技术经济，2012，24（1）：61.
4. 宫柯. 日本在我国东北钻探石油始末（上）[J]. 石油知识，2016（3）：30 – 33.
5. 薛桂芳，迟远达. 浅议中日东海共同开发[J]. 中国海洋大学学报（社会科学版），2009（2）：4 – 7.
6. 石油绞杀：二战美国对日禁运政策[EB/OL].（2017 – 11 – 24）[2021 – 10 – 07]. http://center.cnpc.com.cn/bk/system/2017/11/23/001669647.shtml.
7. 龚婷.“能源独立”：美国“页岩气革命”的现状与前景[EB/OL].（2013 – 12 – 11）[2021 – 10 – 07]. https://www.ce – china.cn/ce_china/vip_doc/9108138.html.
8. 三井物产和墨西哥国家石油合作开发页岩气[EB/OL].（2013 – 04 – 10）[2021 – 10 – 07]. http://energy.cngold.org/c/2013 – 04 – 10/c1726294.html.
9. 三井物产：日本的太阳能发电事业[EB/OL].（2013 – 08 – 27）[2021 – 10 – 07]. https://www.ne21.com/news/show – 45615.html.
10. 日本新能源发展角色重要 中国该向日本学习什么？[EB/OL].（2011 – 07 – 07）[2021 – 10 – 07]. https://guangfu.bjx.com.cn/news/20110707/293725.shtml.
11. 李妍楠. 安倍访华带来诸多利好消息，中日能源合作有望再度升级[N]. 中国石油报，2018 – 10 – 30.
12. 京瓷：步步为营的全球光伏战略[EB/OL].（2014 – 03 – 06）[2021 – 10 – 07]. https://guangfu.bjx.com.cn/news/20140306/495216.shtml.

13. 三井物产、东芝和东丽等将建日本最大太阳能电站[EB/OL]. (2011 - 11 - 02) [2021 - 10 - 07]. https://www.solarbe.com/collection/201111/02/165986.html.
14. 白益民. 能源就是命脉:"地缘政治"与"大国博弈"启示录[M]. 北京:中国经济出版社,2018.
15. 郑思尧. 能源安全博弈与地缘政治经济——以日本同东南亚国家的油气合作为例[D]. 广州:暨南大学,2005.
16. 迟远达. 中日"东海共识"浅析及东海共同开发建议[D]. 青岛:中国海洋大学,2010.
17. 美国页岩气"凉了"? 油服巨头哈里伯顿裁员 超30家企业倒闭[EB/OL]. (2019 - 10 - 12) [2021 - 10 - 07]. https://baijiahao.baidu.com/s? id = 1647160465331671531&wfr = spider&for = pc.
18. 袁志丽. 美国页岩气革命其实是个骗局[EB/OL]. (2015 - 01 - 12) [2021 - 10 - 07]. http://www.wyzxwk.com/Article/jingji/2015/01/336554.html.
19. 舟丹. 美国的"页岩气革命"[J]. 中外能源,2019,24(1):39.
20. 美插手中日东海能源之争[N]. 厦门日报,2004 - 07 - 28.
21. 冯昭奎. 日美"能源同盟"或影响国际格局[EB/OL]. (2013 - 10 - 15) [2021 - 10 - 07]. http://m.haiwainet.cn/middle/233778/2013/1015/content_19800510_1.html.

第十章 产业就是脊梁

1894 年，为了顺应日本产业革命的工业化高潮，三井内部特设了工业部，全面推行工业化路线，具备了近代工业企业的实力。通过多种途径，三井拥有了除金融（三井银行）和贸易（三井物产）外的产业——近代工业方面的企业群，至此确立了“产商融”“三位一体”的财团体制。

1967 年，三井物产成立三井情报开发株式会社（MKI），其英文名称中有一个在当时很超前的概念——“知识产业”，在当时被译为“情报产业”。同时，日本各财团的主要商社也都设立了专职的科技情报部门，技术情报活动的重点是搜集欧美等国家（地区）的产业技术情报。

20 世纪 90 年代，经历了《广场协议》签订和泡沫经济破裂的双重打击，日本经济环境一度陷入萧条，但以三井财团的东芝和索尼等为代表的制造业企业基于危机感的“自我升级”却一直都没有停止，“日本制造”及“日本设计”逐步摆脱了“山寨”别人的恶名，获得了世界级的信誉。

——作者题注

【阅读提示】

“三井”告诉了我们什么(10)

产业升级转型,是中国工业从粗放式生产到精艺化生产的必经过程。粗放式的经济增长方式,主要依靠增加投资、扩大厂房、增加劳动投入来增加产量。这种方式消耗较高,成本较高,产品质量却得不到提高。随着国际市场需求降低,东南亚国家的崛起,中国在国际市场上将失去这一类产品的竞争力。因此,产业转型升级势在必行。

中国真正实现产业的转型升级,并不是某一个企业的问题,而是需要上下游所有企业共同配合改革。现在中国的企业与企业之间是没有关联的,就像原始社会的游牧部落一样,可以称为“部落经济”。然而“部落”是斗不过“诸侯国”的,因为在“诸侯国”里面,分工明确,能够形成一个相对复杂的配套体系,有制造、有交换、有市场,然后就形成了一条产业链,这样“诸侯国”的经济就会发展起来。

企业之间要想构建起这样的合作联盟体系,单独靠某一企业自身的力量是很难做到的,这就需要形成一种相互联系的命运共同体。在体系内部,大家交叉持股,共同投资,完善产业链,变成上下游关系,形成中国传统的“商帮”。只有被纳入“商帮”里,最后才有可能会活下来。在未来的竞争中,如果脱离这样的形态,就会慢慢地被淘汰。

在日本成功实现产业升级转型的过程中,以三井物产为代表的综合商社起到了至关重要的作用,它还有另外一个名字——“产业组织者”。事实上,早在20世纪90年代,中国政府曾经专门下发过一个文件叫《综合商社试点》,本来国家设计得非常好,后来因为发生了亚洲金融危机,就否定了日本的模式,随后把美国的模式引进了过来。

其实,综合商社最原始的状态就是几个对外垄断性的大贸易公司。但纯粹的贸易公司并不能称为“综合商社”,真正的综合商社一定要把金融加到贸易里面去,在日本,综合商社被称为“第二银行”,也叫“影子银行”。一旦贸易被赋予了金融的功能,它的力量就会变得非常强大。因为商社做贸易与各行各业的人打交道,它能迅速地捕捉到商机,再加上金融的跟进,试问焉能不成功?

同时,综合商社的金融功能也可以很好地解决民营企业转型升级过程中“融资难”的困境。实际上,民营企业不是不愿意进行产业升级,而是由于体量太小资金有限,无力抵抗升级的阵痛。2013年中国提出产业转型升级战略以来,超过600万家企业在这一过程中倒闭了。因此,中国实现产业升级的发展历程中绝不能忽视民营制造业企业的感受和重要性。

本章导言

2020年8月6日，力帆股份(股票代码:601777)发布公告称，控股股东重庆力帆控股有限公司，以其不能清偿到期债务，资产不足以清偿全部债务为由向重庆市第五中级人民法院(以下简称“法院”)申请进行司法破产重整。同时，力帆股份在公告中还表示，力帆乘用车、力帆汽车销售、力帆汽车发动机、无线绿洲、移峰能源等子公司，现阶段生产经营均不正常。

成立于1992年的力帆集团，是中国最大的民营企业之一。从一家只有9名员工的民营企业发展成为中国摩托车出口的冠军，力帆仅仅用了9年时间。2001年，力帆以产销发动机184万台、销售收入38亿元、纳税1亿元的惊人业绩，超过嘉陵和建设两大老牌巨头，成为中国国内摩托车业的龙头老大。就此，也开启了属于力帆的辉煌时代。

如今，公司持续经营问题及巨额债务，让力帆面临严重危机。财报显示，力帆股份2019年实现营业总收入74.5亿元，同比下降32.35%；归属母公司股东净利润-46.82亿元，同比大幅下降1950.83%。2020年第一季度财报显示，力帆股份实现营业收入5.64亿元，同比下降74.88%；归属于上市公司股东的净利润-1.97亿元，同比下降103.06%。

不仅如此，力帆股份的销售业绩同样也不理想。数据显示，2020年1—5月，力帆传统乘用车销售不足千辆，新能源汽车销量则遭遇“腰斩”。具体来看，力帆传统乘用车前5个月累计销量为887辆，同比下降95.49%；新能源汽车前5个月累计销量为460辆，同比下降54.5%。即便是主要业务的摩托车，上半年累计销售213536台，同比也减少了29%。

一边是产销业绩的几近停滞、步履维艰，另一边是债主的集中上门、如履薄冰，力帆这位昔日的“国产摩托车大王”当年在西南市场独当一面的雄风已经消磨殆尽，四面楚歌、命悬一线。事实上，力帆发展到如今的境地基本上是可以预见的，接连数年业绩下滑和净利润的亏损已经让力帆“积重难返”，加上新冠肺炎疫情的冲击，进一步使力帆深陷危机。

实际上，不仅仅是力帆，民营制造业企业特别是汽车企业如今都面临着或多或少的困境。2020年7月7日，杭州市临安区人社局的一纸公告，也让众泰汽车大股东铁牛集团有限公司陷入破产清算疑云。公告显示，“众泰汽车集团总部已连续七个月未支付员工工资”。虽然众泰方面后来回应称，该公告为虚假消息，欠薪问题已经快解决了，但是显然这份公告背后的“事情并不简单”。

其实，无论是力帆、众泰，还是曾经的江淮汽车，追根溯源，民营车企的败局初现端倪，都要归于它们的“造车梦”。以力帆集团为例，创立之初，力帆主要从事摩托车的生产和销售，并取得了不俗的成绩。但力帆并不满足于只生产摩托车，而是希望能够实现“转型升级”。于是，在追逐“造车梦”的路上，力帆涉足过乘用车、新能源汽车、共享汽车这3个领域。

奈何在这3个方向中，力帆皆没有做出什么成果，反而因此负债累累。2006年其进入乘用车行业，但没过多久力帆汽车的销量就开始走下坡路。2013年，力帆选择进入新能源汽车行业，刚开始其在新能源汽车上还有一定成绩，然而在2016年陷入“骗补”风波后，力帆被取消了当年的新能源汽车补助资金预拨资格，业绩也因此一落千丈。

在经历过新能源汽车的失利之后，力帆股份又将目光转到“烧钱”更甚的共享汽车行业。可是共享汽车与共享单车一样，注定是“烧钱”模式。截至2020年，力帆旗下的盼达用车仍处于亏损状态，并且陷入了退不了押金的经营困境。制造业企业转型需要庞大的现金流支撑，因此力帆股份长期以来主要通过向银行、非银行金融机构进行融资或者借钱，实现自己的“造车梦”，而这也使其负债累累。

缺钱，是限制民营制造业转型升级的本质问题。很多民营企业采用私募股权基金的方式来进行“输血”，但是私募股权基金有一个最大的问题——都是由金融专业人士来进行组建和操作。实际上，它们缺少对产业的认识，更多的是想赚快钱。所以，很多私募股权基金的目标并不是进行产业整合升级，而是进行IPO上市，然后快速获取股民收入，这里面就缺少了一个金融结合产业的概念。

第一节 三井创立“产商融”体系

将民营经济摆在核心位置

19世纪60年代，为了避免沦为欧美国家的殖民地、半殖民地，日本在明治维新过程中，提出了“富国强兵”“殖产兴业”“文明开化”的三大政策。所谓“殖产兴业”，就是指运用国家政权的力量，以各种政策为杠杆，用国库资金来加速资本原始积累过程，并且以国营军工企业为主导，按照西方的样板，大力扶植日本相关产业的成长。

1870年12月，日本明治政府设立工部省，负责经营管理从旧幕藩接收的、除军工企业外的一批工厂、矿山。这一时期日本政府主要从事改造、扩大矿山，建筑铁路，经营电信、造船、制铁等事业，但对民间制造业很少关注。可以说，明治初年的“殖产兴业”还是以“官营工业主义”为主要政策，以三井为代表的政商家族则为维新政府提供财政支持。

1874年5月，日本明治政府的实权掌握者大久保利通提出了一份《殖产兴业建议书》，这是明治政府经济现代化的总纲领。大久保利通将民营经济摆到了“殖产兴业”的核心位置，认为鼓励、扶植民众经营实业，才是经济现代化成功的关键，政府的作用是诱导、服务。于是，扶植与保护私人资本，促进私人企业发展成为日本产业革命的核心。

1880年11月，为了加速工业化的进程，日本政府发布了“官业下放令”，决定将军工、铸币、通信、铁道、印刷等特殊部门以外的官营企业，出售给有一定资本、有一定经营经验的企业及企业家。竞拍价基本低价甚至无偿，不仅如此，日本政府还有免费的前期支持，包括技术和资金方面。显然，要想免费获得矿产、铁路、海运等涉及国家经济命脉的重要企业并非易事。

凭借着特殊的政商关系，三井、三菱、古河等传统日本财阀成为这一时期最大的赢家。以三井家族为例，在“倒幕”运动中，三井商人暗中支持长州藩“倒幕”，以三井家族为中心的三都商人（江户、大阪、京都等地的商人）为“倒幕”运动提供了超过70%的经费。因此，在推翻德川幕府统治、建立新政府后，三井也就顺利成为明治时代最著名的“政商”家族。

当日本政府发布新的“殖产兴业”政策“官售企业”时，三井就迅速将目标锁定在了三池煤矿。位于日本九州福冈县的三池煤矿是日本当时最大的煤矿，早些时候三井物产就已经取得了官办三池煤矿的独家出口销售权，并收取出口额的

2.5%作为佣金以及分占一半的利润。时任三井物产社长的益田孝认为,"当时三井物产都靠三池煤田,若无法取得,便得放弃海外发展"。

1888年,三井物产社长益田孝力排众议,倾尽三井财力,打败三菱财阀,最终以455.5万日元的价格买下了三池煤矿。随后,三井买下了北海道炭矿铁道的股票,这是一条连接茅沼煤矿和茅沼港的铁路,因为煤炭运输而红极一时。此后,三井又买下了田川煤矿的开采权,1900年设立三井田川矿业所,并逐渐成为筑丰地区最大的采矿企业,其煤炭生产量一度占到全日本的50%。

不仅是在矿山工业领域,在纺织工业方面三井也先后购买了一批重要的企业。1887年,三井低价收购了日本首批纺织工厂的代表企业新町丝织所。1888年,三井又将日本第一家机械制丝工厂富冈制丝厂收入麾下。这几家纺织工业方面的企业也迅速形成了三井系统的纺织企业群,其中富冈制丝厂为三井绸缎店提供原丝,新町丝织所则负责生产商业产品。

然而,危险往往伴随着巨大机遇而来。现代化的工业企业就要求实际管理者能够自主经营、自负盈亏、顺应日本资本主义工业市场化的要求。显然,过分依赖政府授予特权业务以及从江户封建时代就开始的传统政商经营模式很难维持下去。为顺应日本产业工业化的历史时局,政商经营模式势必改革,三井也需要由传统的财阀体系向现代化的财团体系加速转变。

结束与政府的旧关系

中上川彦次郎,1854年出生于日本一个普通的武士家庭,15岁时进入东京庆应义塾读书。庆应义塾是江户时代一所影响深远的传播西洋自然科学的私塾学堂,创始人福泽谕吉正是中上川彦次郎的舅舅。福泽谕吉毕生从事著述和教育活动,对日本资本主义的发展起到巨大的推动作用,因而被日本称为"日本近代教育之父""明治时期教育的伟大功臣"。

1874年,在舅舅福泽谕吉的全力资助下,中上川彦次郎前往英国伦敦留学。在伦敦留学期间,中上川彦次郎有幸结识了一位叫井上馨的日本政府高官。作为明治维新的元勋之一,井上馨被政府公派前往欧洲考察。由于井上馨学习英语很吃力,在研究上碰到的难题很多,于是在这种情况下,中上川彦次郎被推荐到井上馨身边,协助他进行研究工作。

在长期的接触中,井上馨发现中上川彦次郎非常有见地,遂以之为杰出人才,并在给日本首相伊藤博文的信中极力推荐中上川彦次郎。与伊藤博文、山尾庸三等人并称"长州五杰"的井上馨是明治时期日本重要的政治人物,不仅在日本政界有着强有力的发言权,同时也和三井财阀、藤田组等财界巨头有密切联系,最后还成为三井财团的最高顾问,被西乡隆盛称为"三井的大掌柜"。

1891年4月,经由井上馨推荐,中上川彦次郎入主三井财阀,在取得时任三井家主三井高保的同意后正式走马上任。当时的中上川彦次郎身兼数职，既是三井银行、三井物产、三井矿山的理事，又是三井吴服店的调查委员、大元方的参事，他被井上馨赋予了全盘改革三井体系的大权。此后，中上川彦次郎便开启了长达10年的改革之路。

在认真分析、研究三井的基础情况后，中上川彦次郎制定了几项重要方针：采用新式学校毕业生，为行员增加薪水，清理不良贷款，推掉官方托管资金，进军工业。改革的第一步就是进行大规模的人事变动，当时的三井虽然披着现代化企业的外衣，但封建积习深重。显然，这些旧日对官场唯唯诺诺的风气是三井现代化工业改革的最大阻力。

1891年4月，经由“三井的大掌柜”井上馨推荐，中上川彦次郎入主三井财阀，在被赋予了全盘改革三井体系的大权后，他开启了长达10年的改革之路

中上川彦次郎认为，只有专门的人才才具备改革所需的“实业的武士道化”素质。在中上川彦次郎起用的人才中，绝大多数和他一样来自庆应义塾，在福泽谕吉讲求“文明的实业”理念引导下，庆应义塾培养出来的学生多讲求官民平等、买卖独立、专业经营等观念。如今，在其基础上发展起来的庆应义塾大学也有着“企业家摇篮”之称，被认为是把握着日本经济命脉和未来的中枢型学府。

在人事任免上做出重大调整后，中上川彦次郎开始积极清理三井银行的不良贷款。事实上，之所以频繁出现不良贷款，根本原因就在于三井传统的政商身份。由于在明治政府初期，三井获得了经营新政府官方资金的特权，于是基于这种特殊关系，政府高官纷纷向三井贷款，而三井又无法拒绝，借出的钱又不便索还，久而久之，便变成了无法解决的死账。

在以雷霆手段先后处理了东本寺的贷款回收、田中久重贷款整理、陆军中将桂太郎以宅邸抵押贷款等事件的同时，中上川彦次郎意识到三井银行所拥有的特权业务才是政商关系最大的制约，他甚至用“公款中毒”的词语论述了官金业务的危险。可以说，官金业务特权的返还，奠定了三井与政府的旧合作关系结束的基础，也标志着三井银行正式转入现代化业务。

凭借着中上川彦次郎的一系列改革措施，三井银行一改过去传统单一的业务模式，积极开展新的业务，不断适应明治政府新的工业化政策，经营业绩逐步增长。在加强金融实力的同时，三井银行的成功也为三井发展其他工业企业储备了充足的产业资金。有了能够提供商业资本的近代金融银行，中上川彦次郎决定将对三井的改革推向高潮。

“产商融”结合的财团体系

1892年，中上川彦次郎把过去归三井物产（三井财阀的综合商社）管辖的三池煤矿划分出来，并与其他收购的矿山合并，设立三井矿山合资公司。1893年，中上川彦次郎参考了涩泽荣一的意见，促成三井家族内部达成决议，将三井银行、三井物产、三井矿山、三井吴服店改为合名公司。合名公司，即三井下辖的一个公司破产并不会牵连全体同族成员，使企业更好地实现近代化的自主经营。

在中上川彦次郎改革之前，三井家族的治理结构一直依赖的是三井大元方和《宗竺遗书》。三井大元方最早设立于1710年，成员由六本家（三井正支）和三连家（三井旁支）组成，统一管理京都、江户、大阪的越后屋吴服店和汇兑店，以及三井家族的财产，负责各店资金的融通。《宗竺遗书》则于1722年制定，成为三井以后直到近代同族结合和事业存在的根本方针。

三井大元方虽然从组织层面上实现了“分家不分业”的所有权控制状态，但是功能及作用却并不完善。于是，中上川彦次郎在1893年设置了三井家同族会，并将三井大元方更名为“三井元方”。三井家同族会以涩泽荣一为顾问，从各个企业单位的管理要员中遴选了包括益田孝、中上川彦次郎等7人作为列席人员（无投票权），成为统辖三井银行、三井物产、三井矿山、三井吴服店及其营业店、三井家族的家务、人事方面的最高管理机关。

三井元方则成为隶属于三井家同族会的专务机构，统括全体事务。通过改革后的同族会、三井元方及其相关家族机构，很好地调和了日本近代化转型期间三井内部各个企业之间、企业与家族内部成员之间的关系，充分保证了工业企业群能够得以维持自主的多样化经营模式。实际上，这些在中上川彦次郎改革期间三井所建立起来的企业群，在日本产业革命中也占据了极其重要的地位。

1894年，为了顺应日本产业革命的工业化高潮，中上川彦次郎在三井内部特设工业部，管辖改革期间收并的各个企业，全面推行工业化路线，使三井家族的企业具备了近代工业企业的实力。通过多种途径，中上川彦次郎致力于使三井拥有除金融（三井银行）和贸易（三井物产）外的产业——近代工业方面的企业群，至此确立了“产商融”“三位一体”的财团体制。

不仅仅是三井，这一时期在日本政府“专在厚殖民产，振兴民业”的政策下，来自土佐国（现高知县）的岩崎家族也逐渐形成类似于三井家族的“产商融”财团体系。以经营运输业务起家的岩崎家族在19世纪末也先后从政府手里收购了高岛煤炭和长崎造船所等企业，并不断扩大煤炭和采矿业的范围。这个涵盖了金融、贸易、煤炭、造船等多个部门的企业集团就是后来的三菱财团。

以三井、三菱为代表的日本企业，在政府的大力扶持下，围绕着“全套完整产业链”构造组织结构，不断发展进步，并形成了“产（制造企业）、商（综合商社）、融

（主办银行）”“三位一体”结合的经济模式。这其实就是一种产业、商业与金融的完美共生模式，正是这种融入了东方商业智慧的“产商融”模式奠定了日本商业此后百年间的生生不息与不断发展壮大的基础。

事实上，正是中上川彦次郎的改革，才使三井实现了由传统政商模式到近现代财团体系的转变。从过去在“政商关系”之下依靠政府特权业务的单一银行经营，发展成为一个从事金融、贸易、矿业、纺织和造纸等多种行业的综合企业集团。因此，中上川彦次郎也赢得了“三井中兴之祖”的高度评价，日本著名史学家白柳秀湖更是称赞其为“日本产业界的恩人”。

1901 年，中上川彦次郎去世，这位精明强干的商人用 10 年的时间为三井进行了一次“大手术”，促使三井实现了从“政商”到近代工业资本家的转变，并奠定了“产商融”相结合的财团体系。与同时期安田、藤田和大仓等传统“政商”经营工矿企业屡屡受挫不同，三井采取多元经营策略并获得了成功。中上川彦次郎死后，出身于三井物产的益田孝升任三井大掌柜，继续着三井的财团扩张之路。

三井财团不是只有三井

在三井的改革过程中，中上川彦次郎意识到只有具备工业化的产业实力，才能真正顺应日本产业革命工业化的历史大潮。显然，仅仅依靠三井矿山和富冈制丝厂等一批“官售企业”是远远不够的。于是，三井开始以银行贷款的形式逐渐掌控放贷对象的核心经营权，随后再对其加以改造，使其成为三井财团独立经营的企业。因此，三井财团内部不是只有三井。

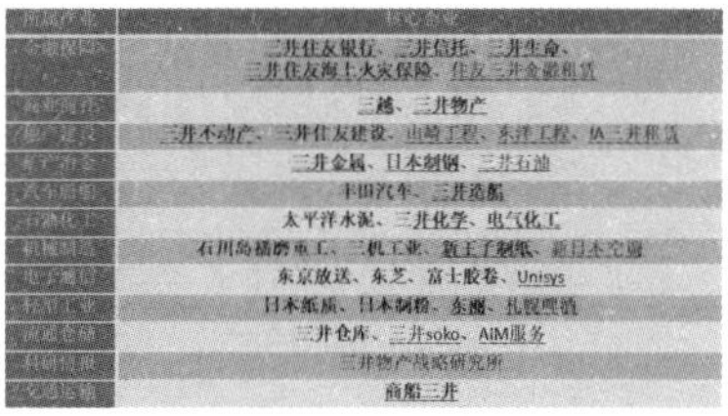

三井开始以银行贷款的形式逐渐掌控放贷对象的核心经营权，随后再对其加以改造，使其成为三井财团独立经营的企业。因此，三井财团内部不是只有三井

1889 年，三井家族利用股东身份，通过三井银行的救济贷款介入东京棉业商社的经营。东京棉业商社是以三井吴服店为中心，结合了许多棉丝原料的商家资本而建立的大型纺织企业，拥有超百万日元的资本和生产机器的大工厂，但由于经营不善，企业陷入了资金紧缺困境。1892 年，三井全面掌握了东京棉业商社的经营权，后改名为“钟渊纺织公司”。

1893 年，王子制纸厂向三井银行申请建造纸浆工厂的资金。借此机会，中上川彦次郎派出自己的心腹，以常务理事的身份进驻该厂。此后，在经历了一番人员的整改斗争后，中上川彦次郎顺利地驱逐了原有造纸厂的掌权派系人士，将王子制纸厂归为三井所有。王子制纸厂由“日本企业之父”涩泽荣一创立于 1873 年，是日本“殖产兴业”最早创立的民间企业之一，揭开了日本现代造纸工业历史的第一页。

实际上,除了部分“官售企业”和依靠贷款介入企业经营以外,在三井银行的不良贷款整理过程中,三井还会将无法收回债权的企业、工场以抵押品的形式收归己有。这些企业虽然不像前两者那样和三井家族有着或多或少的渊源,但都是日本产业革命的重要参与者和推动者,其中的一些企业后来还成为三井财团核心的支柱型企业。

同样是在 1893 年,三井通过解决“田中久重贷款整理事件”收购了田中制作所。该制作所是由日本发明家田中久重在东京新桥地区开设的一家民营电信设备厂,其类似于一个研究场所,制作通信电报机、改进照相术,这些在当时都是超前卫的技术。创始人田中久重也是日本工业近代化的功臣之一,参与制作过西洋枪炮、蒸汽船,以及建设现代化海军。

收购田中制作所之后,中上川彦次郎首先就结束了田中久重时期企业与海军的业务联系;其次以自己团队的人员彻底取代企业原有的管理层,做到了三井对企业的绝对经营权。此后,为了给制作所配置新的机器,增设电气、制罐、铸模等车间,三井还特地填埋了近 1 万余坪(1 坪≈3. 31 平方米)的海面。经过经营权和基础设施的改革后,制作所集体效率大大提高,为公司的繁荣奠定了基础。

1904 年,田中制作所正式更名为“芝浦制作所”,这就是现在日本东芝公司的前身。这一时期的东芝虽然还叫作“芝浦制作所”,但是已经跃升为世界级的工业大厂之一,以供应日本国内的重型机电制造为主业,先后制造出了日本第一台水轮式发电机、第一台感应电动机,推动了整个日本近代电机工业乃至于整个日本工业的极大发展。

进入 20 世纪初期,欧美乘着工业革命的春风,发明了一批先进的家用电器。日本企业开始纷纷“对标”欧美企业,三井财团的芝浦制作所(东芝)就是其中之一。芝浦制作所派遣考察团前往美国,并得到了美国通用电气公司的“提携”。1930 年前后,芝浦制作所陆续生产出了日本首台吸尘器、冰箱和洗衣机,其和通用电气的同类家电产品,从外观到内部功能几乎一模一样,连产品商标都高度相似。

1939 年,东京电气株式会社和芝浦制作所合并,成立了东京芝浦电气株式会社,新名字“东芝”分别为两家公司的开头字。而其英文名 Toshiba 也是依照日语的拼音合并而来,To 代表日语“东”的发音,Shiba 代表“芝”的发音。此后,东芝公司便成为日本二战时期的五大军用企业之一,为日军生产了大量的 95、97 中型坦克,重型机枪以及各类火炮。

第二节 师夷长技以制夷

“山寨”是一种强大的商业模式

二战结束以后，由于在战争中大量的工厂被毁，工业基础损坏严重，日本遭受了严重的经济危机。据统计，1946 年日本工业生产水平只有 20 世纪 30 年代中期的 31%，经济发展面临前所未有的困境。为了迅速走出困境，唯一能够在短时间内恢复生产的方法就是“山寨”，通过“抄袭”的方式可以很好地解决工业生产中“从 0 到 1”的难题。

既然决定了日本制造业的重建之路需要以模仿为主，那么选择一个首要的模仿对象就成为当务之急。按照日本政府 1949 年公布的《技术白皮书》统计，与美国企业相比，日本造船部门的技术水平落后 30 年，钢铁部门落后 20～30 年，甚至本土最发达的纺织部门的机械化水平也要落后 10 年。面对工业实力强劲的美国，日本成了技术相对落后的国家。

于是，从 20 世纪 50 年代开始，日本全面“追随美国”——从大众消费品到尖端技术产品都进行“拷贝”。大量日本工业制造企业的研发人员纷纷前往西方各国，购买先进设备，拆解研究部件，并进行模拟仿制，这种模式也被称为“逆向工程”。事实上，所谓的“逆向工程”其实就是大家常说的“山寨”技术，后来的韩国也正是利用这种“逆向工程”发展自己的半导体芯片行业的。

在美国知名视频网站 YouTube 上有一个系列视频，叫作《日本パクリ大百科 Copycat》(《日本山寨大百科》)，里面罗列了日本从古至今各行各业的“山寨”史，虽然其中的某些内容存在争议，但绝大部分都是无可辩驳的“山寨”。作为曾经世界上的“山寨之王”，日本“山寨”产品几乎覆盖了各个行业：食品、服装、小商品、动画、漫画、影视、玩具、家电、汽车……

战后很长一段时期，日本的商业品牌乃至社会文化都以模仿美国为时尚。以制作牛奶糖、饼干、泡芙闻名的日本“不二家”在 1950 年推出的“代言人”Peko 和 Poko 的原型，其实是美国品牌 Birds Eye 的形象代言人 Merry 和 Mike。日本 DSK 公司在 1954 年“山寨”了宝马摩托车，竟然直接取名 DMW(宝马为 BMW)，现在的这款“山寨”摩托车已经被 DSK 公司放进了博物馆。

当然，“山寨”最成功的还是日本的汽车厂商，这一时期日本汽车生产线上的所有产品基本上都是欧美热销车型的“仿制版”，甚至可以说是“只是换了个商标”。例如，三井财团旗下的丰田汽车，其生产的吉普 BJ 模仿的是美国克莱斯勒的"牧马人"、丰田 Celica 模仿的则是美国福特 Mustang 系列，就连丰田最出名的"皇冠"也是模仿了雪佛兰 1960 版的"黑羚羊"。

世界经济合作与发展组织于 1968 年公布的调查显示，在战后 139 项革新技术中，日本开发的只有新干线高速火车、晶体管收音机、小型录像设备、电子显微镜、维尼龙等 5 项。可以说，这一时期在基础科学和原创性技术方面，日本相对欧美先进国家"表现差劲"。但是，日本人在吸取国外先进技术过程中所表现出的强烈的热情和消化吸收能力却非常惊人。

诚然，日本曾经"山寨"过的东西还有很多，但是能够巧妙地吸收美国产生的创意，并在此基础上大量生产高质产品，是支撑日本经济增长的原动力之一。事实上，大量"山寨"的背后体现出的正是日本当时强大的社会能力：可以在短期内造就社会所需的科学家和技术专家，国家在特需时期内存在着规模庞大的企业家队伍，有着在世界上都称得上是"质量最高"的劳动力，等等。

"山寨"只是开始，但绝不是终点，日本企业一直以"一号机进口，二号机国产"作为技术引进的审批标准。为此，众多日本企业在引进国外技术方面也都遵循着"引进零部件能解决问题的就不引进单机，引进单机能解决问题的就不引进成套设备，对工艺和技术的引进重于对设备的引进"的原则。在某种程度上，"山寨"是后现代工业的必由路径，它甚至是一种强大的商业模式。

奉行政府提出的"模仿战略"

20 世纪 70 年代，美国《财富》杂志曾发表文章称，在硅谷有一批"日本间谍"，他们窃取美国公司的技术，不断搜集各种资料、数据图纸等重要信息。事实上，这些"日本间谍"都是"奉旨"窃取外国技术，他们奉行的就是当时日本政府提出的"模仿战略"。日本的技术引进不是单纯的模仿，而是对外国技术加以消化吸收、不断改进，使之成为日本的技术，甚至比原来的技术更胜一筹。

《情报日本》，胡平著，二十一世纪出版社，2011年12月

对于"模仿战略"，日本经济学家南冈二朗曾经说过："要解开日本经济增长的秘密，必须弄清日本是如何成功引进技术的。"这其中，最关键的因素并不是人们常常说的政府产业政策、科研投入、官产学协作等，而是被称为"产业组织者"的综合商社。二战后的数十年间，三井物产、三菱商事等几大综合商社一直扮演着中间人和牵线人的角色，活跃在大规模装备引进的舞台上。

可以说，在当时凡属与装备制造有关的引进，综合商社基本上都介入了。诸如对方提出苛刻的技术转让条件时的谈判，签订技术引进合同，进口先进的机械设备,直到机械设备的安装调试,综合商社作为日本财团的后勤和服务单位发挥了巨大作用。很多时候,综合商社还能够帮助日本企业克服日本在文化、语言及地理方面与外界隔离的不利条件,建立起一条稳定的“引进来”的通道。

事实上,日本的“模仿战略”能够取得成功,在很大程度上与三井物产这样的日本综合商社时刻紧盯世界市场密不可分。在那个互联网还没有出现的年代,综合商社利用贸易往来的关系巧妙地将与欧美相隔遥远的不利地理条件变为有利条件。同时由于日本企业特有的商业模式,其经营效率很高,所以能够在较短的模仿时间里追上海外的技术革新。

不仅如此,综合商社也是技术跟踪和技术情报调查的中坚力量。三井物产在1967年10月成立三井情报开发株式会社(MKI),其英文名称中有一个在当时很超前的概念——“知识产业”,这在当时被译为“情报产业”。1972年8月,三井物产又成立了三井工学研究所(后来的三井理化学研究所)。同时,日本各财团的主要商社也都设立了专职的科技情报部门,技术情报活动的重点是搜集欧美等国家(地区)的产业技术情报。

很多人认为“模仿战略”就代表着落后,缺乏创造性,这无疑是不正确的。翻开世界技术发展史,即使是欧美的大型先进企业,也是经常使用“模仿战略”的。实际上,美国的企业就曾经是欧洲先进技术的优秀模仿者和采用者。因此,在第二次世界大战后的复兴期间,日本的企业又向美国学习新的技术,并进行模仿,这是极其自然的事情,历史就是这样重复的。

在战略执行过程中,日本政府并不是主导者,其往往扮演着产业监视者的角色。政府会选择少数强有力的财团企业,将它们组织起来,要求它们相互协调地工作,共同完成新项目的设计和计划工作。然后,根据财团企业联盟的计划和技术革新任务的完成与否,政府再调整策略与技术措施。实际上,真正在国内和国际市场上与其他国家企业进行激烈竞争的主体是各大财团旗下的制造业企业。

在20世纪50年代,日本的研究开发费用一半都用于消化吸收海外技术,60年代这一费用降为24%,70年代则降到了10%以下。这是因为在日本利用“模仿战略”不断发展工业的过程中,逐渐培养并成长了一批批勤奋、好学、实干的科技人员,当然除了他们自身的努力外,官方与财团企业能够很好地组织和使用科技人才,也是一个重要原因。设备技术可以模仿出来,但人才需要长时间的培养。

此后很长一段时间里,许多国家在向日本学习这种“模仿战略”时都遭遇了失败,核心原因就是日本经济体制的形成和完善,与其本民族的文化观念存在着极深的依存关系。中国传统的儒家思想在日本文化中深深地扎下根来,对日本当代价值观念的形成产生了巨大作用。日本人的团队精神、拼命劳动、热心教育、注重协调、勤俭节约、忠诚等伦理特征,都与当时的“模仿型经济”天然合拍。

有日本特色的“世界工厂”

从20世纪70年代初期开始，由于在产业技术和经营管理方面的优势，日本的一些支柱型产业开始具有所向披靡的国际竞争力。因此，日本继英、美、德后成为这一时期的“世界工厂”。所谓的“世界工厂”，就是全球制造中心，是为世界市场大规模提供工业品的生产制造基地，当然“世界工厂”还必须确立全面的产业技术优势，代表和领导当时世界工业发展的潮流。

值得注意的是，与曾经英、美、德等国建立的“世界工厂”相比，日本的“世界工厂”存在着本质上的差异。首先，日本并没有达到绝对的生产规模，在世界工业生产中也没有那么高的垄断度，只是在某些关键产业和行业中达到了世界领先水平。其次，日本能够如此迅速地成为世界工厂，依靠的不仅仅是政府产业政策的扶持，更重要的是日本独特的商业经营理念。

成就日本“世界工厂”的一种现代化生产方式叫作“丰田生产方式”（TPS），它是由三井财团旗下的丰田汽车公司总结并创造出来的。这种生产方式一改传统的“上一道工序为下一道工序提供零部件”的方式，创造出了“后一道工序要求前一道工序在必要的时候提供必要数量零部件”的理念，最大限度减少了零配件库存，从而实现了“零库存”。

日本丰田公司的这一创新生产方式的改革，不仅使日本汽车业得到了很大发展，同时也带动了整个工业生产的进步，增强了日本制造业企业的国际竞争力。如今，TPS经过几十年的探索和完善，不断顺应时代的发展和市场的变化，已经成为全球生产管理体系中最重要的标杆，也成为国际上通用的企业生产经营教科书。

事实上，虽然同样都经历过“世界工厂”阶段，但日本企业的经营理念与欧美企业还是有着很大的不同。日本虽然非常注重学习国外先进经营管理方式，但是并没有其核心的传统商业文化基因。日本注重企业作为一个有机体的发展，公司也被当成所有员工的命运共同体。另外，日本大企业相互持股的现象也比较普遍，企业股东持股并非完全为了追求股利，更多的是一种利益的制衡。

通过技术引进，将国际先进技术与国内的工业生产相结合，成为“世界工厂”的日本的确在短时间里有效地提高了本国工业生产水平。但是，在国内工业特别是支柱型产业发展的过程中，单纯依靠消化吸收引进海外技术并非长久之计，必须对引进来的技术加以升级改良，甚至形成属于自己的关键技术，这就需要把大规模生产当作一种再创造的过程。

基于“模仿战略”，根据产品生命周期理论，在仿制阶段，产品及其生产技术已经定型，扩大生产规模可以获得更大的利益。在引进外国技术、开展技术革新的基础上，通过建立大量生产的体制，以最大限度地发掘新生技术的潜力。事实上，生产车间的第一线才是最好的科研实验室，日本许多优秀的科技人才终生都战斗在生产第一线，曾获得诺贝尔物理学奖的江崎玲于奈就是其中的佼佼者。

20世纪80年代，中国的工业发展突飞猛进，出口产值更是连续创下新高。在这种大背景下，世界上越来越多的国家开始认为中国的制造业发展迅猛，工业生产能力十分强大，已经或即将超越日本成为新的“世界工厂”。但是，实事求是地讲，中国要成为真正的“世界工厂”，依然面临着许多问题，存在的差距也是不容忽视的。

其中，最大的瓶颈就是工业技术，主要表现在研究开发和技术革新能力相对薄弱，缺乏足够多的关键技术和核心技术上。“他山之石可以攻玉”，日本的经验和教训对中国今后成为真正意义上的、引领世界工业发展潮流的“世界工厂”有着积极的启示作用。不沉溺于生产规模和出口数据上的漂亮数字，不全盘照抄欧美国家的理念模式，日本创造出了属于自己那个时代的“世界工厂”。

让别国做外壳，日本来做内芯

“世界工厂”的模式以及“贸易立国”的战略让日本在世界工业中的份额不断增大，并逐渐占领了全球的产品市场，进而成为世界制造业的重要生产基地。但是，当时正处于经济成长过渡期的日本所造出来的商品质量并不好，“Made in Japan”（日本制造）也一度成为“便宜没好货”“品质低劣”的代名词。这一时期，大量的日本廉价货、仿造货充斥着世界市场。

20世纪70年代后半期到80年代，日本经济逐渐走向极盛，日本的经济实力已经仅次于美国，位居世界第二。日本“模仿型经济”的主产物——出口产业日益膨胀，由此也导致了日美经济摩擦乃至战略竞争的加剧，美国对日本“偷窃技术”的指责更是以几何倍数增长。同时，英国、德国等欧洲国家也纷纷批评日本产品在设计上剽窃他人。

与此同时，欧美国家能够而且愿意拿出来的新技术并不多，日本值得花钱购买的技术也越来越少。“模仿型经济”的支撑点开始动摇，要想使其经济获得新的刺激，日本必须彻底走出模仿之路，用创新不断推出新的产业、新的产品、新的技术。“作为世界第二经济体的日本，不能再靠着抄袭模仿活着。”于是以东芝、松下为代表的日本企业纷纷建立起了独立的研发部门。

日本三井财团的索尼公司创始人盛田昭夫，被誉为“洗刷了‘日本制造’品质低劣恶名”的民族英雄。盛田昭夫在公司创立时就立下誓言，“开发任何公司无法仿造的独家产品”。在某种意义上，可以说是盛田昭夫重塑了“日本制造”的精神，并赋予了它不屈不挠、不甘陈腐、精益求精的精神。2016年，中信出版集团出版了盛田昭夫唯一的自传体图书——《日本制造》。

如今的“日本制造”之所以受欢迎，主要是因为它严谨的品质和细腻的工艺。为了研究一个产品，索尼公司甚至可以用10年时间。一旦认为产品具有市场潜力，索尼就会立即大量生产，定价也要高于其他产品。大量生产为的是降低成本，高价格则确保了大量资金可以被投入到质量检查、流通渠道的建设、广告以及新产品的研发上，这样就形成了一种良性循环。

事实上，仅仅依靠质量过硬的产品还是无法充分得到消费者的认可和尊敬，盛田昭夫迫切地希望索尼能建立起“知名国际企业”形象。为了培养消费者对索尼产品的信心，他在世界各种高端媒体上不断宣传“创造世界最先进产品的索尼”等口号。为了开拓最重要的美国市场，盛田昭夫甚至全家迁居美国。花大价钱在纽约第五大道租下住房，参加各种聚会，以结交很多商业朋友。

2016年，中信出版集团出版了盛田昭夫唯一的自传体图书《日本制造》

虽然这一时期经历了《广场协议》签订和泡沫经济破裂的双重打击，日本经济环境也一度陷入了萧条，但以三井财团的东芝和索尼等为代表的制造业企业基于危机感的“自我升级”却一直都没有停止，“日本制造”及“日本设计”逐步摆脱了“山寨”别人的恶名，获得了世界级的信誉。由此开始，“Made in Japan”也逐渐成为高科技、高品质的代名词。

亚洲通讯社社长、著名知日学者徐静波在接受采访时曾表示：“以后外壳包装上印着‘Made in Japan’的商品会越来越少，但是打开这些产品，会发现印着‘Made in Japan’的零部件越来越多。”日本的经济结构调整期在泡沫经济崩溃之后就已经逐步完成，现在进行的是整个产业结构的调整。“让别的国家去做外壳，日本来做内芯”，这实际上是目前日本产业结构调整的一种思路。

事实上，这也是日本由“Made in Japan”向“Made by Japan”的一种转变。“Made in Japan”是“日本制造”，既可以是日本国内的本国企业制造，也可以指外国企业在日本投资，但无论是哪个，都仅仅局限于生产制造。“Made by Japan”则是“日本创造”，就是说技术核心是日本创造发明的，但是生产地和生产者就不一定是日本和日本企业了，只是技术的核心属于日本。

第三节　“第一”称号并非空穴来风

快速崛起的经济猛兽

1979年，致力于东亚研究的美国哈佛大学教授傅高义（Ezra F. Vogel）出版了一本名为《日本第一》的研究专著。此书一经出版就立即在美国引起轰动，成为当年度美国最畅销书之一，从一般的美国市民、学者到国会议员、政府官员乃至五角大楼的军人都争相阅读。随后，这本书在日本及世界多地都引起了巨大反响，一时间成为西方政经界炙手可热的必读书。

傅高义在书中描述了美国工业全面受到了来自日本的挑战，日本在许多方面已经打败了美国。更重要的是，当时日本的工业竞争力已经超过美国和其他欧洲国家。20 世纪 70 年代中后期，欧洲主要的几家汽车制造公司如飞雅特、雷诺、大众，没有一家工厂其工人每人每年产量可以达到 20 辆汽车，而日本的工人，每人每年可以制造 42 辆汽车，日本的丰田公司甚至可以达到每人每年制造 49 辆汽车。

对于日本创造的经济神话，傅高义断言，进入 20 世纪 80 年代以后，虽然日本的军事战争没有打败美国，但必定会在许多方面超过一直以世界老大自居的美国，并通过经济战争成功战胜美国。显然这些判断并非空穴来风，彼时正逢战后日本经济迅速腾飞之时，随后到来的 80 年代日本经济全盛时期，也准确印证了傅高义的预测。

事实上，日本之所以能够在战后短短 30 年的时间里快速崛起，是多方原因共同促成的。首先，得益于在出口导向发展战略下建立起来的“世界工厂”模式可以让日本积累起足够的工业资本。日本钢铁产量在 20 世纪 70 年代中期突破了 1 亿吨大关，基本与美国持平。其次，在 80 年代初期，作为国民经济的支柱产业之一，日本汽车产销双双突破 1000 万辆，超过美国，日本成为世界第一大汽车生产国、出口国。

但是，仅有量的积累还远远不够，还需要有质的突破。回顾此前日本与美国进行的“纺织战”“钢铁战”以及“汽车战”，其实质都是产品贸易的摩擦而并未触及核心领域。日本经济评论家森谷由规曾在其《技术强国》一书中表示，日本正从国外引进产品技术并消化的“三等国”，逐步向借助其他国家基础科学成果开发新应用技术的“二等国”乃至“一点五等国”进步。

特别是，进入 20 世纪 80 年代后，日本的重化工业产品在国内已达到饱和状态，汽车、造船、黑色冶金和纺织已成“四大陈旧工业”，第二产业利润急速下降，工厂开工不足、缩减设备，本土传统工矿企业纷纷倒闭，每年企业倒闭数都达 2 万余家。如何给这些夕阳工业寻找出路，已成为刻不容缓的事情。与此同时，美国日益严苛的贸易政策也在不断打击着日本的制造业企业。

为改变这种形势，1980 年日本提出了“科技立国”的战略方针，产业结构由资本密集型的第二产业迅速转向知识技术密集型的第三产业。但是贸然进军一个全新的科技领域是非常危险和盲目的举措。于是，如何用高技工业来改造第二产业，用技术、诀窍、信息创造高额新增价值商品成为这一时期日本企业的目标，即调整与改造传统产业，向“2. 5 产业”进军。

日本总结了自明治维新以来的成功经验，深知欲发展高科技工业，必须优先发展信息产业。为了加强信息技术人员的培养，由日本通产省出面成立日本情报处理开发协会研究中心，并在全国举行“信息化月”等活动，使信息、技术深入各个工厂企业。日本智囊团协会由20个著名的研究单位组成，其中三井情报开发公司、野村综合研究所、住友商业咨询有限公司等，在国际上享有很高的声誉。

20世纪80年代初，日本的信息服务业从业人数已达10余万人，其中情报处理业，有事务所3000多家、从业人数55000人，仅1982年为企业提供各种诊断服务就有30000多次。信息事业的发展，带动了以能源和材料消耗低的高技术工业的进步，正是在以半导体、电子计算机、光纤通信等新技术为基础的全新产业的推动下，日本经济才实现真正的崛起。

早已“空心化”的美国制造业

二战以后，美国处于世界经济霸主的地位，并长期稳坐世界科技王国的宝座。与其相比，日本战后初期的经济濒临破产，科技水平也落后许多。随后，日本开始大量引进美欧的先进技术，使以批量生产技术为主的部门技术迅速发展，经济实力随之增强，科技水平也不断提高。20世纪70年代开始在钢铁、汽车、电视机等方面成为美国的竞争对手，80年代开始又在高技术等领域向美国提出了挑战。

1983年，美国商务部在《对美国高技术产业竞争能力的评价》的报告中惊呼：“在过去的20年中，美国高技术产业在国际市场上的地位已由支配地位降至接受强有力的挑战地位。”该报告还明确指出，“对美国的主要技术挑战来自日本。”时任英特尔生产主管的安迪·格鲁夫就曾沮丧地说：“从日本参观回来的人把形势描绘得非常严峻。”

事实上，这一时期日本对于美国的挑战并非局限于某个单一领域，而是一次全方位的挑战尝试。在战后的40多年里，日美贸易的前20年美国是顺差，日本是逆差。从1965年起形势逆转，日本顺差，美国逆差，而且美国逆差逐年加大，最初只有几百万美元。到了1985年的时候，两国贸易逆差已经达到了500亿美元。

起初，美国企业把产品进不了日本市场的原因归结为日本关闭国内市场和东西方文化差异。然而，美国波士顿咨询集团为美国财政部做的一项研究报告指出，造成美日贸易逆差的原因，并非日本的保护政策，而是美国竞争力的不足。贸易竞争实质上是经济实力的竞争，美日之间贸易不平衡，集中反映了当时美国经济的竞争力已开始不如日本。

日本企业越来越强的竞争能力，使美国产生了一种日益增强的防御心理。为应对来自日本的竞争，早已“空心化”的美国制造业公司开始在品质上偷工减料，对待员工更加苛刻。由于企业缺乏市场竞争性，越来越依赖贸易保护政策，美国人的自信心日益受到影响。为了重振美国工业界的信心，时任美国总统的里根更是喊出了“Make America Great”(让美国变得伟大)的口号。

1985年,日本取代美国成为世界上最大的债权国。根据日本银行公布的国际收支统计数据:1985年,日本对外净资产为1298亿美元,位列世界第一;1986年末,这一数字又增长了39%,达到了1804亿美元。与此相对应的是,1985年,美国的对外净债务已达1000亿美元,美国成为世界上最大的债务国,正式结束了美国长达70年的债权国的辉煌历史。

面对日本产业界的步步紧逼,越来越多的美国人开始意识到危机的来临。这一时期美国的媒体、学术界、金融界、企业界、国会议员和政府官员到处都在讲述日本经济的奇迹,美国正在经历的衰退和即将到来的日本对美国的经济、政治和文化的征服。《日本人的阴谋》《日美逆转》《贸易之地:我们怎样允许日本牵头》《购买美利坚》等书一跃成为当时美国的畅销书。

由于企业缺乏市场竞争性,越来越依赖贸易保护政策,美国人的自信心日益受到影响

不仅仅是美国人开始绘声绘色地描写日本人怎样图谋接管美国的工业,日本国内的反美声音也日益高涨。1989年,日本索尼公司创始人盛田昭夫和右翼政治人物石原慎太郎联合出版的《日本可以说"不"》就是其中的代表作。进入20世纪90年代,日本甚至开始资助关于"东亚奇迹"的研究,试图以此对抗欧美国家正统的新自由主义理论,争夺世界经济领域的话语权。

那么,是否真的就意味着美利坚合众国的时代正在结束,日本的时代正在来临?显然,作为资本主义世界乃至全世界的头号强国,美国是不会接受有人挑战其建立起来的国际经济霸权的。于是,美国先是联合英、法、德等国家于1985年和日本签订了《广场协议》,后来又在1997年的亚洲金融危机中将矛头直指日本,从而让日本陷入了"失去的二十年"。

倒逼之下的日本产业升级

在延续数十年的日美贸易摩擦过程中,美国通过加征关税、签订贸易协议、贸易制裁、汇率战等多重手段,对日本经济发展起到了一定的限制作用。通过美日贸易的变化情况可以发现,发动贸易战在短期内的确能够改善美日贸易逆差,但从长期看,真正决定美日贸易差额变化的是两国产业结构情况的对比。日美贸易摩擦倒逼日本不断扶持新产业,客观上加速了日本产业升级的实现。

20世纪50年代,日本纺织业在政府和财团的扶持助力下获得长足发展,而伴随美国发起对日纺织品的制裁;60年代后期,日本便将产业政策重心调整到以钢铁为主的重化工业上;进入70年代,美国开始对日本钢铁、汽车等传统行业进行连续打击,由此日本也加大了对计算机、芯片电子等技术密集型产业的投入和政策扶持力度。

随着日本在电信、半导体、计算机等技术密集型产业出口能力的不断增强，美国在20世纪80年代又陆续展开了对日本电信、半导体以及计算机行业的制裁，从而遏制其新兴产业发展。此时的日本也迅速做出了调整，产业结构重心由工业积极向第三产业倾斜。进入90年代以后，技术密集型产业、服务业、金融保险业已成为日本经济“低迷时期”新的经济支柱。

回顾历史不难发现，日本在一开始应对纺织、钢铁等行业的贸易冲突时，“拖”字战略为产业转型升级的实现提供了充足的反应时间，也为政府相关扶持政策的制定与实施提供了时间上的可能性。同时，也给财团旗下的制造业企业消化吸收新技术提供了充足的空间。以三井财团旗下的东丽公司为例，贸易战期间成功研发的碳素纤维使其在世界碳素纤维市场中的份额位居第一。

但是，随着时间的推移，以及产业技术的不断迭代，日本的“拖”字战略逐渐失去了用武之地。特别是，20世纪80年代后期《广场协议》签订以后，在国际资本的压力下，并且考虑到多数贸易制裁手段均是加征高额进口税，这使日本企业的出口成本大幅增加，日本也逐渐由外需主导型经济转入内需主导型经济，产业升级急需新的动力。

20世纪90年代，在日本被股市和房市崩盘搞得焦头烂额的时候，是财团企业承担了日本产业经济软着陆和升级转型的重任。依靠着财团强大的体系支持，基于产业链发展进行合理布局，而不盲目追求利益，真正把资金和资源投入那些投资回报慢，但附加值高的高精尖行业。可以说，日本“失去的二十年”正是其完成经济转型、产业升级，以及苦练内功的二十年。

当然，日本要由外需主导型经济转为内需主导型经济，必须积极扶助中小企业。这是因为中小企业占日本企业总数的99.6%，总销售额的60%，总从业人员的80%。同样，承担这一重要任务的依然是各大财团内部的综合商社。日本一家银行的调查显示，综合商社的金融授信对象90%为中小企业，供应资金的80%用于中小企业，在很长一段时间里，商社金融都是日本中小企业筹措资金的重要路径。

事实上，以三井物产、三菱商事为代表的日本财团的综合商社素有“第二银行”之称，有的文章则称为“影子银行”或“幕后银行”，这说明了综合商社在日本金融界的地位。这种商社金融不同于普通的商业银行，本质上是一种“供应链金融”的模式。在一条完整的产业链中大概80%是中小企业，因此，在实现产业升级的发展过程中绝不能忽视中小企业的重要性。

正是由于日本政府和财团商社的大力扶持，在日本新兴沿海经济区，已经形成了许多“中小企业群地”，这使得中小企业的相互协作更加密切，并可以从集聚中获得利益。这些“中小企业群地”也是日本产业升级的重要力量。例如，日本一个人口仅 1.7 万的长野县坂城町就有 344 家工厂，人均产值与著名的工业城川崎市不相上下，有的工厂仅数名就业人员，可使用的全都是高新技术和尖端机器。

日本值得中国学习

2000 年，傅高义又出版了一本名为《日本还是第一吗？》的图书，这本书总结了美国人在哪些方面已经从日本学到了教训，同时也开始讨论日本本身可以接受的教训，提出了日本如何通过进一步改革自身而继续强大的建议。同时，傅高义在书中表示，“日本第一”的意思并非说日本已经超越美国成为世界最大经济体，而是指日本人在很多领域都做得不错，取得了世界第一的成就。

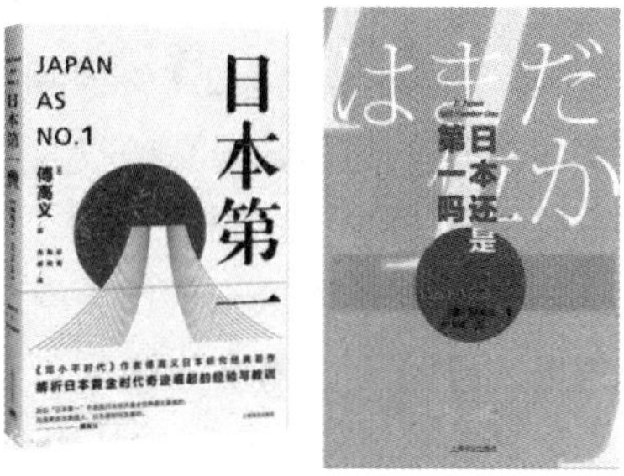

美国著名社会学家傅高义表示，日本的经验和教训对中国来说都相当珍贵，认真领会前车之鉴，中国才会在面临歧路时做出正确的抉择

傅高义强调说，尽管日本不再是“第一”，但它仍比许多外国人想象得强大，并非如很多人想象的那样陷于危机与萧条中。在《日本还是第一吗？》一书中，傅高义还将目光更多地投向迅速崛起的中国，对比了中日的现状和未来发展。这本书最大的意义或许也在于将日本作为一面观照中国的镜子，现在的中国和曾经的日本有太多相似的地方，这个发展的时间差，使日本的经验和教训对中国来说都相当珍贵，认真领会前车之鉴，中国才会在面临歧路时做出正确的抉择。

作为一位精通中文和日文的学者，傅高义认为日本值得中国学习，特别是学习日本在发展过程中“做得比美国好的地方”，而不要“学美国不好的地方”。日本人总的来说富而不奢，不像美国人那样过度消费；日本在社会公平与和谐方面虽然不如过去，但仍然比美国做得好，特别是企业内部比较平等。其实，在改革开放以后的很长一段时间里，中国的确是在积极地向日本学习。

但是，随着中国国家经济实力的快速崛起，日本经验似乎也变得不值一提，事实真的如此吗？特别是，这次中美经贸摩擦开始以后，才猛然间发现中国现代化过程中竟然缺失了许多东西，比如被欧美垄断的光刻机技术，抑或是传统汽车领域的发动机和变速箱工艺。长久以来，人们都习惯把日本形容成为亚洲国家崛起的“天花板”，那么中国是否已经触及甚至是超越这片“天花板”了？

显然，仅就基础科学领域而言，中国距离日本这片“天花板”还有很长的路要走。从 1901 年至 2019 年的诺贝尔奖颁发历史中，日本是欧美之外获奖最多的国家，达到 28 人。特别是，进入 21 世纪以后，已先后有 19 名日本学者获得了诺贝尔奖的自然科学类奖项，其中以物理学奖和化学奖居多，获奖次数仅次于美国，位居世界第二。

日本曾在2001年提出过一个“50年30个诺贝尔奖”的计划，这一提法当时在日本国内和国际上都遭到了群嘲，但如今不到20年的时间计划就已经实现了一大半。值得注意的是，不同于在美国获诺贝尔奖的人里各国移民占据半壁江山，日本诺贝尔奖获得者更多的是“在本国受教育”。进入21世纪以来，日本所有获得诺贝尔奖的科学家清一色来自日本国内的大学。

很多人习惯将日本诺贝尔奖的“井喷”归功于日本政府科研和教育的巨额投入。诚然，2005—2015年，日本的科研经费平均达到GDP的3%，居发达国家首位，而2016年美国为2.8%，约4650亿美元。但是，成功绝不只是有足够的科研经费那么简单，论科研经费的投入，中国数十年来也不少，其更重要的原因是日本一直以来坚持的“知行合一”。

长久以来，在公众的印象中诺贝尔奖得主大多是大学中的教授或者是研究机构里的研究员，但在日本诺贝尔奖的得主中却有一些是来自制造业企业的科技人才。日本文部科学省科学技术·学术政策研究所称，2017年日本研究费总额为19.1万亿日元（约合1.26万亿元人民币），其中企业研究费就为13.8万亿日元，约占整体的七成。

2019年诺贝尔化学奖决定授予开发出锂离子电池的吉野彰，他大学毕业后就直接进入了旭化成工业株式会社，吉野彰的获奖，显示出了日本企业的研究也是支撑日本提高科学技术的重要力量。旭化成工业株式会社隶属于第一劝银财团，是日本一家大型综合性化学公司，活跃在石油化工、塑料、建材、住宅、纤维和纺织品、医药等诸多领域。

在日本的企业人才中，还有岛津制作所的田中耕一和研发蓝色发光二极管（LED）的中村修二（日亚化学工业株式会社）分别获得了2002年的诺贝尔化学奖和2014年的诺贝尔物理学奖。时间往回推到1973年，江崎玲于奈成为日本科学领域的第三位诺贝尔奖得主，其曾辗转于多家企业，先后就职于神户工业、索尼公司以及IBM公司。

日本诺贝尔物理学奖获得者江崎玲于奈毕业于东京帝国大学实验物理专业，1956年成为东京通信工业股份有限公司（索尼公司）的主任研究员，主要领导高掺杂锗与硅的研究，正是这一研究的结果刺激了后来隧道二极管的发明。1958年，在索尼工作的江崎玲于奈发表了关于“隧道二极管”的论文，这也是他获得诺贝尔物理学奖的开端。

第四节　潜行的军工王者

“军民融合”越来越深藏不露

太平洋战争之初，日本军工源于欧美的技术渠道就被切断了。二战失败之后，日本战前拥有的庞大军工产业体系，在美国的“解散财阀”等措施下土崩瓦解。但是，后来为了与苏联对抗，应对逐步形成的两极对峙的全球冷战格局，美国对日战略很快就彻底转型，从“非军事化路线”转向把日本作为对抗“共产主义”的桥头堡，并开始试图“重新武装日本”。

在日本解禁武器制造以及航空机制造之后，最早的军事订单涉及美军装甲车、飞机等军事机械的修理服务。在战前就从事此项工作的三菱重工、川崎重工、小松制作所（属住友财团）等公司开始积极利用旧军工设施从事美国军事机械的修理工作。由此，日本各大企业逐渐掌握了此前从没有过生产经验的喷气式飞机机身制作以及发动机的相关技术原理。

日本企业主要是通过“许可证生产”（Licensed Production）的方式从美军那里拿到军事订单。战后日本汽车企业丰田、日产，轮胎橡胶企业普利司通、横滨轮胎（属第一劝银），发动机等重工企业三菱重工、川崎重工，几乎都是通过同美国军方签约并获得技术许可的方式逐步掌握核心制造技术、产品标准化技术的。

在《日美安保条约》的框架下，日本甚至提出，装备建设要以日美军事装备的“相互通用性”为基点，积极从美国引进世界最先进的装备，一大批美国最先进的武器陆续流入日本。例如，日本是世界上第一个引进美国“宙斯盾”防空作战系统的国家，并以美国最先进的“阿利·伯克”级驱逐舰为母型，建造了世界上现役最大的“金刚”级驱逐舰。

事实上，三菱重工、石川岛播磨重工、斯巴鲁、丰田、东芝、索尼、东丽、日立这些广为中国消费者熟悉的日本企业，不仅生产诸如电梯、汽车、笔记本、手机、相机、服装等影响我们日常生活的产品，同时还有另一重身份——军工企业。上至天上的战斗机、下至海中游弋的潜艇都是它们研发部门和生产线上的重要产品。

三菱重工是毫无争议的日本军工产业界“大佬”，多年来始终控制着 1/4 的日本军工生产订单份额。目前，三菱重工有船舶和海洋事业本部、航空宇宙事业本部等军品部门，日本海上自卫队几乎一半的潜艇和 1/3 的驱逐舰都产自这里。同时，三菱重工也是日本陆上自卫队各种装甲战斗车辆的生产商，包括 90 式坦克、89 式步兵战车、87 式自行高炮、90 式坦克抢救车……

随着武器装备的复杂化，军用和民用之间界限越来越模糊，产业链也不断延伸。日本独特的财团机制在整合产业链、组织产业方面具有很大优势。财团企业之间的相互协作和配合，使得武器系统的兼容性、稳定性大幅增强，生产成本大大降低，自主化率不断提高，这最终体现在产品竞争力上。日本的军工生产体制一直是“寓军于民”“以民促军”，这也在一定程度上激发了企业的发展潜力。

坦克部件和战舰船锚的生产者小松制作所，因看到美国推土机平整机场场地获得灵感，就将推土机作为重建公司的产品。战后成功的相机制造商佳能（属富士财团）和尼康（属三菱财团）也曾是军用光学仪器制造商。战时曾为丰田供应活塞环的小分包商本田宗一郎，将军用通信设备使用的小型发动机装到自行车上，这种在当时市场上大受欢迎的轻型摩托铸就了日后强大的本田帝国。

日本军工生产的“寓军于民”战略有效地解决了“民转军”“军转民”不灵活的问题，壮大了日本的军工产业潜力，增强了日本适应国防需求变化而调整军工生产的能力。一旦需要，日本的武器装备生产能力将会迅速地以几倍甚至十几倍的速度增长。可以说，如今在机械、钢铁、造船、核工业及航空航天等军民两用产业上，日本已经具备了世界一流的技术研发和生产能力，成为“深藏不露”的军工强国。

结合日美最高科技的战斗机

1984 年 12 月，日本防卫厅（现为防卫省）参谋会议开始探讨 F－1 战斗机的后继机问题，并将其命名为“FS－X 计划”，并提出了 3 种方案：“国内开发”“导入外国战斗机”“换用现有机型”。F－1 战斗机是日本在第二次世界大战以后设计的第一代战斗机，由日本三菱重工及富士重工（斯巴鲁，属丰田财团）于 1977 年共同设计及生产。

1985 年，日本防卫厅开始面向日本国内外公开招标。武器竞标，特别是战斗机竞标毕竟是一块很大的肥肉，所以除了吸引日本三菱重工、川崎重工外，美国军工企业也积极参与竞标。其中，三菱重工就提出由日本国内独立自主开发战斗机的方案，其时任社长饭田庸太郎甚至公开表示：“在防卫产业，如果不对日本做贡献，那么三菱也就没有存在的必要了。”

显然，三菱重工提出的方案是日本政府最希望实现的，因为无论从民族情节还是竞标方案的合理性上，自主研发生产新一代战斗机都是最优选择。然而，作为日本最主要军火供应商的美国企业不干了，它们开始要求美国政府及军方向日本施加压力，提出由两国共同研制新一代战斗机的方案，以达到继续控制日本的目的，并获得更大的经济利益。

与此同时，美国军工企业也开始在国际上制造舆论：“战前，三菱重工制造了零式战斗机和‘武藏’号战舰，现在，推动战后复兴和经济高速发展的三菱重工是想让‘日之丸战斗机’重新飞向天空吗?”“日本政府选择三菱,是想再度对美开战。”面对美国的一系列动作,日本自然知道其中奥妙,想要实现独立自主研发新一代战斗机必定是难上加难了。

1986 年 12 月,在强势的美国面前,日本政府将之前研发方案中的“国内开发”改成了“与美国共同开发”。日本认为与美国联合会很方便地获得较为现代化的航空技术及制造工艺,同时,日本本国的航空制造业也可以参与大部分的设计制造工作,对本国的航空工业起到促进作用。就在日本憧憬着一架全新的、包含美日最高科技的战斗机即将诞生之际,事情的走向悄然间发生了改变。

1987 年 4 月 11 日,美国国防部调查团前往日本,就共同开发战斗机问题进行实地考察。他们先后参观了三菱重工名古屋航母空机制造所、三菱电器镰仓制造所,并与日本政府交换意见。在参观过程中,三菱重工计划让下一代战斗机的主机翼采用“增强碳”(Reinforced Carbon - Carbon),这让美国人大为吃惊,因为这比当时的主流制造方法更为先进。

两个月以后,在日本东京举行的日美防长会谈上,美国防长突然提出,合作要以美国战斗机为基础共同开发,这令日本方面措手不及。当时研发计划已经启动,如果推倒重来,损失重大,但日本最后还是被迫接受了。随后,美国提出从 F - 16、F/ A - 18 及 F - 15 等 3 种战斗机的改进方案中进行选择,事实上日本方面非常倾向 F/A - 18 方案,但美国出于自身利益的考虑最终只提供了性能最低的 F - 16 方案。

1989 年 2 月,时任日本首相竹下登计划在访美期间,与美方确认在共同研发下一代战斗机问题上,美方应向日方提供的技术协助。但在竹下登抵达美国之前,突然有 12 名美国国会参议院议员联名致信时任美国总统布什,反对美国与日本合作计划“FS - X 项目”。此后,又有 24 名跨党派国会议员联名要求布什总统停止向日本提供军工技术支持。

于是,最后签署的日美共同开发意向书就又出现了 3 条专门针对日本的附加内容:①限制提供美军 F - 16 源代码;②在生产制造过程中,确保美国尽可能多地获得分工;③设立条款明确规定日本必须提供的技术。这样一来,日本自己掌握的技术就必须无条件地与美国分享,而美国的技术则可以放在自己的秘密保险箱里……

1990 年 11 月,日美双方就研制细节最终签订了协议,延宕了 5 年之久的日本新一代 FS - X 战斗机才真正开始研制。1995 年 1 月 12 日,第一架原型机在日本三菱重工小牧南工厂下线。1996 年 3 月,日本正式将新一代战机投入批量生产,批量生产的战机被正式命名为“F - 2 战斗机”,其中美国公司负责 30% 零部件的设计生产任务,其余 70% 则由日本厂家完成。

波音 787：日本的准国产客机

虽然“与美国共同开发”战斗机并没有让日本获得许多的美国军工科技，但也正是以此次合作为契机，日本企业开始逐渐广泛参与到美国的飞机产业链中。例如，1990 年，三菱重工、川崎重工和富士重工与波音公司签署协议，承担波音 767 机体生产的 15%～20% 的作业量；1991 年，由日本飞机开发协会组织上述 3 家企业以及新明和工业和日本飞机等 5 家日本企业，又参与了波音 777 的开发生产工作。

2004 年 4 月，当号称“梦幻客机”的美国波音 787 开始研发之际，日本企业所承担的生产业务量已经达到 35% 的比例，可以说日本企业已经完全深度参与了美国的整体飞机产业链中。甚至有日本媒体将波音 787 客机称为“日本的准国产客机”。

事实上，为了替波音生产碳素材料机体，日本三井财团的东丽公司还专门在美国设立了工厂。与此同时，川崎重工（属第一劝银财团）、三菱重工（属三菱财团）、富士重工（属丰田财团）、普利司通、松下（属住友财团）、东陶 TOTO（属三井财团）……都参与了波音 787 的研发制造工作。

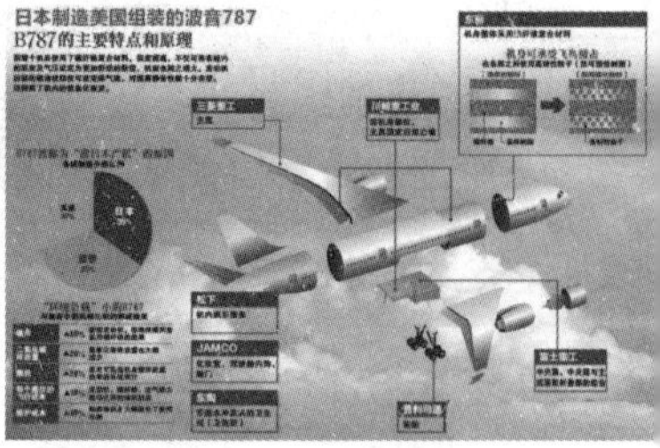

日本企业所承担的生产业务量已经达到35%的比例，日本媒体将波音787客机称为“日本的准国产客机”

美国波音 787 客机的最大特点是机体不再使用以往的合金材料，而是首次采用了轻巧而牢固的碳素材料。这一种材料是由日本最大的纺织材料集团——东丽公司研制的。碳素材料的强度超过铁的 9 倍，但是重量只是铁的 1%。由于采用了轻巧的碳素材料，波音 787 因此比同类客机可节约燃料 20%，节约保养费用 30%。

此外，波音 787 客机还拥有超长而且是呈弧形的先进机翼，全长 98 英尺（1 英尺≈0.3 米）的机翼实际是由日本三菱重工在名古屋市的大江工厂里生产出来的，这也是美国波音公司第一次将飞机最重要的部件——机翼交给合作伙伴研发生产。机翼之所以非常重要，是因为机翼越大，储存的航空燃料就越多，飞机就可以飞得越远。波音公司因此甚至专门改装了一家大型波音客机将巨大的机翼从名古屋运送到美国的西雅图进行组装。

为匹配高科技的机翼，波音 787 飞机机翼与飞机本体相连接的机体是由日本的富士重工生产的，这是一架客机机体的最核心部位，也是组装难度最大的部位。机身与机翼的连接结构，专业术语叫作“中央机翼”，其内部结构十分复杂，虽然外面无法看到，但是整架飞机的“心脏”部位。客机的燃油库就在中央机翼，密封性要求极高。

美国波音 787 客机中结构最为复杂、精密仪器配置最多的机头与机身的连接机体，则是由日本川崎重工负责生产的。为了完成这些重要部件的制造，川崎重工业公司专门成立了波音787生产技术部。当然，波音787还有一些让美国人不太习惯的日系设计。比如，配置由日本东陶（TOTO）公司生产的日式温水冲洗器的洗手间。

当然不仅仅是飞机产业链，通过数十年不懈的耕耘，日本的许多制造业企业早已悄然潜入美国的整体产业链发展中。只是碍于非军事化的原则，这些军工企业已经化身为普通企业，三菱重工、富士重工、川崎重工等这些战前生产战斗机、战舰的企业利用自身具有的技术优势转而生产摩托车、引擎盖和推土机等，并迅速占领日本市场甚至在日后出口美国。

稳定的美国买方市场需求以及政府主导型"军产复合体"模式，促使日本军工产业形成了垂直一体化的生产组织体制。同时，日美安保体制又推进了日美之间在军工产业方面的合作，日本军工企业凭借独特的竞争优势成为美国军工产业链的重要一环。虽然一直以来美国对于军工技术的外流都存有戒心，但是日本凭借在产业链中占据的重要地位不断吸收、消化并发展美国技术。

财团助力日本航天大国梦

2009年9月18日，日本的空间站转运飞行器1号（HTV－1）成功与国际空间站完成对接，引发世界广泛关注。作为关键步骤，它使素来视野深远的日本航天事业在产业链方面开始成熟。日本航空航天工业飞速发展的背后，实际上离不开大财团的影子。此次搭载飞船的H－2B火箭主要由日本财团企业研制，其中，两个LE－7A引擎的涡轮泵就是石川岛播磨重工（属三井财团）的产品。

石川岛播磨重工这家日本老牌的军工企业，是最早参与日本宇航技术开发的，其主要任务就是设计、生产作为火箭发动机核心部分的涡轮泵和喷气装置。同时，在宇宙空间站的建设中，石川岛播磨重工还承担了宇宙空间实验舱"希望号"的舱外实验平台等开发与制造工作。如果允许，石川岛播磨重工可以在短时间内研制出先进的固体洲际导弹。

H－2A/B火箭是日本的基础运载火箭，石川岛播磨重工担任了该火箭涡轮泵、固体火箭增压泵、2级喷气装置、点火装置等的开发与制造工作。虽然H－2型火箭在性能和运载能力上完全能同欧美国家的运载火箭相媲美，但较高的发射成本和发射周期是其最大的问题。因此，为了增强国际市场竞争力，日本自2015年开始研制新型H－3火箭。

新型H－3火箭研制由日本宇宙航空研究开发机构（JAXA）主导，石川岛播磨重工和三菱重工等公司参与。新型H－3火箭如果发射成功并投入国际市场，预计日本可以在国际商业航天发射市场上分得一杯羹，这些收入可用于反哺日本的航天工业。近年来，国际商业航天市场规模不断膨胀，不少航天大国或强国对这块蛋糕可谓“虎视眈眈”。

固体运载火箭是中远程弹道导弹以及洲际导弹的“亲戚”，为了进行相关技术储备，日本一直非常重视固体运载火箭的发展。如今日本最先进的三级固体运载火箭“艾普西龙”就是由石川岛播磨重工（IHI）航空宇宙事业本部牵头研制的。艾普西龙火箭的优势在于“快速响应空间”能力，即一周甚至几小时内将卫星送入太空，提高军事效能，增强太空资产的弹性。

日本大财团内部重化工业的综合实力使日本的科学资源能够最快整合，短时间内在航空航天等前沿领域获得突破便也不是难事。同时，日本的“大后方”其实正是无数的中小企业。在财团体系下，它们与少数大企业间分工协作，彼此间形成关联网。例如，北岛绞制造所，职工不到20人，但其掌握的旋压技术已经被广泛用于航空、宇宙开发和原子能领域。

2020年6月，日本政府确立了一项关系日本航天事业今后10年发展方向的新《宇宙基本计划》，计划确定了日本的月球探测和产业培育目标，这是日本时隔5年再次对该计划进行修改。根据新的《宇宙基本计划》，日本将改变过去由政府主导的航天事业，放宽民间企业参与的限制。在未来10年，计划把日本航天产业的市场规模从当前的约1.2万亿日元扩大数倍。

6月26日，丰田公司随即宣布，计划和3家大金融集团一同援助和扶持进行太空开发的新兴民营企业，通过共同出资约80亿日元设立一项基金，从资金层面支持火箭、人造卫星开发工作。该基金由丰田、三井住友银行、三菱日联银行、瑞穗银行共同出资80亿日元，未来基金规模有望扩大至150亿日元，这也将提高日本民间企业在这一领域的影响力。

基金投资对象设定为，在人造卫星开发、太空利用等领域拥有革新性技术的日本新兴企业。在甄选具体对象时，还将接受日本宇宙航空研究开发机构的协助。太空等相关产业虽然被视为“未开拓的市场”，极具增长潜力，但由于成本较高，金融投资机构普遍不愿提供融资。丰田等财团企业的认可，势必会吸引各方增加对新兴企业的投资，解决日本太空产业面临的结构性问题。

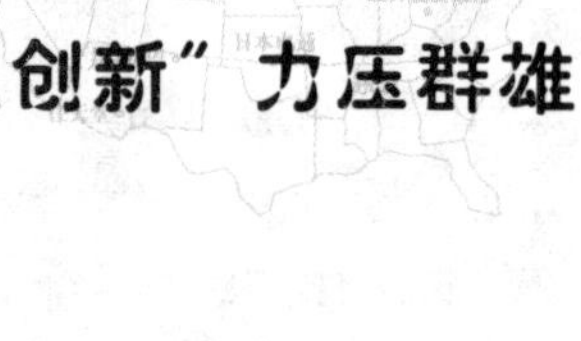

第五节　“知识创新”力压群雄

向“知识产权立国”战略转移

20世纪80年代，在大量质优价廉的日本工业产品涌入美国市场的同时，日本高技术产品也开始进入美国，日本企业纷纷申请并获得美国专利。据统计，日本企业在美国专利商标局(USPTO)取得专利份额从80年代初的12%增长到了90年代的21%,这也标志着日美两国之间从此前的“产品摩擦”升级到了以知识产权为核心的“产权摩擦”。

1982年10月,美国最大的计算机公司——IBM公司指控日本第一劝银财团旗下的富士通公司侵犯其软件著作权,打响了日美知识产权领域战争的第一枪。原来早在20世纪70年代初IBM公司就开发出了一种M系列操作系统,随后富士通公司利用该系统开发出了自己的一款软件,但当时美国对于计算机软件尚未提供任何形式的法律保护,因此富士通的做法并无不妥。

但是,随着美国逐渐加大对知识产权的保护力度,特别是新版的版权法颁布生效以后,美国专利权人开始频繁发起对日本企业的知识产权侵权诉讼,同时美国政府认为日本专利制度中存在的问题属于“非关税壁垒”。1986年4月,美国贸易代表克莱顿·尤特甚至公开表示,“美国政府为了保护美国企业的专利、著作权、商标和其他知识产权,不惜动用所有武器”。

1988年,经过长达6年时间的诉讼,美国仲裁协会最终判决日本富士通向美国IBM公司支付8.33亿美元的软件使用费。同年8月,两国政府决定在日美贸易委员会中设置专门的知识产权工作委员会,这个委员会一直在日美结构谈判中占有一席之地。1994年8月,日本特许厅厅长与美国专利商标局局长签署了《日美专利法协调协议》。

事实上,在与日本长期贸易摩擦的过程中,美国反复修改贸易法案,完善了“301条款”制度,设立了专门针对知识产权保护问题的“特殊301条款”,空前提高了知识产权在处理国际贸易摩擦中的地位。与此同时,WTO也将《与贸易有关的知识产权协议》作为了WTO的3个基础性协议之一,进一步强化了知识产权对国际贸易的管理作用。

1996年底,日本专利厅成立了21世纪知识产权问题思考会,专门研究、探讨政策,并向政府提出建议,这可以说是后来“知识产权立国”战略的雏形。此时的日本清晰地认识到,在未来的知识经济时代,拥有自主知识产权的高新技术及其产业化不仅是企业生存和发展的必需品,而且是世界各国争夺的制高点,是推动知识经济发展最重要的长期策略。

2002年,日本政府提出了“知识产权立国”的战略口号,并将知识产权视为基本国策,开始了从“科学技术立国”向“知识产权立国”的战略转移

2002年2月25日,日本政府召开了第一次“知识产权战略会议”,其成员包括内阁总理大臣以及各部大臣,并从产业界、企业界和学术界聘请了11位民间有识之士作为会议成员。同年7月,日本政府正式发表了《知识产权战略大纲》,提出了“知识产权立国”的战略口号,并将知识产权视为基本国策,开始了从

“科学技术立国”向“知识产权立国”的战略转移。

日本“知识产权立国”战略的核心就是把研究活动和创造活动的成果作为知识产权从战略上加以保护，把产业发展的基础建立在技术、设计、品牌以及音乐、影视节目等信息化产品的知识创造上。以知识产权为基础，推进产品和服务的高附加值化，进而实现日本经济社会的新发展，即从知识产权创造、应用、保护、人才培养4个层次逐步实现知识产权的创造循环。

2003年3月，日本政府决定在内阁增设知识产权战略本部，部长由首相担任，副部长由内阁官房长官、负责科学技术的大臣、文部科技大臣、经济产业大臣担任。当然，日本的“知识产权立国”战略仍然坚持官、产、学、研相结合的模式，即政府提供相关政策引导及扶持，继续以企业、大学和研究机构为中心，促进知识创新和发明创造，全力推动日本科技革命和经济发展。

警惕“贼喊捉贼”的行为

日本在实施其“知识产权立国”战略过程中对于其本国知识产权采取了内外兼顾的保护方式。在海外知识产权的保护策略上，日本本着“本国利益优先”的原则进行了外交策略选择：对于一些东南亚的发展中国家签订包括知识产权保护在内的自由贸易协定（FTA），而对于经济持续高速发展、市场巨大的中国则采取了极为严厉的打击侵权模式。

早在2001年，JETRO就在北京代表处设立了知识产权部，与中国有关机构进行磋商，协同处理两国贸易中的知识产权事务。从2002年起，日本每年都派遣由政府官员和产业界人士组成的“知识产权保护官民代表团”到中国各地访问，这在无形中给中国方面施加了压力。看起来日本正以中国为重点大力打击假冒盗版等侵犯知识产权的活动，然而事实又是怎样的呢？

2004年10月23日，湖南农业大学与日本三井农林株式会社签订了转让湖南金农生物资源股份有限公司（以下简称“湖南金农”）股权意向书。按照协议，三井农林总投资额近1400万元人民币，持有湖南金农15%的股份。三井农林是日本最大的茶叶制造商和销售商，年营业收入超过5亿美元，隶属于日本三井财团。而在貌似双赢的股权转让背后，实则是日本三井财团对于中国专利技术的觊觎。

原来，湖南农业大学的研发团队经过两代人、历时18年的技术创新与产业化开发，取得了一系列成就，并获得了2008年度国家科技进步二等奖：全球独家开发出药品级高纯儿茶素（Polyphenon E），并使其成为美国食品药品监督管理局（FDA）自1962年修改药品法以来批准的第一个纯植物药（Veregen）的原料；创立了儿茶素单体EGCg（95%）的工业化分离新技术。

儿茶素，是从茶叶等天然植物中提取出来的一类酚类活性物质，具有抗肿瘤、抗氧化、抗病菌以及保护心脑器官等多种药理作用。事实上，早在20世纪80年代中国医学科学院肿瘤研究所程书钧院士发现绿茶儿茶素具有抗突变、抗癌变作用的时候，三井农林就表现出了极大的兴趣，还与研究所签订了合作协议，利用三井农林提供的经费进行儿茶素的临床研究。

不仅如此，三井农林出钱申报专利，并与肿瘤研究所分享专利权，但相关的儿茶素产品（商品名 Polyphenon 100）则由三井农林负责生产。此后，在三井农林的撮合下，中方、日方与加拿大 Epitome 制药公司草签了专利许可协议，并于 2006 年推出了美国第一个植物药 Veregen。然而就在这个先简单、后复杂的中医药国际化合作的成功典范中，却找不到肿瘤所分享得到利益数额的报道。

在整个儿茶素产品的开发过程中，三井农林一直都是策划者，自始至终掌控着知识产权的核心利益，其运作资本，操作产品的定价权，处于产业链条的最高端，从而分享到丰厚的利益。无论是资助肿瘤研究所，还是入股湖南企业，三井财团及其附属企业牢牢控制着中国茶产业结构，延伸茶产业链，提高茶产品附加值，占领国际市场，让中国成为它的廉价茶原料和廉价人力、智力资源供应基地。

在茶产业链中，儿茶素产品的附加值高，是三井财团觊觎已久的猎物。除了三井农林外，三井财团还安排其控股的三得利株式会社（以下简称“三得利”）就儿茶素、茶多酚等在中国申请专利，进行高端茶产业布局。2010 年，三得利推出富含茶多酚的“黑乌龙茶”，强势登陆北京市场，在广告中着力强调该产品中的茶多酚可促进脂肪吸收、去油纤体。

隶属于日本政府内阁的知识产权战略本部曾在其官方文件中指出：“中国在现代化进程中虽已建立了完整的知识产权保护法律体系，但在知识产权侵权纠纷的实际解决执行过程中还存在不少问题。”回顾三井农林的中国儿茶素专利事件不难发现，日本在拿起打击假冒盗版侵权大棒，以及攫取他国专利时，也投入了大量的人力、物力、财力，中国不得不警惕这种“贼喊捉贼”的行为。

知识共享，收入创新高

在战后很长的一段时间里，日本经济的增长一直都是由商品出口所带动的，但由于全球化不断促使日本制造业走向海外，单纯依靠货物出口拉动经济增长变得不再现实。近年来，日本海外投资所产生的股利与利息收入逐渐成为主要收入之一。此外，出口结构也发生了根本性改变，商标授权与技术出口的占比在逐年上升，智财权收入成为日本最新、最主要的出口收入。

2014 年 3 月，据《日本经济新闻》报道，日本企业通过自有专利、知识产权等在海外市场获得的收入大幅增加，使得日本在“知识产品贸易收支”方面的黑字额度首次突破 1 万亿日元。OECD 的数据显示，在能够取得完整数据的 2014 年，日本的知识产权出口额在全球排名第二，仅次于美国。可以说，知识产权正在为日本赚取巨额财富。

2017年,据日本政府发布的最新数据,过去5年,知识产权销售收入增长了74%,再次创下历史最高纪录。这一数据在很大程度上标志着日本"知识产权立国"战略的成功。在2002年确立"知识产权立国"以前,包括专利、商标和著作权在内的日本知识产权使用费的国际收支一直为赤字,但从2003年起,在日本政府和企业界的共同努力下其首次转为盈余并保持至今。

知识产权适用于品牌、版权、专利和工业设计等各种无形资产,范围覆盖《超级马里奥》、"Hello Kitty"和法努克公司(Fanuc Corp)设计的机器人等标志性日本产品。虽然日本政府没有将知识产权出口数据按行业单列,但彭博经济记者 Yuki Masujima 表示,汽车制造业和高科技制造商的收入不菲。他预计,机器人和医疗保健等行业的知识产权相关服务将为日本公司带来更多利润。

一直以来,财团合作体系都是日本产业发展的核心动力,当然在知识产权领域也不例外。2017年末,日本铃木、斯巴鲁以及丰田财团旗下的大发工业和日野汽车4家公司,决定加入由丰田汽车公司主导的电动汽车研发新公司,与原有的丰田、马自达和日本电装成立7公司联盟,分享知识产权,加速构建日本电动汽车基础技术。

作为全球汽车业的领军者之一,三井财团的丰田公司以往对电动汽车并不积极,而将主要精力投入混合动力车及下一代氢能源汽车的研发上。丰田之前之所以不看好电动车是因为车载电池技术存在瓶颈,现有液体电池在安全性和能量密度上无法满足长距离行驶的需求。因此,未来谁能在电池技术上取得突破,谁就掌握了电动车市场的关键,从而引领全球电动车市场的发展方向。

虽然在电动汽车的三大核心技术——电池、电机和电控上,以丰田为代表的日本企业目前仍具有一定优势,但是随着中国和欧美企业在技术领域的不断追赶,想要在电动汽车领域取得领先对于丰田及日本车企来说是个不小的挑战。因此,合作共享核心技术就成为一条发展捷径。当然,建立知识产权联盟还有一个重要作用,丰田社长丰田章男就呼吁,日本车企应该携手制定电池的统一规格,以对抗海外同行的竞争。

日本政府提出到2030年将日本国建设成世界上最先进的知识产权国家，并且已经取得了初步成果

可以说,正是依靠着日本政府和财团企业的努力,日本"知识产权立国"战略得以合理实施,并对日本经济社会产生了显著的积极影响,从而让日本经济摆脱了自20世纪90年代金融战失败以来长期的低迷与徘徊局面,开始走上以知识创新为主的发展道路。日本政府已经提出到2030年将日本国建设成世界上最先进的知识产权国家,并且已经取得了初步成果。

2018年7月,在世界知识产权组织(WIPO)等发布的全球创新指数(GII)排行榜中，日本在若干指标中排名第一：由企业供资的国内研发支出总额，在两个以上主管局申请的同族专利以及知识产权收入等。

发明创造要能转为生产力

2019年世界知识产权组织公布的数据显示，中国以58990件专利申请数量首次超过美国，位居世界第一；美国的专利申请数为57840件，位居世界第二；日本以52660件专利申请数位居世界第三。然而，真正值得注意的是，尽管中国企业的国际专利申请数量排名领先，但是在专利质量方面，和美国、日本比起来还有很大的差距。事实上，专利数量占优并不意味着中国科技水平已经赶超了西方发达国家。

2020年2月，全球领先的专业信息服务提供商科睿唯安发布了“德温特2020年度全球百强创新机构”榜单，中国仅有华为、腾讯、小米3家企业获奖，该奖评选的依据同样是国际专利，不过更强调专利的质量，即专利的被引用次数和国际影响力。在这份排名中，美国机构高居第一，数量为39家；日本则排在了第二位，获奖机构为32家。

事实上，早在日本政府确立“知识产权立国”战略的时候，就已经将应用与创造、保护和人才培养同时设立为四大主要方针来予以实施。所谓“应用”就是促进知识产权的转让和流通，使发明创造和研究开发成果产业化，最大限度地实现经济效益和社会效益。知识产权创造出来以后，如果被束之高阁而不运用于生产中，那么再好的发明创造也不能转化为现实的生产力。

世界上很多最高科技的产品不一定是日本的，但日本的财团制造业企业在全球高端制造业长期保持着领先地位，并且在部分装备产品、关键零部件和中间材料领域都具有垄断地位或拥有重大的影响力。日本拥有一大批隐形冠军式的企业，在机械、电子、化工、医疗等领域掌握了全球领先的设计加工和装配能力，从而在产业链上形成控制力。

目前，碳纤维生产核心技术主要掌握在日本东丽、帝人和三菱化学（属三菱财团）这3家日本公司手中。在日本本土碳纤维市场上，这3家公司构成了寡头垄断，并且在全球碳纤维市场上也拥有举足轻重的影响力，日本碳纤维产能和产量在全球占比具有绝对优势（超50%）。而从技术布局上来看，日本企业的碳纤维相关专利也基本覆盖了产业链的各个环节，不断获取着高额利润。

日本是全球最大的半导体材料生产国，日本在半导体材料里长期保持绝对优势，生产半导体芯片需要19种左右的必需材料，缺一不可，且大多数材料具备极高的技术壁垒，日本企业在硅晶圆、合成半导体晶圆、光罩、光刻胶、靶材料、保护涂膜、引线架、陶瓷板、塑料板、卷带式自动接合（TAB）、薄膜复晶（COF）、焊线、封装材料等14种重要材料方面均占有全球50%以上的份额。

工业机器人是未来50年全球大力发展的产业,其三大核心零部件的关键技术:控制器(控制技术)、减速机、机器人专用伺服电机及其控制都基本掌握在日本手中。其中,日本在机器人精密减速机的材料、设计水平、质量控制、精度、功率密度、可靠性和使用寿命等方面处于行业领先地位,日本减速机在机器人领域的应用比例也具有压倒性优势。

在医疗硬件设备上,日本也处于领先地位。如今全球仅有的6台投入使用的重粒子癌放疗设备有5套在日本,1套在德国(中国国产重离子放疗设备于2019年10月获批上市),目前选择不开刀而接受重粒子线放疗的患者中有80%选择在日本进行治疗。此外,由日立公司与北海道大学联合发明的质子束放疗加速器,整套设备售价超过2亿美元,全球装机量不超过15台。

事实上,日本之所以能够在短时间内实现知识产权的快速应用变现,完全得益于其背后强大的母机工业实力。母机就是指制造机器和机械的机器,是构成现代工业的心脏。母机类制造业是整个工业体系的基石和摇篮,处于产业链核心环节,决定着一个国家或地区的工业发展水平和综合竞争力。如果一个国家没有自己的母机制造能力,那么该国的工业也就没有未来。

日本在母机工业的实力无须赘述:日本片冈机械在内燃机超大型活塞环的专用精密加工母机领域拥有全球六成份额,几乎所有汽车品牌都要用到;住友重机作为老牌化工母机制造商,掌控着冶金制铁、基础原料焦炭的焦炭生成器大部分市场;光学领域最重要母机之一的大型衍射光栅刻画机,全球只有3~4个国家有能力造,其中日立公司保有最高刻画精度10000g/mm……

从母机的数控系统到零部件再到数控系统,日本企业在全球占据了领先地位。在数控系统领域,目前中国的高端数控系统95%依赖于日本和欧洲国家。日本的发那科公司(THK)在中国中高端数控系统中具有巨大影响力,日本的精工株式会社(NSK)是全球领先的机床轴承供应商,THK和NSK是领先的机床丝杠和导轨供应商。在整机方面,日本的山崎马扎克、大隈等企业是数控立卧式车床、加工中心等整机产品的重要供应商。

参考文献及来源:

1. 司庆阳,赵明强.三井财团的中国植物药专利征程[J].中国发明与专利,2011(6):65-67.
2. 佐藤隆三,侯燕玲.谈模仿——论战后日本科技政策的本质[J].中外科技信息,1988(2):6+7-11.
3. 卢昊.日本近代工业从"山寨"起家[EB/OL].(2018-08-07)[2021-10-07].https://world.huanqiu.com/article/9CaKrnKb7OG.
4. 郑永年.《日本第一》40年对中国教训[EB/OL].(2019-01-29)[2021-10-07].

https://www.zaobao.com/forum/views/opinion/story20190129-927966.
5. 17年17人诺奖的背后:中国沉醉在土地产能的时候,日本在疯狂布局技术产能![EB/OL].(2016-10-09)[2021-10-07].https://www.sohu.com/a/115685803_475937.
6. 丰田等7家公司成立联盟分享知识产权 日企加速研发电动汽车[EB/OL].(2018-01-04)[2021-10-07].https://news.china.com/internationalgd/10000166/20180104/31909920_1.html.
7. 傅高义.日本第一:对美国的启示[M].沈丁立,译.上海:上海译文出版社,2016.
8. 知识即财富:日本2017年知识产权收入再创新高[EB/OL].(2018-01-20)[2021-10-07].https://www.sohu.com/a/217910273_320672.
9. 彭华.论日本"世界工厂"的发展及其经验与启示[D].大连:东北财经大学,2003.
10. 候觉,于娜.日本产业的海外转移——以"丰田汽车公司"的海外经营为例[J].中小企业管理与科技(下旬刊),2014(4):148-149.
11. 包歌.日本产业转移镜鉴[J].中国外汇,2019(22):41-43.
12. 徐静波.波音787为何成为日本准国产客机?[EB/OL].(2019-05-20)[2021-10-07].http://www.360doc.com/content/19/0521/09/11708174_837187352.shtml.
13. 王罽.日本对华直接投资产业结构的优化策略探析[D].大连:东北财经大学,2005.
14. 王广涛."富国强兵"的遗产——军工技术产业化与战后日本的经济复兴[J].世界政治研究,2019(01):140-166+220-221.
15. 杰克·巴兰逊,程淑英.日本对美国工业的挑战[J].国外社会科学情况,1985(8):18-21+32.
16. 曲三强.知识产权立国——21世纪日本富国强邦的梦想[J].电子知识产权,2004(6):60.
17. 李丹,董琴.日美贸易摩擦下日本产业升级的实现及启示[J].现代日本经济,2019(2):1-12.
18. 辛欣.日本"知识产权立国"的发展战略[J].国际技术经济研究,2004(3):6+26-29.
19. 王景山.全球专利实力排行榜 日本上榜企业最多[EB/OL].(2019-01-02)[2021-10-07].https://news.zol.com.cn/706/7064020.html.
20. 张玉来.战后日本军工产业发展与"美国因素"[J].日本侵华史研究,2013,2(2):39-50.
21. 许克娟.日本家族企业近代化转型问题研究——以三井之中上川改革为视点[D].福州:福建师范大学,2010.
22. "日本的挑战"使美国经济得以复苏[J].世界经济与政治,1993(7):82.
23. 张小龙.冷战后日本对华直接投资研究[D].合肥:中国科学技术大学,2009.

后 记

日本模式之本

回顾日本经济发展历程，作为曾经战败国的日本凭借着自身独特的发展模式，以令世界震惊的速度完成了资本和技术的快速积累，在短短20年内就完成了医治战争创伤和追赶老牌西方国家的任务，甚至一跃成为继美国之后的第二大资本主义经济强国，并试图以“东亚奇迹”对抗欧美国家正统的新自由主义理论。

20世纪90年代，在一系列内外部压力的作用下，日本经济陷入了所谓“失去的二十年”。但在经济持续衰退、停滞的表象下，日本逐步完成了两次大规模产业转移，实现了产业升级，并通过大量海外收购，在日本本土以外形成了“2.5个日本”的资产及产业规模。在这些经济成就的背后，体现的正是日本经济模式之本——财团体制和商社模式。

以综合商社为核心的日本财团，其成功的根本在于实业与银行的紧密结合，并通过“商”（综合商社）这个纽带和平台，将“产”和“融”有机结合起来，促进产业资本和金融资本的融合，为本国的实业与金融发展争夺世界的定价权和财富的分配权。事实上，财团商社不仅仅是单纯的企业组织模式，更重要的应该是一种文化、理念和制度。

从商帮到财阀的历史演进

日本财团的前身是日本财阀。本质上，财阀是指在同一金融寡头控制下，结合同族、近亲而形成的垄断资本集团，这些财阀以家族总公司为中心，形成“家族总公司—直系公司—旁系公司”的特殊持股关系。财阀虽然已经初步具有了商业资本、金融资本和产业资本相结合的特点，但往往和浓厚的封建家族联系在一起。

这种家族式的日本财阀结构有着其深远的历史根源，即日本传承数百年的商帮文化。所谓商帮就是以乡土亲缘为纽带，拥有会馆办事机构和标志性建筑的商业集团。事实上，中国自古就有商帮文化，徽商、晋商、潮商是历史上势力最大、影响最远的"中国三大商帮"，后来"浙商""苏商"等新一代商帮又逐渐发展起来。

与晋商、徽商、潮商并称为"中国历史上三大商帮"类似，近江商人、伊势商人和大阪商人也被誉为"日本三大商人（商帮）"。近江商人是指活跃在近江国（现在的滋贺县）的商人，而伊势商人是指日本古代的伊势国（现在三重县、爱知县、岐阜县的部分地区）的商人，与前两者不同，大阪商人则是指从全国各地聚集到大阪做生意的商人。

商帮不同于商会，更趋于虚拟化，它是一种文化，是一种精神。日本的商帮处处彰显大和文化的特征，因此其往往不受地域性的限制。以三井财团为例，三井家族的历史非常悠久和绵长，最早发源于近江国的三井村，其后三井家族举家迁移至伊势国，正是在这里三井高利开设了著名的和服布料店"越后屋"（三越百货店前身）。

经过数百年的发展，到20世纪30年代，日本国内已经形成了三井、三菱、住友、安田四大财阀掌控经济的局面。这四大财阀成就了日本的产业革命，支撑起了日本经济。作为当时日本最著名的"政商"财阀，有关三井的历史故事就不在这里赘述了，有兴趣的可以阅读《三井帝国启示录——探寻微观经济的王者》（白益民著）。

如果说三井财阀是商业资产起家然后转向工业资产的代表，那么住友财阀就是从工业资产起家的代表。17世纪，住友家族以别子铜山的铜矿石开采起家，并逐渐发展成为日本官方指定的供铜商，主要服务于当时日本一些极具实力的名门望族，其中就包括了统治日本长达200多年的德川幕府。

住友家族为了制造和维修冶铜时所需要的机械设备，设立了机械制造所，这是今日住友重工的前身。另外，住友又开始以生产工艺的副产品硫酸气作为原料，开始生产肥料，由此成为住友化学的起源。此后，住友家族为了筹措资金设立了银行，为了供应电力设立了发电厂……进而扩展到炼钢、玻璃、水泥、金融等行业，不断发展壮大。

三菱财阀起始于1873年岩崎弥太郎创立的三菱商会，主要负责储藏并贩卖来自各地方大名的货物，类似于今天的商品物流，之后由于获得了日本政府的保护，从而得以独占日本的海运业。做大做强后的三菱便开始通过持股方式逐渐设立了众多子公司，进入造船业、采矿业、铁路运输业和贸易业等行业领域。

1893年，三菱合资会社开始实行分权体制，在公司内部设立了总务、银行、营业、煤炭、矿山、地所等各个部门；另外也扩大了长崎造船所的规模；还设立神户、下关造船所、麒麟啤酒等企业，进一步扩大了三菱财阀的经营规模。1917 年，成立了三菱造船、三菱造纸，1918 年成立了三菱商事、三菱矿业，1919 年成立了三菱银行……

相比于前面的三大财阀，后起之秀安田财阀则显得相对特殊一些。安田财阀的创始人安田善次郎出身于下级藩士家庭，当三井、三菱家族成为日本举足轻重的大商人时，安田善次郎还是一个乡村小商贩。但是他并不甘心如此，在做商贩的闲暇时间里，安田善次郎几乎通读了中国的四书五经、《三国演义》、《水浒传》等书籍。

19 世纪 60 年代，安田善次郎抓住了商机在东京开办安田屋钱庄，并成功成为"特权商人"——政府银两兑换协会的会长，开始从事金钱更换业，很快就成为东京屈指可数的金融家。安田善次郎仔细研究了三井、三菱的经营方式，发现它们经营的主要行业是金融、矿山、保险。于是，他开始利用自己在金融界的权势，重新整合自己的产业，向保险和制造业进军，使安田财阀迅速成为当时四大财阀之一。

"共荣共生"是普遍价值观

二战前，日本之所以能够在金融产业等领域对抗美国，是因为这些大型财阀的存在，它们是日本军国主义的根基。二战后，美国以反垄断为名，实施了一系列措施解散日本财阀，同时输出大量资本进入日本。这一时期，日本出现了短暂的产融分离格局，经济被美国控制，形成变相殖民化。

但没过多久，日本便开始出现经济衰退、失业率上升等问题，导致工潮迭起，政府也不稳定，原有的经济秩序出现混乱。朝鲜战争爆发适时缓解了日本国内的经济衰退危机。1951 年以后，美国出于朝鲜战争和冷战的需要，放宽了对日本垄断资本的限制。在日本的银行尚未解体的前提下，产融开始重新聚合，新的财团开始出现。

从 1951 年开始，通过重组综合商社与合并金融机构等手段，三井、三菱、住友直接继承了二战前日本传统财阀谱系内的各个企业，逐步形成了"产商融"相结合的战后新财团体制，即以主办银行、综合商社和制造企业为主的"三位一体"的组织结构。其中金融如空军，商业如海军，产业如陆军，空军、海军为陆军（产业）发展护航。

当然，二战后重新聚集起来的日本财团不同于原先的财阀。一方面，在原来的家族成员被赶走之后，经营企业的都是职业经理人；另一方面，为了适应美国出台的《反垄断法》，日本财团由原来的一家公司直接控股转为多家公司联合持股。日本财团发展到这一阶段，已由原来的"金字塔形"持股形式转变成"网状球体"持股结构。

在日本,“共生共荣”是普遍的价值观,财团最大的意义就是建立庞大的生产体系,企业通过交叉持股形成了共度危机、共享繁荣的命运共同体,从而有效避免了恶性竞争,实现了分工合作。日本每个财团都掌控着数十家大型企业,也正是凭借这套“产商融”结合的财团体制,日本在战后与美国进行了卓有成效的经济对抗。

住友财团最初聚合于1951年,其在金属业、金融业以及电气产业方面有较强的实力,同时在石油化工、钢铁、有色金属、精细化工等部门有产业基础,后来又经营海洋开发和核能业务。财团内部经理会被称为“白水会”,由20家大企业组成。核心企业有三井住友银行、住友金属、住友化学、住友商事、松下电器、日本电气(NEC)等。

二战后,日本社会上对住友财团的评价一致为“凝聚力强大”。在三大旧财阀系统企业集团中住友凝聚力最强,素有“团结的住友”美称。住友财团虽然偏重于铜等原材料部门,但内部互相竞争的因素较少,有利于团结。除此之外,住友财团具有强大的金融能力,特别是住友银行力量强大,使以银行为主导作用的团结强化路线得以实现。

三菱财团初期形成于1954年,财团主要以汽车、成套设备、军火、电子、石油化学、飞机、造船、核能等产业为重点,并致力于城市住宅开发和新材料开发等,同时还控制着日本的军火工业。经理会则被称为“金曜会”,经理会成员目前有29家公司,包括了东京三菱银行、三菱商事、三菱重工、三菱电机、新日本石油、旭硝子、尼康……

一直以来,日本都有着“组织的三菱”这种说法,三菱财团和其他只是人际关系的财团不相同的是财团内部企业有组织上的关系;而且三菱财团内部派生关系也很多,如三菱自动车和三菱电机都是三菱重工孵化出来的。此外,“组织的三菱”也不是单纯指经营管理层面,而是日本式的三菱经营理念要渗透到每一个员工的工作当中。

三井财团最终形成于1961年,其在化工、重型机械、综合电机、汽车制造、房地产、核发电、半导体、医疗及办公电子设备等行业拥有重点布局。目前核心成员有26家大型公司,由这些企业组成的经理会,被称为“二木会”,是三井财团的最高领导机构。财团核心企业包括三井物产、三井住友银行、新王子制纸、东芝、东丽、石川岛播磨重工……

相较于三菱财团紧密的组织结构,三井财团更注重以人为本,即“人的三井”。各财团成员企业之间存在着大量的人事互派,这种高级经理人在财团内部流动的现象,在当时和现在的三井都是十分普遍的。三井物产作为综合商社则承担起了为财团企业培养人才的角色,很多三井财团成员企业的社长(总经理)都来自三井物产的各营业部门。

在所有的生产、贸易和物流环节,三井都扮演着“幕后推手”的角色,将自己的下属公司以及关联企业推到台前,不断地扩大着市场、资源和疆土,谋求着利润最大化。其成功的奥秘就是,凭借对产业链企业一般不超过10%的参股、入股作为润滑剂,取得资源品的长期价格控制优势;同时借助庞大的物流和贸易网络,三井进一步巩固了这种优势。

横向联合,抱团取暖

1966年,以富士银行为首,开始集合二战前安田财阀所属的企业,组建起“芙蓉开发”组织,富士财团正式形成。日本人称富士山为“芙蓉之峰”,所以富士财团又称“芙蓉财团”,该财团在日本制造业、商业和金融业等重要领域有较大的影响力。虽然富士集团名义上是安田财阀的继承者,但实际上是以鲇川义介的日产康采恩为核心的新财团。

出生于日本山口县的鲇川义介是日产汽车和富士财团的创始人,也是日本风险投资的开创者。由鲇川义介创立于战前的日本产业株式会社旗下有日本矿业、日立制作所、日立电力、日产汽车等控股公司,当时鲇川义介的公司并没有金融资本,它不和银行、保险公司、信托公司发生联系,纯粹是产业资本,所以人称日产是“非完全综合性财阀”。

在日本战后经济高速增长的过程中,日产越发意识到缺少金融资本支持,单纯从社会上去吸收资金的模式无法与三井、三菱等大型财团相抗衡。于是,选择了与富士金融企业集团进行产融联合,由富士银行、安田信托银行、安田火灾海上保险、安田人寿保险等机构提供金融支持,促进日产汽车公司、日立制作所、日本油脂等企业的发展。

日本财团通常采取横向联合方式,由3个核心部分组成,即金融机构、综合商社和装备制造企业。富士财团的综合商社是有着150多年历史的丸红株式会社,作为日本具有代表性的大型综合商社,丸红是一个综合性企业集团,它集经纪商、经销商、批发商、代理商、租赁公司、投资商、发展商、智囊团、大型项目的组织者等各种功能于一体。

1967年,就在富士财团成立的第二年,以关西为据点的数十家企业公司在三和银行董事长的倡导下组成总经理级的组织“三水会”,由此正式组建起了三和财团。实际上,三和财团的性质与富士财团有些相似,都是为了适应产业体系化的需要而适时转变为财团的,但是其凝聚力比富士财团还要差,可以说是一个松散的“杂居”财团。

三和财团旗下企业的历史派系零散,甚至像宇部兴产、阪急电铁、大林组这些集团,几乎就是东拼西凑的产物。此外,三和财团还通过金融、股份和人事关系控制着一大批企业。除41家“三水会”成员企业外,持股率超过10%的三和财团的连带公司共达136家。其核心企业有三和银行、日本电信电话(NTT)、科思摩石油、神户制钢所、夏普、日本通运、积水化学工业等。

三和财团的另一大缺点是核心综合商社的力量薄弱,很长一段时间里日商岩井都被看作三和财团的综合商社,但是这个综合商社也是“借来的”,日商岩井原本是第一劝业银行旗下的商社,三和银行为其做了大量工作,最后才并入三和财团。直到2004年,日商岩井与日棉合并,三和财团才真正有了属于自己的综合商社——双日株式会社。

事实上,三和财团松散的特点并不意味着其没有形成企业集中的状态。三和财团其实可以理解成一个区域性的地方财团,大部分企业来自关西地区,而这里正是大阪商人(帮)的发祥地。关西地区是日本西部的重要经济中心,更是日本的制造业重镇,主要产业为钢铁、纺织、化工、电子等,区内中小企业众多,达3万多家。

1978年,第一劝银财团成立,目前由48家大企业组成,是日本六大财团中成立时间较晚但成员最多的一个财团。其在化工纤维、金融、光通信、计算机、石油开发、食品等方面较有优势,经理会称为“三金会”。其核心企业有第一劝业银行、伊藤忠商事、富士通、清水建设、川崎制铁、旭化成工业、富士电机、横滨橡胶等。

作为第一劝银财团的综合商社,伊藤忠商事的历史可以追溯到1858年,1893年伊藤忠商事的前身——伊藤线店开业,并于1918年成立伊藤忠商事株式会社。其常年位居全球《财富》世界500强榜单,如今其经营范围已经扩展到钢铁、汽车、石油开采、精炼等方面,同时它还是第一家被中国认定为友好商社的综合贸易公司。

20世纪90年代以后,日本六大财团开始进行金融整合,最终形成如今的三井住友金融集团(三井财团与住友财团)、三菱日联金融集团(三菱财团与三和财团)和瑞穗金融集团(富士财团与第一劝银财团)。这三大金融集团是为对抗外部经济势力而由“官民一体”整合而成的,它们为财团商社的国际化提供了坚实的金融基础。

如今,三井、住友、三菱、富士、第一劝银、三和等六大财团控制着日本的大量公司,在日本拥有的52家世界500强企业中,出身六大财团的就有40多家,占比超80%。据统计,六大财团共计控制日本全国60%以上的总资产,55%以上的总资本,60%以上的销售额,20%左右的就业人员,因此说财团控制着日本的经济命脉,一点都不为过。

从制造业走向财团化

在二战后日本现代六大财团的形成过程中,三井、三菱和住友三大财团直接起源于传统财阀,并且延续了财阀商号,依旧继承着财阀的制度和文化遗产。富士、三和、第一劝银三大财团则是为了适应新时代产业体系化的需要，模仿传统财阀而形成的“抱团式”民间财团。随着时间的推移，一些从制造业中成长起来的新兴大型国际化的日本集团企业也开始逐渐走向财团化，这其中尤以丰田、索尼为核心代表。

从一开始，日本丰田汽车就是三井财团二木会（总经理会议）的重要成员，其与三井财团之间有着割舍不断的历史渊源。1894 年，丰田佐吉（丰田财团创始人）开办了乙川棉布合资会社，为其提供周转资金的正是三井财团的综合商社——三井物产。在三井物产的帮助下，丰田织机在日本被迅速推广，并于 1906 年成立丰田织机公司。

1909 年 5 月，在三井物产两名高管的陪同下，丰田佐吉开始对美国进行访问，踏上了“连做梦也没有想到的”美国。这次美国之行，丰田佐吉除了对美国纺织行业进行了实地考察外，其最大收获就是对美国的汽车业发展印象极深，并敏锐地意识到了汽车未来将成为工业文明的主角，这也为日后丰田汽车的辉煌奠定了基础。

20 世纪 30 年代，日本政府和军方开始呼吁国内厂商自制国产汽车，但当时大财阀的反应都十分冷淡。只有两个后起之秀挺身响应，一个就是丰田公司的丰田喜一郎（丰田佐吉的儿子），另一个则是日产公司的鲈川义介。1933 年 6 月，丰田喜一郎在丰田自动织布机械制作所内设立了汽车部，从此开始了丰田汽车公司制造汽车的历史。

二战以后，在石田退三和神谷正太郎的努力下，丰田汽车不仅很快走出了困境，同时在汽车的生产、销售等领域都取得了巨大成功。值得一提的是，石田退三和神谷正太郎都出身于三井物产（三井财团的综合商社），三井也为当时的丰田提供了足够多的帮助。事实上，正是这种含金融、商业、产业“海陆空”三位一体的财团体制能有力地助丰田渡过难关。

以三井物产为核心的三井财团是日本产业、商业力量的代表和象征，而丰田财团可以看成制造型企业成功学习“三井商道”，升级为财团的典型案例。不知不觉中，深受三井商业文化影响的丰田汽车集团内部已经悄然孕育出了一个“新三井物产”——丰田通商（丰田财团的综合商社）。像三井物产一样，丰田通商承担起了培育构建全球汽车产业链的重任。

2000 年，在丰田通商拥有了完善的制造业体系和综合商社的职能之后，丰田开始考虑补充其金融实力，由此创建了丰田金融服务股份公司，这是一家包括汽车销售金融服务在内的金融领域的总括企业。与此同时，丰田还是日本保费排名第一的 MS&AD 保险集团的大股东，随着金融业务的不断完善，丰田集团也逐渐完成了向丰田财团的转变。

可以说，现在的日本丰田已经形成了完整的“产商融”财团体系：拥有丰田汽车、丰田自动织机、日本电装、爱信精机、爱知制钢、捷太格特、丰田车体、丰田纺织、东和不动产、丰田合成、日野汽车、大发工业、丰田住宅等十几家制造业企业，并以其作为产业支撑。在大的实业背后，则有丰田金融服务股份和 MS&AD 保险集团等提供金融服务。最后，由丰田通商（综合商社）作为桥梁，将产业和金融紧密地联系到一起。

2020 年 2 月 10 日，日本一份备案文件显示，丰田已经完成了对斯巴鲁的股权变更，斯巴鲁正式成为丰田财团的一员。丰田追加投资 700 亿日元，对斯巴鲁的持股比例由 16.8% 提升至 20%。经过本次增资，丰田与斯巴鲁成为“一体”。作为丰田的子公司，今后斯巴鲁的盈利和亏损将被正式纳入丰田的财务报表中，一同进行披露。

日本斯巴鲁公司成立于 1953 年，最初主要生产汽车，同时也制造飞机和各种发动机，是生产多种类型、多种用途运输设备的制造商。在汽车行业中，斯巴鲁虽然被认定为一个小众汽车品牌，但其掌握着全球领先的四轮驱动技术，其水平对置发动机、EyeSight 自动驾驶辅助系统都排在行业前列。

事实上，丰田与斯巴鲁的正式合作始于 2005 年，在美国通用汽车抛售斯巴鲁股权之后，丰田汽车便出资接盘了部分股权。在丰田对斯巴鲁逐步增资的过程中，并没有出现收并购过程中经常发生的恶意竞争和人事内斗现象，反而呈现出相互融合、共同发展的良好局面，这实际上就是日本长久以来的“财团文化”的体现。

由制造业成功向财团转型，丰田汽车之所以与一般制造业企业不同，主要是因为其深受三井商业文化的熏陶，日本丰田模式中蕴含了很深的“三井商道”。实际上，“三井商道”最初来源于中国江浙地区。中国江浙地区，如“温州商人”“浙江商人”等古老商帮的经营理念，在“三井”“丰田”的经营哲学和经营文化中都有所体现。

作　者

（声明：本书稿写作过程中，为更加形象地再现一些客观事实，笔者参考使用了一些图片。限于客观条件，笔者无法与图片作者取得联系，未能及时支付报酬，在此深表歉意，并请相关图片作者与本人联系。）